Russland

seine
Städte und Regionen

Barbara Kerneck
Barbara Oertel

Russland

seine
Städte und Regionen

KOMET

www.komet-verlag.de

Text: Barbara Kerneck, Barbara Oertel
Bildredaktion: Hans-Joachim Schneider, Köln
Producing: Hans-Joachim Schneider, Köln
Gesamtherstellung: KOMET Verlag GmbH, Köln
ISBN 978-3-89836-768-4

INHALT

ÜBERSICHTSKARTE RUSSISCHE FÖDERATION

Höhenangaben in m
über 2000
1000 - 2000
500 - 1000
200 - 500
0 - 200
wichtige Eisenbahnlinien (Auswahl)
Staatsgrenzen
Orte mit
> 1 000 000 Einwohner
> 100 000 Einwohner
sonstige Orte
0 250 500 750 1000 km
© Ing.-Büro für Kartographie J. Zwick, Gießen
St. Lorenz-I. (USA)
Tschukschen H.-I.
Wrangel-I.
Anadyr
Korjakengebirge
Markowo
Kolyma Gebirge
Kamenskoje
Nischnekolymsk
Neusibirische In.
Karagin-In.
Beringinsel
Palana
Kamtschatka
Ust-Kamtschatsk
4750 Kijutschewskaja
Werchnekolymsk
Kolyma
Pobeda 3147
Tscherski - Gebirge
Tiksi
Nordwik
Werchojansk
Oimjakon
Magadan
Itscha
Petropawlowsk-Kamschatskij
Kirowskij
Bolscherezk
PAZIFISCHER OZEAN
Chatanga
Werchojansker Gebirge
Lena
Aldan
Olenjok
Schigansk
Sangar
Ochotsk
Ochotskisches Meer
Kurilen
Wiljuisk
Wiljui
Jakutsk
Ajan
Ocha
Tura
Untere Tunguska
Mirny
Oljokminsk
Aldan
Nikolajewsk
Alexandrowsk-Sachalinskij
Sachalin
Poronaisk
Macha
Tschulman
Stanowoi - Geb.
Komsomolsk
Amur
Juschno-Sachalinsk
Korsakow
Cholmsk
Sowjetskaja-Gawan
Witim
Tynda
Seja
Skoworodino
Swobodnyj
Birobidschan
Chabarowsk
Ust-Ilimsk
Kirensk
Stanowoi-Bergland
Angara
Bogutschany
Bratsk
Ust-Kut
Blagoweschtschensk
Sapporo
Otaru
Hakodate
Kansk
Taischet
Nischneudinsk
Baikalsee
Tschita
Jiamusi
Aomori
Sendai
Tscheremchowo
Usolje-Sibirskoje
Angarsk
Irkutsk
Ulan-Ude
Qiqihar
Hailar
Harbin
Ussurijsk
Nachodka
Wladiwostok
Niigata
Kyzyl
Jilin
Changchun
Japanisches Meer
JAPAN
Tokyo
Yokohama
Ulan-Bator
Shenyang
Fushun
Anshan
KOREA-NORD
Pyeongyang
Kyoto
Nagoya
Kobe
Osaka
MONGOLEI
Hiroshima
Seoul
KOREA-SÜD
Busan
Dalian
Beijing (Peking)
Tianjin
Kitakyushu
Gwangju
Baotou
Shijiazhuang
Qingdao
Kagoshima
Jinan
Taiyuan
Yumen
Yinchuan
CHINA
Ryukyu-In.
Nanjing
Shanghai
Zhengzhou
Xining
Lanzhou
Hangzhou

DIE RUSSISCHE FÖDERATION

LINKE SEITE:
Die goldenen Zwiebeltürme des Moskauer Kremls

LAGE, GRÖSSE UND EINWOHNERZAHL

Russland (Russische Föderation) ist mit 17.075.300 qkm das größte Land der Erde. Es nimmt mehr als ein Neuntel der Erdoberfläche ein und umspannt fast die Hälfte des Gesamtumfangs der Erdkugel. Das Land erstreckt sich über elf Zeitzonen und 9000 Kilometer weit von Osteuropa nach Nordasien. Die größte Nord-Süd-Ausdehnung beträgt über 4000 Kilometer.

Russland hat 19.990 Kilometer Grenze mit 14 anderen Staaten. 959 Kilometer davon entfallen auf Weißrussland, 1576 Kilometer auf die Ukraine, 294 Kilometer auf Estland, 217 Kilometer auf Lettland, 227 Kilometer auf die litauische und 206 auf die polnische Grenze zum Kaliningrader Gebiet, 1313 Kilometer auf Finnland und 196 Kilometer auf Norwegen. Die Grenze zu Aserbaidschan ist 284 Kilometer lang, zu Georgien 723 Kilometer, zur Volksrepublik China im Südosten 3605 Kilometer und im Süden 40 Kilometer, zu Nordkorea 19 Kilometer, zu Kasachstan 6846 und zur Mongolei 3485 Kilometer.

Schnee bedeckt die unendliche Weite Sibiriens

Russland verfügt über eine 37.653 Kilometer lange Küstenlinie. Im Nordwesten rahmt die Ostsee, im Süden das Schwarze und das Kaspische Meer das Land ein. Nördliche Begrenzung ist der Arktische Ozean mit dem Weißen Meer, der Barents-, Kara-, Laptew-, Tschuktschen- und der Ostsibirischen See. Im Osten umschließt der Pazifische Ozean mit der Beringstraße, dem Bering-, dem Ochotskischen und Japanischen Meer das Land.

Russland hat rund 142.500.000 Einwohner, so der Stand von 2006, von denen 75 Prozent auf dem europäischen Kontinent wohnen.

Wasser, Grün und Zwiebeltürme, das sind fast schon die Synonyme zumindest für den europäischen Teil Russlands.

GEOGRAFIE UND KLIMA

40 Prozent der Fläche Russlands besteht aus Gebirgen. Das Uralgebirge markiert die Grenze zwischen dem europäischen Westteil und dem asiatischen Ostteil des Landes. Der Ural ist mehr als 2000 Kilometer lang und verläuft von der Karasee am Polarmeer bis zur Mündung des Flusses Ural.

Dieser hat eine Länge von 2428 Kilometern, fließt durch Russland und Kasachstan und mündet bei Atyrau ins Kaspische Meer. Der höchste Berg des Urals ist der Narodnaja mit 1894 Metern.

Drei Regionen – drei verschiedene Landschaftsbilder: verschneites Mittelgebirge in Südrussland (unten); Herbst im Altai-Gebirge (rechts oben); Frühlingsabend in der ländlichen Umgebung Moskaus (rechts unten)

Der europäische Teil Russlands liegt westlich des Urals. Er wird von der Osteuropäischen Tiefebene beherrscht, die sich im Südosten bis zum großen Kaukasus und im Westen bis zum Mitteleuropäischen Tieflandsaum erstreckt. Der Elbrus im Kaukasus ist mit einer Höhe von 5642 Metern der höchste Berg Russlands.

Im Zentrum der Osteuropäischen Tiefebene, den Waldaihöhen, entspringen der Dnjepr und die Wolga. Diese ist mit 3531 Kilometern längster Fluss Europas, fließt nur durch Russland und mündet ins Kaspische Meer. Der Dnjepr, der für mehrere slawische Länder von großer Bedeutung ist, entspringt westlich von Moskau, durchfließt Weißrussland und die Ukraine und mündet ins Schwarze Meer.

Ebenfalls im europäischen Teil Russlands entspringt der 1870 Kilometer lange Don. Er fließt über die Mittelrussische Platte und mündet in einem Delta ins Asowsche Meer.

Der asiatische Teil des Landes liegt östlich des Urals. Er wird vorwiegend von Sibirien eingenommen. Sibirien ist aufgeteilt in das Westsibirische Tiefland, das bis zum Fluss Jenissej reicht, das Mittelsibirische Bergland zwischen Jenissej und Lena und das Ostsibirische Bergland. Hohe Gebirgsketten wie der Altai trennen Sibirien von Zentralasien ab. Ein weiteres Gebirge liegt auf der Halbinsel Kamtschatka im äußersten Osten Russlands. Mit dem noch tätigen Vulkan Kljutschewskaja erreicht es eine Höhe von 4750 Metern.

Noch trotzt das Wasser der Eiseskälte – Fluss auf der Kola-Halbinsel.

Der längste Fluss Sibiriens, aber auch ganz Russlands, ist mit 4313 Kilometern die Lena. Sie entspringt im Baikal-Gebirge und mündet in die Laptewsee. Der 4102 Kilometer lange Jenissej entspringt in der Tuwinischen Republik und mündet in die Karasee. Mit 3650 Kilometern Länge ist der Ob ebenfalls ein bedeutender sibirischer Fluss. Er fließt vom nördlichen Vorland des Altai ins Nordpolarmeer.

Das Kaspische Meer ist mit 386.400 qkm Oberfläche der größte Binnensee der Welt und wird deshalb auch als „Meer" bezeichnet. Sein Wasser ist salzhaltig. Der Baikalsee, der sich in Ostsibirien befindet, ist mit einer maximalen Tiefe von 1637 Metern der tiefste See der Erde. Ein Fünftel der weltweiten Süßwasserressourcen sind hier gespeichert.

Im europäischen Teil des Landes sind die größten Seen der Ladogasee und der Onegasee. Der Ladogasee nordöstlich von Sankt Petersburg hat eine Fläche von 17.700 qkm und zählt 660 Inseln. Der Onegasee ist ein Gletschersee im Süden Kareliens und hat eine Fläche von 9616 qkm.

Russland erstreckt sich über alle Klimazonen außer den Tropen. Der Großteil des Landes befindet sich in der gemäßigten Zone und hat kontinentales Klima – mit Ausnahme dreier Regionen: der Süden des Fernen Ostens mit Monsunregen, Nordsibirien mit arktischem sowie die Schwarzmeerküste mit subtropischem Klima.

Ausgedehnte Birkenwälder wie in Russland kennt man in Mitteleuropa kaum.

Das überwiegend trocken-kontinentale Klima ist von kalten bis sehr kalten Wintern sowie warmen bis heißen Sommern geprägt. Im ostsibirischen Jakutien, in den Orten Werchojansk und Oikjakon, liegt der Kältepol der Erde. Die mittlere Jahrestemperatur dort ist -17 Grad Celsius, die mittlere Januartemperatur -50 Grad Celsius. Die gemessene Tiefsttemperatur liegt unter -75 Grad Celsius, in Oimjakon bei -77,8 Grad Celsius.

In den asiatischen Steppengebieten steigen die Temperaturen im Sommer im Durchschnitt auf 25 Grad Celsius. In den europäischen Städten Moskau und Sankt Petersburg liegen sie im Januar bei -10/-11 Grad Celsius, im Juli bei 17/18 Grad Celsius.

Im ostsibirischen Irkutsk fallen die Temperaturen im Januar auf -21 Grad Celsius, im Juli liegen sie bei 15,5 Grad Celsius. In Wladiwostok, der größten Hafenstadt des Landes am Pazifischen Ozean ist es im Januar durchschnittlich -14,5 Grad Celsius kalt, im Juli klettern die Temperaturen auf 21 Grad Celsius.

In der Osteuropäischen Tiefebene fallen bis zu 650 Millimeter Niederschläge jährlich. Nach Osten hin nimmt die Niederschlagsmenge ab, in der Kaspischen Senke werden nur noch 120 Millimeter gemessen. Im Süden des Fernen Ostens und im Südosten der Halbinsel Kamtschatka können jährlich bis zu 1000 Millimeter Regen fallen.

Polarfuchs

FLORA UND FAUNA

Da Russland eine gewaltige Ausdehnung hat und bedeutende klimatische Unterschiede aufweist, sind die Vegetationszonen recht vielfältig. Die arktischen Inselgruppen im Polarmeer gehören größtenteils zur Region der polaren Kältewüsten. Hier gibt es kaum Vegetation. Große Teile der Inseln sind ganzjährig von Eis bedeckt. Im Norden Sibiriens von Kamtschatka bis zur Halbinsel Kola bestimmt Tundravegetation das Landschaftsbild. Die Dauerfrostböden der Tundra sind von Zwergsträuchern, Heidekräutern, Moosen und Flechten bewachsen.

An die Dauerfrostböden schließt sich südlich die Taiga mit ausgedehnten Waldgebieten an. Die russischen Wälder sind das größte zusammenhängende Waldgebiet der Erde. Das Nadelwaldgebiet der Taiga mit zahlreichen Mooren umfasst eine Fläche von etwa elf Millionen qkm.

Zwischen Tundra und Taiga wird das Land im Osten vor allem von Lärchen-, im Westen von Buchen- und Fichtenwäldern bedeckt. In den zentralen Teilen der Osteuropäischen Tiefebene und in großen Teilen Südostrusslands bestehen die Waldgebiete vor allem aus Mischwald. Der Mischwald geht im asiatischen Teil nach Süden zuerst in Wiesen- und Waldsteppen, sodann im unteren Altai in Gebirgstrockensteppen über. Daran schließen sich Wiesen- und Schwarzerdesteppen sowie Kurzgrassteppen an. An diese grenzen im äußersten Südosten Russlands Halbwüsten und Wüsten.

Ebenso abwechslungsreich ist auch die Fauna Russlands. An der Nordküste des Polarmeeres, in dem Beluga-Wale leben, sind Polarbären, Robben, Walrosse und verschiedene Arten von Seevögeln zu Hause. In der Tundra sind Polarfüchse, Eulen, Schneehasen und Lemminge anzutreffen. Im Sommer kommen Rentiere aus dem Süden, die von der heimischen Bevölkerung auch gezüchtet werden. In den Wäldern ist die Tierwelt noch um einiges reicher an Arten. In der nördlichen Taiga leben Elche, Rentiere, Wölfe, Bären, Zobel, Eichhörnchen, Füchse, Vielfraße und Marder. In den südlichen Wäldern finden sich auch Wildschweine, Nerze und Hirsche.

Das besonders anspruchsvolle Klima Sibiriens bringt so seltene Tierarten hervor wie den bis zu 300 Kilogramm schweren Sibirischen Tiger und den bis zu 400 Kilogramm schweren Moschusochsen. Ihr, im Vergleich zu ihren in wärmeren Regionen lebenden Artgenossen, hohes Körpergewicht ermöglicht es ihnen, sich in den kalten Wintern besser vor Auskühlung zu schützen. Im nordöstlichen Sibirien brütet auch der weiße Schneekranich. Der Schneeleopard und der Kragenbär, zwei weitere seltene Tierarten, spielen im spirituellen Leben der sibirischen Ureinwohner eine wichtige Rolle.

In der fernöstlichen Region Primorski kommt der seltene Amurtiger vor. In den Steppen Asiens kann man Steppenlemmingen und -murmeltieren, Hamstern, Zieseln, Iltissen und Steppenfüchsen begegnen. In den Regionen um Wolga, Don und Ural finden sich noch vereinzelt Desmane – eine Maulwurfsart, die vom Aussterben bedroht ist. Der Kaukasus bietet Reptilien, Echsen und Luchsen eine Heimat. Aber auch Leoparden sollen stellenweise dort gesichtet worden sein. Zur Vogelwelt gehören Kraniche, Falken und Adler.

Ein weißer Amur-Tiger (hier allerdings im Moskauer Zoo)

Russlands Flüsse
sind noch fischreich.

Auch in russischen Gewässern tummelt sich eine wahre Artenvielfalt. Neben Stören sind hier Lachse, Heringe, Flundern, Makrelen, Heilbutte, Krabben, Schrimps und Muscheln zu finden. Fächerfische, die zur Familie der Makrelenfische gehören, bevölkern die Gewässer Nordsibiriens. Im Baikalsee leben so genannte Ölfische – schuppenlose, fetthaltige Knochenfische – sowie Baikal-Robben. In den Gewässern der Finnischen Seenplatte sind die Seimaa-Robben anzutreffen – weltweit die einzige im Süßwasser lebende Robbenart. Derzeit gibt es russlandweit 31 Naturschutzgebiete. Dort wird versucht, die vielfältige Flora und Fauna zu schützen und zu erhalten.

RECHTE SEITE:
Schier unendlich dehnt sich
die sibirische Tiefebene.

VOLKSGRUPPEN, RELIGIONEN UND SPRACHEN

Mit seinen derzeit 143,5 Millionen Einwohnern ist Russland das Land mit der achtgrößten Bevölkerung der Erde. Auch nach der Auflösung der Sowjetunion ist Russland ein Vielvölkerstaat geblieben. Der Großteil der Bevölkerung konzentriert sich im zentralen und südlichen europäischen Teil und im nördlichen Vorland des Großen Kaukasus. Mit 14 Millionen Einwohnern ist Moskau, östlich der Waldaihöhen im europäischen Teil gelegen, die größte Stadt des Landes. Weitere Millionenstädte sind Sankt Petersburg mit 4,33 Millionen, Nischni Nowgorod mit 1,43 Millionen, Samara mit 1,23 Millionen und Kasan im Wolga-Gebiet mit 1,09 Millionen Einwohnern. Die im Ural gelegenen Städte Jekaterinburg, Tscheljabinsk und Perm bringen es immerhin auf 1,35 sowie 1,13 und 1,09 Millionen Einwohner, Nowosibirsk und Omsk in Westsibirien auf 1,42 und 1,16 Millionen Einwohner.

Angaben der Volkszählung aus dem Jahr 2002 zufolge stellen die rund 116 Millionen ethnischen Russen mit 80 Prozent die Bevölkerungsmehrheit. Außer ihnen leben noch mehr als 100 andere Nationalitäten im Land. Größte Minderheit sind die 5,5 Millionen Tataren gefolgt von knapp drei Millionen Ukrainern. Den Minderheiten der Baschkiren, Tschuwaschen, Tschetschenen und Armeniern gehören je über eine Million Menschen an. Noch etwa 600.000 Menschen bezeichnen sich als Deutsche. Sie leben hauptsächlich um Omsk in Westsibirien sowie im Altai- und Wolgagebiet. Mit Abstand die größte Religionsgemeinschaft im Land sind die russisch-orthodoxen Christen. Über zwei Drittel der Bevölkerung bezeichnen sich als russisch-orthodox. Der orthodoxe Glaube ist sowohl bei Russen, Ukrainern und Weißrussen als auch bei den meisten finno-ugrischen Völkern und den Os-

Ein typisches russisches Dorf auf dem Land

Tiefe Furchen hat das Leben in das Gesicht dieser Bäuerin eingegraben.

seten im Kaukasus vorherrschend. In entlegeneren Landesteilen gehören große Teile der orthodoxen Christen den Kirchen der Altgläubigen an. Diese hatten sich im 17. Jahrhundert aus Protest gegen eine Kirchenreform von der Russischen Staatskirche abgespalten.

Mindesten zehn Prozent der Bevölkerung bekennen sich zum muslimischen Glauben. Vor allem im Nordkaukasus sowie in Teilen der Wolga-Region stellen Muslime die Bevölkerungsmehrheit. Die Kalmücken im südeuropäischen Teil Russlands sowie die Burjaten und Tuwiner in Sibirien bekennen sich mehrheitlich zum buddhistischen Glauben. In Zentralsibirien sind stellenweise noch vorchristliche Naturreligionen wie der Schamanismus verbreitet. Jüdische Gemeinden gibt es vor allem in größeren Städten – die meisten der landesweit 87 Synagogen befinden sich in Moskau und Sankt Petersburg. Katholische und protestantische Gemeinden finden sich meist in Gebieten, in die viele Polen und Russlanddeutsche verbannt wurden.

Es gibt mehr als 100 Sprachen auf dem Gebiet der Russischen Föderation. Alleinige Amtssprache ist Russisch, wobei in einigen autonomen Republiken die jeweilige Volkssprache der Titularvölker offiziell als zweite Amtssprache verwendet wird. Wie das Russische müssen diese jedoch, mit Ausnahme des Tatarischen, ebenfalls mit kyrillischen Buchstaben geschrieben werden.

POLITISCHES SYSTEM UND VERWALTUNG

Laut der Verfassung von 1993 ist die Russische Föderation ein Präsidialsystem mit föderativen Strukturen. Der Präsident wird vom Volk auf vier Jahre gewählt und ist mit weitreichenden Machtbefugnissen ausgestattet. Maximal sind zwei Mandate hintereinander zulässig. Er ist Oberbefehlshaber der Streitkräfte und ernennt mit Zustimmung des Parlaments den Chef der Regierung (Ministerpräsident). Auf dessen Vorschlag hin bestimmt er auch die Mitglieder des Kabinetts. Der Präsident bestimmt die Leitlinien der Innen- und Außenpolitik. Er kann Gesetze einbringen und das Parlament auflösen. Zudem hat er die Möglichkeit, per Dekret zu regieren.

Das russische Weiße Haus – Sitz der Duma

Ausflugsboote auf der Moskwa, die direkt am Moskauer Kreml vorbeifließt

Das Parlament besteht aus zwei Kammern, dem Unterhaus (Duma) und dem Oberhaus (Föderationsrat), dem 178 Vertreter der regionalen Parlamente angehören. Die 450 Abgeordneten der Duma werden auf vier Jahre gewählt. Dabei wird das reine Verhältniswahlrecht angewendet. Bei den Wahlen vom 2. Dezember 2007 schafften vier Parteien den Einzug in die Duma.

Die Partei des ehemaligen Präsidenten Wladimir Putin, „Vereintes Russland" (Edinaja Rossija), stellt 315 der 450 Abgeordneten. Weiterhin sind die Kommunistische Partei Russlands (Kommunistitscheskaja Partija Rossiiskoi Federazii, KPRF), die Liberaldemokratische Partei Russlands (Liberalnaja Demokratitscheskaja Partija Rossii, LDPR) sowie die Gruppierung „Gerechtes Russland" (Spravedlivaja Rossija) in der Duma vertreten.

Die höchsten Organe der Justiz sind das Verfassungsgericht, der Oberste Gerichtshof sowie das Oberste Schiedsgericht. Die Richter aller drei Organe werden vom Föderationsrat auf Vorschlag des Präsidenten bestätigt.

Administrativ gliedert sich Russland in sieben Föderationskreise: Nordwestrussland, Zentralrussland, Südrussland, Wolga, Ural, Sibirien und Russisch-Fernost. Diese bestehen aus 21 Republiken, sechs Regionen, 49 Gebieten (oblasti), den Städten föderalen Ranges Moskau und Sankt Petersburg, einem autonomen Gebiet und zehn autonomen Bezirken.

Ein namenloser Weiher, ein paar Bäume, blauer Himmel – fast scheint es, als sei die Umwelt in Russland noch intakt.

Explorationstrupps sind ständig auf der Suche nach neuen Lagerstätten von Bodenschätzen.

WIRTSCHAFT

Russland ist reich an Bodenschätzen. Dazu zählen Steinkohle – das Land verfügt über 50 Prozent der weltweit bekannten Vorkommen –, Eisenerze und Stahlveredler wie beispielsweise Vanadium. Diese Bodenschätze findet man vor allem im Ural und in Westsibirien. Erdöl und Erdgas lagern in bedeutendem Umfang in Westsibirien, Sachalin, im Nordkaukasus, der Teilrepublik Komi und in der Region Wolga-Ural. Auch Gold und Diamanten werden gefördert.

Entsprechend der Bodenschätze haben Eisen- und Stahlindustrie, der Maschinenbau sowie die chemische und petrochemische Industrie große Bedeutung.

In der russischen Landwirtschaft kommt dem Pferd als Zugtier noch eine gewisse Bedeutung zu.

Für den Erzbergbau stehen landesweit zahlreiche Eisen- und Nichteisenerzverhüttungen zur Verfügung. Die Schwer- und Rüstungsindustrie konzentriert sich im Ural um Jekaterinburg, die chemische und die Erdölindustrie befinden sich in den nördlichen und östlichen Landesteilen. In Moskau, im Wolgagebiet, im Nordwesten und im Ural produzieren zahlreiche Maschinen- und Fahrzeugindustrien, aber auch Betriebe für Geräte- und Anlagenbau sind hier vertreten.

13 Prozent der Fläche Russlands werden landwirtschaftlich genutzt. Zu den wichtigsten Anbauprodukten der Landwirtschaft, deren Betriebe größtenteils noch immer als Kollektivwirtschaften und Kooperativen organisiert sind und sich im europäischen Teil Russlands befinden, gehören Kartoffeln, Getreide, Zuckerrüben und Gemüse.

Rinderzucht wird vor allem im Wolgagebiet, in Westsibirien und dem europäischen Zentrum betrieben. Schweine werden ebenfalls im Wolgagebiet, aber auch im Nordkaukasus und im zentralen Schwarzerdegebiet gezüchtet. Schafzucht ist vor allem in Regionen wie Ostsibirien, dem Nordkaukasus sowie im Wolgagebiet zu finden.

Beim Holz gehört Russland zu den größten Produzenten der Erde. Ein bedeutender Wirtschaftszweig ist auch die Fischerei. So liefert der Stör den begehrten Kaviar. Die wichtigsten Exportgüter sind neben Erdöl und Erdgas petrochemische Erzeugnisse, Kohle, Strom, Metall, Metallprodukte und Holz. Nicht zuletzt der hohe Weltmarktpreis für Öl beschert Russland seit geraumer Zeit ein bedeutendes Wirtschaftswachstum. Eingeführt werden müssen Maschinen, Ausrüstungen, Fahrzeuge, Nahrungsmittel und Textilien.

Etwa zwei Drittel der benötigten Energie werden mit Hilfe von fossilen Brennstoffen erzeugt, knapp 20 Prozent durch Wasserkraft und rund zwölf Prozent durch Atomkraft.

Der Tourismus konzentriert sich bislang auf Moskau, Sankt Petersburg, die Schwarzmeerküste und den westlichen Kaukasus.

VERKEHR

Die Eisenbahn ist der wichtigste Verkehrsträger in der Russischen Föderation. Das öffentlich genutzte Netz umfasste im Jahre 2006 rund 85.500 Kilometer, weitere 55.000 Kilometer nutzte die Industrie, 42.300 Kilometer waren elektrifiziert. Per Eisenbahn wurden 2005 1,32 Milliarden Menschen befördert, was 40,2 Prozent des Personenverkehrs entspricht. Mit 1,273 Milliarden Tonnen wurden so auch 41,4 Prozent der Warenbeförderung abgewickelt. Das macht die Eisenbahn zum wichtigsten Transportmittel des Landes.

Die Hauptverkehrsachse in Russland ist die Transsibirische Eisenbahn. Sie ist die einzige ganzjährig befahrbare Ost-West-Verkehrsverbindung und längste durchgehende Eisenbahnverbindung der Welt.

Der Don gehört mit 1870 Kilometern zu den längsten Strömen Russlands.

St. Petersburg – auch Venedig des Nordens genannt – liegt auf einer Vielzahl von Inseln.

Auf einer Gesamtlänge von 9272 Kilometern mit mehr als 80 Stationen verbindet die Transsib Moskau mit Wladiwostok am Pazifik. Der zweispurige Ausbau der Strecke wurde nach dem Zweiten Weltkrieg fertig gestellt und die Elektrifizierung am 25. Dezember 2002 abgeschlossen.

Eine zweite wichtige Eisenbahnstrecke ist die Baikal-Amur-Magistrale (BAM). Die Gesamtstrecke hat eine Länge von 4280 Kilometern und verläuft nördlich ungefähr parallel zur Transsib von Sibirien nach Russisch-Fernost. Die BAM wurde 1984 in Betrieb genommen und 2003 fertig gestellt.

Anders als beispielsweise in Sibirien und im Fernen Osten, wo die wenigen Straßen im Winter meist nicht passierbar sind, ist das Straßennetz im europäischen Teil Russlands relativ gut ausgebaut. Ende 2005 umfasste es 579.000 Kilometer, davon waren 531.000 Kilometer befestigt.

Seit 2003 existiert eine durchgehende Ost-West-Verbindung, die jedoch nur saisonal benutzbar ist. Über Straßen werden 39,5 Prozent der Passagier- und 0,8 Prozent der Warentransporte abgewickelt. Für die nahe Zukunft sind mehrere Großprojekte geplant, so der Bau einer Mautautobahn zwischen Moskau und Sankt Petersburg sowie ein neuer Autobahnring im Moskauer Gebiet. Die Kosten werden auf sechs Milliarden US-Dollar (6,7 Milliarden Euro) geschätzt.

Auch die Binnenschifffahrt spielt eine bedeutende Rolle – insbesondere im Osten, wo das Straßennetz schlecht ist. Im europäischen Teil Russlands verbinden 72.000 Kilometer Wasserwege die Ost-

Frachtschiff auf der Wolga

see, das Schwarze Meer, die Binnenseen und das Weiße Meer miteinander. In Sibirien sind 24.000 Kilometer schiffbar – das jedoch nur wenige Monate im Sommer.

Wichtige Wasserstraßen sind Wolga, Don, Kama, Nördliche Dwina, Ob, Irtysch, Jenissej, Lena und Amur. Die größten Handelshäfen sind Wladiwostok, Wostotschni am Pazifik, Sankt Petersburg, Kaliningrad, Murmansk, Archangelsk am Arktischen Ozean, Noworossiisk und Sotschi am Schwarzen Meer. Größte Umschlaghäfen sind Noworossiisk mit 74,9 Millionen Tonnen, Sankt Petersburg mit 54,2 Millionen Tonnen und Wostotschni mit 16,0 Millionen Tonnen.

2006 verfügte die Russische Föderation über 1326 Flughäfen. Davon hatten 616 eine befestigte Rollbahn. Die größten Flughäfen des Landes sind Domodjedowo und Scheremetjevo in Moskau sowie Pulkovo in Sankt Petersburg.

2006 waren in Russland rund 156.285 Kilometer Rohrfernleitungen für Erdgas, 72.283 Kilometer für Erdöl und 13.658 Kilometer für Erdölprodukte in Betrieb. 2005 begann der staatlich kontrollierte Gasproduzent Gasprom mit dem Bau der Ostseegaspipeline Nord Stream. Die Pipeline mit einer Projektleistung von 55 Milliarden Kubikmeter pro Jahr soll Russland und Westeuropa über den Grund der Ostsee verbinden. Die Landstrecke ist 1198 Kilometer lang und führt von Grjasewez nach Wyborg. Von dort verläuft die Leitung über 1198 Kilometer auf dem Grund der Ostsee bis zur deutschen Ostseeküste.

Die Eisenbahn hat eine große Rolle gespielt bei der Eroberung der sibirischen Weiten.

GESCHICHTE

LINKE SEITE:
Die Figuren im Brunnen von Kiew stellen die Gründer der Stadt dar.

DIE KIEWER RUS – 10. BIS 13. JAHRHUNDERT

Der Name der Russen und Russlands geht zurück auf den Begriff „Rus“. Dieser leitet sich vermutlich vom finnischen „Ruotsi“ ab, was soviel wie Schweden bedeutet und auf die Waräger verweist – so wurden bei den Slawen und in Byzanz die Wikinger genannt. Die ältesten Chroniken besagen, dass die Waräger von den Slawen gerufen worden waren, um bei der Beendigung von Stammesfehden zu helfen. Entlang der Achse Ostsee – Dnjepr – Schwarzes Meer gründen sie um 850 ein riesiges Reich mit der Hauptstadt Kiew. Es wird Kiewer Rus genannt und umfasst das heutige Westrussland, Weißrussland und die Ukraine. Organisiert ist es als lockerer Bund einzelner Fürstentümer.

Nach der Christianisierung im Jahr 988 erlebt die Rus im 11. Jahrhundert ihre Blütezeit unter Fürst Jaroslav dem Weisen (1019–1054). Sie ist durch einen raschen politischen, wirtschaftlichen und kulturellen Aufschwung gekennzeichnet. Nach einer Phase weiterer Konsolidierung unter Wladimir Monomach erkämpfen sich bislang unbedeutende und periphere Fürstentümer neue Machtpositionen.

Dies sind Tscherningow nördlich von Kiew, Wolhynien und Galizien im Südwesten, Smolensk und Polozk im Westen sowie die Stadtrepubliken Nowgorod und Pskow und das Fürstentum Wladimir-Susdal im Norden. Letzteres erlangt in der zweiten Hälfte des 12. Jahrhunderts eine Vormachtstellung und wird später zum Kern des Reiches.

Mit dem Bau der Kiewer Sophienkathedrale soll im Jahr 1037 begonnen worden sein, noch unter dem Fürsten Jaroslav dem Weisen.

1223 besiegt erstmals ein mongolisches Heer die Fürsten der Rus und schon 17 Jahre später ist das Kiewer Reich vollständig mongolischer Herrschaft unterworfen. Während die westlichen und südlichen Fürstentümer an Litauen und Polen fallen, verbleibt die nördliche und östliche Rus über 200 Jahre unter mongolischer Herrschaft.

UNTER MONGOLISCHER HERRSCHAFT – 13. BIS 15. JAHRHUNDERT

Das Kerngebiet des späteren Russlands im Nordosten und Norden der Rus steht seit Mitte des 13. Jahrhunderts unter der indirekten Herrschaft der Goldenen Horde, deren Khane ihren Sitz in Sarai an der unteren Wolga haben. Indirekte Herrschaft bedeutet, dass die Fürstentümer zu Abgaben und Dienstleistungen verpflichtet sind, die innere Ordnung der Rus jedoch nicht angetastet wird. Auch

Schon früh konnte sich Moskau als Zentrum der Macht in Russland etablieren, wenn es auch später für einige Zeit diese Funktion an St. Petersburg abgeben musste.

die Orthodoxe Kirche behält ihre Privilegien und ihren Grundbesitz. Die Unterstützung der Kirche – 1328 zieht der Metropolit nach Moskau – ist mit ein Grund für den Machtzuwachs, den Moskau in den folgenden Jahrhunderten erlebt. Den Moskauer Fürsten gelingt es nach und nach, sich die Territorien benachbarter Fürstentümer einzuverleiben. 1380 besiegt der Moskauer Großfürst Dmitri Donskoi in einer Schlacht erstmals die Mongolen. Damit kündigt sich der Machtverfall der Goldenen Horde an, deren Staatsgebiet in die Khanate Kasan, Astrachan und Krim zerfällt.

Seit dem 13. Jahrhundert geraten zahlreiche Teilfürstentümer der zerfallenden Kiewer Rus im heutigen Weißrussland und der Ukraine unter die Oberherrschaft Litauens. Die litauischen Großfürsten sind Moskaus schärfste Konkurrenten im Kampf um die Vormachtstellung in der Rus. Als der litauische Großfürst Jagiello zum römisch-katholischen Glauben übertritt und 1386 zum polnischen König gekrönt wird, kann Moskau diese Auseinandersetzung jedoch für sich entscheiden.

Dennoch ist das Moskauer Großfürstentum um 1450 noch relativ klein. Außer Nowgorod, das sich bereits 1240 und 1242 unter Alexander Newski erfolgreich gegen Angriffe der Schweden und des Deutschen Ordens verteidigt hat, können auch noch die Großfürstentümer Twer und Rjasan sowie die Stadtrepublik Pskow ihre Selbständigkeit erhalten.

DAS MOSKAUER REICH – 15. BIS 17. JAHRHUNDERT

Im Jahr 1478 erobert und annektiert Iwan III. (1462–1503) Nowgorod. Dadurch wird das Großfürstentum Moskau zum territorial größten Staat Europas. 1485 wird auch das Großfürstentum Twer annektiert. Unter Vasilij III. (1505–1533) bemächtigt sich Moskau der Stadt Pskow, des Fürstentums Smolensk und des Großfürstentums Rjasan. Parallel zur territorialen Expansionspolitik werden die staatlichen Strukturen im Inneren zentralisiert und gefestigt. Ideologische Schützenhilfe gewährt hierbei die orthodoxe Kirche, die den Großfürsten als unumschränkten nur vor Gott verantwortlichen Herrscher legitimiert, der weder an Normen noch an Institutionen gebunden ist.

Symbol der Macht in Russland: der Doppeladler

1547 wird der Moskauer Großfürst Iwan IV. (1533–1584), der auch als Iwan der Schreckliche in die Geschichte eingegangen ist, auf Betreiben des Metropoliten Makari zum Zaren gekrönt. Fünf Jahre später erobert Iwan IV. das Khanat von Kasan, das nie zur Rus gehört hatte. Dem folgt 1556 die Inbesitznahme von Astrachan, woduch der Moskauer Staat zu einem multiethnischen und -religiösen Imperium wird. Gleichzeitig bedeutet diese Entwicklung auch den ersten Schritt hin zu einer Kolonisierung Sibiriens, die wenige Jahrzehnte später weitgehend abgeschlossen ist. Dem Aufstieg des Moskauer Reiches folgt ab 1560 eine tiefe Krise.

Der Auslöser hierfür ist der Krieg gegen Livland (1558–1583), der mit einer schweren Niederlage gegen die Ostseemächte Polen-Litauen und Schweden endet. Aber auch aus dem Süden wird Russland bedroht. Krimtatarische Kavallerie verwüstet die südlichen Grenzgebiete, 1571 brennen die Krimtataren Moskau nieder. Destabilisiert wird die Lage zusätzlich durch die Politik Iwans IV. und seiner Leibgarde, der berüchtigten Opritschnina. Bis 1572 fallen ihr zahlreiche Gegner des Zaren zum Opfer.

Der Tod Iwans des IV. im Jahr 1584 löst einen Machtkampf um den Zarenthron aus, den der Bojar Boris Godunow für sich entscheidet. Sein Amtsantritt 1598 gilt als Beginn der „Smuta", der Zeit der Wirren

Aus der Zarenkanone, der größten Kanone der Welt, wurde nie eine Kugel abgefeuert.

Der kleine Tsaritsino-Palast gehörte der Schwester von Zar Boris Godunov.

Massenfluchten und wachsende soziale Unruhen sind dafür ebenso kennzeichnend wie mehrmalige Interventionen von Polen-Litauen und Schweden, die versuchen, ihnen genehme Herrscher zu installieren.

Ein Volksaufstand beendet 1612 die polnische Besatzungszeit. Ein Jahr später wird Michail Romanow von einer Reichsversammlung zum Zaren gewählt. Der Begründer der gleichnamigen Dynastie, die Russland bis zur Oktoberrevolution im Jahre 1917 beherrscht, leitet ein Phase der Stabilisierung ein. Bis zur Mitte des 17. Jahrhunderts erholt sich das Moskauer Reich wieder und das autokratische System wird weiter ausgebaut. 1667 muss Polen-Litauen Smolensk und die östliche Ukraine mit Kiew an Russland abtreten.

DAS RUSSLÄNDISCHE IMPERIUM – 1700 BIS 1917

Peter I.

1682 läutet der Regierungsbeginn Peters I., der den Beinamen „der Große" trägt, die tiefgreifende Erneuerung des Landes ein. Der erste russischen Herrscher, der das westliche Ausland bereiste, ruft hierfür ein umfangreiches Reformprogramm ins Leben. Ziel ist, das Land zu europäisieren und zu säkularisieren. Den Anfang macht die Einführung neuer Kleider- und Umgangsformen bei Hofe. In der Folgezeit wird die Kirche der weltlichen Ordnung unterstellt, eine neue Armee und Flotte geschaffen sowie die gesamte Verwaltung reorganisiert. Der Zar fördert Wirtschaft und Handel und betreibt die Erschließung der Bodenschätze in Sibirien.

Die Kapelle in Peterhof, außerhalb von St. Petersburg, wo sich der sogenannte Sommerpalast befindet.

In der Außenpolitik ist es das Ziel Peters I., Russland als Imperium zu etablieren, um so den westlichen Großmächten Paroli bieten zu können. Im Nordischen Krieg besetzt Russland das Baltikum und vermag es, die Dominanz von Schweden und Polen in Mittel- und Nordosteuropa zu brechen. 1703 wird an der Newa Sankt Petersburg gegründet. Mit ihrer ausgeprägten europäischen Anmutung versteht sich die als „Fenster zum Westen" bezeichnete Residenz- und Handelsstadt als Gegenpol zum alten Moskau. Die petrinischen Reformen haben einschneidende Konsequenzen für die Führungselite des Landes. Demgegenüber ändert sich für die benachteiligten sozialen Schichten sowie die sozialen und politischen Strukturen kaum etwas.

Katharina II.

An die Reformen Peters I. knüpft die deutsche Prinzessin Sophie Friederike Auguste von Anhalt-Zerbst, Katharina II., die ebenfalls den Beinamen „die Große" trägt, an. Sie kommt 1762 durch einen Staatsstreich an die Macht und herrscht bis 1796. Ihre gesamte Regierungszeit ist geprägt durch ein Spannungsverhältnis zwischen den Ideen des aufgeklärten Absolutismus und einer autokratisch geprägten Lebenswelt Russlands. Katharina II. setzt eine Reorganisation der Verwaltung durch und fördert das Bildungwesen nach westlichem Vorbild. Schon 1725 waren eine Akademie der Wissenschaften und 1755 die erste Universität in Moskau sowie ein Netz städtischer Schulen geschaffen worden. 1764 gründet Katharina II. das Smolny-Institut – die erste höhere Bildungseinrichtung für adlige Mädchen in Russland. Dem Adel werden erstmals Rechte und Privilegien, wie beispielsweise das Monopol auf Grundbesitz, garantiert.

Symbol der Zarenmacht: die Zarenkrone im Tor zum Winterpalast

Demgegenüber wird die Leibeigenschaft endgültig verankert, was bedeutet, dass die Bauern fortan persönliches Eigentum ihrer Herren sind. Die sozial angespannte Lage der Landbevölkerung führt in den Jahren 1773 bis 1775 zu schweren Bauern- und Kosakenaufständen unter Führung des Donkosaken Jemeljan Pugaschow, den das Regime blutig niederschlagen lässt. Die verwüsteten Landstriche im unteren Wolgagebiet werden in der Folgezeit mit deutschen Einwanderern besiedelt, die Katharina II. dazu aufgerufen hatte, ins Land zu kommen.

Außenpolitisch setzt die Zarin den bisherigen Expansionskurs fort. Zwar gelingt es ihr in mehreren Kriegen gegen das Osmanische Reich nicht, ihr so genanntes „griechisches Projekt" zu verwirklichen und ein zusammenhängendes orthodoxes Reich von der Ägäis bis nach Russland zu schaffen,. dennoch erobert das Russische Reich die Schwarzmeerküste zwischen Dnjepr- und Dnjestrmündung und die Krim. Dort werden mit Sewastopol, Odessa und Jekaterinoslaw eine Reihe neuer Städte gegründet. Mit Preußen und Österreich vereinbart Katharina II. die drei Teilungen Polens. Zwei Drittel dieses Staatsgebietes verleibt sich Russland ein – das bedeutet rund eine Million qkm Landgebiet sowie sechs Millionen Menschen – hauptsächlich Weißrussen, Litauer und Juden.

Von Alexander I. zu Alexander II.

Unter der Herrschaft des Enkels von Katharina II., Alexander I. (1801–1825), erzielt das russische Reich noch einmal Gebietsgewinne in Europa. Bis 1812 werden Georgien, Finnland und Bessarabi-

en russisch. Zudem gelingt es den Russen, die napoleonische Armee zurückzuschlagen. Der als „Retter Europas" gefeierte Zar spielt beim Wiener Kongress 1815 eine maßgebliche Rolle bei der Neuordnung Europas. Innenpolitisch bringt die Regierungszeit von Alexander I. weitere Reformansätze. Dazu zählen ein Verfassungsentwurf des Staatssekretärs im Innenministerium, M. M. Speranski, mit einer auf Gewaltenteilung beruhenden Monarchie, einer Neugestaltung der Zentralverwaltung sowie der Neugründung von fünf Hochschulen.

Der Winterpalast in St. Petersburg beherbegt heute als Eremitage eine der bedeutendsten Kunstsammlungen der Welt.

Die dessen ungeachtet repressive Innenpolitik – das autokratische System und die Leibeigenschaft bleiben unangetastet – führt ab 1816 zur Gründung von reformerischen Geheimbünden, in denen alsbald revolutionäre Tendenzen die Oberhand gewinnen. Nach dem plötzlichen Tod Alexanders I. proben Gardeoffiziere am 14. Dezember 1825 in Sankt. Petersburg den Aufstand. Der neue Zar, Nikolaus I., lässt die Aufständischen zusammenschießen. Fünf Anführer des Dekabristenaufstandes werden hingerichtet.

Die restaurative Politik setzt sich unter Nikolaus I. (1825–1855) fort. Sie stützt sich vor allem auf Bürokratisierung, Militarisierung und die im Juli 1826 gegründete Geheimpolizei, die dritte Abteilung der Kanzlei des Zaren. Die wirtschaftliche Stagnation als Folge der Leibeigenschaft, die eine schnelle industrielle Entwicklung behindert und Russland gegenüber den westlichen Staaten ins Hintertreffen bringt, vor allem aber die Niederlage des Russischen Reiches im Krimkrieg (1853–1856) sind der Motor für die Reformbemühungen von Alexander II. (1855–1881).

RECHTE SEITE:
Statue Alexander II.

Organe der lokalen Selbstverwaltung werden eingerichtet, die Zensur gelockert, die Stadtverwaltung reorganisiert sowie eine Justiz- und Militärreform durchgeführt. Seit der Mitte des 19. Jahrhunderts setzt eine verspätete Industrialisierung ein und Sibirien wird wirtschaftlich erschlossen. Am 21. Februar 1861 erfolgt die Aufhebung der Leibeigenschaft, die aber an der desolaten Lage der verarmten Landbevölkerung nichts ändert.

Die Folge sind Bauernaufstände. Diese werden zum Ausgangspunkt für die Gründung von Geheimgesellschaften, die den Sturz des Zaren herbeiführen wollen. 1866 missglückt ein Attentat auf den Zaren, womit die Reformbestrebungen enden. Die Pressezensur sowie die Kontrolle aller öffentlichen Einrichtungen werden wieder verschärft. Außenpolitisch richtet sich die Expansion des Russischen Reiches nach Osten. 1860 wird Wladiwostok gegründet, bis 1888 der Einfluss auf Turkestan und den Kaukasus ausgedehnt. Gleichzeitig werden die Mandschurei und Korea zum Ziel neuer Hegemonialbestrebungen.

VOM AUSGEHENDEN 19. JAHRHUNDERT BIS ZUM REVOLUTIONSJAHR 1917

Auf den gewaltsamen Tod von Alexander II. im Jahre 1881 reagiert sein Nachfolger Alexander III. mit Repressionen durch Russifizierungspolitik, Antisemitismus, Schikanen im Bildungssystem, verschärfter Pressezensur sowie Beschränkung der Justiz. Gleichzeitig versucht Finanzminister Sergej

Ein kleines Gartenhaus im Park von Peterhof, St. Petersburg

ALEXANDER II

Witte durch eine innovative Finanzpolitik der Industrialisierung des Landes neue Impulse zu geben. Dazu gehören die Förderung des Eisenbahnbaus und Bankenwesens, die Beschaffung von Auslandskapital sowie eine protektionistische Außenhandelspolitik.

Diese neue Ausrichtung verschärft jedoch die Widersprüche zwischen dem grundbesitzenden Adel auf der einen Seite und landlosen Bauern sowie einem entstehenden Industrieproletariat auf der anderen Seite. Besonders auf Letzteres stützt sich die Sozialdemokratische Arbeiterpartei, die 1898 in Minsk gegründet wird. Fünf Jahre später spaltet sich die Partei in die von Wladimir Iljitsch Lenin geführten radikalen Bolschewiki und die gemäßigten Menschewiki.

Die sozialen Gegensätze entladen sich Anfang 1905. Die vorangegangene schmachvolle Niederlage im Krieg gegen Japan hatte Russlands imperialistische Ambitionen im Fernen Osten zunichte gemacht. 100.000 friedliche Demonstranten, die mit einer politischen Bittschrift für den Zaren zum Winterpalast in Sankt Petersburg ziehen, werden zusammengeschossen.

Der „Blutsonntag" läutet die Revolution von 1905 ein. Es folgen zahlreiche Streiks von Studenten und ein Generalstreik im Herbst. Im Oktober 1905 erlässt Zar Nikolaus II. (1894–1917) ein Manifest, das unter anderem die Einrichtung eines Parlaments (Duma) vorsieht. Ein Jahr später leitet die Regierung unter Pjotr Stolypin eine Agrarreform ein. Diese löst die Bindung der Bauern an die Dorfgemeinde auf, kommt aber nur schleppend voran.

Ein weiterer der vielen Paläste, die in und um St. Petersburg unter der Zarenherrschaft gebaut wurden

Da die erste und die zweite Duma von radikalen und sozialistischen Parteien dominiert werden, löst Nikolaus II. die Parlamente auf. Erst die beiden folgenden Dumen (1907–1917) sind mehrheitlich konservativ. 1914 tritt Russland in den Ersten Weltkrieg ein. Nach anfänglichen Erfolgen gibt es schwere Niederlagen. Sowohl die Regierung als auch die Opposition sind nicht in der Lage, eine funktionierende Kriegswirtschaft zu organisieren. Ab 1916 kommt es zu massiven Verteilungs- und Versorgungsproblemen, die mit Preissteigerungen einhergehen.

VOM AUSGEHENDEN 19. JAHRHUNDERT BIS ZUM REVOLUTIONSJAHR 1917

Streiks und Massendemonstrationen im Januar 1917 führen zur Februarrevolution. Die spontane Volkserhebung beginnt in Petrograd, wie Sankt Petersburg seit 1914 heißt, und breitet sich schnell über das ganze Land aus. Am 27. Februar bildet die Duma eine provisorische Regierung, am 2. März dankt Zar Nikolaus II. ab. Neben der provisorischen Regierung stößt der kurz zuvor gegründete Petrograder Sowjet der Arbeiter- und Soldatendeputierten als zweite Institution in das entstandene Machtvakuum vor.

Einen Tag nach seiner Rückkehr aus dem Schweizer Exil verkündigt Wladimir Iljitsch Lenin am 4. April seine gleichnamigen Thesen. Unter der Motto „Alle Macht den Räten!“ fordert er darin den Rückzug Russlands aus dem Krieg, die Machtübernahme durch die Sowjets, den Entzug der Unterstützung für die provisorische Regierung sowie die Nationalisierung von Grundbesitz und Banken.

Mit einem Kanonenschuss soll die Aurora das Signal für den Sturm auf das Winterpalast und damit für den Beginn der Oktoberrevolution gegeben haben.

Forderungen der in Gewerkschaften und Arbeitermilizen organisierten Arbeiterschaft, revoltierende Bauern sowie Meutereien und Desertion in der Armee lassen in den Folgemonaten das Pendel zugunsten der Bolschewiki ausschlagen. Diese beschließen am 10. Oktober den bewaffneten Aufstand, zwei Tage später übernimmt Leo Trotzki (1879–1940) den Vorsitz des Petrograder Sowjets.

In der Nacht vom 24. zum 25. Oktober wird die provisorische Regierung verhaftet und die Bolschewiken übernehmen die Macht. Eine neue vorläufige Regierung unter Lenins Führung, der Rat der Volkskommissare, erlässt Dekrete über die Nationalisierung des Bodens, den Frieden und die Arbeiterkontrolle zur Regulierung der Volkswirtschaft. In einem weiteren Schritt zur Machtsicherung treiben die Bolschewiken die gewählte Verfassungsgebende Versammlung am 6. Januar 1918 auseinander.

Im März setzt Lenin den „Schandfrieden" von Brest-Litowsk durch, der den Krieg gegen Deutschland beendet. Dadurch gehen im Westen das Baltikum und im Süden die Ukraine verloren. Die meisten nationalen Territorien der Peripherie erklären sich für unabhängig, gleichzeitig ergreifen gegenrevolutionäre russische Kräfte in den Randgebieten die Macht.

Ein zweijähriger Bürgerkrieg zwischen „Roten" und „Weißen", in den anfangs auch alliierte Interventionstruppen eingreifen, endet 1920 mit einem Sieg der „Roten". Dieser verdankt sich nicht zuletzt dem Terror der Geheimpolitei Tscheka. Zudem erobern die Roten Weißrussland, die Ukraine und Georgien und errichten dort Sowjetrepubliken. Im Gegensatz dazu hatte sich Polen schon 1918 neu konstituiert und auch die baltischen Staaten sowie Finnland erlangen die Unabhängigkeit.

Lenin wie man in kennt, in dieser Pose ist er am meisten verewigt worden.

Dem Bürgerkrieg fallen sechs Millionen Menschen zum Opfer – darunter auch Zar Nikolaus II. und seine Familie, die am 17. Juli 1918 in Jekaterinburg von einem bolschewistischen Kommando ermordet werden. Bereits während des Bürgerkrieges beginnen die Bolschewiki, deren Partei mittlerweile der entscheidende Machtfaktor ist, eine sozialistische Wirtschaft aufzubauen.

Das Lenin-Mausoleum mit dem aufgebahrten Leichnam Lenins ist vielen Russen wichtiger als der ganze Rest des Roten Platzes.

Der Staat übernimmt alle wichtigen Produktions- und Verteilungsfunktionen, die großen Industriebetriebe werden verstaatlicht. Die gewaltsame Beschaffung von Getreide und eine Ablieferungspflicht sollen die Versorgungsprobleme lösen. Dennoch liegt Russland am Ende des Bürgerkrieges wirtschaftlich völlig danieder. Im Winter 1921/22 wird das Land von einer schweren Hungersnot erschüttert.

Im März erheben sich in Kronstadt Matrosen gegen die desolate Wirtschafts- und Versorgungslage. Der Aufstand wird blutig niedergeschlagen. Die Bolschewiken sehen sich zum Handeln gezwungen und beschließen auf ihrem X. Parteikongress im selben Monat die Neue Ökonomische Politik (NEP). Die Bauern können nun ihre Produkte auf den Märkten verkaufen, die Beschlagnahme von Lebensmitteln wird durch Naturalabgaben, später durch Steuern ersetzt. Großindustrie, Banken und der Außenhandel bleiben jedoch in staatlicher Hand.

OBEN:
Stalin an seinem Arbeitstisch

RECHTE SEITE:
Stalin und Ribbentrop schütteln sich nach der Unterzeichnung des deutsch-sowjetischen Nichtangriffspaktes die Hände

DIE SOWJETUNION: VON DER GRÜNDUNG BIS ZUR AUFLÖSUNG

Die Herrschaft Stalins

Am 30. Dezember 1922 schließen sich die Russische Sowjetische Föderative Sowjetrepublik, die Ukrainische SSR, die Weißrussische SSR sowie die Transkaukasische SSR zur Union der Sozialistischen Sowjetrepubliken (UdSSR) zusammen. Moskau wird Hauptstadt. 1924 erweitert sich die UdSSR um Turkmenien und 1926 um Tadschikistan. Eine staatlich kontrollierte Wirtschaft wird ausgerufen und die Sowjets zu Eigentümern von Boden und Produktionsmitteln erklärt. Recht, Bildung, Kunst und Medien werden in den Dienst der Parteipolitik gestellt. Die nationalen Gebietseinheiten erhalten das Recht zu einer eigenen kulturellen Entfaltung. Diese Zugeständnisse werden in der Folgezeit jedoch wieder rückgängig gemacht.

Josef Stalin (1879–1953), seit 1922 Generalsekretär des Zentralkomitees der Kommunistischen Partei, verwandelt die Partei in einen bürokratischen Apparat, baut diesen aus, rekrutiert neues Perso-

In der Schlacht von Stalingrad kamen schätzungsweise 700.000 Menschen – Soldaten wie Zivilisten – ums Leben.

nal und schafft sich so eine Machtbasis. Als der todkranke Lenin 1924 stirbt, entbrennt ein harter Kampf um seine Nachfolge. Den Sieg sichert sich Stalin, indem er seine Gegner – auf der linken Seite Trotzki, auf der rechten Bucharin – ausschaltet. Da es keine Anzeichen für eine baldige kommunistische Weltrevolution gibt, entscheidet sich Stalin für den Aufbau des Sozialismus in einem Land. Die in den Jahren 1927 bis 1929 eintretende Krise in der Getreideversorgung nimmt Stalin zum Anlass, um die Neue Ökonomische Poltik abzubrechen.

An ihre Stelle tritt ein neues Programm, das eine beschleunigte Industrialisierung und eine forcierte Kollektivierung der Landwirtschaft vorsieht. Die ersten beiden Fünfjahrespläne, die die Zeiträume von 1929 bis 1933 und von 1933 bis1937 abdecken, bringen Erfolge. Ende der 30er Jahre belegt die Sowjetunion im Produktionsvolumen hinter den USA bereits den zweiten Platz. Erkauft ist dies alles durch die Schwerstarbeit der massenhaft eingesetzten Arbeitskräfte, der Verschwendung von Ressourcen sowie durch den Konsumverzicht der Bevölkerung. Parallel zu Industrialisierung wird die Zwangskollektivierung der Landwirtschaft ins Werk gesetzt.

Vielfach gegen ihren Willen werden die Bauern in Kolchosen und Sowchosen eingegliedert, der Privatbesitz an Grund und Boden wird abgeschafft. Die Folgen sind die völlige Zerrüttung der Landwirtschaft, Chaos und Hunger. Hinter der Parole „Liquidierung des Kulakentums als Klasse“ verbirgt sich die Deportation und Zwangsumsiedlung von über zwei Millionen Menschen. Dies bedeutet mit der Zwangskollektivierung und der gewaltsamen Sesshaftmachung der nomadischen Kasachen und Kirgisen, die allein über eine Million das Leben kostet, mehrere Millionen Opfer. 1932/33 verhungern in der Ukraine, dem Nordkaukasus und der oberen Wolga 3 bis 7 Millionen Menschen. Ein

Kennzeichen des sowjetischen Herrschaftssystems, das auf eine faktische Alleinherrschaft Stalins hinausläuft, wird der Massenterror gegen die Bevölkerung.

Den großen Säuberungen der 30er Jahre fallen zahlreiche Gruppen zum Opfer: die alte Garde der Bolschewiki und anderer Parteien, die Armeespitze, Vertreter der Bürokratie und der politischen Polizei, die Eliten der nichtrussischen Nationen sowie Repräsentanten der russischen geistlichen Führung. Schätzungen zufolge sind zwischen 1936 und 1938 rund acht Millionen Sowjetbürger in Lagern in Sibirien und im hohen Norden interniert.

Am 23. August 1939 unterzeichnet Stalin mit Adolf Hitler einen Nichtangriffspakt, in dem die Interessensphären der beiden Vertragspartner in Polen, dem Baltikum und Rumänien abgesteckt werden. Am 17. September besetzen sowjetische Truppen Ostpolen. Am 30. November überfällt die Sowjetunion Finnland im Winterkrieg, das Teile seines Staatsgebietes in Karelien abtreten muss. Dort errichtet Moskau die Karelo-Finnische Sowjetrepublik.

Im Juni 1940 werden die drei baltischen Staaten Estland, Lettland und Litauen, das rumänische Gebiet Bessarabien und das spätere Moldawien besetzt.

Nach dem Überfall Hitlers am 22. Juni 1941 tritt die Sowjetunion an der Seite der Alliierten in den Großen Vaterländischen Krieg ein. In der brutalen deutschen Besetzung werden rund 10 Millionen Zivilisten getötet. Mehrere Millionen werden als Zwangsarbeiter nach Deutschland, russische, weißrussische, ukrainische und baltische Juden in Vernichtungslager wie Auschwitz deportiert.

Gedenkstätte für die russischen Gefallenen des Zweiten Weltkrieges in Wolgograd

Die Niederlage der Deutschen gegen die Rote Armee in der Schlacht um Stalingrad im Winter 1941/42 bringt die Wende im Zweiten Weltkrieg. Nach dem Ende des Zweiten Weltkrieges, aus dem die Sowjetunion als eine Siegermacht hervorgeht, besetzen sowjetische Truppen im Fernen Osten die japanischen Gebiete Mandchuria, Karafuto und die Kurilen und dehnen ihren Einfluss auf die angrenzenden Länder Polen, Bulgarien, Rumänien, Ostdeutschland, Tschechoslowakei, Ungarn und Albanien aus.

Dort werden Volksdemokratien nach Moskauer Vorbild errichtet. Am 29. August 1949 zündet die Sowjetunion erfolgreich die erste Atombombe. Die folgenden Jahrzehnte, der so genannte Kalte Krieg, stehen ganz im Zeichen der Konfrontation der beiden Supermächte UdSSR und USA, die sich in zwei Blöcken gegenüberstehen. Der vierte Fünfjahresplan (1946–1950) dient dem industriellen Wiederaufbau der Volkswirtschaft. Parallel dazu wird die Kollektivierung der Landwirtschaft weiter vorangetrieben. Die bürokratische Zentralisierung findet ihren Ausdruck im bisweilen ans Absurde grenzenden Personenkult Stalins. Damit einher gehen Repressionswellen gegen ganze Völker. Deutsche, Tschetschenen und Krimtataren werden vor allem nach Zentralasien zwangsdeportiert. Am 5. März 1953 stirbt Josef Stalin.

Die Entstalinisierung unter Nikita Chruschtschow

Dem Tod Stalins folgt ein Machtkampf seiner Erben, aus dem Nikita Chruschtschow (1894–1971) als Sieger hervorgeht. 1953 wird Chruschtschow zum ersten Sekretär des ZK der KPdSU und fünf Jahre später zum Vorsitzenden des Ministerrates gewählt. Damit vereinigt er die beiden höchsten Staatsämter in einer Person. Innenpolitisch setzt der neue Mann die Förderung der Landwirtschaft – so werden die Belastung durch Abgaben gesenkt und die Aufkaufpreise für produzierte Überschüsse erhöht – und der Konsumgüterindustrie auf die Tagesordnung.

Anfang 1954 beschließt das ZK-Plenum in Moskau das Neulandprogramm, mit dem 13 Millionen bislang unerschlossene und wenig genutzte Böden in Dürregebieten Sibiriens und Kasachstans urbar gemacht werden sollen. Doch der Spagat, der Landwirtschaft neue Impulse zu verleihen und dabei gleichzeitig die Schwerindustrie weiter auszubauen, misslingt, die erwünschten Erfolge stellen sich nicht ein.

Eine drohende Hungerkatastrophe kann im Herbst 1963 nur durch umfangreiche Weizenkäufe in Kanada abgewendet werden. In seiner berühmten Geheimrede auf dem XX. Parteitag der KPdSU, die zuerst im Westen bekannt wird, rechnet Chruschtschow mit seinem Vorgänger Stalin ab.

Er prangert dessen despotische Innenpolitik an und leitet so die Entstalinisierung ein, ohne dabei jedoch die wesentlichen Grundlagen der stalinistischen Herrschaft anzutasten. Diese zaghafte innenpolitische Öffnung setzt dem Massenterror ein Ende. 1953 werden von den acht bis neun Millionen Lagerinsassen 4000, bis 1955 weitere 12.000 entlassen.

Auch im kulturellen Bereich kommt es zu einer kurzfristigen Lockerung. Als Folge entstehen Zirkel der Intelligenzija, in der Ukraine und den baltischen Staaten das Recht auf Selbstbestimmung fordernde Gruppierungen sowie eine Untergrundliteratur. Nicht zuletzt diese Entwicklungen sind es, die die Führung dazu veranlassen, wieder härter durchzugreifen. 1958 wird der Schriftsteller Boris Pasternak dazu gezwungen, den Literaturnobelreis zurückzuweisen.

Die Außenpolitik unter Chruschtschow steht anfangs ganz im Zeichen einer „friedlichen Koexistenz" mit der kapitalistischen Welt sowie dem Bemühen, ein Rüstungsgleichgewicht zwischen Ost und West herzustellen. Dieses Ziel ist Mitte der 50er Jahre erreicht. 1957 zündet die UdSSR die erste Wasserstoffbombe und schickt mit der Sputnik 1957 den ersten Satelliten sowie 1961 mit Juri Gararin den ersten Menschen ins Weltall.

Die anfängliche politische Zurückhaltung wird in der Folgezeit aufgegeben und durch einen konfrontativen Kurs ersetzt. 1956 marschiert die Rote Armee in Ungarn ein und schlägt die dortige Volkserhebung gegen den Kommunismus blutig nieder. Zwei Jahre später versucht Chruschtschow die deutsche Teilung zu zementieren. Er stellt den Westalliierten ein Berlin-Ultimatum, kann sich aber nicht durchsetzen.

Infolge der Errichtung von Basen für sowjetische Mittelstreckenraketen auf Kuba kommt es 1962 zur Kuba-Krise, die der Welt die Möglichkeit eines Dritten Weltkrieges mit dem Einsatz von Atomwaffen plastisch vor Augen führt. Wachsende ideologische Differenzen haben 1963 den endgültigen Bruch zwischen Moskau und Peking zur Folge. Im Oktober 1964 wird Chruschtschow abgesetzt. Ihm werden Personenkult, Misserfolge in der Wirtschaftspolitik sowie der Verlust der weltkommunistischen Einheit angelastet.

Als die Sowjetunion unter Chrustschow versucht, Basen für Mittelstreckenraketen auf Kuba zu installieren, steht die Welt beinahe wieder vor einem Krieg.

Aus Anlass der Feierlichkeiten zum 30-jährigen Bestehen der DDR tauschen Erich Honecker und Leonid Breschnew den Bruderkuss aus.

Die Ära der Stagnation – Leonid Breschnew und seine Nachfolger

Nach dem Sturz Chruschtschows übernimmt zunächst ein Quartett – die kollektive Führung – die Macht. Bald kristallisiert sich Leonid Breschnew (1906–1982) als der neue starke Mann heraus. 1977 übernimmt der KP-Generalsekretär auch noch das Amt des Staatsoberhauptes. Innenpolitisch geht es vor allem darum, durch eine Reorganisation der Partei die Positionen der Nomenklatura abzusichern sowie das gesamte öffentliche Leben wieder nach den Direktiven der KPdSU auszurichten. Deren Machtmonopol wird in der Verfassung von 1977 festgeschrieben. Eine begrenzte Reformbereitschaft, die Erschließung sibirischer Rohstoffe, die Entwicklung einer Infrastruktur – die Baikal-Amur-Magistrale wird 1984 fertiggestellt – sowie der Export von Rohöl und Erdgas vermögen die Wirtschaft vorübergehend zu stabilisieren.

Die gleichzeitige Förderung sozial Schwacher lässt den Lebensstandard der Bevölkerung steigen. In den 70er Jahren stagniert die wirtschaftliche Entwicklung jedoch und die Wachstumszahlen gehen zurück. Besonders die Landwirtschaft bleibt extrem krisenanfällig. Ausfälle durch Missernten in den Jahren 1972, 1975, 1979 und 1982 kann die Kremlführung nur durch Getreideankäufe in den USA und Kanada kompensieren.

Die Durchsetzung des absoluten Führungsanspruchs der Kommunistischen Partei geht einher mit massiven Repressionen gegen neu entstandene oppositionelle Gruppen, die sich den Kampf für Menschen- und Bürgerrechte sowie für die Rechte der Nationalitäten auf die Fahnen geschrieben haben. Der Prozess gegen die beiden Schriftsteller Andrej Sinjawski und Juli Daniel im Jahre 1966 markiert einen ersten Höhepunkt dieser Entwicklung. Weitere probate Mittel im „ideologischen

Die Flaggen der Alliierten am Checkpoint Charly in Berlin

Krieg gegen antisozialistische Kräfte“ sind Verbannung, wie des Physikers und späteren Friedensnobelpreisträgers Andrej Sacharow, Ausbürgerung, wie das Beispiel Alexander Solschenizyns verdeutlicht, oder die Einweisung Andersdenkender in psychiatrische Kliniken

Die Schaffung eines „Sowjetvolkes“ – dieser Begriff wird ebenfalls in der Verfassung von 1977 verankert – bedeutet in der Praxis eine rigorose Russifizierungpolitik gegenüber anderen Nationalitäten in den Sowjetrepubliken. So wird das Russische zur privilegierten Sprache, nationale Traditionen werden verdrängt sowie bestimmte Religionen verfolgt. Die gezielte Ansiedlung von Russen erhöht zudem den Druck, Russisch zu erlernen. 1978 kommt es anlässlich des Versuchs, das Recht auf den Gebrauch der Muttersprache aus den Verfassungen einzelner Republiken zu streichen, in Georgien zu Unruhen. Anders als in der Nationalitätenpolitik lässt die Führung die Zügel auf dem Gebiet der Religion etwas lockerer.

Das Ziel dabei ist, das Image der UdSSR zu verbessern und die Abdrängung von Religionsgemeinschaften in den schwer zu kontrollierenden Untergrund zu verhindern. Außenpolitisch hält die Führung unter Breschnew am Prinzip der „friedlichen Koexistenz“ fest und bemüht sich um Abrüs-tungsabkommen mit den USA, ohne dabei jedoch auf weltrevolutionäre und expansionistische Bestrebungen zu verzichten. Mit den Verträgen SALT I (1972) und SALT II (1979) vereinbaren die Sowjetunion und die USA Begrenzungen der strategischen Rüstung. Auch in der Deutschlandpolitik deutet sich eine Wende an.

1970 wird der Moskauer Vertrag unterzeichnet, ein Jahr später stimmt Moskau dem Viermächteabkommen über Berlin zu. Damit verzichtet die Sowjetunion auf die ausdrückliche Anerkennung der Grenzen durch die Bundesrepublik Deutschland und lässt auch die Forderung nach einer völkerrechtlichen Anerkennung der DDR fallen. Die Annäherung schafft die Voraussetzungen für erste Gespräche über die Konferenz für Sicherheit und Zusammenarbeit in Europa (KSZE), die am 1. August 1975 zur Unterzeichnung der Schlussakte von Helsinki führen. Während der Entspannungskurs gegenüber dem Westen erste greifbare Erfolge zeitigt, brodelt es im sozialistischen Lager weiter. Am 21. August 1968 marschieren Truppen des Warschauer Paktes in die Tschechoslowakei ein und machen so alle Hoffnungen auf einen „Sozialismus mit menschlichem Antlitz“ zunichte. Ideologisch untermauert wird das militärische Eingreifen mit der so genannten „Breschnew-Doktrin“, wonach eine Intervention gerechtfertigt ist, wenn der Sozialismus in einem Staat bedroht und die gemeinsamen Interessen des sozialistischen Lagers gefährdet sind.

Auch unter Breschnew bleibt der Gegensatz zwischen Moskau und Peking prägend. Auf den Einfall des von der UdSSR gestützten Vietnams in Laos und Kambodscha antwortet China 1979 mit der Kündigung des sowjetisch-chinesischen Freundschaftsvertrages von 1950. Der Einmarsch sowjetischer Truppen in Afghanistan zur Unterstützung der moskautreuen Führung im selben Jahr ist ein herber Rückschlag für die Entspannungspolitik – die USA weigern sich, SALT II zu ratifizieren – und wird für Moskau zu einem Desaster.

Die sowjetischen Truppen schaffen es nicht, die afghanischen Widerstandskämpfer in die Knie zu zwingen. Noch bevor Breschnew 1982 stirbt, sind die Anzeichen für eine tiefe Krise des Systems unübersehbar. Die Leistungskraft der Wirtschaft und der Lebensstandard der Bevölkerung nehmen ab. Der technologische Rückstand zu den westlichen Industriestaaten vergrößert sich genauso wie die Schwierigkeiten im sozialen Bereich und im Gesundheitswesen.

Die Duma – Sitz des russischen Parlaments – im Abendlicht

Dennoch kommt es nach Breschnews Tod nicht zu dem erhofften Generationswechsel und einem Aufbrechen der verkrusteten Strukturen des Systems. Sowohl Juri Andropow (1914–1984) als auch Konstantin Tschernenko (1911–1985), mit 69 und 72 Jahren die ältesten Generalsekretäre der Parteigeschichte, sind zwar beide gegenüber begrenzten Reformen in der Wirtschaft und im Bildungswesen aufgeschlossen und versuchen die Korruption zu bekämpfen, wegen ihres schlechten Gesundheitszustandes bereits bei Amtsantritt können sie diese Konzepte jedoch nicht umsetzen.

Glasnost und Perestroika – Die Ära Gorbatschow

Am 1. März 1985 wird Michail Gorbatschow (geb. 1931) neuer Generalsekretär der KPdSU. Die Wahl des 54-Jährigen, des jüngsten Parteichefs seit Lenin, symbolisiert mit Nachdruck den Bruch mit der vergreisten Generation seiner Vorgänger. Bereits kurze Zeit später kündigt Gorbatschow unter den Schlagworten Glasnost (Transparenz) und Perestroika (Umbau) einen umfassenden Modernisierungsprozess an und leitet damit ungewollt das Ende der Sowjetunion ein. Dieser soll das System aus seiner Erstarrung lösen und erneut legitimieren, ohne dabei jedoch die Grundlagen des Sowjetkommunismus anzutasten.

Einen ersten schweren Rückschlag erleiden Gorbatschows Bemühungen durch die Reaktorkatastrophe in Tschernobyl am 26. April 1986. Bei der Explosion des Blocks 4 wurden Tonnen von radioaktiven Substanzen in die Luft geschleudert und dadurch weite Teile Russlands, Weißrusslands und der Ukraine radioaktiv verseucht. Herzstück der Perestroika ist eine von Lenins Neuer Ökonomischer Politik inspirierte Wirtschaftsreform, die die Eigenverantwortung der Betriebe steigern

Michail Gorbatschow: Seine Politik von Perestroika und Glasnost führte schließlich zur Auflösung der alten UdSSR.

In einer Dringlichkeitssitzung des russischen Parlaments fordert Boris Jelzin Michail Gorbatschow heraus.

sowie Marktbeziehungen und Konkurrenz fördern soll. Ab 1987 dürfen in der Leichtindustrie und im Einzelhandel Preise frei ausgehandelt werden, um so zu einer Selbstfinanzierung der Betriebe zu gelangen.

Ausländischen Unternehmen wird erlaubt, als Anteilseigner Gemeinschaftsunternehmen (joint ventures) zu gründen. Ab 1988 gilt für Staatsbetriebe das Prinzip der Selbstplanung, Selbstfinanzierung und Selbstverwaltung. Ein Genossenschaftsgesetz erlaubt erstmals die Gründung von Privatunternehmen. Hier allerdings zeigen sich unvorhergesehene Nebeneffekte der Perestroika. Nicht zuletzt weil alte Strukturen aufgebrochen, aber noch keine tragfähigen neuen aufgebaut sind, bleibt die angekündigte „Beschleunigung" (uskorenie) aus.

Die Folge sind Mangelwirtschaft, Preiserhöhungen – ab 1989 streiken regelmäßig Arbeiter im Bergbau – sowie wachsende Versorgungsprobleme. Auch eine breit angelegte Kampagne gegen Alkoholmissbrauch und Korruption scheitert. Ein weiterer tragender Pfeiler der Perestroika sind tiefgreifende Veränderungen der politischen Struktur des sowjetischen Systems, die die XX. Parteikonferenz 1988 absegnet. Diese umfassen unter anderem die Übergabe der Macht der Partei an lokale Sowjets – wodurch der Erosionsprozess der KPdSU eingeleitet wird –, eine demokratische Volkswahl sowie den Versuch, einen sozialistischen Rechtsstaat zu errichten. Die halbfreien Wahlen zum Kongress der Volksdeputierten im März 1989, in dem auch oppositionelle Kräfte vertreten sind, ermöglicht erstmals einen politischen Pluralismus. Ein Jahr später streicht der Kongress den Führungsanspruch der

Kommunistischen Partei aus der Verfassung und wählt Gorbatschow in das neu geschaffene Amt des Präsidenten der UdSSR.

Im kulturellen Bereich führt das Prinzip der Glasnost zu bedeutenden Veränderungen. Die Liberalisierung hat eine vielfältige Presselandschaft zur Folge, die sich, von der Last der vorherigen Zensur befreit, durch eine kritische Berichterstattung hervortut. Historische Debatten machen nicht nur die Verbrechen des Stalinismus, sondern auch Lenin und die Oktoberrevolution zum Thema. Bislang verbotene Kunst wird zugelassen, stalinistische Opfer werden rehabilitiert.

1986 kehrt Andrej Sacharow aus der Verbannung nach Moskau zurück. In der Außenpolitik wird Gorbatschows „neues Denken" zu einem bestimmenden Faktor. Die Regierung forciert den Entspannungskurs. Der KP-Generalsekretär spricht von Europa als „einem gemeinsamen Haus", in dem auch Russland seinen Platz finden muss. Zwei Treffen mit US-Präsident Ronald Reagan in Genf (1985) und Rejkjavik (1986) bringen Fortschritte bei der Abrüstung. 1988/89 bläst Gorbatschow zum Rückzug der sowjetischen Truppen aus Afghanistan.

Als sich 1989 bei den Satelliten Moskaus Machtwechsel ankündigen und das Streben nach Unabhängigkeit gewaltlos nicht mehr aufzuhalten ist, widerruft die Sowjetunion die Breschnew-Doktrin und lässt die Auflösung des sozialistischen Lagers zu. Dadurch wird auch der Weg frei für die Vereinigung der Bundesrepublik Deutschland mit der DDR.

Der sowjetische Generalsekretär Michail Gorbatschow während einer Ansprache im Kongresspalast: sein Thema „Perestroika – die Revolution geht weiter."

Auch innerhalb der Sowjetunion selbst lehnen sich ab Mitte der 80er Jahre die Völker gegen die Russifizierungspolitik auf und fordern immer lauter ihre nationalen Rechte ein. 1986 wird Kasachstan nach der Neubesetzung des Postens des Parteisekretärs der dortigen KP von blutigen Unruhen erschüttert. Ein Jahr später demonstrieren die Krimtataren für eine Rückkehr in ihre Heimat. Vor allem in Zentralasien und im Transkaukasus kommt es in ethnisch gemischt besiedelten Gebieten zu gewalttätigen Auseinandersetzungen, die tausende von Opfern fordern. Im Verlauf des Jahres 1990 erklären sich nacheinander alle 15 Unionsrepubliken für unabhängig und verlangen ihre eigenen Streitkräfte.

Als konservativ-kommunistische Putschisten versuchen die Macht an sich zu reißen, stellen sich Boris Jelzin und seine Anhänger ihnen entgegen.

Gorbatschow versucht, die UdSSR mit einem neuen Unionsvertrag zu retten. Dieser sichert den Republiken die Verfügung über ihre Ressourcen, eine unabhängige Verwaltung sowie die staatliche Souveränität zu. Russland, Kasachstan, Usbekistan, Kirgistan, Turkmenistan, Tadschiskistan, Aserbaidschan, die Ukraine und Weißrussland erklären sich am 20. August zur Unterzeichnung bereit. Am 19. August putschen hochrangige konservative Kommunisten in Moskau und versuchen so den

Gang der Dinge noch aufzuhalten. Ein achtköpfiges Notstandskomitee setzt Gorbatschow an seinem Urlaubsort auf der Krim fest und verhängt den Ausnahmezustand.

Der versuchte Staatsstreich scheitert nach nur drei Tagen – nicht zuletzt durch den Einsatz des im Juni 1991 zum ersten russischen Präsidenten gewählten Boris Jelzin, der gemeinsam mit zahlreichen Demonstranten den Putschisten auf der Straße die Stirn bietet. Am 8. Dezember lösen die Staatschefs von Russland, Weißrussland und der Ukraine die Sowjetunion auf und gründen die Gemeinschaft Unabhängiger Staaten (GUS).

Am 21. Dezember treten alle anderen ehemaligen Unionsrepubliken, mit Ausnahme der baltischen Staaten, dem neuen Bündnis bei. Vier Tage später tritt Gorbatschow vom Amt des Präsidenten zurück. In der Nacht zum 27. Dezember wird die Sowjetfahne über dem Kreml eingeholt und durch die russische Trikolore ersetzt. Die Sowjetunion ist ab jetzt Geschichte.

Die neue russische Trikolore löst die alte Sowjetfahne ab

DIE EHEMALIGE UDSSR

ordpolarmeer
Bezirk der Tschuktschen
Anadyr
Bezirk der Korjaken
Palana
Tajmyr
Nenzen
Werchojansk
Lena
Magadan
Kamtschatka
Petropawlowsk-Kamtschatskij
Sacha - Jakutien
Aldan
Wiljui
Bezirk
L A N D
Tura
Jakutsk
Ochotskisches Meer
Untere Tunguska
der Ewenken
Sachalin
Angara
Amur
Juschno-Sachalinsk
sk
Blagoweschtschensk
Chabarowsk
Birobidschan
16
14
Ust-Ordinskij
Tschita
Aginskoje
Irkutsk
Ulan-Ude
15
Burjatien
Primorskij
14 Bezirk der Ust-Ordinsker Burjaten
15 Bezirk der Aginsker Burjaten
16 Jüdisches Autonomes Gebiet
Wladiwostok
autonome Republiken
autonome Bezirke bzw. Gebiete
nichtautonome Regionen und Gebiete
nach 1989 entstandene Staaten auf dem Gebiet der ehem. UdSSR
heutige Staatsgrenzen
Grenzen der Republiken, Bezirke und Gebiete
500
1000
1500
km

DER VIELVÖLKERSTAAT UDSSR

Als die Sowjetunion (UdSSR) am 26. Dezember 1991 von der politischen Bühne abtritt, bedeutet das gleichzeitig auch das Ende des Staates mit dem größten zusammenhängenden Herrschaftsgebiet in der jüngeren Menschheitsgeschichte. Zu diesem Zeitpunkt umfasst der Vielvölkerstaat, in dem 286,717 Millionen Menschen leben (Volkszählung von 1988), eine Fläche von 22,4 Millionen qkm – das heißt fast ein Sechstel des Festlandes der Erde.

Die UdSSR umfasst elf von 24 Zeitzonen und erstreckt sich in west-östlicher Richtung vom Schwarzen Meer und der Ostsee bis um Pazifischen Ozean über fast 10.000 Kilometer sowie in nord-südlicher Richtung über fast 5000 Kilometer. Im Norden grenzt das Riesenreich an die Barentssee, die Laptewsee und an die ostsibirische See; im Süden an Nordkorea, die Volksrepublik China, die Mongolei, Afghanistan, den Iran, die Türkei und das Schwarze Meer; im Westen an Rumänien, Ungarn, die Tschechoslowakei, Polen, die Ostsee, Finnland und Norwegen; im Osten an das Ochotskische Meer, das Beringmeer sowie an den Pazifischen Ozean.

Rein formal betrachtet ist die Sowjetunion ein föderalistischer Staatenbund, dem 15 Unionsrepubliken angehören. Diese haben laut Artikel 72 der sowjetischen Verfassung von 1977 das Recht, aus der Union auszutreten – eine Bestimmung, die jedoch nie zur Anwendung kommt. De facto ist die UdSSR ein sozialistisch-zentralistisch regierter Staat, in dem die Russische Sowjetrepublik, die anders als die 14 übrigen Unionsrepubliken über keine eigenen Strukturen der Kommunistischen Partei verfügt, dominiert und die Richtlinien für die politische, wirtschaftliche und gesellschaftliche Entwicklung vorgibt. Das macht sich auch daran fest, dass Moskau, das einen besonderen Status hat, die Hauptstadt der Union ist. Hier sind alle wichtigen Machtorgane konzentriert, wie zum Beispiel die Zentrale der Kommunistischen Partei der Sowjetunion (KPdSU). Nicht zuletzt über die phasenweise Besetzung der wichtigsten Position in Partei und Verwaltung mit russischen „Kadern“ gelingt es der KPdSU, ihren Machtanspruch auch in den anderen Unionsrepubliken durchzusetzen.

VON DER GRÜNDUNG BIS ZUM ZERFALL

Am 30. Dezember 1922 schließen sich die Russische Föderative Sowjetrepublik, die Ukrainische, Weißrussische und Transkaukasische SFSR zur Union der Sozialistischen Sowjetrepubliken (UdSSR) zusammen. Im Vorfeld hatten die Bolschewiki in den bereits unabhängigen Staaten kommunistische Kräfte unterstützt und parallel dazu militärischen Druck ausgeübt. Als Ergebnis wurden Sozialistische Sowjetrepubliken ausgerufen.

DIE UKRAINISCHE SOZIALISTISCHE SOWJETREPUBLIK

Die Ukrainische Sozialistische Sowjetrepublik ist mit 603.700 qkm die drittgrößte Sowjetrepublik. In Bezug auf die Einwohnerzahl ist sie die zweitgrößte – hier leben rund 52 Millionen Menschen (1989). Sie gehört zu den hochindustrialisierten Gebieten der Union. 1921 wird die Ukrainische So-

Das Opernhaus von Odessa aus dem Jahre 1887

zialistische Sowjetrepublik ausgerufen und ein Jahr später Teil der UdSSR. 1924 wird die Moldauische ASSR mit der Republik vereinigt. Von der Zwangskollektivierung unter Josef Stalin ist die Ukraine mit ihren fruchtbaren Schwarzerdeböden, auch die „Kornkammer der Sowjetunion" genannt, in besonders grausamer Weise betroffen. Ein regelrechter Krieg gegen sich widersetzende Bauern und eine mutwillig herbeigeführte Hungersnot kosten drei bis sieben Millionen Menschen das Leben.

In den Jahren 1936 bis 1938 fällt ein Großteil der örtlichen Parteifunktionäre den Stalinschen Säuberungen zum Opfer. 1939 wird der vormals polnische Teil der Ukraine von der UdSSR annektiert und der Ukrainischen Unionsrepublik zugeschlagen. 1940 erfolgt der Anschluss der nördlichen Bukowina und Bessarabiens. Während des Zweiten Weltkrieges kommen rund fünf bis acht Millionen Menschen ums Leben und das Land wird weitgehend zerstört. 1945 ist die Ukrainische Unionsrepublik, genau wie die Weißrussische, Gründungsmitglied der UNO, muss ihre Stimme aber stets im Paket mit der UdSSR abgegeben. Neun Jahre später übergibt Nikita Chruschtschow die Krim in ukrainische Verwaltungshoheit.

Ende der 80er Jahre treten – auch im Zuge der Reaktorkatastrophe von Tschernobyl 1986 – informelle Bewegungen öffentlich in Aktion. Diese fordern das Recht auf Selbstbestimmung für die Ukraine. Am 16. Juli 1990 verkündet der Oberste Sowjet in der Hauptstadt Kiew die Souveränität der Ukraine. Am 24. August 1991 erklärt das Parlament die staatliche Unabhängigkeit. Am 5. Dezember desselben Jahres kündigt Kiew den Unionsvertrag von 1922 und unterzeichnet drei Tage

später mit den Staatsoberhäuptern der Weißrussischen und Russischen Unionsrepublik die Gründungsurkunde für die Gemeinschaft Unabhängiger Staaten (GUS).

DIE WEISSRUSSISCHE SOZIALISTISCHE SOWJETREPUBLIK

Die Belorussische Sozialistische Sowjetrepublik ist mit einer Fläche von 207.600 qkm die sechstgrößte und in Bezug auf die 10,1 Millionen starke Einwohnerschaft (1989) fünftgrößte Republik des Landes. Sie wird am 1. Januar 1919 ausgerufen. Der russisch-polnische Krieg (1919–1921) führt zur

Schloss Mir, nahe dem gleichnamigen weißrussischen Städtchen gelegen, stammt aus dem 16. Jahrhundert.

Teilung der Republik zwischen Polen und Sowjetrussland. Auf sowjetischer Seite wird 1922 die Belorussische SSR (BSSR) mit der Hauptstadt Minsk konstituiert. Diese wird 1939 mit den bislang von Polen regierten Landesteilen „zwangsvereinigt." Während der deutschen Besatzung 1941 bis 1944 kommt ein Viertel der Vorkriegsbevölkerung ums Leben.

Anders als in der Ukraine kommt es in der BSSR, die arm an Rohstoffen, aber ein Standort moderner Technologien ist, während der Perestroika nur ganz vereinzelt zur Entwicklung oppositioneller Bewegungen. Erst am 25. August 1991 verabschiedet das Parlament in Minsk eine Unabhängigkeitserklärung.

DIE SOZIALISTISCHE SOWJETREPUBLIK ARMENIEN

Die Transkaukasische Sozialistische Föderale Sowjetrepublik wird am 12. März 1922 im georgischen Tiflis, das zugleich Hauptstadt wird, gegründet. Ihr gehören die Armenische SSR, die Aserbaidschanische SSR und die Georgische SSR an. Als der Verbund am 5. Dezember 1936 aufgelöst wird, werden die drei Mitglieder als eigenständige Unionsrepubliken in die UdSSR aufgenommen.

Von 1828 bis 1917 ist Armenien Teil des russischen Imperiums, erklärt sich nach der Oktoberrevolution für unabhängig von Russland und kurzzeitig zu einer eigenständigen Republik. 1920 intervenieren die Bolschewiki und rufen in Jeriwan eine Sowjetrepublik aus. Sie ist mit einer Fläche von 29.800 qkm die kleinste Unionsrepublik. In Bezug auf die Bevölkerung liegt sie mit 3,2 Millionen Einwohnern, von denen rund 96 Prozent Christen sind, an drittletzter Stelle. Die in Aserbaidschan gelegene Enklave Nagorni-Karabach, die zum damaligen Zeitpunkt zu 93 Prozent von Armeniern besiedelt ist, soll der Armenischen SSR zugeschlagen werden – ein Versprechen, das Josef Stalin nicht einhält.

Ein kleines Dorf vor der mächtigen Bergkulisse des Kaukasus – so sieht es im überwiegenden Teil von Armenien aus.

Ab 1924 beginnt eine forcierte Industrialisierung. Aus einer weitgehend landwirtschaftlich geprägten Unionsrepublik wird ein wichtiger Standort für industrielle Produktion mit Schwerpunkten in Jeriwan und Leninakan. Nationalistische Bestrebungen werden brutal unterdrückt und die Armenische Apostolische Kirche verfolgt. Zahlreiche Armenier werden nach Sibirien deportiert.

In der Chruschtschow-Ära kommt es zu einer Renaissance des armenischen Nationalbewusstseins. Zudem werden den Armeniern begrenzte religiöse Freiheiten gewährt. Am 24. April 1965 gehen in Jeriwan tausende Armenier auf die Straße, um an den 50. Jahrestag des Genozids an ihren Volk durch die Türken zu erinnern. Zwei Jahre später wird ein Denkmal zur Erinnerung an die Ereignisse in Jeriwan fertiggestellt.

Unter der Herrschaft von Michail Gorbatschow lancieren Armenier in Nagorni-Karabach eine demokratische Bewegung, um eine Vereinigung mit Armenien zu erreichen. Am 20. Februar 1988 stimmen Abgeordnete des Nationalrates von Nagorni-Karabach für eine Vereinigung mit Armenien. Solidaritätsaktionen in Jeriwan werden mit Gegendemonstrationen in Aserbaidschan beantwortet. Im

Eine Armenierin mit einem riesengroßen Fladenbrot

Nachdem die Erdölreserven allmählich erschöpft sind, verliert Baku langsam seine Bedeutung als Drehscheibe für Erdöl.

Juni 1988 kommt es zu Boykott- und Blockademaßnahmen seitens Aserbaidschans gegen Armenien sowie zu Gewaltausbrüchen gegen Armenier im aserbaidschanischen Sumgait. Zur Verschärfung der Situation in Armenien trägt ein schweres Erdbeben im November desselben Jahres bei, das 25.000 Todesopfer fordert.

Am 17. März 1991 boykottiert Armenien ein unionsweites Referendum über den Erhalt der UdSSR und erklärt am 23. September 1991 seine Unabhängigkeit. Ein Jahr später bricht ein offener Konflikt um Nagorni-Karabach aus, der 1994 durch einen Waffenstillstand beendet wird.

DIE SOZIALISTISCHE SOWJETREPUBLIK ASERBAIDSCHAN

Im Mai 1918 entsteht eine unabhängige Republik Aserbaidschan. Knapp zwei Jahre später, am 28. April 1920, übernimmt die Rote Armee der Bolschewiki nach einer Intervention die Macht und gründet die Aserbaidschanische SSR. Mit einer Fläche von 86.600 qkm und sieben Millionen Einwohnern (1989, davon 86 Prozent Muslime) nimmt die Unionsrepublik in Größe und Bevölkerungsreichtum den neunten und den sechsten Platz in der UdSSR ein

Die Sowjetisierung beginnt mit der Konfiszierung des Großgrundbesitzes und der Entmachtung der landbesitzenden muslimischen Oberschicht. Zu großen gesellschaftlichen Umwälzungen kommt es in der Stalin-Zeit. 1929 beginnt die Zwangskollektivierung, die auf großen Widerstand stößt. Dem Terror fällt ein Großteil der aserbaidschanischen Intelligenzija zum Opfer. In der Phase der Entstalinisierung wird Aserbaidschan ein begrenztes Maß an nationaler Autonomie in den Bereichen

Kunst, Publizistik und Geschichtsschreibung gewährt. Neue Industriezentren werden gebaut, zum Beispiel in Sumgait. Jedoch verliert die Erdölindustrie, auf die noch 1931 60 Prozent der unionsweiten Produktion entfallen, ihre herausragende Bedeutung.

Zwischen 1976 und 1980 werden in Aserbaidschan die höchsten industriellen Wachstumsraten in der UdSSR erzielt. Unter Michail Gorbatschow kommen nationale Bewegungen zum Ausbruch. Einer der Katalysatoren ist der Konflikt um Nagorni-Karabach. 1989 entsteht eine aserbaidschanische Volksfront, die die staatliche Souveränität propagiert. Auf Aktionen des radikalen Flügels antwortet die Staatsmacht am 20. Januar 1990 mit einer Militärintervention, die 120 Todesopfer fordert. Am 30. August 1991 verkündet das Parlament die Wiederherstellung der staatlichen Unabhängigkeit mit Rückgriff auf die Republik von 1918.

DIE SOZIALISTISCHE SOWJETREPUBLIK GEORGIEN

Nach nur dreijähriger Eigenständigkeit als Georgische Republik (1918–1921) wird am 25. Februar 1921 die Georgische SSR ausgerufen. Eine Fläche von 69.700 qkm und eine Einwohnerzahl von 4,3

Tiflis, die Hauptstadt Georgiens

Signagi ist eine historisch bedeutsame georgische Stadt im Kaukasus.

Millionen (1989) machen sie unionsweit zur zehnt- beziehungsweise bzw. neuntgrößten Republik. Unter den Bedingungen der Neuen Ökonomischen Politik (NEP) vollzieht sich in der zweiten Hälfte der 20er Jahre ein wirtschaftlicher Wiederaufbau, der mit einer relativ autonomen Kulturpolitik einhergeht.

Eine der tiefsten Zäsuren in der Geschichte des Landes stellt die Stalin'sche „Revolution von oben" dar. Der Terror vernichtet die gesamte nationale Elite, und aus dem vormals bäuerlich geprägten Land wird unter Einsatz von Zwangsmaßnahmen eine urbane Industriegesellschaft. In den 70er Jahren entsteht erstmals eine politische und nationale Dissidentenbewegung. 1978 demonstrieren Tausende in Tiflis gegen den Versuch der Zentralmacht in Moskau, den offiziellen Status der georgischen Sprache infrage zu stellen.

In der Periode von Glasnost und Perestroika bildet sich eine Bewegung für die staatliche Unabhängigkeit der Unionsrepublik. Der aufkommende georgische Nationalismus verschärft jedoch gleichzeitig die interethnischen Spannungen, zum Beispiel mit Abchasien. Die gewaltsame Unterdrückung einer friedlichen Demonstration für die Unabhängigkeit in Tiflis am 9. April 1989 fordert mehrere Todesopfer. Spätestens jetzt sind die Bande zu Moskau unwiederbringlich zerrissen. Auf den Tag genau zwei Jahre später erklärt Georgien seine staatliche Unabhängigkeit.

Die Georgische SSR gilt zu Sowjetzeiten als Unionsrepublik mit den besten Lebensverhältnissen. Westliche Beobachter bezeichnen Georgien als „Schweiz des Kaukasus". Die Unionsrepublik ist fast alleiniger Anbieter von Zitrusfrüchten und Tee. Mitte der 80er Jahre beträgt die Weinproduktion 800.000 Tonnen jährlich. Auch der Tourismus floriert. Ferienorte wie Sochumi oder Bordschomi ziehen Besucher aus der gesamten UdSSR an.

DIE SOZIALISTISCHE SOWJETREPUBLIK KIRGISIEN

Im Oktober 1924 wird das Kara-Kirgisische Autonome Gebiet innerhalb der Russischen Sozialistischen Föderativen Sowjetrepublik (RSFSR) gegründet. Diese wird 1926 in die Kirgische Autonome Sozialistische Republik umgewandelt, die weiter Teil der RSFSR bleibt und erst 1936 zur Kirgisischen Sozialistischen Sowjetrepublik aufgewertet wird. Mit einer Fläche von 198.500 qkm und 4,2 Millionen Einwohnern nimmt sie unionsweit in Bezug auf Fläche und Bevölkerung den siebten und zehnten Platz ein. Nach einer Phase des Aufbaus und der Förderung kirgisischen Partei- und Verwaltungspersonals beginnt ab 1925 eine erste Säuberung des Parteiapparates.

Die Zwangskollektivierung ab 1929 führt zu einer Flucht der nomadischen Bevölkerung und zu einem fast völligen Untergang des wichtigsten Wirtschaftszweiges – der Viehzucht. Der Stalin'sche Terror vernichtet die junge kirgische Intelligenzija. Die forcierte Industrialisierung ist mit Einwanderungswellen aus zentralen Teilen der UdSSR verbunden. Die Entstalinisierung ist durch eine begrenzte Liberalisierung der Kulturpolitik sowie durch ein wachsendes kirgisches Nationalgefühl gekennzeichnet.

Kirgisien wichtigste Erwerbsquelle war traditionell die Viehzucht; aber sie verlor unter der Sowjetisierung des Landes viel an Bedeutung.

Unter Michail Gorbatschow versucht Moskau den Zugriff auf die zentralasiatischen Republiken zu verstärken. Eine Kampagne zur Bekämpfung von Korruption, Unterschlagung in der Baumwollwirtschaft, ideologischer Missstände und Fehlern in der Parteipolitik führt in allen zentralasiatischen Republiken zu umfangreichen „Parteisäuberungen". Davon sind in Kirgistan 2600 Personen, meist Kirgisen, betroffen. Parallel dazu entsteht jedoch eine kritische Berichterstattung über Missstände, wobei die Sprachenfrage zum Hauptthema der „nationalen Wiedergeburt" wird.

Im Frühjahr 1990 wird eine Parlamentsfraktion gebildet, die eine „Demokratisierung" fordert. Wenige Monate später werden bei bewaffneten Auseinandersetzungen zwischen Kirgisen und Usbeken im Fergana-Tal Hunderte Menschen getötet. Nach dem August-Putsch in Moskau wird die Kommunistische Partei verboten. Am 31. August 1991 verkündet das Parlament die staatliche Unabhängigkeit.

DIE SOZIALISTISCHE SOWJETREPUBLIK TURKMENIEN

Bis 1924 kommt der größte Teil Mittelasiens – hier ist der Islam die dominierende Religion – unter sowjetische Herrschaft. Am 13. Mai 1925 wird die Turkmenische Sozialistische Sowjetrepublik gegründet. Mit einer Fläche von 488.100 qkm und 3,5 Millionen Einwohnern liegt sie in Bezug auf Größe und Bevölkerungsreichtum an vierter bzw. zwölfter Stelle in der UdSSR. Der anfängliche Widerstand gegen die Sowjetisierung geht in offene Auflehnung über, als in der Zeit zwischen 1929 und 1932 turkmenische Stämme unter Zwang sesshaft gemacht werden. Dieser Prozess geht einher

„Männerspiele" im Wüstensand – junge Turkmenen beim spielerischen Wettstreit

Junge Turkmenin mit traditionellem Kopfputz

mit massiven Repressionen gegen so genannte nationalistische Abweichler. Zwar wird auch die Industrialisierung vorangetrieben. So wird mit den Kara-Bogaz-Werken einer der größten Chemiekomplexe in der UdSSR errichtet. Dennoch liegt der Schwerpunkt darauf, in der Landwirtschaft eine Spezialisierung auf den Anbau von Baumwolle zu erreichen. Die Ära nach Stalin bringt Ansätze für die Bildung eines Nationalbewusstseins. Es werden Forderungen nach wirtschafts- und parteipolitischer Selbstbestimmung laut. Auch die Stalin'schen Repressionen kommen zur Sprache.

In der Periode der Perestroika bilden sich zaghafte Ansätze einer Opposition. Um diesen die Spitze zu nehmen, verabschiedet die Regierung im März 1990 ein Sprachengesetz, das Turkmenisch zur Staatssprache erhebt. Am 22. August 1990 beschließt das Parlament eine Souveränitätserklärung. Dennoch bleiben die alten Machtstrukturen intakt. Am 27. Oktober 1991 erklärt sich Turkmenistan für unabhängig.

DIE KASACHISCHE SOZIALISTISCHE SOWJETREPUBLIK

1920 wird die Kirgisische Autonome Sozialistische Sowjetrepublik als Bestandteil der Russischen Föderativen Sowjetrepublik gegründet. Im April 1925 wird das Gebilde in Kasachische Autonome Sowjetrepublik umbenannt und 1936 als Kasachsiche SSR eine der Republiken der UdSSR. Sie ist mit

Moderne Architektur in Astana, der Hauptstadt Kasachstans

Der Khan Tengri ist mit 7010 Metern der zweithöchste Berg des Tianshan-Gebirges in Kasachstan.

Der Charyn-Canyon im Charyn-Nationalpark beeindruckt mit einer spektakulären Landschaft.

einer Fläche von 2.717.300 qkm und 16,7 Millionen Einwohnern (1989) die zweitgrößte Unionsrepublik. In den 20er Jahren versucht die Staatsmacht die Nomaden durch Landvergabe und Bodenreformen sesshaft zu machen, was nur bedingt gelingt. Auch in Kasachstan hat Stalins „Revolution von oben" in Form der Zwangskollektivierung, der sich ein Großteil der Menschen widersetzt, katastrophale Auswirkungen. Eine schwere Hungersnot hält bis Ende der 30er Jahre an. Insgesamt kommen rund 1,5 bis 2 Millionen Kasachen ums Leben, 500.000 fliehen, vor allem nach China. All dies dezimiert die Bevölkerung um ein Drittel.

Der Palast des Präsidenten von Kasachstan

In den 40er Jahren wird Kasachstan zu einem Hauptort des Gulag-Systems. Zahlreiche Angehörige verschiedener Völker werden hierher deportiert. In den 50er Jahren wird die so genannte Neulandkampagne eingeleitet, mit Hilfe derer die Steppe Nordkasachstans zu einer zweiten Kornkammer der UdSSR gemacht werden soll. Eine große Siedlerwelle aus anderen Teilen der Sowjetunion im Zuge dieser Kampagne führt dazu, dass die Kasachen zu einer Minderheit in ihrer Republik werden. Der Versuch, Kasachen verstärkt in die lokalen Machtstrukturen zu integrieren, fördert die Entwicklung eines Nationalbewusstseins.

Als unter Michail Gorbatschow das Amt des ersten KP-Sekretärs wieder mit einem Russen besetzt wird, kommt es im Dezember 1986 zu Demonstrationen in Alma Ata, die von Sicherheitskräften brutal niedergeschlagen werden. In den folgenden Jahren entstehen informelle Bewegungen. Eines ihrer Anliegen ist die Schließung des Atomtestgeländes in Semipalatinsk. Am 25. Oktober 1990 be-

Die Bewohner des Pamirgebirges leben meist noch von der Zucht von Yaks oder Dickwollschafen.

schließt der Oberste Sowjet der Kasachischen SSR eine Souveränitätserklärung. Am 16. Dezember 1991 erklärt Kasachstan als letzte Unionsrepublik seine staatliche Unabhängigkeit.

DIE TADSCHIKISCHE SOZIALISTISCHE SOWJETREPUBLIK

Die Tadschikische Sozialistische Sowjetrepublik wird am 14. Oktober 1924 als Tadschikische Autonome Sowjetrepublik innerhalb Usbekistans gegründet. 1929 wird Tadschikistan aus Usbekistan ausgegliedert und erhält den Status einer Sozialistischen Sowjetrepublik. Mit 143.100 qkm und 5,1 Millionen Einwohnern ist sie die achtgrößte in der UdSSR. Auf den heftigen und langanhaltenden Widerstand gegen die Sowjetisierung antwortet die Staatsführung mit Säuberungen der Partei. In der Stalinzeit wird Tadschikistan praktisch von russischen Emissären aus der Parteizentrale in Moskau regiert. Die Kollektivierung der Landwirtschaft ist mit einer erzwungenen Ausweitung der Baumwollwirtschaft und Zwangsumsiedlungen weiter Teile der Bevölkerung von den Bergen in die Täler verbunden.

Die Industrialisierung beginnt in den 40er Jahren und ist auf das Fergana-Tal konzentriert. Dennoch bleibt Tadschikistan die am meisten unterentwickelte Unionsrepublik. Traditionelle Dorfgemeinschaften bleiben erhalten und der Islam kann nicht verdrängt werden. In den 90er Jahren entstehen erste oppositionelle Bewegungen, die sich vor allem gegen den niedrigen Entwicklungsstand, die Dominanz der russischen Sprache und die „Baumwolldiktatur“ wenden. Am 9. September 1991 wird die staatliche Unabhängigkeit Tadschikistans ausgerufen.

Das orientalisch anmutende Buchara gehört mit seinen Moscheen zum Weltkulturerbe der Menschheit.

DIE USBEKISCHE SOZIALISTISCHE SOWJETREPUBLIK

Die Usbekische Sozialistische Sowjetrepublik wird am 27. Oktober 1924 gegründet und im folgenden Jahr zu einer Unionsrepublik aufgewertet. Sie umfasst eine Fläche von 447.400 qkm und hat 19,9 Millionen Einwohner (1989, davon 90 Prozent Muslime), was sie zur größten und bezüglich der Einwohnerzahl zur drittgrößten Republik macht. Im Zuge der „Revolution von oben" in den 20er und 30er Jahren werden religiöse Schulen und Moscheen geschlossen sowie Mullahs verfolgt. Zahlreiche so genannte „Nationalisten" werden hingerichtet.

Die Zwangskollektivierung der Landwirtschaft, die 1928 beginnt, hat zum Ziel, vor allem die Baumwollgewinnung zu erhöhen. Die langfristigen Folgen für die Ökologie sind katastrophal. Auch für die Menschen, denn Rückstände von Düngemitteln und Pestiziden verursachen bis heute Krankheiten. 1941 werden zahlreiche Industriebetriebe aus anderen Teilen der UdSSR nach Usbekistan verlegt, um sie vor erwarteten Angriffen zu schützen. Im Zuge dieses Prozesses werden auch zahlreiche Russen als zusätzliche Arbeitskräfte in Usbekistan angesiedelt. Entscheidenden Einfluss auf die demographische Entwicklung hat zudem die Vertreibung ethnischer Gruppen nach Usbekistan, zum Beispiel von Tschetschenen und Krimtataren, die der Kollaboration mit den Achsenmächten beschuldigt werden.

In der Nach-Stalinzeit entwickelt sich in Literatur, Publizistik und Geschichtsschreibung allmählich ein usbekisches Nationalbewusstsein. In den 80er Jahren entfernt Moskau im Zuge der sogenannten „usbekischen Affäre" etliche Partei-Funktionäre von ihren Posten. Eine Clique unter Parteichef Scharaf

Die orthodoxe Kirche Konstantin und Elena in Kischinau, der Hauptstadt Moldawiens

Raschidow wird beschuldigt, im Baumwollsektor Unterschlagungen begangen und Plankennzahlen gefälscht zu haben. Ende der 80er Jahre entsteht die Volksfront „Birlik", die sich vor allem für die Aufwertung des Usbekischen einsetzt. 1989 wird ein Gesetz verabschiedet, das Usbekisch und Russisch als Amtssprachen definiert. Dennoch gelingt es der Parteiführung zunächst, die Opposition im Zaum zu halten. Bei einem Referendum im März 1991 über den Erhalt der Union stimmen 94 Prozent mit Ja. Kurz nach dem gescheiterten August-Putsch, den die usbekische Führung verbal unterstützt, erklärt Usbekistan am 1. September 1991 seine staatliche Unabhängigkeit.

DIE MOLDAUISCHE SOZIALISTISCHE SOWJETREPUBLIK

Am 12. Oktober 1924 wird die Moldauische Autonome Sozialistische Sowjetrepublik als Teil der Ukrainischen SSR auf Teilen des Territoriums zwischen den beiden Flüssen Dnjestr und Pruth gegründet. Am 28. Juni 1940 besetzen sowjetische Truppen die Gebiete Bessarabien und Nordbukowina, die bis dahin zu Rumänien gehört haben. Am 2. August 1940 wird die Moldauische SSR mit Kischinjow als Hauptstadt gegründet. Mit einer Fläche von 33.843 qkm und 4,3 Millionen Einwohner nimmt sie in Bezug auf Größe und Bevölkerungsreichtum unionsweit den 14. bzw. neunten Platz ein. 1941 werden Bessarabien und die Nordbukowina wieder von rumänischen Truppen besetzt. Die Verfolgung der jüdischen Bevölkerung Bessarabiens beginnt. 1944 wird das Gebiet jedoch wieder von der Roten Armee zurückerobert.

Während der Zwangskollektivierung der Landwirtschaft (1946–1950) verhungern rund 115.000 Bauern. Bestimmte Bevölkerungsgruppen – sei es wegen ihrer wirtschaftlichen Situation, politischer Ansichten oder Beziehungen zum Vorgängerregime – geraten ins Visier der Staatsmacht. Im Zuge der „Entkulakisierungskampagne" werden allein am 6. und 7. Juli 1949 11.342 Familien nach Sibirien deportiert. Insgesamt werden 200.000 Menschen verhaftet und deportiert.

In der Zeit der Perestroika formiert sich eine Opposition gegen den moskauhörigen Parteiapparat. Diese geht zunächst vom nationalen Schriftstellerverband aus und konzentriert sich auf nationale Themen wie Sprache, Geschichte und Identität. Im Mai 1989 wird eine Volksfront gebildet, die die Machtübernahme durch antikommunistische Kräfte und die Unabhängigkeit von der Sowjetunion fordert. Bei den Parlamentswahlen im Frühjahr 1990 wird die Volksfront stärkste Kraft. Am 23. Juni 1990 verabschiedet das Parlament eine Souveränitätserklärung. Am 27. August 1991 verkündet Moldau seine staatliche Unabhängigkeit.

DIE ESTNISCHE, LETTISCHE UND LITAUISCHE SOZIALISTISCHE SOWJETREPUBIK

Zwischen dem 15. und 17. Juni 1940 marschiert die Rote Armee in die baltischen Republiken Litauen, Estland und Lettland ein. Der Bevölkerung werden Ultimaten gestellt. Gefordert werden die

Die Fußgängerzone von Kaunas in Litauen

Bildung „volksdemokratischer" Regierungen sowie freier Zugang für sowjetische Truppen. Unter dem Druck der Besatzer erfolgt die Zustimmung. Darauf werden Wahlen abgehalten, zu denen nur prokommunistische Kandidaten zugelassen werden. Am 21. Juli 1940 wird die Gründung der Estnischen, Litauischen und Lettischen SSR verkündet.

Am 3. August tritt die Litauische SSR (65.200 qkm und 3,6 Millionen Einwohner, 1989) der UdSSR bei, am 5. August folgen die Lettische SSR (64.589 qkm und 2,6 Millionen Einwohner) und einen Tag später die Estnische SSR (45.226 qkm und 1,5 Millionen Einwohner, 1989). In der Estnischen SSR werden bereits 1940/41 8000 Menschen, darunter führende Politiker, verhaftet. Davon werden 2200 Personen getötet und die anderen in Straflager nach Russland verbracht. Auch in den beiden anderen Unionsrepubliken beginnen 1941 Massendeprotationen – am ersten Tag sind bereits 40.000 Menschen betroffen.

Zwischen 1941 und 1944 sind die drei baltischen Unionsrepubliken durch das faschistische Deutschland besetzt. Die Kampfhandlungen und der systematische Judenmord fordern einen hohen Blutzoll von den drei Ländern. Nach der Rückeroberung durch die Rote Armee dauern Kämpfe gegen Partisanengruppen, beispielsweise in Estland, noch bis 1949 an.

Unmittelbar am Rand von Rigas quirliger Innenstadt liegt dieses freundliche Architekturensemble.

Der Berg der Kreuze im litauischen Schiaulen wurde über seine religiöse Bedeutung hinaus auch zum Symbol des Widerstandes gegen den Moskauer Machtapparat, der immer wieder versuchte, die Ansammlung von Abertausenden von Kreuzen zu entfernen.

1947 beginnt die Kollektivierung der Landwirtschaft. Zehn Jahre später sind in Estland 99,3 Prozent der Betriebe in Kolchosen oder Sowchosen aufgegangen. Die forcierte Industrialisierung geht mit einer Russifizierung einher. Beträgt der Anteil von Esten an der Bevölkerung in ihrer Unionsrepublik 1934 88 Prozent, liegt er 1989 nur noch bei 62 Prozent.

In Lettland sind 1991, im Jahr der Unabhängigkeit, knapp ein Drittel der Bevölkerung Russen, in der Hauptstadt Riga mit 900.000 Einwohnern liegt die Quote sogar bei 42 Prozent. In den 80er Jahren erhalten auch die baltischen Unionsrepubliken ein begrenztes Maß an Autonomie. Parlamentswahlen im Februar und März 1990 ergeben in allen drei Republiken klar nicht kommunistische Mehrheiten. In den folgenden Wochen erklären sich Litauen, Estland und Lettland für unabhängig.

Doch Moskau nimmt das nicht hin. Mit einer Wirtschaftsblockade, die am 17. April 1990 beginnt, versucht das Zentrum Litauen wieder auf Kurs zu zwingen. Im Januar 1991 werden sowjetische Spezialtruppen ins Baltikum verlegt. Diese besetzen unter anderem das Fernsehgebäude in der litauischen Hauptstadt Vilnius. Die Besetzung des Regierungsgebäudes kann eine Menschenmauer aufhalten. Am 6. September 1991 erkennt der Moskauer Staatsrat die Unabhängigkeit der baltischen Republiken an.

WIE SIEHT DIE ZUKUNFT AUS?

Die Erblast, die die ehemaligen Sowjetrepubliken heute zu tragen haben, ist schwer und die Probleme sind vielfältig. Das betrifft vor allem die Wirtschaft der noch jungen Staaten, von denen sich zwölf, mit Ausnahme der baltischen Republiken, in der Gemeinschaft der Unabhängigen Staaten (GUS) zusammengeschlossen haben. Zu Sowjetzeiten wurde das wirtschaftliche Profil einer jeden

Republik auf die Bedürfnisse des Zentrums ausgerichtet. In Moskau konnten interessierte Besucher die so genannten „Errungenschaften der sowjetischen Volkswirtschaft" jahrzehntelang in 15 Länderpavillons auf dem Ausstellungsgelände „VDNCHA" besichtigen.

Noch immer leiden die Ex-Sowjetrepubliken unter der ehemaligen Fixiertheit auf Moskau, da traditionelle Absatzmärkte weggebrochen, neue aber noch nicht erschlossen sind. Nach wie vor sind die meisten der ehemaligen Republiken auf Energielieferungen aus Russland angewiesen. Diese wurden und werden bislang zu Preisen getätigt, die unter Weltmarktniveau liegen. Preiserhöhungen für Gas, die Russland 2005 und 2006 gegenüber der Ukraine und Weißrussland durchsetzte, wurden aber auch als Instrument benutzt, um politischen Druck auf die Nachbarstaaten auszuüben. Diesem Ziel diente auch die Verhängung russischer Importverbote für Wein und Fleisch gegen die Republik Moldau 2005/2006. Wein ist Moldaus wichtigstes Exportgut. Auch Georgien musste 2006 derartige Sanktionen beim Export von Wein und Mineralwasser hinnehmen. Die Maßnahmen führten für die betroffenen Staaten zu erheblichen Schwierigkeiten.

Ein schwieriges Erbe und die direkte Folge der Moskauer Russifizierungspolitik in den ehemaligen Vasallenstaaten sind die so genannten „eingefrorenen Konflikte" in Georgien mit den beiden abtrünnigen Gebieten Abchasien und Südossetien sowie in Moldau mit der separatistischen Republik Transni-

Friedliche Herbstlandschaft im ukrainischen Teil der Karpaten

strien. So wurden Abchasien und Südossetien im Zuge der Unabhängigkeit Georgiens durch schwere Unruhen erschüttert. Bewaffnete Auseinandersetzungen um das mehrheitlich von Russen und Ukrainern bewohnte Gebiet Transnistrien erreichten 1992 mit einigen Hundert Opfern ihren Höhepunkt.

Für keinen dieser Konflikte ist derzeit eine Lösung in Sicht. Vielmehr versucht Russland, das das so genannte „nahe Ausland“ immer noch als seine legitime Einflusssphäre begreift, über diese Konfliktherde weiter in die Politik der betroffenen Staaten hineinzuregieren. Zuletzt geschah dies im Mai 2008, als Moskau seine in Abchasien stationierten „Friedenstruppen“ aufstockte. Dieser Schritt führte zu weiteren Verwerfungen mit Tiflis, das sich mittlerweile um eine Mitgliedschaft in der NATO beworben hat.

Auch die Bewertung der Geschichte birgt Konfliktstoff. Das wurde zuletzt 2007 deutlich, als die estnische Regierung beschloss, das Denkmal des bronzenen Soldaten, das an die Befreiung Estlands vom Faschismus durch die Rote Armee erinnert, aus dem Stadtzentrum Tallinns an einen anderen Ort zu verlegen. Gewalttätige Proteste der russischen Minderheit in Estland, die die estnische Regierung mit einem massiven Einsatz von Sicherheitskräften beantwortete, brachten die Beziehungen zwischen Estland, das wie Lettland und Litauen seit 2004 der Europäischen Union angehört, auf einen neuen Tiefpunkt. Derartige Konflikte dürften die Beziehungen zwischen Russland und den ehemaligen Sowjetrepubliken auch in den kommenden Jahren weiter belasten.

0
100
200
300
km
Nowaja Semlja
Krasino
NORWEGEN
B a r e n t s - S e e
Kirkenes
Petschenga
Nikel
Seweromorsk
Teriberka
Murmansk
Kolgujew-I.
H. I. Kanin
Narjan-Mar
Montschegorsk
Olenogorsk
Kowdor
Kirowsk
H.-I. Kola
Kandalaschka
T i m a n r ü c k e n
Weißes Meer
Mesen
Ust-Zilma
Oulu
Soloweckije-In.
Kem
Mesen
Ischma
Pinega
Belomorsk
Sewerodwinsk
Archangelsk
FINNLAND
Onega
Chomolgory
Pinega
Segescha
Oboserskaja
Wym
Medweschjegorsk
Semenowskoje
Onega
Scheschart
Kondopoga
Waga
Sortawala
Syktywkar
Nördl. Dwina
Petrosawodsk
Onega-see
Njandoma
Wytschegda
Wytegra
Welsk
Kotlas
Wiborg
Ladogasee
Weliki Ustjug
Podporoschje
Koroscha
Suchona
St. Petersburg
Wolchow
Nordrussischer Landrücken
Puschkin
Tichwin
Belosersk
Boksitogorsk
Sokol
Peipus-see
Tscherepowez
Luga
Wologda
Nowgorod
Rybinsker Stausee
Ilmensee
Borowitschi
Galitsch
Kotelnitsch
Wjatka
Rybinsk
Pskow (Pleskau)
Staraja Russa
Wyschni Wolotschek
Kostroma
Wetluga
Nolinsk
Jaroslawl
Wjatka
Wetluga

NORDWESTRUSSLAND

KULTUR UND LANDSCHAFTEN

Als Nordwestrussland bezeichnet man den gesamten Norden des europäischen Russlands. Dazu gehört der Norden der russischen Ebene von der Grenze zu Estland und Lettland bis zum Ural und dessen nördlichstem Ausläufer, dem Pai-Choi-Gebirge. Diese seenreiche Region erstreckt sich weitgehend in der hügeligen Osteuropäischen Ebene. Sie beginnt 200 Kilometer südlich von Sankt Petersburg; ihre nördliche Begrenzung bilden das Weiße Meer und die Barentssee.

Die Menschen, die hier lebten, brauchten Mut, wenn sie zum Fischfang oder zu Entdeckungsreisen aufbrachen. Oft mussten sie alleine Entscheidungen fällen und flexibel reagieren. Das tatarische Joch war hier in vielen Orten unbekannt oder zumindest lockerer als im Süden des Reiches. Der stolze

Ein Fluss schlängelt sich durch die weiten Wälder der Kola-Halbinsel.

und freie Geist der Menschen spiegelt sich auch in der nordrussischen Kultur wieder. Sie drückt sich in stattlichen, ohne einen einzigen Nagel gefertigten Holzhäusern aus, in üppigen Schnitzereien und prächtig verzierten Textilien, deren Borten und Stickereimuster eine ganz eigene Symbolik offenbaren und sich von den südrussischen Textilien stark unterscheiden.

Fern von Moskau empfand man sich hier doch keineswegs in der Provinz. Die Hafenstädte am nördlichen Eismeer an den großen Flüssen und Seen verfolgten in ihren Kontakten nach Westeuropa so etwas wie eine eigene Außenpolitik. Nicht zufällig entwickelte sich in der Stadtrepublik Weliki Nowgorod eine besondere russische demokratische Tradition, die Iwan der Schreckliche 1478 brutal erstickte.

Ruhig liegt der See in der Waldtundra Nordwestrusslands.

FLORA UND FAUNA

Nordwestrussland liegt in einer noch bewaldeten Zone, in der sich der Übergang von der Tundra zur Taiga vollzieht. Bis zum Polarkreis nehmen die Nadelbäume gegenüber den Laubbäumen zu, bis die Wälder schließlich überwiegend aus Kiefern, Tannen und Fichten bestehen.

Jenseits des Polarkreises in der Republik Komi und im Murmansker Gebiet beginnt die Waldtundra mit lichtem Nadelholz- und Birkenbestand sowie die reine Tundra mit Hochmooren, Reedgrasflächen oder einem Gemisch aus mit Gestrüpp, Flechten und Moos bewachsenen Böden.

RECHTE SEITE OBEN:

Hoch oben im Norden taut die Erde das ganze Jahr über kaum auf.

RECHTE SEITE UNTEN:

Wo die Industrie in großem Maße die Umwelt verschmutzt hat, wird man noch lange die Schäden in der Landschaft erkennen.

UNTEN:

Holzplanken führen durch ein Sumpfgebiet in der Weite Komis.

Der gesamte russische Norden ist überaus wildreich. Bevölkert wird er von Elchen, Braunbären, Mardern, Füchsen, Eichhörnchen, Hasen und den im hohen Norden heimischen Polarfüchsen. Birk- und Haselhühner, Auerhähne, Enten und Rebhühner, deren weiße Variante in der Polarregion lebt, sind nur einige der vielen Vogelarten der Region.

DIE REPUBLIK KOMI

Lage, Größe, Bevölkerung und wichtigste Städte

Die Republik Komi liegt im äußersten Zipfel Nordosteuropas. Im Norden wird sie vom Polarkreis durchschnitten. Ihr Territorium umfasst 417.000 qkm. Sie hat 985.000 Einwohner, also 2,3 Personen pro qkm.

Die Komi, früher auch Syrjänen genannt, sind ein finno-ugrisches Volk. Eng mit ihnen verwandt sind die kleinen Gruppen der Komi-Ischemzen, deren Lebensraum von der Kola-Halbinsel bis nach Nordwest-Sibirien reicht, und die südlich von ihnen lebenden Komi-Permjaken. Wie in manchen anderen russischen Republiken, welche nach einem zahlenmäßig kleinen Volk benannt sind, bilden auch in der Republik Komi die Angehörigen der sogenannten „Titularnation", nämlich eben dieses Volkes, nicht mehr die Bevölkerungsmehrheit. Dies war zunächst die Folge einer zielstrebigen Russifizierungspolitik, die seit den 1940er Jahren von

Ein kleiner Hafen auf der Kola-Halbinsel

Moskau aus betrieben wurde. Heute hängt dies auch mit den Geschäftspraktiken großer Privatfirmen zusammen, die die indigenen Völker allmählich ihres traditionellen Lebensraumes berauben.

Bei einer Zählung im Jahre 2002 machten die Komi in ihrer Republik etwas über 25 Prozent der Bevölkerung aus. Rund 60 Prozent der Bewohner waren Russen, etwa sechs Prozent Ukrainer, je anderthalb Prozent Tataren und Weißrussen und ein knappes Prozent Russlanddeutsche.

Der bedeutendste Ort ist die Hauptstadt Syktywkar, die 230.000 Einwohner zählt. Weitere größere Orte sind Uchta und die als Strafkolonien berüchtigt gewordenen Siedlungen Workuta, Petschora, Ussinsk und Inta.

Geografie, Klima und Vegetation

Die Republik besteht größtenteils aus flachem, leicht welligem Taiga-Gelände und erstreckt sich zwischen der Timan-Hügelkette im Westen und dem Polarural mit Gipfeln bis zu 1895 Metern Höhe im Osten. Ihre größten Flüsse sind die Petschora, die ins Eismeer fließt, und die Wytschegda, die nach 1130 Kilometern in die Nördliche Dwina mündet.

Das Klima ist gemäßigt kontinental mit einem langen, strengen Winter und einem kurzen, mäßig warmen Sommer. Die Durchschnittstemperaturen liegen je nach Republikteil zwischen -17 und -20 Grad im Januar und zwischen 11 und 15 Grad Celsius im Sommer.

Die durchschnittliche Niederschlagsmenge bewegt sich zwischen 700 und 1500 Millimeter in den Bergen. Im Norden und Nordosten überwiegen Permafrostböden. Im Jahre 1994 führten Lecks in Erdölpipelines im Norden der Republik zur Kontaminierung großer Territorien und erschwerten die traditionelle Lebensweise der Komi als Rentierzüchter, Jäger und Sammler.

Rohstoffe und Wirtschaft

Die Republik Komi ist reich an Steinkohle, Erdöl, Erdgas und Eisenerz. Die Rohstoffe werden vor Ort weiterverarbeitet. Auch die Möbel, Zellulose und Holz verarbeitende Industrie spielt hier eine wichtige Rolle. So wird in dieser Region ein Siebtel der Papierproduktion Russlands bewältigt. Dazu kommen die Herstellung von Baumaterialien und Maschinen, vor allem Anlagen zur Holzverarbeitung und für die Kohleförderung, die Metallverarbeitung, die Lebensmittel verarbeitende Industrie und die Lederwarenindustrie.

Naturschutzgebiete

Auf dem Territorium der Republik Komi befinden sich der Nationalpark Jugydwa und der Naturschutzpark von Petschoro-Ilytschsk.

Große Tagebaue sind keine Seltenheit in der Region Komi.

Fluss oder See – da Russlands Flüsse selten durch künstliche Ufer eingedämmt werden, haben sie gerade im Flachland oft auch eine riesige Ausdehnung in der Breite.

Im Winter keine Seltenheit – breite Trassen im Schnee gaukeln breite Straßen vor.

SYKTYWKAR

Lage und Klima

Die Hauptstadt der Republik Komi liegt 1515 Kilometer nordöstlich von Moskau und 130 Meter über dem Meeresspiegel. Der Name Syktywkar bedeutet auf Komi „Stadt am Fluss Syktyw". Hier ist noch der Komi-Name des Flusses Sysola präsent, an dessen Mündung in die Wytschegda die Stadt liegt. Der Flusshafen an dieser Stelle hat Syktywkar zum Leben verholfen. Im Januar beträgt die durchschnittliche Temperatur -17, im Juli 17 Grad Celsius.

Geschichte

Der Ort wurde erstmals 1586 unter dem Namen Ust-Sysolsk als ein von Komi und Russen bewohnter Kirchsprengel aktenkundig. Die Einwohner waren tüchtige Bauern und Händler. Weil ihre Geschäfte florierten, fiel später das Augenmerk Katharinas der Großen auf sie. Die Zarin machte den Ort zum Verwaltungszentrum des Komi-Gebietes. 1870 erhielt er schließlich das Stadtrecht. In der zweiten Hälfte des 19. Jahrhunderts wurden aufmüpfige Bürger aus Mittelrussland hierher in die Verbannung geschickt.

Kultur, Sehenswürdigkeiten und Verkehrsverbindungen

30 Prozent der Einwohner von Syktywkar sind Komi, von ihnen sprechen 80 Prozent Russisch. Dagegen haben aber nur etwa ein Prozent der hier lebenden Russen Komi gelernt. Die Stadt unterhält ein Schauspielhaus, ein Musiktheater und eine Philharmonie. Sie hat fünf Museen, darunter eines für bildende Kunst und ein Heimatmuseum. Außerdem gibt es hier eine staatliche Universität und mehrere Hochschulen, darunter ein Forschungsinstitut der Russischen Akademie der Wissenschaften für die Komi-Kultur und eine Pädagogische Hochschule für die Komi. Die ältesten Gebäude der Stadt sind öffentliche Gebäude aus den 1930er und 40er Jahren im Zuckerbäcker-Stil. Die Stadt liegt an der Petschorabahn von Moskau nach Workuta und hat einen eigenen Flughafen.

DAS ARCHANGELSKER GEBIET

Das Archangelsker Gebiet erstreckt sich über 589.900 qkm und zieht sich über 3000 Kilometer am nördlichen Eismeer entlang. Es umfasst eine ganze Reihe größerer Inseln in diesem Meer, zum Beispiel Nowaja Semlja, Franz-Josef-Land sowie die Solowezki-Inseln. 37 Prozent seiner Fläche sind Wälder, 24 Prozent Rentierweiden und nur etwas über ein Prozent landwirtschaftliche Nutzfläche. Etwa 16 Prozent bestehen aus Sümpfen und Wasserflächen.

Die Anzahl der Einwohner des Gebietes ist bis 1990 kontinuierlich bis auf 1,5 Millionen gestiegen. Seitdem sinkt sie wieder, wie in vielen nördlichen Territorien Russlands. Im Jahre 2007 lebten hier 1.280.000 Menschen. Bei der letzten Zählung im Jahre 2002 waren 94 Prozent der Bevölkerung Russen, zwei Prozent Ukrainer, 0,8 Prozent Weißrussen, 0,6 Prozent Nenzen und 0,4 Prozent Komi. Zur Zeit leben durchschnittlich 2,5 Menschen auf einem qkm.

Geografie, Klima und Vegetation

Das Gebiet besteht im Zentrum und im Osten aus einer welligen Ebene. Im Norden zieht sich der Timanrücken hin, im Nordosten der Pai-Choi-Gebirgskamm. Östlich des Timanrückens erstreckt sich die sumpfige Petschora-Ebene. Die Flüsse fließen in das nördliche Eismeer. Die größten sind die Nördliche Dwina, die von der Wytschegda, der Pinega und der Waga gespeist wird. Auch die Onega, die Mesen und die Petschora münden in die Wytschegda. Im Gebiet gibt es über 2500 Seen.

Im Archangelsker Gebiet geht gemäßigt kontinentales in subarktisches Klima über. Die Durchschnittstemperatur im Januar liegt im Westen bei -12, im Nordosten bei -18 Grad Celsius. Im Juli bewegt sie sich zwischen 16 Grad Celsius im Süden und 8 Grad im Norden.

Die Vegetationsperiode beträgt im Süden 100 Tage, im Norden nur zehn Tage. Die Niederschlagsmenge beläuft sich auf 300 bis 500 Millimeter pro Jahr, am Meeresufer liegt allerdings häufig starker

Abendstimmung über der Pinega

Die scheinbar unberührte Weite der Landschaft – so wie hier auf den Solowezki-Inseln – beeindruckt immer wieder.

Auch in der endlosen Weite Nordwestrusslands hat der moderne Mensch nachhaltig Spuren hinterlassen.

Nebel. Im Nordosten des Gebietes erstrecken sich Permafrostböden. Ansonsten findet man die für die Tundra typische Flora und Fauna.

Rohstoffe und Hauptwirtschaftszweige

Im Archangelsker Gebiet werden Erdöl, Erdgas, Diamanten und Bauxit gefördert. Die Natur liefert Torf, Baumaterialien und Mineralwasser. All diese Reichtümer werden hier auch weiterverarbeitet. Aus der geografischen Lage ergibt sich, dass der Fischfang und die Fisch verarbeitende Industrie hier eine zentrale Rolle spielen.

Naturreservate

Auf dem Territorium des Gebietes befinden sich der Freiluftmuseumspark des Klosters von Solovki sowie das Pinega-Naturschutzgebiet.

Enklave im Archangelsker Gebiet

Der autonome Kreis der Nenzen bildet eine Art Enklave innerhalb des Archangelsker Gebiets und ist ihm nicht unterstellt. Es wurde 1929 als nationales Gebiet der Nenzen ausgliedert. Die Nenzen, früher auch Yurak-Samojeden genannt, sprechen eine samojedische Sprache. Das Samojedische bildet neben den finno-ugrischen Spachen einen der beiden Hauptzweige der uralischen Sprachen,

Überall in Russland sucht man nach neuen Lagerstätten von Bodenschätzen.

welche in der Frühzeit im südlichen Ural-Gebiet beheimatet waren. Ethnisch sind die Nenzen mit den mongolischen Völkern verwandt.

Heute leben etwa 41.000 Nenzen in der Russischen Föderation, die meisten von ihnen als Nomaden oder Halbnomaden. Ihr Einzugsgebiet reicht vom Weißen Meer bis zur Taimyr-Halbinsel in Westsibirien. Ihnen wurden drei autonome Gebiete zugeteilt: Außer dem autonomen Kreis im Archangelsker Gebiet existieren noch der Kreis der Jamal-Nenzen im Gebiet Tjumen und der Kreis der Taimyr- oder Dolgan-Nenzen im Gebiet Krasnojarsk. Insgesamt besiedeln sie so ein Territorium von über einer Million qkm.

ARCHANGELSK

Lage und Einwohnerzahl

Die „Stadt des Erzengels" – so lautet der schöne Name auf Deutsch – ist eine Hafen- und Seefahrerstadt. Für Russland war sie einst das größte Tor zur Welt. Sie liegt 1133 Kilometer nördlich von Moskau und fünf Meter über dem Meeresspiegel. An der Mündung der Nördlichen Dwina ins nördliche Eismeer breitet sie sich über das Ufer und mehrere Inseln aus. Die Nördliche Dwina muss von der Westlichen Dwina unterschieden werden, die in die Ostsee mündet und auf Deutsch Düna genannt wird. Zur Nördlichen Dwina vereinigen sich die Flüsse Jug und Suchona bei Weliki Ustjug im

Holz ist neben dem Erdöl und den Mineralienlagerstätten der dritte Rohstoff, auf dem die Wirtschaft im Nordwesten Russlands fußt.

Wologdaer Gebiet. Der über 700 Kilometer lange, kurz vor seiner Mündung bereits sieben Kilometer breite Fluss bildet am Eismeer ein gewaltiges Delta. Noch in den 80er Jahren hatte Archangelsk über 400.000 Einwohner, heute sind es nur noch 369.000. Archangelsk hat einen Seehafen, einen Flusshafen und einen Flughafen und ist ein bedeutender Eisenbahnknotenpunkt für Nordrussland.

Geschichte

Im 15. Jahrhundert gründeten Mönche in der Einöde am Eismeer-Ufer das Erzengel-Michael-Kloster. Schon 1419 brannten norwegische Truppen dieses jedoch bis auf die Grundmauern nieder und ermordeten die Bewohner. Mönche aus Solowki bauten es wieder auf und betrieben 1548 an dieser Stelle Werften, um die herum sich eine Ortschaft bildete. 1584 erhielt diese von Iwan dem Schrecklichen das Stadtrecht.

Das spätere Archangelsk war die erste große Hafenstadt in Russland. Im 16. Jahrhundert wurde der Handel mit England und den westeuropäischen Küsten über das Weiße Meer abgewickelt. Seit 1620 lebten Ausländer hier in einer eigenen Kolonie. Auch als Flottenstützpunkt gewann Archangelsk zunehmend an Bedeutung.

1762 erhielt die Stadt die gleichen Außenhandelsrechte wie Sankt Petersburg. Im 19. und zu Beginn des 20. Jahrhunderts wurde sie zum größten Zentrum für den russischen Holzexport. Sie war Ausgangspunkt für zahlreiche russische Forschungsexpeditionen in die Arktis. Während des Ersten Weltkrieges befand sie sich vorübergehend in britischer und US-amerikanischer Hand.

Blick über die Dwina auf die Stadt Archangelsk

Alte Holzkirche in Archangelsk

Kinder spielen am Ufer der Nördlichen Dwina.

Kultur und Bildung

Archangelsk verfügt über ein Schauspielhaus, ein Jugend- und ein Puppentheater sowie einen Zirkus und eine Philharmonie. Neben einem Museum für bildende Künste gibt es auch ein Heimatmuseum und das Staatliche Nordmeermuseum.

Ihre Ausbildung erhalten die Studenten des Gebietes unter anderem in einer staatlichen Hochschule für Medizin, einer staatlichen Technischen Universität und in der staatlichen Meeresuniversität. Daneben gibt es auch noch eine Filiale der staatlichen Seeakademie.

Sehenswürdigkeiten

Die Stadt wird von historischen Gebäuden, welche einst dem Handel und der Religion dienten, beherrscht. Dazu gehörten die alten Handelsreihen Gostiny Dwor, das Zollgebäude und das Gebäude der Börse, alle vom Ende des 18. Jahrhunderts. Hinzu kommt die Kirche der Heiligen Dreifaltigkeit (1745).

Auch einzelne steinerne Villen aus dem 18. und 19. Jahrhundert sind noch erhalten. Auf der zur Stadt gehörenden Insel Solombala, einst Stützpunkt der Flotte, steht noch ein Teil der hölzernen Bebauung vom Beginn des 18. Jahrhunderts.

974
LIEBHERR
03

Viel Wald und viel Wasser – da kann sich das Auge kaum sattsehen.

Beachtenswerte Orte in der Umgebung

25 Kilometer flussaufwärts befindet sich das Archangelsker Freiluftmuseum für Holzbaukunst. Es liegt im Dorf Malye Korely an einer der malerischsten Buchten der Dwina. Dort hat man zahlreiche beeindruckende Gebäude aus dem gesamten russischen Norden des Zeitraums vom 16. bis zum Beginn des 20. Jahrhunderts wieder aufgebaut. Man kann sie auch von innen besichtigen und sich die antiken Möbel und Gebrauchsgegenstände vom Spinnrad bis zum bestickten Tischläufer anschauen.

DAS MURMANSKER GEBIET

Dieses Gebiet liegt im äußersten Norden des europäischen Russlands und erstreckt sich über ein Territorium von 145 qkm auf der Kola-Halbinsel. Es wird von der Barentssee und vom Weißen Meer umspült. Im Westen grenzt es an Finnland und Norwegen. Im Jahre 2007 hatte das Murmansker Gebiet 857.000 Einwohner. Die Bevölkerungszahlen gehen jedoch drastisch zurück – 1990 waren es noch über 1.200.000. Im Jahre 2002 waren von der Gesamtbevölkerung etwa 85 Prozent Russen, sechs Prozent Ukrainer und zwei Prozent Weißrussen.

Geografie, Klima

Die Kola-Halbinsel ist die nordöstliche Spitze des Baltischen Schildes. Im Westen erstreckt sich das Bergmassiv der Chibinen mit Gipfeln bis zu 1100 Metern Höhe. Sonst wechseln leichtes Mittelgebirge und flachgewellte Tundra- und Taiga-Böden. Die größten Flüsse sind der 426 Kilometer lange Ponoi, die Umba, die Warsuga, die Tuloma und die Niwa. Nach letzterer ist der beliebte Geländewagen der Automarke Lada benannt. Die drei größten Seen sind der Imandra, Umbosero und Lowoosero. Auf der Halbinsel herrschen je nach Jahreszeit Polartag oder Polarnacht. Die durchschnittliche Monatstemperatur im Murmansker Gebiet schwankt im Januar zwischen -8 und -13 Grad Celsius vom Norden zum Zentrum des Landes, im Juli von 8 zu 18 Grad Celsius.

Das Klima ist im Norden schon subarktisch aber dank des Golfstrom-Einflusses relativ mild. In der Tundra- und Taigavegetation kommen hier zusätzlich zu anderen typischen Tieren Nordosteuropas auch der Vielfraß und das Hermelin vor. Im Meer leben fast alle begehrten Speisefische wie Kabeljau, Rotbarsch, Scholle, Hering und Heilbutt.

Stromschnellen der Umba

Die Umba kennt auch
geruhsame Stellen.

RECHTE SEITE:
Ballett der Kräne im Hafen von Murmansk

Zu den Rohstoffen der Halbinsel Kola gehört außer Tonerde auch Apatit, ein wichtiges Erz zur Gewinnung von Phosphor und damit zur Herstellung von Düngemitteln und Phosphorsäure für die chemische Industrie. Weitere Bodenschätze sind Eisenerz, Nickel und Aluminium. Dementsprechend dominieren Verhüttungs- und chemische Industrie und Buntmetallurgie die Industrie der Region. Für Russland sind außerdem Fischfang und -verarbeitung auf der Kola-Halbinsel sehr bedeutend. Etwa zehn Prozent des russischen Ertrages an Fisch und anderen Nahrungsmitteln aus dem Meer stammen von hier.

Naturschutzgebiete und andere Reservate

Auf der Halbinsel liegen die Naturschutzgebiete Kandalakscha und Paswik und das Samische Naturschutzgebiet.

Im Süden der Halbinsel, am Ufer des Imandra-Sees, befindet sich das Kola-Atomkraftwerk, nach Ansicht von Experten eines der unfallgefährdeteren in Russland.

MURMANSK

Murmansk, Russlands Tor zum Nordpol, ist der größte eisfreie Hafen an der russischen Arktikküste. Mit 317.500 Einwohnern ist Murmansk immer noch weltgrößte Stadt jenseits des nördlichen Polar-

Küstenstreifen an der Barentssee

OBEN: Niemandsland – der Grenzstreifen zwischen Russland und Finnland

RECHTE SEITE: Murmansk – eine Stadt mit wenig Anziehungskraft–, besteht hauptsächlich aus Plattenbausiedlungen. Das Meer vor Murmansk ist eine der größten Atommülldeponien der Welt.

kreises, auch wenn sich die Zahl von 465.000 im Jahr 1989 stark verringert hat. Die Stadt liegt 1967 Kilometer nördlich von Moskau in der Zone der Permafrostböden. Sie befindet sich 50 Meter über dem Meeresspiegel.

Murmansk bildet den Endpunkt diverser Eisenbahnlinien. Eine Autobahn aus Sankt Petersburg führt über Murmansk als Europastraße 105 nach Kirkenes in Norwegen weiter. Auch einen Flughafen hat die Stadt. Zu guter Letzt läuft von hier eine Eisbrecherflotte aus, die zum Teil atomar betrieben ist. Da der Schiffsverkehr aus dem nördlichen Eismeer aber nicht mehr intensiv ist, wird sie nur noch selten benötigt. Verbrauchte Brennstäbe und Reaktoren der Nuklear-Eisbrecher und U-Boote verwandeln die Umgebung und das Meer vor Murmansk zu einem der größten Atommülllager der Welt.

Die Murmansker haben aus der Not eine Tugend gemacht und die beiden ältesten Atomeisbrecher, Lenin und Jermak, zu Museen umfunktioniert. Für Ausländer ist dies wohl die einzige Sehenswürdigkeit in dieser vorwiegend aus Plattenbauten bestehenden Stadt. Höchstens noch einige Verwaltungsgebäude im Zentrum lehnen sich neoklassizistisch an den Petersburger Stil an. So mancher funktionstüchtigere Atom-Eisbrecher hat allerdings nach 1990 eine neue Verwendung gefunden und unternimmt touristische Kreuzfahrten ins Nordmeer.

Geschichte

Früher nannten die Russen das Nordufer der Kola-Insel das „Murman“-Ufer. Dieses Wort war eine Verballhornung der „Normannen“. So bezeichneten sie die Norweger, welche hier oft landeten.

МУРМАНСК

Der Herbst färbt die Natur im Norden recht früh ein.

Die Stadt wurde 1916 gegründet und erhielt den Namen „Romanow am Murman" zu Ehren der Zarendynastie. Schon kurz darauf, nach der Oktoberrevolution, wurde sie auf ihren heutigen Namen umgetauft. Ein besonders dramatisches Kapitel im Leben dieser an Dramen nicht armen Stadt bildeten die Jahre des Zweiten Weltkrieges, als Flugzeuge und Schiffe der westlichen Alliierten hier unter dichtem deutschen Bombardement zentral Hilfsgüter für die UdSSR einflogen. Zahlreiche amerikanische Piloten wurden in Murmansker Krankenhäusern behandelt.

Kultur und Bildung

In Murmansk kann man ein Flotten- und ein Heimatmuseum besuchen sowie eines für bildende Künste. Außerdem können die Besucher und Einwohner zwischen den Programmen eines Schauspielhauses, eines Flotten- sowie eines Puppentheaters und einer Philharmonie wählen. Als großes Festival wird jedes Jahr im März die Ablösung der Polarnacht durch den Polartag begangen, mit Liedern und Tänzen der Samen, Rentier- und Eisseglerrennen.

An Bildungsinstitutionen befinden sich hier unter anderem das Knipowitsch-Polarinstitut für Seefischwirtschaft und Ozeanografie sowie die staatliche Akademie der Fischereiflotte, eine Hochschule für Ökonomie und Recht, eine staatliche Technische Universität und eine staatliche Pädagogische Hochschule.

Plattenbausiedlung in Murmansk

Die Außenmauer des Kreml in Novgorod Weliki

Bemerkenswerte Orte in der Nachbarschaft

Nebenan liegt der Hafen Seweromorsk. Er bildet mit Murmansk zusammen den wichtigsten Stützpunkt für die russische Nordmeerflotte.

DAS GEBIET NOWGOROD WELIKI

Lage, Größe, Einwohnerzahl

Das heutige Nowgoroder Gebiet umfasst 55.300 qkm. Es befindet sich zwischen den Verwaltungsbezirken von Pskow, Twer, Wologda und Sankt Petersburg, das rund 180 Kilometer nördlich von Nowgorod gelegen ist. Rund 600 Kilometer entfernt in Richtung Südwesten liegt Moskau. Die 739.000 Bewohner waren im Jahre 2002 zu rund 94 Prozent Russen, es folgten die Ukrainer mit 1,5 Prozent. Die Bevölkerungsdichte beträgt 13,5 Einwohner pro qkm.

Das Klima im Nowgoroder Gebiet ist dank atlantischer Luftströmungen milder als im übrigen Nordwestrussland, dabei sehr feucht mit relativ milden Wintern und kühlen Sommern. Die Durchschnittstemperaturen liegen bei -10 Grad im Januar und zwischen 16,5 und 18 Grad im Juli. Die durchschnittliche Niederschlagsmenge beträgt 500 bis 650 Millimeter im Jahr. Die Fläche der

Teil der alten Stadtmauer von Nowgorod

Sümpfe im Territorium beträgt 543.000 qkm. Flora und Fauna ähneln denen in den Tundraregionen der übrigen nordwestrussischen Territorien.

Rohstoffe, Wirtschaft und Verkehr

Wie in anderen Teilen Russlands finden sich hier viele Rohstoffe für die Bauindustrie, zum Beispiel Holz, verschiedene Arten Tonerde, dazu Bauxit und diverse Mineralien. Berühmt für seine Mineralquellen ist der Kurort Staraja Russa.

Das Gebiet erwirtschaftet seine Einkünfte vor allem durch die Industrie, wobei der Bau hochspezialisierter Geräte überwiegt. Fast die Hälfte der Einwohner hat weiterführende Schulen, Hochschulen oder Universitäten besucht. Führende Zweige sind der Maschinenbau mit der Fertigung von Fernseh-, Rundfunk-, Video- und optischen Geräten, Telefonanlagen und Maschinen für die Holz verarbeitende Industrie. Hinzu kommt die chemische Industrie, die Mineraldünger und Methanol produziert, und schließlich die Holz und Lebensmittel verarbeitende Industrie selber.

Das Nowgoroder Gebiet verfügt über eine grenznahe Lage zu Finnland und den baltischen Staaten und betreibt eine Steuerpolitik, die Investoren begünstigt. Dies macht es zu einem der sechs Gebiete der Russischen Föderation, die das günstigste Investitionsklima für Ausländer vorweisen können. Zum Beispiel unterhält der Süßwaren-Hersteller Dirol Cadbury hier eine Produktionsstätte. Eine wichtige Rolle spielt auch der Tourismus. Die historische Stadt Nowgorod und der Waldai-Naturpark im Süden des Gebietes locken jährlich Tausende an.

Hölzerne Windmühle in der Nähe von Nowgorod

Neben der Industrie spielt die Landwirtschaft im Nordwesten eine weniger bedeutende Rolle.

Die Region wird von einer Autobahn durchquert, die von Moskau nach Skandinavien führt. Der internationale Frachtumsatz der sechs größten Speditionen des Gebietes liegt bei über 110.000 Tonnen jährlich. Das Eisenbahnnetz verbindet das Nowgoroder Gebiet mit anderen Regionen des Landes und dem europäischen Ausland. Es gibt zwar keinen Seehafen, aber Flusshäfen am Wolchow, der den nahen Ilmensee mit dem Ladogasee verbindet. Die Wassertransportwege sind für die Schifffahrt erschlossen und führen zur Ostsee, zum Weißen Meer und über die Wolga zum Kaspischen und Schwarzen Meer.

WELIKI NOWGOROD

Lage, Größe, Einwohnerzahl

Nowgorod war gegen Ende des ersten Jahrtausends die bedeutendste russische Stadt nach Kiew. Hier errichteten die Rurikiden-Fürsten zuallererst eine befestigte Siedlung, um die berühmte Wasserstraße von den Warägern nach Byzanz militärisch abzusichern, an der entlang sich dann der russische Staat bildete. So gesehen ist Nowgorod die Wiege Russlands.

Nowgorod liegt 550 Kilometer nordwestlich von Moskau in einer Ebene 25 Meter über dem Meeresspiegel, bis zum Ilmensee sind es sechs Kilometer. 217.000 Menschen leben in dieser Stadt, dessen Infrastruktur unter anderem aus einem Hafen am Wolchow, einem Fernbahnhof und einem Flughafen besteht.

Geschichte

Der Name Nowgorod bedeutet „Neustadt". Die Zeit, in der diese Stadt neu war, liegt aber schon sehr lange zurück. 859 wurde die Stadt erstmals in russischen Chroniken erwähnt, die Goten kannten sie schon im 6. Jahrhundert als befestigte Siedlung. Im 10. Jahrhundert war sie das zweitgrößte Zentrum des Handwerks, des Handels und der Kultur in der Kiewer Rus.

Von 1136 bis 1478 war sie die Hauptstadt der autonomen Nowgoroder Republik, deren gesetzgebende Körperschaft in einer Volksversammlung bestand, dem so genannten Wetsche. Damals erhielt die Stadt im Volksmund den Beinamen „Weliki" – „die Große". Die Republik kontrollierte gewaltige Ländereien von der Halbinsel Kola bis in die Waldaihöhen. Die Hanse unterhielt in der Stadt ein Kontor, den Peterhof. Von dort aus leitete ein Oldermann die Geschäfte mit den Russen. Nowgorod selbst unterhielt ein Kontor auf Gotland.

Gleichzeitig war die Republik im Mittelalter ein Zentrum der Gelehrsamkeit und beherbergte mehrere Bibliotheken. Zahlreiche auf Birkenrinden erhaltene Briefe und Notizen bezeugen, dass ein hoher Prozentsatz der Einwohner lesen und schreiben konnte. Dies galt keineswegs nur für die führenden Schichten der Stadt.

Wie fast überall in Russland wetteifern auch hier die Kirchen mit der Anzahl der Zwiebeltürme.

Alter Kirchenbau in Nowgorod

RECHTE SEITE:
Auch der europäische Norden in Russland ist geprägt von Taigalandschaften.

Das Wetsche wählte und entließ bei Bedarf das weltliche Oberhaupt der Republik und bestimmte auch den Erzbischof.

Soviel Souveränität war Iwan dem Schrecklichen ein Dorn im Auge. 1478 machten seine Spezialtruppen, die Opritschniki, die Stadt dem Erdboden gleich und richteten ein Blutbad ausgesuchter Grausamkeit unter der Bevölkerung an. Zeitzeugen berichteten, der Fluss Wolchow sei rot gewesen vom Blut. Die wenigen Überlebenden der Patrizierfamilien ließ der Zar in andere Teile Russlands deportieren. Die Stadtrepublik wurde dem zentral organisierten Moskauer Reich einverleibt.

Von diesem Schlag erholte sich Nowgorod in den folgenden Jahrhunderten nicht mehr. Was den Handel und die auswärtigen Beziehungen betraf, verlor es mit dem Aufstieg Sankt Petersburgs an Bedeutung.

Im Zweiten Weltkrieg verlief die Front von August 1941 bis Januar 1944 durch Nowgorod. Wieder einmal wurde die Stadt dem Erdboden gleichgemacht. An Stelle der historischen Kathedralen klafften tiefe Krater. Der Wiederaufbau der historischen Nowgoroder Innenstadt ist eine Glanzleistung von Restauratoren aus ganz Russland.

Im Jahre 1999 erhielt die Stadt den bisher inoffiziellen Beinamen „Weliki" als offiziellen Namensbestandteil, um Verwechslungen mit Nischni Nowgorod an der Wolga auszuschließen.

Historische Holzkirche
in Weliki Nowgorod

Bildung und Kultur

In Nowgorod wirken eine staatliche Landwirtschaftsakademie, die Staatliche Jaroslaw-Der-Weise-Universität sowie diverse Filialen Petersburger und Moskauer Universitäten und Hochschulen, zum Beispiel der Russischen Staatlichen Geisteswissenschaftlichen Universität Moskau. Neben zahlreichen historischen Gebäuden mit Museumscharakter gibt es das Staatliche Museum für die künstlerische Kultur der Nowgoroder Lande und das Freilichtmuseum Witoslawizy für Holzbau-Volkskunst.

Sehenswürdigkeiten

Die gesamte Nowgoroder Altstadt zu beiden Seiten des Wolchows ist eine Sehenswürdigkeit. 1992 wurde sie von der UNESCO zum Weltkulturerbe erklärt. Im Zentrum steht der Nowgoroder Kreml mit seinen aus dem 13. Jahrhundert stammenden, 1385 Meter langen Mauern. Auf seinem Gelände befinden sich unter anderem die Sofien-Kathedrale (1045–1050), die Metropoliten-Gemächer aus dem 17. Jahrhundert und die Residenz des Erzbischofs mit dem berühmten Facettensaal, auf Russisch „Granowitaja Palata“ (1433). Ein Monument für den Geist des 19. Jahrhunderts ist das Denkmal des Bildhauers Michail Ospowitsch Mikeschin zur Jahrtausendfeier Russlands (1862).

Das rechte Ufer des Wolchows wird als die Handelsseite bezeichnet. Hier stehen noch der alte Handelshof und die Handelsreihen Gostiny Dwor mit Grundmauern vom Ende des 17. Jahrhunderts.

Der Kreml von Nowgorod

Weiter nördlich am Wolchow befinden sich im Kloster des Heiligen Antonius einige der ältesten erhaltenen Bauten der Stadt vom Anfang des 12. Jahrhunderts samt der Mariä-Geburtskathedrale (1119).

DAS GEBIET VON PSKOW

Das Pskower Gebiet umfasst 55.400 qkm. Es liegt im äußersten Nordwesten Russlands und grenzt an das Nowgoroder, das Leningrader, Twerer und Smolensker Gebiet. Auslandsgrenzen hat es mit Weißrussland, Estland und Lettland und hier leben rund 481.000 Menschen. Die größten Bevölkerungsgruppen bilden mit rund 94 Prozent die Russen, dann kommen 1,6 Prozent Ukrainer und 1,3 Prozent Weißrussen. Nachdem die baltischen Staaten unabhängig wurden, geriet das ehemals verkehrsreiche Pskower Gebiet in eine Randlage, was sich in sinkenden Einwohnerzahlen widerspiegelt.

Geografie, Klima

Das Pskower Gebiet erstreckt sich über eine wellige Ebene mit einzelnen Hügeln bis 300 Meter Höhe. In den Böden finden sich das Sedimentgestein Mergel, Gips, verschiedene Tonarten und Torf. Die größten Flüsse heißen Welikaja, Schelon, Lowat und Pljussa, die größten Seen sind der Pskowskoje- und der Tschudskoje-See, dazu kommen etwa 1500 kleinere Gewässer. In dem gemäßigt kon-

Idyllisch gelegenes Steinhäuschen in den sogenannten Puschkin-Bergen bei Pskow

Kyrill und Methodius, die beiden Slavenapostel, auf einem Relief

tinentalen Klima erreichen die Temperaturen im Januar durchschnittlich -7, im Juli 17 Grad. Die durchschnittliche Niederschlagsmenge beträgt 650 Millimeter im Jahr.

Landwirtschaftliches Nutzland macht 65 Prozent der Gesamtfläche aus, Wälder bilden 25 Prozent, der Rest entfällt auf Sümpfe und Wasserflächen. Hier dominieren die gleichen Wildarten wie in den Nachbargebieten. Die Region ist besonders reich an Süßwasserfischen.

Rohstoffe und Wirtschaft

Die stärksten Wirtschaftszweige im Gebiet bilden der Maschinenbau, die Herstellung von elektrischen Anlagen für Autos und von Elektro-, Rundfunk- und Telekommunikationsgeräten. Hinzu kommen Leinenverarbeitung, die Bekleidungsindustrie und die Holz und Lebensmittel verarbeitende Industrie. Die Landwirtschaft konzentiert sich auf den Anbau von Flachs, Kartoffeln und Futtermitteln sowie die Viehzucht.

Naturreservate und sonstige beachtenswerte Orte

Im Pskower Gebiet befindet sich der Sebschski-Nationalpark. Ein beliebter Kurort für Moorbäder ist Chilowo. Als Industriestandort neben der Gebietshauptstadt spielt die im Zweiten Weltkrieg fast völlig vernichtete, heute rund 100.000 Einwohner zählende Stadt Welikie Luki eine wichtige Rolle.

DIE STADT PSKOW

Die Stadt Pskow stellt heute eine weltweit einzigartige steinerne Dokumentation mittelalterlichen Festungsbaus dar. Ansonsten ist sie die kleinere Schwester Weliki Nowgorods. Vieles haben die beiden gemeinsam und Pskow gehörte lange zum Groß-Nowgoroder Hoheitsgebiet. Heute ist die Stadt mit rund 195.000 Einwohnern Zentrum des nach ihr benannten Verwaltungsgebietes, in dessen Nordwesten sie liegt. Sie befindet sich am Zusammenfluss der Flüsse Pskowa und Welikaja, 689 Kilometer nordwestlich von Moskau, an der Hauptverkehrsverbindung von Sankt Petersburg nach Lettland und ins Kaliningrader Gebiet.

Hier befindet sich auch die größte Station der Eisenbahnlinie Sankt Petersburg-Riga. Außerdem gibt es Zugverbindungen nach Moskau und Vilnius. Die Stadt verfügt auch über einen eigenen Flughafen. Pskow ist heute zwar eine bedeutende Industriestadt, ist seit dem Zerfall der Sowjetunion aber von einem Teil seines Hinterlandes abgeschnitten. Im Moment gibt es nur einen geringen Austausch mit Estland und Lettland.

Geschichte

Die Stadt Pskow wurde 903 unter ihrem heutigen Namen, später häufig auch als „Pleskow" urkundlich erwähnt. Damals hieß es, dass die Stadt schon lange existiere. Im 10. Jahrhundert erhielt

Der Kreml von Pskow von der Wasserseite aus gesehen

Denkmal zur Erinnerung an die Kriegsjahre 1941–1945

sie auch offiziell den Stadtstatus. Auf Deutsch hieß sie früher „Pleskau“. Der Name bedeutet soviel wie „breite Flussbiegung“. Bis zum 12. Jahrhundert gehörte sie zur Kiewer Rus, vom 14. bis zum Ende des 15. Jahrhunderts war sie selbst Zentrum einer Stadtrepublik. Beschlüsse wurden wie in Nowgorod von einem Wetsche – einer Volksversammlung – beschlossen. Pskow war ein wichtiger Stützpunkt für Hanse-Kaufleute auf dem Wege von Riga oder Reval nach Nowgorod.

Als Festung befand sich die Stadt seit der zweiten Hälfte des 13. Jahrhunderts in vorderster Linie im Kampf gegen den Deutschritterorden und blieb in über zwei Dutzend Belagerungen unbesiegt. Wie Weliki Nowgorod war sie bis zum 17. Jahrhundert ein Zentrum des Handels und der Schriftgelehrsamkeit und ein Ort, in dem sich die Bürger und Bürgerinnen häufig Briefchen auf Birkenrinden schrieben.

In den nordischen Kriegen zu Beginn des 17. Jahrhunderts spielte Pskow erneut eine zentrale Rolle als Grenzfestung. Aber mit dem Erblühen Sankt Petersburgs und dem Anschluss polnischer Gebiete an das Russische Reich verlor es an strategischer Bedeutung als Handels- und Grenzort und wurde allmählich zu einer Provinzstadt.

Am 15. März 1917 wollte es eine Laune der Geschichte, dass Russlands Zar Nikolaus II. hier abdankte. Während des Zweiten Weltkrieges haben deutsche Truppen Pskow praktisch dem Erdboden gleichgemacht. Nur fünf Prozent aller Wohnungen blieben erhalten, 40 Prozent der Bewohner kamen ums Leben, 26 Dörfer im Umland wurden ausgelöscht.

Kultur und Bildung

Ebenso wie in Weliki Nowgorod wurde auch in Pskow die historische Innenstadt nach dem Zweiten Weltkrieg liebevoll restauriert. Sie bildet insgesamt ein einziges, riesiges Freiluftmuseum und

Puschkins Arbeits- und Ruhebank

Die Dreifaltigkeitskathedrale in Pskow

wurde von der UNESCO zum Weltkulturerbe erklärt. Sehenswert ist das Musum für Geschichte und Kunsthandwerk im Pogankinpalast, zumal Pskow im Mittelalter ein führendes Zentrum der Ikonenmalerei war.

Die Stadt verfügt über ein Schauspielhaus und ein Puppentheater. Pskow hat eine eigene Universität und mehrere Hochschulen, darunter die Staatliche Pädagogische Kirow-Hochschule, eine Filiale der Sankt Petersburger Staatlichen Polytechnischen Universität und eine Filiale der Moskauer Neuen Hochschule für Jura.

Stadtbild und Sehenswürdigkeiten

Der Kreml von Pskow heißt „Krom", steht am Zusammenfluss von Pskowa und Welikaja und auf seinem Grundstück befindet sich die Dreifaltigkeitskathedrale (1682–99). In Pskow sind Festungsmauern aus verschiedenen stadtgeschichtlichen Perioden zu besichtigen.

Von 1266 bis 1695 wuchs die Stadt und erweiterte etwa alle 50 Jahre seine Mauern, um neu hinzugekommene Stadtviertel in den Schutz der Gesamtanlage einzubeziehen. Teile des Miroschklosters (vor 1156) und des Iwanow-Klosters (vor 1243) gehören zu den ältesten Gebäuden Pskows.

Sehenswertes in der Umgebung

Dicht bei Pskow liegt die Festung Isborsk. Ihre Geschichte ist mit einem legendären Waräger-Fürsten namens Truvor verbunden. Von hier aus hat man eine schöne Aussicht über den benachbarten See und das zum Naturschutzgebiet erklärte Isborsk-Tal. Südlich von Pskow kann man im Kloster Swjatogorje Alexander Puschkins Grab besuchen. Russlands größter Lyriker (1799–1837) fand hier seine letzte Ruhe.

DAS GEBIET VON WOLOGDA – ZENTRUM NORDWESTRUSSLANDS

Das Wologdaer Gebiet erstreckt sich über rund 145.000 qkm und grenzt an die Republik Karelien sowie an die Gebiete von Archangelsk, Kirow, Jaroslawl, Kostroma, Twer, Nowgorod und an die Stadt Sankt Petersburg. Obwohl das Gebiet zu 72 Prozent aus Wäldern besteht, leben von den rund 1,3 Millionen Einwohnern 900.000 in Industriezentren. Immerhin ist die Region auch berühmt für erfolgreiche Viehzucht und hervorragende Milchprodukte.

Die Wologdaer Butter gilt als die beste in Russland. Über seine zahlreichen, im Winter allerdings meist zugefrorenen Flüsse ist das Gebiet mit der Ostsee, dem Kaspischen und dem Weißen Meer verbunden. Die größten Flüsse sind Suchona, Jug, Lusa, Mologa, Tschagodoschtscha, Scheksna und obere Unscha. Die größten Seen sind der Onega-See und der Beloosero.

Trotz seiner Lage im hohen Norden ist das Gebiet um Wologda bekannt für seine landwirtschaftlichen Produkte.

Winterlicher Park in Wologda

Die Region besteht vorwiegend aus flachem Land mit lehmigen Böden. Das Klima, die vorherrschenden Naturressourcen und die Industriezweige gleichen denen in den Taigazonen der Nachbargebiete. Mit einer Ausnahme: Das Wologdaer Gebiet gehört zu den großen Zentren der russischen Stahlindustrie. Deshalb ist es per Eisenbahn auch mit dem Ural und Sibirien verbunden. Die bedeutendste Industriestadt ist die im Norden gelegene Stahlstadt Tscherepowez mit 325.000 Einwohnern.

Wologda

Die Stadt liegt 497 Kilometer nordöstlich von Moskau, mit dem sie 1147 zeitgleich gegründet wurde. Das rund 293.000 Einwohner zählende Wologda ist ein wichtiger Eisenbahnknotenpunkt zwischen Sibirien, Nordwest- und Zentralrussland. Die Stadt hat einen Hafen am gleichnamigen Fluss, einem rechten Nebenfluss der Suchona, und verfügt über einen eigenen Flughafen. In Wologda gibt es ein Schauspielhaus, ein Puppentheater, eine ganze Reihe von Hochschulen sowie eine Technische und eine Pädagogische Universität.

Obwohl die Stadt heute eher von der Schwer- und Chemieindustrie lebt, ist sie für ihre traditionellen Spitzen berühmt, mit denen sie 1958 sogar auf Brüsseler Ausstellungen Preise einheimste. Noch heute spielt die Flachsverarbeitung hier eine wichtige Rolle. Im Zentrum sieht man Wologda seinen industriellen Charakter nicht an. Es wurde vom Zweiten Weltkrieg verschont und gehört zu den

schönsten altrussischen Städten außerhalb des Goldenen Rings. Dutzende steinerne Kirchen und stattliche Bügerhäuser aus Holz haben hier die Sowjetära überstanden. In der Stadt befinden sich einige sehenswerte Museen für Architektur, bildende Kunst und Ethnografie. Außerdem lockt noch eine Rarität: das Museum des Diplomatischen Dienstes.

Mauern, Türme und Hauben des Kirilo-Bjeloserski-Klosters im Abendlicht

Weliki Ustjug, seit 1998 offizieller Wohnsitz von Väterchen Frost, dem russischen Weihnachtsmann, liegt mit 1100 Kilometern ein großes Stück nordöstlich von Moskau. Von wo auch immer in der Russischen Föderation ein an Väterchen Frost adressierter Brief abgesandt wird, auf Kamtschatka oder am Schwarzen Meer, hier kommt er an. Außerdem gibt die rührige Märchengestalt hier das ganze Jahr über Audienzen.

Die kleine historische Stadt mit ihren 32.000 Einwohnern wirkt selbst ein wenig verzaubert, wie aus Lebkuchenhäusern erbaut. Hier fließen die Suchona und der Jug zur Nördlichen Dwina zusammen, welche später bei Archangelsk ins Eismeer mündet. Selbst die Oktoberrevolution 1917 kam hier wegen fehlender Verkehrsverbindungen erst mit einem halben Jahr Verspätung an. Erst seit 2001 gibt es eine 70 Kilometer lange Straße nach Kotlas, dem nächsten größeren Ort. Dorthin fahren auch Züge aus Moskau und Sankt Petersburg. Weliki Ustjug selbst hat einen kleinen Flughafen, auf dem aber nur ein- bis zweimal pro Woche ein Linienflugzeug aus Moskau oder Wologda landet. Der Flughafen von Kotlas wird häufiger angeflogen.

KARELIEN

RECHTE SEITE:
Karelien ist bekannt für seine Holzschnitzkunst.

LAGE, GRÖSSE UND EINWOHNERZAHL

Die Republik Karelien liegt im Nordwesten Russlands. Im Westen hat sie eine 723 Kilometer lange Grenze zu Finnland, im Süden grenzt sie an die russischen Gebiete Leningrad und Wologda, im Norden an das Gebiet Murmansk und im Osten an das Gebiet Archangelsk. Karelien hat eine Fläche von 172.400 qkm, was 1,06 Prozent der Gesamtfläche der Russischen Föderation entspricht. Derzeit leben hier 703.000 Menschen.

GEOGRAPHIE UND KLIMA

Die Landschaft Kareliens ist vor allem von Seen und Wäldern geprägt. 49 Prozent des Territoriums sind Waldgebiet, 25 Prozent Wasserfläche. Es gibt über 60.000 Seen. Die größten sind der 17.700 qkm große und 260 Meter tiefe Ladogasee sowie der Onega-See, der 9900 qkm groß und 126 Meter tief ist. Die Gesamtlänge der mehr als 27.000 Flüsse beträgt 83.000 Kilometer.

Die durchschnittliche Jahrestemperatur liegt bei drei Grad Celsius. Der kälteste Monat ist der Februar mit minus elf Grad Celsius Durchschnittstemperatur, der wärmste Monat ist der Juni mit 17 Grad Celsius. Die höchste je gemessene Temperatur betrug 25 Grad Celsius, die niedrigste minus 44 Grad Celsius.

Sehr beliebt auf Kareliens Gewässern: Urlaub auf einem der zahlrichen Kreuzfahrtschiffe

FLORA UND FAUNA

Karelien hat eine sehr vielfältige Flora und Fauna. Besonders die riesigen Waldbestände stellen oft noch völlig unberührte Natur dar. Manche Kiefern sind über 500 Jahre alt. In Karelien sind etwa 300.000 Hektar als Nationalparks- oder Naturschutzgebiete ausgewiesen. Es gibt 170 speziell geschützte Territorien, zwei Schutzgebiete, zwei Nationalparks, einen Naturpark, 47 Waldschutzgebiete, 107 weitere Naturschutzgebiete und einen botanischen Garten.

Typische Strandvegation am Meer

Karelische Birke, Ringelrobben und Orchideen

Die karelische Birke ist so etwas wie ein Symbol und nationales Gut in Karelien. Sie wird auch als Perle oder Königin der nordeuropäischen Wälder bezeichnet. Außer in Karelien selbst kommt sie auch noch in anderen Gegenden Russlands, in Schweden, Finnland, Norwegen, Weißrussland, der Slowakei und den baltischen Ländern vor. Sie wächst nicht als ganzer Waldbestand, sondern man findet sie in Gruppen oder einzeln stehend – zumeist am Wegrand, Waldsaum und auf steinigem Boden. Von der herkömmlichen Birke unterscheidet sie sich durch ihre originelle Maserung, die an Marmor erinnert. Nach wie vor sind sich Wissenschaftler uneinig, wie es zu dieser Maserung kommt.

Das überaus feste Holz wird – wie schon in alten Zeiten – zur Herstellung von Möbeln und verschiedenen Gebrauchsgegenständen verwendet. In den vergangenen fünfzig bis siebzig Jahren wurde der Baumbestand durch anhaltendes Abholzen stark dezimiert. Experten befürchten, dass die Birke ausstirbt und arbeiten daher an Verfahren zum Erhalt dieser Baumart.

Ein besonderer Bewohner des Ladoga-Sees ist die Ringelrobbe. Die Ladogarobbe ist mit einer Größe von 110 bis 135 Zentimetern die kleinste Art der Ringelrobbe. Im Sommer halten sich die Ringelrobben im nördlichen Teil des Ladoda-Sees auf. Dort gibt es viele kleine Inseln, Felsen und Landzungen, die sich gut als Lagerplätze eignen. Im Winter ziehen sich die Tiere in den flacheren südlichen Teil des Sees zurück. Anfang der 30er Jahre des vorigen Jahrhunderts wurden 20.000 Vertreter der Spezies gezählt. In den 60er Jahren sank die Population – unter anderem durch Wilderei – auf 5000 bis 6000 Tiere. Seit Anfang der 80er Jahre steht die Robbe unter Naturschutz sowie jetzt auch in der Liste seltener Tiere internationaler Tierschutzorganisationen. Derzeit liegt die Anzahl der Tiere bei rund 5000 – jedoch mit steigender Tendenz.

Eine kleine namenlose Insel einem der vielen Seen Kareliens

In Karelien finden sich Orchideen, die gewöhnlich nur in tropischen Breiten wachsen. Hier kommen 33 Arten vor, 27 davon wachsen auf dem Archipel Kischi, wo europaweit einmalige Klimabedingungen herrschen. Die Orchideeen sind meist kleine Gewächse, mit Ausnahme der „Venusstiefel". Zwei Arten dieser Pflanze sind unter besonderen Schutz gestellt und in das Rotbuch der Russischen Föderation – ein Äquivalent zur Roten Liste – eingetragen.

GESCHÜTZTE TERRITORIEN

Das Naturschutzgebiet Kiwatsch liegt im Gebiet Kondoposchski, rund 65 Kilometer von der karelischen Hauptstadt Petrosawodsk entfernt. Es wurde 1931 auf einer Fläche von 2000 Hektar eingerichtet und umfasst jetzt eine Fläche von 10.600 Hektar. Kiwatsch ist ein typisches Waldschutzgebiet, in dem alle Formen der für Karelien typischen Vegetation anzutreffen sind: 200 bis 250 Jahre alte Kiefernwälder, Sandhügel, Fichtenhaine sowie Moore. Hier finden sich 600 Pflanzenarten, 48 Arten

Birken-, Kiefern- und Fichtenwälder sowie Feuchtmoore bilden die typische Vegetation in karelischen Naturschutzgebieten.

Nur ein kleiner Teil des Kiwatsch-Wasserfalles

von Säugetieren, 202 Vogel- und 20 Fischarten, drei Reptilien- und vier Amphibienarten sowie 1000 Arten von wirbellosen Tieren. Berühmt ist der Kiwatsch-Wasserfall am Fluss Suna, der aus einer Höhe von 10,7 Metern in vier Wasserbahnen zwischen Felsen in die Tiefe fällt. Er ist der zweitgrößte in Europa. „Alle russischen Verben, die Tätigkeiten ausdrücken, reichen nicht aus, um diesen Wasserfall zu beschreiben", schrieb der Dichter und erste Gouverneur Kareliens, Gawriil Derschawin.

Das Naturschutzgebiet Kostomuschski besteht seit 1983 und ist 47.500 Hektar groß. Es liegt etwa 25 Kilometer westlich der Stadt Kostomuschka und stößt an die Grenze zu Finnland. Die Landschaft ist mit zahlreichen Felsmassiven und etwa 250 Seen recht vielfältig. Der See Kamennoje zählt 98 Inseln und Inselchen. Auch hier sind Kiefernwälder vorherrschend, mit 100 Arten von Moosen und Flechten. Kostomuschski ist die Heimat von Rentieren und Bibern, Falken, See- und Steinadlern sowie Wildgänsen. Insgesamt gibt es 32 Säugetierarten, 182 Vogel- und 16 Fischarten. Darunter fallen Hechte, Barsche, der Kamennooserski-Lachs, zwei Reptilien- und drei Amphibien- sowie 350 Pflanzenarten.

Der Nationalpark Paanajarvi wurde 1992 gegründet, misst 104.354 Hektar und liegt im Nordwesten Kareliens in den höheren Lagen des Maanseliker Gebirgsrückens. Hohe Berge, tiefe Täler, Flüsse, vier Wasserfälle und unberührte Wälder fügen sich zu einem malerischen Landschaftsbild zusammen. Herzstück ist der 131 Meter tiefe Paanajarvi-See, der sich durch eine besonders gute Wasserqualität auszeichnet. Als besondere Spezialität gilt die Lachsforelle, die ein Gewicht von fünf bis sieben Kilogramm erreichen kann. Auch der mit 577 Meter höchste Berg Kareliens, der Nuoronen, ist hier zu finden. Durch den Nationalpark führen sechs Sommer- und Winterrouten.

Der Nationalpark Wodlosero ist mit einer halben Million Hektar einer der weltweit größten Nationalparks. Die nördliche Hälfte liegt im Gebiet Archangelsk, die südliche Hälfte in Karelien. Der Park wurde 1991 mit einem Erlass der russischen Regierung zum Nationalpark erklärt, um die Natur und das kulturelle Erbe der Wodlosero-Umgebung zu schützen. Geprägt wird der Park vom Fluss Ileska mit seinen Nebenarmen, dem Wodlosero-See sowie zahlreichen anderen Seen. Der Park mit weitläufgen unberührten Waldflächen liegt an einer Zugvogelroute. Hier leben unter anderem Wölfe, Rentiere, Elche und Braunbären.

Der Naturpark Valaamski Archipelag befindet sich im nördlichen Teil des Ladoga-Sees, 40 Kilometer entfernt von Sortavala. Er erstreckt sich über 50 Inseln mit einer Gesamtfläche von 3600 Hektar, wovon 2800 Hektar auf die Hauptinsel Walaam entfallen. Die Insel ist Sitz eines der größten Klöster Russlands. Auch hier dominieren Kiefern und Birken, aber man findet auch Eichen-, Tannen-, Lerchen- und Zedernhaine sowie andere Pflanzen, die die Mönche aus anderen Teilen Kareliens auf die Insel brachten. Alle Bäume sind 100 bis 150 Jahre alt, was den Eindruck einer botanischen Oase auf Felsgestein erweckt.

Der Park Kalewala im nördlichen Teil Kareliens ist ein einzigartiges Waldschutzgebiet mit zahlreichen Seen und Flüssen. Im westlichen Teil dominieren uralte Tannen, im östlichen Teil Kiefern ver-

Steinige Küste der Klosterinsel Walaam

Alte Holzkirche im Freilicht-
museum auf der Insel Kischi

schiedener Gattungen. Die Wälder sind Heimat von Hirschen, Bären, Stein- und Seeadlern. Im Frühjahr findet man hier die Lappland-Eule, Schwäne und Gänse.

Das Naturreservat Tolwojawi im Gebiet Suojarwski ist ein 32.000 Hektar großes natürliches Urwaldgebiet. Es wurde mit Hilfe von TACIS-Programmen der Europäischen Union erschlossen. Derzeit wird versucht, eine ökotouristische Infrastruktur aufzubauen.

Das Landschaftsschutzgebiet Tolwojawi, ebenfalls im Gebiet Suojarwski gelegen, ist reich an seltenen und bedrohten Tierarten. Hier finden sich 28 Säugetierarten aus dem Roten Buch Russlands und 17 Vogelarten. Die Flora weist eine typische Taiga-Vegetation auf, jedoch gibt es auch Wasserpflanzen, Maiglöckchen und Erlen. Genau wie im Naturreservat wird auch hier versucht, den Ökotourismus zu entwickeln.

BEVÖLKERUNG

Die Einwohnerzahl in Karelien liegt derzeit bei 703.000. Davon leben 75 Prozent in Städten und 25 Prozent auf dem Land. 37 Prozent der Einwohner leben in der Hauptstadt Petrosawodsk. 76,6 Prozent sind Russen, 9,2 Prozent Karelier, 5,2 Prozent Weißrussen, 2,7 Prozent Ukrainer, 2 Prozent Finnen und 0,75 Prozent Wepsen, ein finno-ugrisches Volk. Vorherrschend ist der russisch-orthodoxe Glaube.

GESCHICHTE

Die Besiedelung Kareliens durch finnisch-ugrische Karelier geht auf das 7. und 6. Jahrhundert vor Christi zurück. Im 2. Jahrhundert nach Christi beginnen sich auch Slawen auf dem Gebiet anzusiedeln. Im 10. Jahrhundert gerät Karelien unter den Einfluss der Kiewer Rus. Als die Rus im 12. Jahrhundert auseinanderfällt, wird Karelien Teil der Stadtrepublik Nowgoroder, bleibt jedoch bis zum Ende des 13. Jahrhunderts unabhängig. 1227 werden die Karelier russisch-orthodox getauft.

Im 13. Jahrhundert ist Karelien zwischen Schweden und Nowgorod hart umkämpft. 1293 erobern die Schweden den westlichen Teil Kareliens und errichten die Burg Wyborg. Mit dem Vertrag von Nöteburg 1323 wird die Region in zwei Hälften geteilt. Ost- und Westteil entwickeln sich in unter-

schiedliche Richtungen. Ostkarelien bleibt russisch-orthodox geprägt, Schwedisch-Karelien hingegen wird katholisch und später mit der Reformation protestantisch. 1478 wird Ostkarelien dem Großfürstentum Moskau angeschlossen.

Ende des 16. und Anfang des 17. Jahrhunderts setzen die Schweden ihre Eroberungsfeldzüge gen Osten fort. 1610/11 gelingt es Russen und Kareliern Korela sechs Monate lang gegen anstürmende schwedische Truppen zu halten, schließlich fällt die Stadt aber doch. Im Vertrag von Stolbowo tritt Russland Karelien 1617 an die Schweden ab.

Morgenstimmung über dem See

Winterwald mit Bachlauf

RECHTE SEITE:
Wegen der besonderen klimatischen Bedingungen wachsen in Karelien Pflanzen, die sonst nur sehr viel weiter südlich gedeihen.

Unter Peter dem Großen werden die ersten Bergbaubetriebe in Karelien errichtet. Hier wird 1703 Petrosawodsk gegründet – die künftige Hauptstadt Kareliens. Diese Betriebe spielen eine wichtige Rolle im Nordischen Krieg (1700–1721) und versorgen die russischen Truppen mit Waffen und Munition. 1721, mit dem Frieden von Nystad, erhält Russland wiederum den größeren Teil Kareliens.

Der Russisch-Türkische-Krieg verleiht der Entwicklung der Metall-Verarbeitung neue Impulse. 1773/74 wird der Alexandrowski-Geschützbetrieb bei Petrosawodsk gebaut – am Ende des 19. Jahrhunderts einer der führenden Rüstungsbetriebe in Russland. In der zweiten Hälfte des 18. Jahrhunderts entstehen zunächst private Sägewerke, die alsbald mit Dampfmaschinen ausgerüstet werden. Karelien wird zu einem der wichtigsten Lieferanten für Holzmaterialen, sowohl für den russischen Binnenmarkt als auch für den Export.

1917 ergreifen die Bolschewiki die Macht. Karelien wird zu einem Schauplatz blutiger Kämpfe zwischen Roter und Weißer Armee sowie finnischer Truppen. 1920 zwingt die Rote Armee ihre Gegner in die Knie. Am 8. Juni 1920 verfügt das Zentralkomitee die Gründung eines neuen autonomen Gebietes – der Karelischen Arbeitskommune. 1921/22 kommt es in Ostkarelien wegen akuten Nahrungsmittelmangels zu Unruhen und Bauernaufständen, die die Rote Armee brutal niederschlägt.

Eine alte Windmühle aus Holz im Freilichtmuseum

Per Beschluss des Zentralkomitees vom 25. Juli 1923 wird die Karelische Autonome Sozialistische Sowjetrepublik (Karelische ASSR) innerhalb der Sowjetunion gegründet. Bis 1925 erholt sich Kare-

Rekonstruktion einer alten russischen Festungsanlage

liens Wirtschaft stetig. Nicht zuletzt die Insassen der karelischen Arbeitslager Slon, Bjelbaltlag und Soroklag müssen dafür unter unmenschlichsten Bedingungen schuften. In den 30er Jahren fallen tausende Menschen in Karelien den Stalinschen Säuberungen zum Opfer.

Während des Zweiten Weltkrieges ist Karelien erneut heftig umkämpft. Mit seiner Niederlage im Winterkrieg muss Finnland einen Teil seines Territoriums in Westkarelien abtreten. Teile dieser eroberten Gebiete und die Karelische ASSR werden 1940 eine eigene Unionsrepublik in der Sowjetunion – die Karelo-Finnische Sozialistische Sowjetrepublik. Vorsitzender des Obersten Republiksowjets wird Otto Kuusinen, der 1939–1940 schon eine pro-sowjetische finnische Gegenregierung gebildet hat.

Im Fortsetzungskrieg (1941–1944) erobert Finnland die abgetretenen Gebiete zurück und hält zudem den Großteil Ostkareliens besetzt. Nach einer neuen Niederlage Finnlands werden 1947 in Paris die heutigen Grenzen festgelegt. Am 16. Juli 1956 wird die Karelo-Finnische Sozialistische Sowjetrepublik als Karelische ASSR in die UdSSR eingegliedert.

Am 9. August 1990 verkündet der Oberste Sowjet Kareliens die Souveränität. Am 13. November 1991 wird die Karelische ASSR in Republik Karelien umbenannt.

Nach dem Zusammenbruch der Sowjetunion unterzeichnet Karelien am 31. März 1992 einen Föderationsvertrag als „gleichberechtigtes Subjekt der Russischen Föderation“. Ziel ist es, demokratische Reformen und die Entwicklung der Marktwirtschaft auf den Weg zu bringen.

Ehemaliges Schlachtfeld des Kriegs zwischen Finnland und Russland

POLITIK

Karelien ist eine autonome Republik innerhalb der Russischen Föderation und Föderationssubjekt mit einer eigenen Verfassung und einer regionalen Gesetzgebung. Der Rechtsstatus der Republik und die Kompetenzabgrenzung gegenüber der föderalen Exekutivgewalt sind sowohl in der Verfassung der Russischen Föderation als auch in der Verfassung der Republik Karelien geregelt.

Das Parlament Kareliens, die Gesetzgebende Versammlung, setzt sich aus zwei Kammern zusammen. Die Exekutivgewalt ist bei der Regierung der Republik Karelien und anderen Exekutivorganen angesiedelt. Dabei wird der Exekutivgewalt der Russischen Föderation durch Bindung des Regierungschefs der Republik Karelien an die russische Verfassung, an föderale Gesetze und die Beschlüsse föderaler Organe Geltung verschafft. Karelien besteht aus 19 selbstverwalteten Territorien mit einem Bürgermeister an der Spitze, der direkt vom Volk gewählt wird. Es gibt drei Städte von regionaler Bedeutung – das 266.400 Einwohner zählende Petrosawodsk, Kostomuschka und Sortawala mit 30.300 und 34.600 Einwohnern sowie 15 Regionen.

WIRTSCHAFT

Karelien hat große Holzvorkommen. Zudem sind hier über 50 verschiedene Mineralien zu finden, darunter Eisenerze, Chrom- und Titanmagneterze, Vanadium, Molybdän, Gold, Quarze, Granit, Marmor, Diamanten und Asbest. Schwerpunkte der Industrie liegen auf Holzgewinnung und -verarbei-

Ein russischer Fernzug überquert einen Seeausläufer bei Wiborg.

In leuchtendem Türkis strahlen die Zwiebeltürme dieser kleinen Holzkirche.

tung, Zellulose- und Papierindustrie, Maschinenbau, Bergbau und Metallurgie, Lebensmittelindustrie und Pelzverarbeitung. In der Landwirtschaft haben der Anbau von Kartoffeln und Gemüse und die Weidewirtschaft Gewicht. Daneben ist der Fischfang von Bedeutung. Karelische Unternehmen unterhalten heute Geschäftsverbindungen zu Firmen aus mehr als 80 Ländern. Finnland ist der wichtigste Handelspartner. Hauptexportgüter sind be- und unbearbeitetes Holz, Aluminium sowie Aluminiumprodukte, Papier und Karton. Karelien hat sich in den letzten Jahren zu einem beliebten Reiseziel entwickelt. Dennoch ist die touristische Infrastrukur noch weitgehend unterentwickelt.

VERKEHR

Karelien wird vor allem durch die Murmanbahn erschlossen, die zwischen 1915 und 1917 von deutschen Kriegsgefangenen gebaut wurde. Diese Eisenbahnlinie verläuft zwischen Murmansk und Sankt Petersburg. Sie ist von großer wirtschaftlicher Bedeutung, weil Murmansk ein eisfreier Hafen im Westen Russland ist und Waren von dort mit der Bahn ins Zentrum des Landes transportiert werden können.

Auch Autobahnen, die quer durch die Republik führen, verbinden die Region und den Hafen von Murmansk mit Sankt Petersburg, Moskau, Zentralrussland und Finnland. Durch ein System von Flüssen, Seen und Kanälen ist Karelien mit der Barentssee, der Ostsee, dem Schwarzen Meer und dem Kaspischen Meer verbunden.

OBEN:
Felsen und Wald spiegeln sich im Wasser des Onegasees.

LINKS:
Eine der typisch karelischen Überlandstraßen

Traum eines jeden Seglers: stille Bucht im Ladogasee

Ein historisches Wohn- und Geschäftshaus in Petrosawodsk

Der Weißmeer-Ostsee-Kanal war ein Prestigeobjekt der Sowjetregierung, mit dem die Leistungsfähigkeit des Systems unter Beweis gestellt werden sollte. Die 227 Kilometer lange künstliche Wasserstraße wurde in nur 20-monatiger Bauzeit von 160.000 Häftlingen fertiggestellt und 1933 für den Schiffsverkehr eröffnet. Der Kanal war allerdings nur eingeschränkt schiffbar. Das überhastete Projekt gilt als Prototyp für die Entwicklung des GULAG-Systems. Über den Kanal, der über die Territorien von drei karelischen Gemeinden verläuft, werden die größten Betriebe der Kola-Halbinsel und des Archangelsker Gebietes versorgt.

BESONDERE ORTE UND SEHENSWÜRDIGKEITEN

Petrosawodsk

Wer Karelien bereist, sollte nicht versäumen, auch der Hauptstadt Petrosawodsk einen Besuch abzustatten. Die 266.400 Einwohner zählende Stadt liegt am Onega-See rund 400 Kilometer nordöstlich von Sankt Petersburg. Petrosawodsk hat sich zu einem Bildungs- und Kulturzentrum gemausert. Neben einer Filiale der Russischen Akademie der Wissenschaften gibt es hier eine Universität sowie ein Konservatorium. Mit fünf Bühnen hat die Stadt auch eine vergleichsweise hohe Theaterdichte pro Kopf der Bevölkerung.

Die Gründung von Petrosawodsk im Jahre 1703 ist aufs Engste mit dem Nordischen Krieg verbunden. Peter der Große wollte eine Stadt errichten lassen, in der nicht nur Schiffe gebaut, sondern auch Waffen produziert werden können. Folgerichtig ist das erste Gebäude der Siedlung, die den Namen Petrowskaja Sloboda trägt, die Petrowski-Fabrik. Hier werden Kanonen und Handfeuerwaffen hergestellt. 1717 ist Petrowskaja Sloboda mit 3500 Einwohnern schon die größte Siedlung Kareliens. Es gibt eine Holzfestung, einen Markt sowie kleine Paläste zu Ehren Peters des Großen und des Stadtgründers, Alexander Menschikows, einen Mitstreiter Peters. Prägend für das Stadtbild zu dieser Zeit ist auch die hölzerne Sankt Peter- und Paulkirche, die 1772 umgebaut und 1789 restauriert wird. Ihre Original-Ikonostase aus der Regierungszeit Peters des Großen wurde am 30. Oktober 1924 bei einem Brand vernichtet.

1773 lässt Katharina die Große am Lososinka-Fluss die Waffenfabrik Alexandrowski errichten, die Kanonen für den russisch-türkischen Krieg liefern soll. Im Zuge der Verwaltungsrefom 1777 erhält Petrowskaja Sloboda das Stadtrecht und wird in Petrosawodsk umbenannt. Drei Jahre später wird Petrosawodsk Verwaltungszentrum der Provinz Olonezk.

Mit der Gründung einer eigenständigen Eparchie im Jahre 1828 und der Einrichtung eines Bischofssitzes wird die Stadt zu einem wichtigen regionalen Zentrum der Kirchenverwaltung. Bis zur Mitte des 19. Jahrhunderts mutiert Petrosawodsk zu einem Verbannungsort für Gegner des Zaren. Die Errichtung der Sowjetmacht im Januar 1918 leitet eine neue Etappe der Stadtgeschichte ein. 1920 wird Petrosawodsk Hauptstadt der Karelischen Arbeiterkommune, die 1923 in die Karelische Autonome Republik umgewandelt wird. Von Oktober 1941 bis Juni 1944 ist Petrosawodsk von finnischen

Innenministerium in Petrasawodsk

Truppen besetzt und heißt Äännislinna. Als diese die Stadt verlassen, lassen sie für die Bevölkerung noch Lebensmitel für eine Woche zurück. Am 28. Juni 1944 übernehmen sowjetische Truppen in Petrosawodsk wieder das Kommando. Während des Zweiten Weltkrieges wird die Stadt zu großen Teilen zerstört, jedoch später wieder aufgebaut.

Im historischen Stadtzentrum an der Hauptstraße finden sich Bauwerke im neoklassizistischen Stil. Dazu gehört der Runde Platz an der Engels-Straße. Er entstand 1775 und wurde 1789 sowie 1839 rekonstruiert.

Die Alexander-Newski-Kathedrale, die sich in der gleichnamigen Hauptstraße befindet, wurde 1831 mit Spendengeldern von Arbeitern der Alexandrowski-Fabrik und anderen Petrosawodsker Bürgern zu Ehren der siegreichen russischen Armee im Kampf gegen Napoleon 1812 errichtet. Ein Jahr später wurde der steinerne Bau im klassizistischen Stil geweiht. In der Folgezeit wurde die Kathedrale geschlossen und 1929 in ein Museum umgewandelt. Am 29. Juni 1991 wurden acht Glocken, die in Woronesch mit Hilfe alter Technologien hergestellt wurden und zwischen 1,5 und 7 Tonnen wiegen, im Glockenturm installiert. Im gleichen Jahr wurden die Restaurierungsarbeiten abgeschlossen und die Kathedrale im Dezember geweiht. Der Innenraum ist mit einer goldenen Ikonostase sowie wertvollen Ikonen ausgestattet. Neben der Kathedrale erinnert eine Gedenkplatte aus grünem Marmor an Faddej, den Heiligen von Petrosawodsk. Die Platte befand sich ursprünglich in einer kleinen Kapelle, die aber zu Sowjetzeiten zerstört wurde.

Ein kleine Rotunde am Ufer des Onegasees in Petrosawodsk

Viele ausländische Besucher empfinden Karelien gerade wegen seiner vielfältigen Natur als schönsten Teil Russlands.

Ein beliebter Ort von Einheimischen und Touristen ist auch die Uferpromenade des Onega-Sees, die 1994 eingeweiht wurde. Am Ufer wird der Ankömmling von Peter dem Großen – in Bronze und Granit und mit einem Degen ausgestattet – begrüßt. Die rechte Hand des Zaren weist auf die Mündung des Flusses Lososinka, wo 1703 das Waffenwerk gegründet wurde. Das Denkmal wurde von dem Architekten Ippolito Monighetti und dem Bildhauer Iwan Schreder im Jahr 1873 fertig gestellt. Zunächst befand es sich auf dem Runden Platz, musste aber 1933 einem Standbild Lenins weichen, der dem Platz später auch seinen Namen gab. Überdies sind an der Uferpromenade verschiedene postmodernistische Skulpturen zu sehen, die Petrosawodsk von seinen Partnerstädten geschenkt wurden.

Eines der größten Museen Kareliens ist das Staatliche Heimatkundemuseum am Petrosawodsker Lenin-Platz. Hier sind Ausstellungen zu Geschichte, Kultur und den Naturressourcen der Region zu sehen. Das Museum der Bildenden Künste hält rund 10.000 Exponate bereit, darunter Ikonen des 15. bis 17. Jahrhunderts und Gemälde des 18. bis 20. Jahrhunderts. Gezeigt werden auch Werke einheimischer Künstler.

Die Insel Kischi liegt im Onega-See, 65 Kilometer von Petrosawodsk entfernt. Das kleine Eiland ist ein regelrechtes Freiluftmuseum mit einem einmaligen Holzkirchenensemble. Daneben sind Bauern- und Badehäuser, Scheunen, Schmieden sowie Wind- und Wassermühlen zu besichtigen. Ein Großteil der Gebäude wurde aus verschiedenen Teilen Kareliens hierher gebracht – allesamt Zeugnisse der traditionellen Holzbaukultur des 14. bis 20. Jahrhunderts. Insgesamt finden sich hier 76 Gebäude, 30.000 ethnographische Objekte und 500 Ikonen. Seit 1990 sind die Bauten Weltkulturerbe der UNESCO.

Das beeindruckendste Monument russischer Holzkirchen-Baukunst im Freilichtmuseum Kischi ist die Verklärungskirche.

Ein wahres Kleinod ist die Verklärungskirche. Sie wurde 1714 in traditioneller russischer Holzbauweise errichtet und ist weltweit die einzige noch erhaltene Mehrkuppelholzkirche. Das Gotteshaus ist 37 Meter hoch und 600 Tonnen schwer. Das Gewicht erklärt sich durch die Rollsteine, die an den Ecken angebracht sind, um das Gebäude zu halten. Die Kirche besteht aus drei aufeinander gesetzten achteckigen Blöcken, die Wände sind aus Kiefernholz. Überlieferungen zufolge soll bei dem Bau der Kirche kein einziger Nagel verwendet worden sein. Die vier gleichen Fassaden sind den verschiedenen Himmelsrichtungen zugewandt. Das tonnenförmig halbzylindrische Dach zieren 22 Zwiebeltürme. Die größte Kuppel sitzt auf dem kleinsten Achteck. Die Türme sind mit 30.000 länglichen und leicht gerundeten Schindeln aus Espenholz verkleidet. Die Verklärungskirche war als Sommerkirche angelegt, das heißt Gottesdienste fanden nur im Sommer statt.

Viele Maler und Bildhauer verschiedener Stilrichtungen, die sich ganz unterschiedlicher Holzschnitztechniken bedienten, arbeiteten rund ein Jahrhundert lang an der Ausgestaltung der Kirche. Besonders zu erwähnen ist die vierreihige Ikonostase, die ein vergoldeter Rahmen im Barockstil ziert. Während die untere Reihe eher einfach gehalten ist, bestehen die drei oberen durch eine prunkvolle Ausstattung: die festliche Reihe, die Begebenheiten aus dem Leben Christi und wichtige Ereignisse der Christianisierung zeigt; die göttliche Reihe mit Jesus Christus zwischen der heiligen Jungfrau und Johannes dem Täufer sowie die Reihe der Propheten.

1764 wurde neben der Verklärungskirche die Kirche zu Maria Schutz und Fürbitte errichtet – die Winterkirche. Sie wurde aus einem viereckigen Blockbau zusammengesetzt. Der größte Raum ist das Refectorium, in dem Gottesdienste, aber auch Prozesse und Schulunterricht stattfanden.

Für das Studium der Details dieses einzigartigen Kirchenbaus sollte man sich Zeit nehmen.

1874 wurde der alte, baufällig gewordene Glockenturm umgebaut. Er wurde auf einem hohen Steinsockel errichtet, der an allen vier Seiten Eingänge mit hohen Portalen hat. 1994 wurde die Maria-Schutz-und-Fürbitte-Kirche erneut geweiht.

Die Kuppel und Türme der Klosterkirche von Walaam

Die Ikonostase der Verklärungskirche befindet sich derzeit im Staatlichen Architektur- und Ethnographischen Museumskomplex der Insel Kischi, der in den 60er Jahren des vergangenen Jahrhunderts eingerichtet wurde. Derzeit befinden sich hier 900 Exponate – davon 573 Ikonen. Diese sind einfach und streng gehalten und dokumentieren Szenen des Alltags, vor allem des bäuerlichen Lebens. Sie werden teilweise von Spezialisten in aufwendiger Kleinarbeit restauriert. Das Museum verfügt zudem über eine einmalige Sammlung von so genannten Himmeln. Das sind Ikonen, die sich an kegelförmigen Decken orthodoxer Kirchen befinden. Sie stammen aus dem 17. bis 19. Jahrhundert.

In Kischi werden auch traditionelle Handwerke gepflegt, wie Spinnen, Sticken, Weben, Glasperlenflechten und Schnitzen. Mitarbeiter des Museums machen Interessierte mit diesen Techniken in besonderen Schulungen bekannt.

Eine weitere Attraktion ist das Museumsreservat auf der Insel Walaam. Die Insel ist eine der größten im Ladoga-See und umgeben von 40 kleinen Inseln, die einen Archipel bilden. Dieser erstreckt sich 13 Kilometer von West nach Ost und acht Kilometer von Nord nach Süd. Der Archipel liegt im

Orangerot färbt die untergehende Sonne Wasser und Himmel bei der Insel Sischi.

Blick aus der Vogelperspektive auf die Insel Kischi

nördlichen Teil des Ladoga-Sees, rund 50 Kilometer Wasserlinie von der karelischen Stadt Sortawala entfernt. Bekannt ist Walaam wegen seines Mönchsklosters Christi Verklärung – eines der ältesten und größten Klöster in Russland. Die ersten Erwähnungen gehen auf das Jahr 960 zurück, Experten datieren die Errichtung des Klosters jedoch auf das 14. Jahrhundert. Am Anfang bestand das Kloster aus einem kleinen Holzbau, der sich mit dem Zuzug weiterer Mönche jedoch schnell vergrößerte. So entstand neue Kirchen und Mönchszellen.

1611 landen schwedische Truppen auf der Insel, setzen die Gebäude in Brand und töten die Mönche. Wertvolle Handschriften können jedoch gerettet werden. Mit einem Erlass ordnet Peter der Große den Wiederaufbau an, der 1715 beginnt. So entsteht das Kloster in Form von zwei Rechtecken – dem inneren und dem äußeren. Im inneren erhebt sich die Kirche. Einige Gebäude aus dieser Zeit sind erhalten geblieben, darüber hinaus auch noch einige Mönchszellen und Wirtschaftsgebäude. Im Verlauf des 18. Jahrhunderts werden auf den Inseln viele Kapellen mit dazugehörigen Mönchszellen errichtet – die so genannten Einsiedeleien. Ihr Bau dauert bis ins 19. Jahrhundert hinein an.

Eine gelungene Mischung aus Kapelle und Leuchtturm am Weißen Meer in Solowki

Junge Russen nutzen die Pause während einer Kreuzfahrt zum Fussballspielen.

Unter dem Vorsteher Damaskin, der 1881 86 jährig stirbt, erlebt das Kloster im 19. Jahrhundert seine Blütezeit. Über 1000 Menschen leben hier. Sie errichten Werkstätten, legen drei Gärten an und organisieren ein spezielles System der Bewirtschaftung. Einen Teil seiner Erzeugnisse liefert das Kloster aufs Festland. Damaskin lädt auch namhafte Schriftsteller, Maler und Wissenschaftler ein. Viele der Künstler überlassen Walaam einen Teil ihrer Werke, so dass das Kloster am Ende des 19. Jahrhunderts eine wertvolle Sammlung von Landschaftsgemälden besitzt. Ende der 90er Jahre wird die Kirche zur Verklärung Christi fertiggestellt. Die Andreas-Glocke im Glockenturm wird nach dem Apostel Andreas dem Erstberufenen benannt. Er soll die ersten Christen in Russland getauft haben. Zu Beginn des 20. Jahrhunderts ist Walaam das reichste Kloster Russlands.

Nach der Unabhängigkeit Finnlands im Jahre 1918 kommt Walaam unter finnische Herrschaft. In den 20er Jahren wird auf dem Walaamer Archipel, der Verteidigungsinsel, eine finnische Militärgarnison stationiert. Die Befestigungen sind erhalten geblieben. 1939 verlassen die Mönche die Insel und das Kloster wird nach Finnland evakuiert. Bei Luftangriffen im Zweiten Weltkrieg bleiben die Kirchen und Gebetshäuser weitestgehend verschont, die Andreas-Glocke wird durch Bombensplitter jedoch stark beschädigt. Im Frühjahr 1944 eröffnet auf Walaam eine Marineschule, kurz darauf wird hier ein Heim für Kriegsversehrte und Behinderte eröffnet.

In den 80er Jahren erlebt das Kloster eine Renaissance. 1988 besucht Alexi II, heute Patriarch von Moskau und der ganzen Rus, das Kloster. Im Dezember 1989 kommen die ersten Mönche zurück und die Wiederherstellung des Verklärungsklosters beginnt. Heute leben 200 Mönche in der Klosteranlage. Derzeit sind die Restaurierungsarbeiten noch nicht abgeschlossen. Wiederhergestellt sind jedoch Einsiedeleien und die Verklärungskirche ist bereits geweiht. Auch die Andreas-Glocke, nach alten Vorlagen gegossen, tut wieder ihren Dienst. Sehenswert sind neben der Verklärungskirche und den zehn Einsiedeleien, von denen einige Besuchern offenstehen, auch die prachtvollen Gärten und zahlreiche Architekturdenkmäler.

Die Solowezki-Inseln befinden sich an der nördlichen Verwaltungsgrenze Kareliens und auf dem Territorium des Gebietes Archangelsk im Weißen Meer. Das hiesige orthodoxe Kloster wird im 15. Jahrhundert von Sossima – ein Sohn reicher Eltern, der sich für ein Leben als Mönch entschieden hatte – gegründet. Es wird in der Folgezeit zu einem der wichtigsten geistigen und kulturellen Zentren Russlands. 1549 wird Philip zum Oberhaupt des Klosters. Unter seiner Leitung entstehen steinerne Gotteshäuser und Kanäle, die die zahlreichen Seen miteinander verbinden. 1582 bis 1594 wird auf Erlass des Zaren eine Festung aus Stein errichtet. Als sich Mitte des 17. Jahrhunderts die Verwaltung des Klosters gegen Reformen der russisch-orthodoxen Kirche zur Wehr setzt, kommt es 1668 bis 1676 zur Belagerung des Klosters durch Truppen des Zaren. Dabei werden viele Mönche hingerichtet.

1854, während des Krim-Krieges, greifen zwei britische Fregatten die Insel an. Innerhalb von neun Stunden feuern die Schiffe 1800 Schüsse auf das Kloster ab, aber nur einige Gebäude werden leicht beschädigt. Eine Gedenktafel an der Küste erinnert an dieses Ereignis.

Großartige Figuren bringt die karelische Holzschnitzkunst hervor.

Schon in der Zarenzeit dient das Solowezki-Kloster als Gefängnis. In der Sowjetzeit werden hier 1923 ein Lager und etwas später ein Gefängnis eingerichtet, wo tausende Häftlinge einsitzen. Viele von ihnen kommen ums Leben. 1939 wird das Gefängnis geschlossen. Im Zweiten Weltkrieg wird auf der Insel eine Marine-Schule eingerichtet.

1965 beginnen am Kloster die Wiederaufbauarbeiten. 1979 wird das Solowez-Museumsreservat gegründet. 1990 wird das historische und architektonische Ensemble der Solowezki-Inseln in die UNESCO-Liste der weltweit bedeutendsten Baudenkmäler aufgenommen. Heute kann man insgesamt 170 archäologische, historische und architektonische Denkmäler auf den Inseln besuchen. Zu den Sehenswürdigkeiten gehört das Kloster mit dem Kreml, der Festung. Er verfügt über acht Türme und sechs Meter breite Mauern. Im Inneren des Kreml sind Wirtschaftsgebäude, Kirchen und Kathedralen untergebracht.

Das Staatliche Historisch-Architektonische Museum dokumentiert die tragischste Periode der Geschichte auf den Solowezki-Inseln. 1923 bis 1939 wurden hier zehntausende Häftlinge gefangen gehalten. Das Solowezki-Lager wurde von dem russischen Schriftsteller Alexander Solschenizin in seinem Roman „Der Archipel Gulag“ beschrieben.

Das von den Mönchen im 16. Jahrhundert angelegte Kanalsystem ist genauso einen Besuch wert wie der Botanische Garten mit der Alexander-Kapelle. Hier werden rund 500 Pflanzenarten gesammelt. Der Berg Sekirnaja liegt elf Kilometer vom Kreml entfernt im nordwestlichen Teil der Solowezki-Inseln und ist der höchste Punkt der Insel. Im 19. Jahrhundert bauten hier Mönche die Himmelfahrts-Kirche. In der Stalin-Zeit war diese Kirche einer der grausamsten Karzer. Ein Gedenkkreuz am Fuße des Berges erinnert an die Opfer.

Interessante Felszeichnungen, so genannte Petroglyphen, finden sich in Karelien an mehreren Orten. Rund 800 dieser 6000 Jahre alten Zeichnungen sind am Kap Besow Nos („Teufelsnase“) am Ostufer des Onega-Sees zu besichtigen, weitere 1000 am Fluss Wyg, sechs bis acht Kilometer von der Stadt Belomorsk entfernt. Seids – das sind größere Steine, die auf kleineren Steinen stehen – und Labyrinthe sind Zeugnisse alter nordischer Zivilisationen, der Samen. Sie gelten als heilige und mystische Orte, wo sich Energie ansammelte, die ein Gleichgewicht zwischen den Menschen, ihren Vorfahren und Geistern herstellte. Die Seids befinden sich 20 Kilometer entfernt von der Stadt Kem in Richtung des Solowezki-Archipels.

Auch Verchnije Mandrogi hat Neugierigen einiges zu bieten. Das rekonstruierte, traditionell russische Dorf liegt 270 Kilometer von Sankt Petersburg entfernt am Ufer des Flusses Swir, der den Onega-See mit dem Ladoga-See verbindet. Hier gibt es Bauernhäuser, kleine Museen, die einzige Elchfarm im Nordwesten Russlands sowie ein Wodka- und ein Brotmuesum. Die „Wässerchen“ können auch verkostet werden. Zudem kann man sich mit traditionellen Handwerken in der Töpferei, Schmiede oder Näherei vertraut machen.

Marzialnije Wody („Die Wasser des Mars“), Russlands erster Kurort, befindet sich in einem an Mineralien reichen Tal 50 Kilometer entfernt von Petrosawodsk. Gegründet wurde er 1714 von Peter dem Großen, der ihn auch viermal besuchte. Ein Museum dokumentiert die Geschichte des Ortes.

Das Innere der Klosterkirche von Walaam

SANKT PETERSBURG

LINKE SEITE:
Goldene Brunnenfiguren im Park des Sommerpalastes in Peterhof

LAGE, GRÖSSE UND EINWOHNERZAHL

Sankt Petersburg, auch das „Venedig des Nordens", „die nördliche Hauptstadt Russlands" oder im Volksmund einfach „Piter" genannt, liegt im Nordwesten des Landes, an der Mündung der Newa am Ostende des Finnischen Meerbusens. Das eigentliche Stadtgebiet hat eine Ausdehnung von 606 qkm. Rechnet man die Vorstädte wie zum Beispiel Peterhof und Puschkin hinzu, umfasst das Stadtgebiet etwa 1431 qkm. Die Stadt hat 4,6 Millionen Einwohner, ist nach Moskau die zweitgrößte Metropole Russlands und die nördlichste Millionenstadt der Welt.

GEOGRAFIE UND KLIMA

Die Newa, an der Sankt Petersburg liegt, entspringt im Ladoga-See und mündet in die Ostsee. Sie ist zwar nur 74 Kilometer lang, hat aber eine starke Strömung und ist einer der wasserreichsten Flüsse Europas. 28 Kilometer verlaufen innerhalb des Stadtgebietes von Sankt Petersburg, die Newa erreicht dort bis zu einem Kilometer Breite. Sie gabelt sich im Zentrum in drei Hauptarme, die die Stadt in vier große Gebiete aufteilen: Wyborger Seite, Petrograder Seite, Wassiljewski-Insel und große Seite – so heißt das Zentrum mit dem südlichen Teil der Stadt. Sankt Petersburg erstreckt sich

Brücke über die Newa

über 100 Inseln, die aus dem Netz der Newa und der vielen Kanäle entstehen. Flüsse und Kanäle haben eine Gesamtlänge von über 300 Kilometern – so viel wie kaum eine andere Stadt der Welt. Da sich die Newa-Mündung ungefähr auf Meereshöhe befindet und man bei den ersten Bauarbeiten bereits in wenigen Zentimetern Tiefe auf Grundwasser stieß, musste Sankt Petersburg in zwei bis vier Metern Höhe gebaut werden.

Dennoch wurde das „Venedig des Nordens" bereits mehrfach von verheerenden Überschwemmungen heimgesucht. 1979 begann die Regierung deshalb, einen Damm quer durch die Newa-Bucht zu bauen. Außer der Newa sind die Sestra, die Ochta und die Ischora weitere bedeutende Flüsse im

Erinnert ein wenig an Venedig – alte Bürgerhäuser an einem der vielen Kanäle von St. Petersburg.

Sankt Petersburger Gebiet. Der größte See ist der Sestrorezky-Rasliw im Norden, gefolgt vom Lachtinski-Rasliw sowie den Susdal-Seen. Sankt Petersburg hat ein typisches Meeresklima, das Wetter ist wechselhaft und kann innerhalb kürzester Zeit umschlagen. Die Sommer sind vergleichsweise mild und die Durchschittstemperaturen liegen zwischen 19 bis 22 Grad Celsius.

Zum Zeitpunkt der Sommersonnenwende wird es nachts nicht vollständig dunkel – ein Naturschauspiel, das als „Weiße Nächte" bezeichnet wird. Im Winter sinken die Temperaturen auf durchschnittlich -4 bis -8 Grad Celsius. Die frostfreie Periode dauert in der Regel 135 Tage. Von November bis April friert die Newa zu und ist für Schiffe nicht passierbar.

RECHTE SEITE:
Historie und Moderne – ein Zwiebelturmspitze spiegelt sich in einem modernen Geschäftsgebäude.

BEVÖLKERUNG

Laut der Volkszählung von 2002 hat Sankt Petersburg 4,6 Millionen Einwohner, was 3,2 Prozent aller Einwohner Russlands entspricht. Offiziellen Statistiken zufolge gibt es mehr als 22 ethnische Gruppen mit mehr als 1000 Personen. Die mit Abstand größte ist mit 84,7 Prozent die der Russen, gefolgt von Ukrainern und Weißrussen mit 1,8 und 1,1 Prozent. Juden und Tataren kommen auf je 0,7, Armenier auf 0,4, Aserbaidschaner auf 0,3, Georgier auf 0,2 und Tschuwaschen sowie Polen auf je 0,1 Prozent.

GESCHICHTE

1682 besteigt Peter der Große den Thron. Sein Anliegen ist es, Russland zu einer großen Seemacht zu machen, zum Westen hin zu öffnen und das Land grundlegend zu reformieren. 1700 zieht der Zar gegen die Schweden in den Krieg, um die Ostsee zurück zu erobern. Der Krieg, der 20 Jahre dauert und mit einem Sieg Russlands endet, geht als Großer Nordischer Krieg in die Geschichte ein.

Reiterstandbild Zar Nikolaus

Panoramaaufnahme mit den wichtigsten Sehenswürdikgkeiten am Ufer der Newa

1703 erobert Peter der Große die schwedische Festung „Nyenschanz“ und legt auf einer nahe der Newa gelegenen Flussinsel, der „Haseninsel“, den Grundstein für die Peter- und Pauls-Festung. Damit ist die Stadt Sankt Petersburg, die nach dem Schutzheiligen Peters des Großen, dem Apostel Simon Petrus benannt ist, gegründet.

Gegenüber der Festung lässt der Zar eine Schiffswerft, die Admiralität, bauen, dic bald zu einem zentralen Ort der Stadt wird. Um diese beiden Punkte herum beginn talsbald der Bau der Stadt. Für die schwierigen und aufwendigen Arbeiten auf extrem sumpfigem Gelände werden hunderttausende von Leibeigenen zwangsrekrutiert. Zehntausende von ihnen sterben an Hunger, Krankheiten und Unterkühlung.

1709 besiegt Peter mit seiner Armee die Schweden an der Poltawa. Von da an betrachtet er die Stadt als sicher vor Feinden. Als Denkmal für den russischen Sieg im Großen Nordischen Krieg beginnt die Errichtung der Sommerresidenz „Peterhof“. Das beeindruckende Park- und Schlossensemble liegt circa 30 Kilometer westlich von Sankt Petersburg am Ufer des Finnischen Meerbusens.

1712 macht Peter Sankt Petersburg zur Hauptstadt. Die Aristokratie murrt, dennoch müssen die Adeligen ihre Wohnsitze von Moskau an die Newa verlegen. In den folgenden Jahren wächst die Stadt rasant, Fachkräfte und Spezialisten aus ganz Europa werden für den weiteren Aufbau angeworben. 1714 gibt Peter einen Erlass heraus. Dieser schreibt vor, dass Steinbauten fortan nur noch in Sankt Petersburg errichtet werden dürfen.

Petersburg ist die erste Stadt in Russland, die eine offizielle Polizei sowie eine funktionierende Feuerwehr hat. Im gleichen Jahr stellt der italienische Architekt Domenico Trezzini Peters Sommerpalast fertig. 1716 schenkt Friedrich Wilhelm I. von Preußen Peter Bernsteintafeln für dessen Winterpalast. Das berühmte Bernsteinzimmer wurde später von dem italienischen Architekten Bartolomeo Rastrelli im Katharinenpalast in Zarskoje Selo erweitert. Im August 1723 wird Peterhof feierlich als Zarenresidenz eingeweiht. Als Peter zwei Jahre später stirbt, hat Sankt Petersburg bereits 40.000 Einwohner.

Unter dem Zaren Peter II. wird der Hof 1727 wieder nach Moskau verlegt und damit Moskau auch wieder zur Hauptstadt – eine Entscheidung, die die Zarin Anna 1732 rückgängig macht. Sie verlegt das Stadtzentrum von der heute sogenannten Petrograder Seite auf die Admiralitätsseite und legt mit dem Newski Prospekt, der Gorochowaja Uliza und dem Wosnesenski Prospekt die drei bis heute wichtigsten Hauptstraßen an. Diese gehen von der Admiralität aus und durchschneiden strahlenförmig den historischen Stadtkern. 1733 wird die Peter- und Paul-Kathedrale nach zwölf Jahren Bauzeit fertiggestellt.

Acht Jahre später putscht sich die Tochter von Peter dem Großen, Elisabeth, an die Macht. Unter ihrer Herrschaft, die bis 1762 dauert, wird Sankt Petersburg zu einer Großstadt von europäischem Format. Die Zarin hat eine ausgeprägte Vorliebe für Architektur im Barockstil, dessen petrinische Spielart für das Stadtbild prägend wird. Elisabeth beauftragt den italienischen Architekten Bartolomeo Rastrelli mit dem Bau des 1762 fertiggestellten Winterpalastes, des Smolny-Klosters sowie des Katharinenpalastes zu Ehren ihrer Mutter in Zarskoje Selo. 1757 gründet die Zarin die berühmte Akademie der Künste – eines der größten Gebäude in der Stadt.

Wie bereits Elisabeth fühlt sich auch Katharina II. dem Erbe Peters des Großen verpflichtet und strebt eine Öffnung des russischen Reiches nach Westen an. Die Zarin, die ebenfalls den Beinamen „die Große" trägt, sieht sich als legitime Nachfolgerin Peters des I. und lässt ihm mit dem Ehernen Reiter vor der Isaak-Kathedrale in Sankt Petersburg ein monumentales Denkmal errichten. Es wird 1782 enthüllt. Unter Katharinas Herrschaft (1762–1796) beginnt mit Beteiligung so bedeutender Architekten wie Bartolomeo Francesco Rastrelli, Antonio Rinaldi und Jean-Baptiste Vallin de la Mothe der Ausbau des „Kleinods" des Nordens im klassizistischen Stil. Dieser löst den barocken Stil ab. In dieser Zeit werden in Sankt Petersburg so viele Paläste und Prunkbauten errichtet wie in keiner anderen Hauptstadt auf der Welt. Es entsteht eine Pracht, die selbst Metropolen wie Wien, London und Paris in den Schatten stellt.

Zugleich ist Katharina die Große auch darum bemüht, Kultur und Bildung zu fördern. 1764 stiftet sie mit dem Smolny-Institut die landesweit erste staatliche Schule für Mädchen. Sie begründet die

Die Bürgerhäuser am Ufer der Newa zeugen vom einstigen Wohlstand der Petersburger.

Nachtaufnahme von einem der Kanäle im St. Petersburger Zentrum

Kunstsammlungen der Eremitage, 1770 ist erstmals eine Ausstellung in der Akademie der Künste öffentlich zu sehen. 1783 eröffnet das Mariinski-Theater, in dem später die großen Nationalopern des Komponisten Michail Glinka aufgeführt werden.

Unter Zar Alexander I. (1801–1825) beginnt die Epoche des „Alexandrinischen Klassizismus" oder Spätklassizismus. Der italienische Baumeister Carlo Rossi gibt der Stadt die entscheidende Prägung. 1806 beginnt der Ausbau der Admiralität. Nach dem Sieg über Napoleons Grande Armée im Jahre 1812 wird Russland endgültig zu einer europäischen Großmacht. Sankt Petersburg erlebt eine Blütezeit. Auf dem Schlossplatz vor dem Winterpalast lässt Alexander I. eine 80 Meter hohe Siegessäule errichten.

1818 beginnt der Bau der Isaak-Kathedrale. Dieser dauert 40 Jahre und soll Russlands Stellung als Großmacht dokumentieren. 1819 entsteht aus dem Pädagogischen Institut die Petersburger Universität. Ihr Vorläufer war von Peter dem Großen 1724 mit der Akademie der Wissenschaften gegründet worden. Am 19. November 1824 wird Sankt Petersburg Opfer der größten Überschwemmung in der Geschichte der Stadt. Der Wasserstand liegt bei 4,11 Metern über dem normalen Pegel. Dabei kommen 500 Menschen ums Leben, 400 Häuser werden zerstört. 1825 errichtet der Baumeister Carlo Rossi am Platz der Künste den Michailow-Palais, in dem heute das Russische Museum untergebracht ist.

1825 stirbt Zar Alexander I. Zu diesem Zeitpunkt ist die Stadt an der Newa zu einem Treffpunkt von Intellektuellen avanciert und es formieren sich erste politische Bewegungen. Am 26. Dezember desselben Jahres proben 3000 Offiziere in Sankt Petersburg den Aufstand und verweigern den Treueid auf den neuen Zaren Nikolaus I. Der lässt den Aufstand niederschießen und dessen Anführer hinrichten oder deportieren. 1837 werden die erste Eisenbahnstrecke in Russland zwischen Sankt Petersburg und dem Zarensitz Zarskoje Selo sowie 1851 die Verbindung zwischen Sankt Petersburg und Moskau nach achtjähriger Bauzeit fertiggestellt.

Die Abschaffung der Leibeigenschaft 1861, die viele landlose Bauern auf der Suche nach Arbeit in die Städte treibt, hat auch für Sankt Petersburg bedeutsame Konsequenzen. Innerhalb nur weniger Jahrzehnte steigt die Einwohnerzahl auf mehr als eine Million an, wobei die Situation der Arbeiter katastrophal ist. Die sozialen Spannungen wachsen. 1881 wird Zar Alexander II. in Sankt Petersburg getötet. Der Attentäter zündet eine Bombe, als die Kutsche des Zaren vorbeifährt. Sein Nachfolger lässt am Ort des Anschlages die Erlöserkirche, Russisch „Spas Na Krovi“ errichten. Um 1900 ist Sankt Petersburg die viertgrößte Stadt Europas und eines der wichtigsten industriellen, geschäftlichen, kulturellen und machtpolitischen Zentren des Kontinents. Auch im 20. Jahrhundert wird Sankt Petersburg Schauplatz von Revolten und Revolutionen. Ein Generalstreik läutet die „Revolution von 1905“ ein. Am 9. Januar ziehen unter der Führung des orthodoxen Priesters Gapon mehr als 10.000 unbewaffnete Arbeiter zum Winterpalast, um dem Zaren eine Petition mit der Forderung nach besseren Arbeitsbedingungen zu überreichen. Die Regierung lässt die Aufständischen zusammenschießen. Die Bilanz des „Blutsonntags“: mehrere hundert Tote und eben so viele Verletzte. 1914 tritt Russland in den Ersten Weltkrieg ein. Im selben Jahr wird Sankt Petersburg in Petrograd umbenannt.

Unter Katharina II. entstand in St. Petersburg nicht nur der Sommerpalast – unter ihrer Ägide entfalteten sich Luxus und Pracht in Prunkbauten wie unter keinem anderen Herrscher.

Infolge von militärischen Niederlagen, Hunger und einer hochexplosiven innenpolitischen Lage kommt es im Februar 1917 zu einem Generalstreik und zu neuen Demonstrationen vor dem Winterpalast. Der Zar dankt ab, das Machtvakuum füllen die prodemokratische provisorische Regierung so wieder prokommunistische Petrograder Arbeiter- und Soldatensowjet. Im April kehrt Wladimir Iljitsch Lenin mit deutscher Billigung aus dem Schweizer Exil nach Petrograd zurück.

In der Nacht zum 25. Oktober gibt der Panzerkreuzer Aurora mit Kanonenschüssen das Signal zur gewaltsamen Machtübernahme durch die Bolschewiki. Unter Führung Lenins und im Verbund mit Matrosen stürmen diese den Winterpalast und entmachten die provisorische Regierung. Nach dem siegreichen revolutionären Umsturz verlegen die Bolschewiki 1918 den Regierungssitz nach Moskau. Petrograd verliert zunehmend an Bedeutung. 1920, am Ende des zweijährigen Bürgerkrieges zwischen „Roten“ und „Weißen“, zählt die Stadt nur noch 722.000 Einwohner. 1917 waren es noch 2,5 Millionen.

Der Panzerkreuzer Aurora, der mit einem Kanonenschuss das Signal zur Oktoberrevolution gegeben hat, ist im Hafen zu besichtigen.

Am 24. Januar 1924, drei Tage nach Lenins Tod, wird Petrograd zu Ehren des Revolutionsführers in Leningrad umbenannt. Die Stalinschen Säuberungen, die ihren Höhepunkt in den 30er Jahren erreichen, haben eine weitere Abwanderungswelle aus Leningrad zur Folge. Insgesamt verlassen zwi-

Die Peter-und-Paul-Festung liegt auf einer Insel in der Newa.

Die Kunstkammer
am Ufer der Newa

schen 1917 und den 30er Jahren rund zwei Millionen Menschen die Stadt – darunter zahlreiche Vertreter der Intelligenz und der Aristokratie.

Stalins Versuch, Leningrads Bedeutung – und dabei besonders die des alten Sankt Petersburgs – gegenüber Moskau zu schmälern, zeigt auch ein Generalplan von 1935 zur Stadtplanung. Dieser sieht vor, das Stadtzentrum nach Süden zu verlegen. Der neu geschaffene Moskauer Platz am Moskauer Prospekt mit dem an der Ostseite gelegenen Haus der Sowjets soll neuer Mittelpunkt werden. Der Ausbruch des Zweiten Weltkrieges vereitelt dieses Vorhaben jedoch.

Im Juni 1941 überfällt Adolf Hitler die Sowjetunion. Am 8. September beginnt die Belagerung Leningrads, die 900 Tage dauert. Nahrungsmittel können in dieser Zeit nur mit Flugzeugen oder im Winter über den zugefrorenen Ladoga-See in die Stadt gebracht werden. Berechnungen zufolge sterben rund 700.000 bis 1,5 Menschen Menschen – davon 750.000 Zivilisten – an Hunger und Kälte sowie durch Granaten und bei Bombenangriffen. Die Toten werden in Massengräbern beerdigt, die in den vereisten Boden gesprengt werden. Als der Krieg 1945 endet, sind 2,8 Millionen Quadratmeter der Stadt komplett zerstört und 2,2 Millionen Quadratmeter schwer beschädigt. Sofort nach Kriegsende beginnt der Wiederaufbau der Stadt. Auch die zerstörten Zarenschlösser in der Umgebung von Leningrad werden rekonstruiert und wieder aufgebaut. In den 50er Jahren wächst die Stadt um drei Millionen Einwohner und behauptet sich als ein wichtiges kulturelles Zentrum desLandes. 1965 erhält sie wegen ihres unbesiegbaren Überlebenswillens während der Blockade den Titel „Heldenstadt der Sowjetunion".

Ausstellung von Kriegswaffen im Artilleriemuseum

1988 fallen einem Brand in der Bibliothek der Akademie der Wissenschaften rund eine Million Bücher zum Opfer. Ein Jahr später wird der historische Stadtkern unter Denkmalschutz gestellt.

Am 12. Juni 1991 stimmen bei einen Referendum 54 Prozent der Wähler dafür, Leningrad seinen alten Namen Sankt Petersburg zurückzugeben. Zwei Monate später putschen reaktionäre Kräfte gegen den sowjetischen Staatspräsident Michail Gorbatschow. In Leningrad demonstriert der damalige Bürgermeister Anatoli Sobtschak mit zahlreichen Anhängern auf dem Schlossplatz vor dem Winterpalast für den Erhalt der Demokratie in Russland. Am 6. September nimmt die Stadt wieder ihren ursprünglichen Namen an.

Am 27. Mai 2003 wird das 300-jährige Jubiläum der Stadt feierlich begangen. Im Zuge dessen werden Teile der Altstadt und der verschiedenen Paläste saniert sowie das legendäre Bernsteinzimmer rekonstruiert. Derzeit dauert die Restaurierung Sankt Petersburgs an.

POLITIK

Sankt Petersburg ist der Verwaltungssitz des Leningrader Gebietes sowie des Föderationskreises Nordwestrussland. Innerhalb der Russischen Föderation ist die Stadt – genauso wie Moskau auch – jedoch ein eigenständiges Verwaltungssubjekt. Geregelt wird das politische Leben auf der Grundlage der so genannten Stadt-Charta, die das Stadtparlament im Jahre 1998 annahm. An der Spitze der

Die Oreschek-Festung spielte eine entscheidende Rolle in der Schlacht um Leningrad im Zweiten Weltkrieg.

RECHTE SEITE:
Zur Besichtigung St. Petersburgs gehört unbedingt eine Schiffsfahrt über die Kanäle der Stadt.

Exekutive steht der Gouverneur, der seit 2004 vom russischen Staatspräsidenten ernannt und vom Stadtparlament bestätigt wird. Seine Amtszeit beträgt vier Jahre. Die Legislative, die Duma, hat 50 Abgeordnete, die ebenfalls für vier Jahre gewählt werden.

Weit über die Landesgrenzen hinaus bekannt wurde die Stadt durch den Petersburger Dialog. Die deutsch-russischen Gespräche wurden 2001 ins Leben gerufen und finden jährlich an der Newa statt. Auch das Petersburger Komitee der Soldatenmütter – eine Gruppe mutiger und unerschrockener Frauen, die regelmäßig gegen den Krieg in der Kaukasusrepublik Tschetschenien und Missstände in der russischen Armee protestieren – hat die Stadt in den Fokus internationaler Aufmerksamkeit gerückt.

WIRTSCHAFT

Sankt Petersburg ist ein wichtiges Handels-, Industrie- und Finanzzentrum. Hier sind Betriebe fast aller Branchen vertreten: Schiffs-und Maschinenbau, Radioelektronik – vor allem Luft- und Raumfahrt –, Bauindustrie, medizinischer Gerätebau, Möbel-, Nahrungsmittel- sowie erdölverarbeitende Industrie. Die Informationstechnologie gewinnt zunehmend an Bedeutung.

Zehn Prozent aller weltweit in Elektrizitätswerken eingesetzten Antriebsturbinen werden vom Betrieb LMZ (Leningradski Metallitscheski Sawod) gefertigt. Zudem werden in Sankt Petersburg auch alle russischen Eisbrecher hergestellt. Das 80 Kilometer von Sankt Petersburg entfernte Atomkraftwerk Sosnowy Bor deckt 50 Prozent des Strombedarfs der Region. Die Stadt hat mit dem Großen Hafen Sankt Petersburg, Lomonosow und Kronstadt drei große Frachthäfen.

St. Petersburg wird wegen seiner vielen Kanäle auch das „Venedig des Nordens" genannt.

Nicht nur in St. Petersburg selbst, sondern auch außerhalb der Stadt gab es mehrere Paläste, so wie dieser in Gatchina, etwa 45 km südlich der Zarenresidenz.

Kreuzfahrtschiffe und Luxusliner werden am Hafen Morskoi Woksal im Westen der Wassiljewski-Insel abgefertigt. Ein ausgeklügeltes System von Seehäfen an beiden Ufern der Newa ist mit den Seehäfen verbunden, wodurch Sankt Petersburg durch die Wolga-Ostsee-Wasserstraße zur Hauptverbindung zwischen der Ostsee und der Russischen Föderation wird. Zu Sowjetzeiten war Sankt Petersburg der Hauptflottenstützpunkt. Noch befinden sich hier in den Militärhäfen ein Großteil der ehemaligen Kriegsschiffe und U-Boote.

Seit einigen Jahren ist Sankt Petersburg auch zu einem Zentrum der Automobilindustrie avanciert. Namhafte ausländische Hersteller, wie General Motors, Nissan und Toyota, haben sich hier angesiedelt oder bereits Verträge für ein künftiges Engagement unterzeichnet.

Die Sankt Petersburger Münzanstalt Monetny Dwor, die 1724 gegründet wurde, ist eine der größten weltweit. Sie produziert Münzen, Abzeichen und Medaillien. Hier befindet sich auch die älteste und größte Gießerei, Monumentskulptura, die tausende von Skulputuren und Statuen hergestellt hat. Diese zieren nicht nur Straßen, Plätze und Parks in der Stadt an der Newa, sondern auch andernorts in der Welt.

Mittlerweile hat sich Sankt Petersburg auch einen Namen als „Bierhauptstadt“ gemacht. Fünf Brauereien, darunter Europas zweitgrößter Betrieb Baltika, stellen 30 Prozent der heimischen Produktion her.. An Rohstoffen finden sich hier Kies, Sandstein, Ton und Torf.

Alter Leuchtturm am Kronstädter Kai vor St. Petersburg

Illuminierte Wasserspiele auf der Lena

Für den Haushalt der Stadt Sankt Petersburg standen 2006 179,9 Milliarden Rubel zur Verfügung. Bis zum Jahre 2012 soll er sich noch verdoppeln. Der regionale Etat des Leningrader Gebietes betrug 2005 6.679.054 Millionen Rubel. Damit nimmt die Region hinter Moskau, dem Gebiet Tjumen und dem Moskauer Gebiet den vierten Platz ein. Den größten Betrag zum Budget steuern Einnahmen aus Groß- und Einzelhandel sowie Reparatur und Instandsetzung (24,7 Prozent), weiterverarbeitender Industrie (20,9 Prozent) sowie Transport und Telekommunikation (15,1 Prozent) bei. Der wichtigste Außenhandelspartner der Stadt ist Deutschland.

VERKEHR

Sankt Petersburg ist ein bedeutender Verkehrsknotenpunkt, der Seeschifffahrt und Eisenbahn miteinander verknüpft. Der Petersburger Hafen ist der größte in Russland und hat Bedeutung für den gesamten osteuropäischen und nordasiatischen Raum. Von hier aus fahren Fähren nach Kaliningrad, Stockholm, Helsinki, Kiel, Rostock, Lübeck, Sassnitz und in andere Städte an der Ostsee. Über die Newa und zahlreiche Kanäle bestehen schiffbare Verbindungen zum Ladoga-See, zur Wolga und zum Weißen Meer. Die Stadt verfügt über fünf Bahnhöfe – Baltiiski, Finljandski, Ladoschski, Moskowski und Witebski. Von hier aus bestehen Verbindungen nach Helsinki, Warschau, Berlin, Kaliningrad, Minsk, Moskau, Kirow sowie in Städte anderer ehemaliger Sowjetrepubliken. Vororte von Sankt Petersburg sind über ein weit verzweigtes Netz von Regionalbahnen, die Elektritschkas heißen, erreichbar.

Rund zwölf Kilometer von der Innenstadt entfernt befindet sich der Flughafen Pulkowo mit seinen beiden Terminals Pulkowo I für Inlands- und Pulkowo II für Auslandsflüge. Dieser wird von zahlreichen ausländischen Fluggesellschaften bedient.

Sankt Petersburg ist Teil eines wichtigen Transportkorridors, der Skandinavien mit Russland und Osteuropa verbindet. Die Stadt ist ein Knotenpunkt mehrerer europäischer Fernstraßen. In nördlicher Richtung gelangt man über die M 18 nach Petrosawodsk und Murmansk bis ins norwegische Kirkenes. Nach Helsinki führt die E 18, nach Tallinn die E 20. Richtung Süden können die M 20 nach Pskow und die M 10 nach Moskau benutzt werden. Die E 95 führt bis Kiew und Odessa.

Seit 2001 ist die Ringautobahn KAD im Bau. Sie soll für eine bessere Verkehrsanbindung an Fernstraßen und Flughafen sorgen und den innerstädtischen Verkehr entlasten. Erste Streckenabschnitte sind bereits für den Verkehr freigegeben, die Fertigstellung des mit zwei Milliarden Euro derzeit größten Straßenprojektes in Russland ist für 2010 geplant. Das Wahrzeichen der KAD ist die 2,8 Kilometer lange Wantowy-Hängebrücke. Sie ist hoch genug, dass Schiffe ungehindert passieren können.

Sankt Petersburg hat ein weit ausgebautes innerstädtisches Transportnetz. Dazu gehören 200 städtische Buslinien, Straßen- und Untergrundbahnen sowie Sammeltaxis, die so genannten Marschrutkas. Das Straßenbahnnetz ist das größte weltweit. Die 1955 eröffnete Metro ist wegen des sumpfi-

Im Botanischen Garten von St. Petersburg

RECHTE SEITE:
Das ehemalige Bürogebäude der Firma Singer mit der berühmten Glaskuppel

gen Untergrundes stellenweise in bis zu 90 Meter Tiefe gebaut und damit die tiefste U-Bahn der Welt. Einige der 60 Stationen der vier Linien sind mit edlem Marmor und Bronze dekoriert, bleiben aber – was die prachtvolle Ausstattung angeht – deutlich hinter dem Moskauer Pendant zurück. Eine fünfte Linie soll 2008 eröffnet werden. Für 2011 ist die Inbetriebnahme der Sankt Petersburger Hochbahn geplant. Sie soll die anderen öffentlichen Transportmittel entlasten.

SEHENSWÜRDIGKEITEN

Die majestätische Anmutung Sankt Petersburgs entsteht durch das Zusammenspiel ganz unterschiedlicher Baustile. Lange, ausladende Boulevards stehen neben weiten Flächen, Gärten und Parks sowie kunstvoll ziselierten Eisengittern und Denkmälern. Die Newa mit ihren unzähligen, an den Ufern mit Granit befestigten Kanälen und Brücken verleiht der Stadt ihre einzigartige Atmosphäre. Es ist ein faszinierender Anblick, wenn die mächtigen Brücken über der Newa nachts für eine Stunde geöffnet werden, um Schiffe passieren zu lassen. Nicht umsonst wird Sankt Petersburg auch als „Freilichtmuseum der Architektur" bezeichnet. Die historische Innenstadt ist Weltkulturerbe der UNESCO.

Der Newski-Prospekt

Ehemaliges Gefängnis von St. Petersburg

Was für Paris die Champs-Elysées sind, ist der Newski-Prospekt für Sankt Petersburg. Der russische Schriftsteller Nikolai Gogol (1809–1852) hat dieser prachtvollen Straße in seiner Petersburger No-

Nacht auf St. Petersburgs Prachtstraße, dem Newski-Prospekt

velle, zwischen 1835 und 1845 entstanden, ein literarisches Denkmal gesetzt. Auf 4,5 Kilometern pulsiert hier das Leben rund um die Uhr zwischen Theatern, Kinos, Cafés und historischen Prachtbauten.

Ursprünglich wurde der Newski-Prospekt als Verbindung zwischen der Admiralitätswerft an der Newa und der Straße nach Nowgorod durch den Wald gezogen, um die Werft mit Material wie Tuch, Seilen und Hölzern zu versorgen. In der Folgezeit verlagerte sich das Zentrum von der Wassiljewski-Insel auf die Große Seite zum Newski-Prospekt.

Neben Palästen und Kirchen, von denen noch die Rede sein wird, fällt dem Betrachter der Gostiny Dwor ins Auge. Der Handelshof wurde von Jean-Baptiste Vallin de la Mothe 1785 fertiggestellt. Der frühklassizistische zweistöckige Gebäudekomplex zieht sich auf 280 Metern zwischen der Sadowaja und der Dumskaja Uliza am Newski-Prospekt hin. Hunderte von Kaufleuten hatten damals hier ihre festen Stände. Heute ist der Gostiny Dwor eines der größten Kaufhäuser Sankt Petersburgs. Luxusmarken und namhafte französische Kosmetikfirmen dürfen hier natürlich nicht fehlen.

Auch die größte Petersburger Buchhandlung, das Dom Knigi, was so viel wie Haus des Buches heißt, logiert auf dem Newski-Prospekt an der Ecke zum Gribojedow-Kanal. Das Jugendstilgebäude wurde 1907 von Pawel Sjuzor errichtet und war Sitz der US-amerikanischen Firma Singer. Beeindruckend ist der Erkerturm mit einer hohen Glaskuppel, die eine von Nymphen gehaltene Weltkugel mit einem Durchmesser von drei Metern krönt.

Sie ist eine der schönsten Brücken von St. Petersburg: Geflügelte Löwen bewachen die historische Bankbrücke.

Charakteristisch für das Erscheinungsbild des Newski-Prospektes sind neben all dem Prunk und den Touristenmassen auch alte Frauen, die so genannten Babuschkas. Sie sitzen am Straßenrand und bieten Waren aller Art feil, um ihre schmale Rente aufzubessern. Die Palette reicht von eingelegten Gurken, Käse, Quark sowie Obst und Gemüse aus eigener Ernte bis hin zu Strumpfhosen, Seife und anderen Artikeln des täglichen Bedarfs. Besonders diese scharfen Kontraste sind es, die die ungleichen Lebensverhältnisse im neuen Russland sehr sinnfällig machen.

Brücken

In Sankt Petersburg gibt es 342 Brücken über Kanäle und Flüsse, die alle zu unterschiedlichen Zeiten gebaut wurden und sich stark in Stil und Größe unterscheiden. Hinzu kommen noch über 800 kleine Brücken. Sie führen über Teiche, Weiher und kleinere Ströme und zieren öffentliche Parks, Gärten sowie beliebte Ausflugsorte der Sankt Petersburger.

Die Anitschkow-Brücke führt den Prachtboulevard Newski-Prospekt über den Fontanka-Fluss. Sie besteht aus rosafarbenem Granit. Gebaut wurde sie zwischen 1839 und 1841 als Gemeinschaftsarbeit des Ingenieurs Andrej Gotman und des Architekten Alexander Brüllow. Berühmt ist die Brücke wegen ihrer vier Rossbändigerfiguren des Bildhauers Peter Klodt von Jürgensburg. Jede der vier Bronzeskulpturen stellt eine andere Szene eines Zweikampfes zwischen einem jungen Mann und einem wilden Pferd dar. Auch die Ägyptische Brücke führt über die Fontanka, allerdings vom Ler-

Keine Nachbildungen: Zwei antike Spinxe aus Theben in Ägypten sind am Universitätskai zu bewundern.

montowski-Prospekt aus. An ihren Enden thronen vier Sphinxe. Federführend bei Bau und Gestaltung waren der Ingenieur Wasili Tretter und der Bildhauer Pawel Sokolow (1764–1835). Die heutige Version stammt aus den 50er Jahren des vergangenen Jahrhunderts. 1905 war die Brücke eingestürzt, als ein Kavallerie-Regiment darüber ritt.

Die Bankowski-Brücke wurde 1825 als Fußgängerbrücke über den Gribojedow-Kanal gebaut. Ihre Väter sind ebenfalls Tretter und Sokolow. Die Brücke führte seinerzeit zur Nationalbank und wird von vier vergoldeten Greifen bewacht. Schon bei den alten Griechen hüteten diese Fabeltiere das Gold.

Paläste

Im Dreieck zwischen den Flüssen Newa, Moika und Fontanka liegt der 12 Hektar große Sommergarten, der im 18. Jahrhundert entstand. Hier befindet sich eines der ältesten Gebäude der Stadt – der Sommerpalast. Er wurde zwischen 1710 und 1714 von dem Architekten Domenico Trezzini errichtet. Trotz der bescheidenen Ausmaße war dies die erste Residenz Peters des Großen. Die Fassaden des zweistöckgen Gebäudes sind mit neun maritimen Basreliefs verziert – allesamt Werke des berühmten preußischen Bildhauers Andreas Schlüter. Peter bewohnte die sechs Zimmer im Erdgeschoss.

Besonders stimmungsvoll wirkt St. Petersburg bei Nacht, wenn die Brücken illuminiert sind.

Die Palastbrücke ist eine von mehreren Zugbrücken, die die Newa überspannen.

Das Faible des Zaren für den holländischen Stil ist hier deutlich zu spüren. Küche und Öfen zieren handbemalte holländische Kacheln. Zu sehen sind zudem üppige Schnitzereien im Vestibül, mit Stoff bespannte Wände, Deckenmalereien, Kunstwerke aus dem früheren 18. Jahrhundert, holländische Möbel aus Eiche und eine original russische Drechslerwerkstatt – ein Hobby Peters des Großen. Die sechs Räume der ersten Etage, die Peters Frau Katharina I. bewohnte, sind wesentlich prunkvoller ausgestattet.

Auf dem Schlossplatz im Herzen von Sankt Petersburg erhebt sich mächtig der riesige Winterpalast – die offizielle Residenz der Zaren bis zur Oktoberrevolution im Jahre 1918. Er wurde 1754 von Kaiserin Elisabeth in Auftrag gegeben und 1762 von dem italienischen Architekten Bartolomeo Francesco Rastrelli fertiggestellt. 176 Statuen und fast eben so viele Büsten schmücken den hohen Dachsims. Die barocke Fassade mit weißen Säulen, Statuen und vergoldeten Kapitellen erzeugt einen beeindruckenden Kontrast zum grünen Hintergrund.

So opulent das Äußere, so prunkvoll ist auch die Innenausstattung des Palastes, der über 1.050 Zimmer verfügt. Neben Stuckdecken und Wandfresken finden sich auch kostbare Holzfußböden. Bereits kurz nach der Fertigstellung veranlasste Katharina die Große, die eine begeisterte Kunstsammlerin war, die Errichtung weiterer Anbauten. Die zum Teil im Empire-Stil gehaltene Kleine Eremitage ergänzte Jean-Baptiste Vallin de la Mothe (1764–1767), die Zweite oder auch Alte Eremitage auf dem Newa-Kai errichtete Juri Felten (1771–1784). 1783 kam noch das von Giacomo Quarenghi erbaute Eremitage-Theater hinzu, die Neue Eremitage, die auf einem Entwurf von Leo von Klenze basiert, wurde 1852 vollendet. Mit seinen Anbauten nimmt der Palast eine Fläche von 8000 Quadratmetern bei einer Seitenlänge von 137 Metern ein.

Heute ist in diesem Ensemble die größte Kunst- und Gemäldegalerie der Welt untergebracht. Die Sammlungen zählen über drei Millionen Ausstellungsstücke von der Frühgeschichte bis zur Moderne, die in 400 Räumen untergebracht sind. Gezeigt werden unter anderem Gemäldesammlungen so namhafter Künstler wie Leonardo da Vinci, Paul Cezanne, Pablo Picasso, Claude Monet und Vincent van Gogh sowie Kollektionen von geschliffenen Edelsteinen, Gold, Silber, Uhren, Porzellan, Statuen, antiken Vasen, Münzen und Medaillen.

Auf der Wassiljewski-Insel zieht der Menschikow-Palast die Aufmerksamkeit des Betrachters auf sich. Der vom Zarengünstling Fürst Alexander Menschikow beauftragte Bau wurde 1720 nach zehnjähriger Bauzeit fertiggestellt. Für Sankt Petersburg war es das erste Gebäude aus Stein. Der Palast, der nach der Verbannung Menschikows Sitz einer Kadettenschule wurde, ist in frühem Barock gehalten und mit Statuen sowie goldenen Verzierungen geschmückt. Die Räume sind mit holländischen Kacheln verkleidet und mit Nussbaum getäfelt. Heute dient der Palast als Museum und ist eine Zweigstelle der Eremitage.

Der Stroganow-Palast steht an der Kreuzung des Newski-Prospektes und des Flusses Moika. Der Palast mit der rosafarbenen barocken Fassade wurde 1753 bis 1770 von dem italienischen Architekten Bartolomeo Rastrelli errichtet und 1790 von Andrej Woronichin mit neuem Interieur ausgestattet. Nur im großen Saal sind die Barockdekorationen mit dem Plafond von Guiseppe Valeriani, die Stuckar-

Tagesanbruch auf dem Platz vor der Eremitage

Fontänen und Kaskaden im Garten des Sommerpalastes

Farbenprächtig wie kaum anderswo auf der Welt sind Russlands orthodoxe Kirchen auch im Innern – hier die Isaak-Kathedrale.

beiten und Spiegel erhalten. Alle anderen Säle sind neoklassizistisch. Vor der Revolution war dieser Palast mit seinem kostbaren Mobiliar und seinen Gemälden einer der reichsten der Stadt. Zwei sphinxähnliche Tiere bewachen den Eingang. Sie sind ebenfalls Arbeiten des Architekten Woronichin. Nach der Revolution wurde der Stroganow-Palast verstaatlicht und ist heute eine Zweigstelle des Russischen Museums mit wechselnden Kunstausstellungen.

An der Ecke von Fontanka-Kai und Newski-Prospekt fällt der Anitschkow-Palast ins Auge. Am Bau waren zahlreiche Architekten beteiligt, beendet wurde er jedoch von Rastrelli. Der Baumeister Giacomo Quarenghi schuf von 1803 bis 1806 den sogenannten Kabinett-Trakt. Dessen ionische Säulenfront, die sich längs des Newski-Prospektes und auf der Flussseite erstreckt, verleiht dem Gebäude ein klassizistisches Aussehen. Der Palast hatte ständig wechselnde Bewohner. Hier lebte Alexander III. mit seiner Familie und auch sein Nachfolger, der letzte Zar Nikolai II. Dessen Mutter Maria Fjodorowna bewohnte das Anwesen von 1894 bis 1917. Zum Pionierpalast umfunktioniert wurde das Palais 1937. Heute finden hier Konzerte und Ausstellungen statt.

Der Taurische Palast an der Woinowa Uliza wurde in den Jahren 1783 bis 1789 von dem Architekten Iwan Starow gebaut. Katharina II. ließ dieses Denkmal des frühen Klassizismus für ihren Günstling Grigorj Potemkin errichten. Im Zentrum des Hauptgebäudes ragt ein auf sechs Säulen gestützter Portikus empor, hinter dem sich eine flache Kuppel erhebt. Im Inneren finden sich Stuckverzierungen, Fresken, Kolonnaden und Kronleuchter. Paul I. ließ den Palast zu einer Kaserne umgestalten. In einigen Sälen wurden sogar Pferdeställe untergebracht.

Eine der festlichen Säle im Winterpalast, der zu großartigen Empfängen und illustren Bällen genutzt wird.

Die Petersburger Eremitage beherbergt eine der größten Kunstsammlungen der Welt.

RECHTE SEITE:
Die beeindruckendste unter allen Petersburger Kirchen – die Isaak-Kathedrale

Alexander I. ordnete die sofortige Renovierung an. Nach der Revolution wurde der Palast Sitz der Leningrader Parteischule. Heute dient er als Regierungsgebäude.

Ein Meilenstein des Übergangs vom Barock zum Klassizismus ist der Marmorpalast, eines der ersten Gebäude der Palast-Uferpromenade und am Ende des Schwanenkanals gelegen. Er wurde zwischen 1768 und 1785 von dem Architekten Antonio Rinaldi für Graf Grigori Orlow, einem Favoriten von Katharina der Großen, errichtet. Die einfachen Fassaden erhalten ihr Gepräge durch in verschiedenen Grautönen schillernde Granitquader und blassrosane Pilaster. Für die Innenausstattung des Palastes wurden mehr als 30 verschiedene Marmorarten verwendet. Nach Orlow verbrachte hier der letzte polnische König, Stanislaw Poniatowski, seine letzten Jahre. Später hatten in dem Gebäude die Brüder verschiedener Zaren ihre Dienstkabinette. Heute beherbergt der Marmorpalast Gemäldeausstellungen aus dem Fundus des Russischen Museums.

Auf der Jelagin-Insel, inmitten eines riesigen Parks, befindet sich das Palais Jelagin – die ehemalige Sommerresidenz Alexanders I. Der Palast war ursprünglich für Iwan Jelagin, einen Hofmarschall Katharinas der Großen, erbaut worden. 1818 bis 1822 wurde er von Carlo Rossi für Alexanders Mutter, die Kaiserinwitwe Maria Fjodorowna, umgestaltet. Das dreistöckige Gebäude ist im klassizistischen Stil gehalten. Während des Zweiten Weltkrieges brannte das Innere des Palastes aus, die Räume wurden jedoch weitgehend wieder hergerichtet.

Das Alexandrinskij-Theater beherbergte einst das erste Theaterensemble Russlands.

Der Michailowski-Palast

Auf dem Platz der Künste nördlich des Newski-Prospekts befindet sich der Michailowski-Palast. Das Stadtpalais wurde zwischen 1819 und 1825 von dem Architekten Carlo Rossi für den Großfürsten Michail Pwalowitsch, einen Bruder von Zar Alexander I. gebaut. Die acht korinthischen Säulen des Hauptgebäudes stützen den Portikus über einer Arkade. An beiden Seiten des Portikus, zwischen großen Rundbogenfenstern, sind korinthische Halbsäulen zu sehen. Von der Inneneinrichtung, für die ebenfalls Carlo Rossi verantwortlich zeichnet, sind das große Vestibül sowie im zweiten Stock ein großer mit Säulen geschmückter Saal erhalten geblieben. 1898 wurde hier nach Umbauten auf Befehl Alexanders III. das Russische Museum eingerichtet. Neben einer beeindruckenden Ikonensammlung werden Werke von Vertretern der internationalen Moderne wie Wassili Kandinski, Nathan Altmann und Natalja Gontscharowa gezeigt.

Gotteshäuser und Klöster

Die größte und prächtigste Kirche in Sankt Petersburg ist die Isaaks-Kathedrale, die sich auf dem gleichnamigen Platz unweit des Newski-Prospektes befindet. Sie wurde 1818 bis 1858 von dem französischen Architekten Auguste Montferrand gebaut und sollte die Position Russlands als neue europäische Großmacht zum Ausdruck bringen. Rund eine halbe Million Leibeigene wurde bei den Bauarbeiten eingesetzt.

Das spätklassizistische Bauwerk wird von 112 Granitsäulen geziert, die jeweils bis zu 130 Tonnen wiegen. Die gigantische Kuppel hat einen Durchmesser von 26 Metern und ist mit 100 Kilogramm Blattgold überzogen. Mächtige Bronzetüren, deren Flügel fast 10.000 Kilogramm wiegen, führen ins

Innere. Für die Ausstattung wurden 43 Gesteinsarten sowie Mosaiken und Email-Arbeiten in 28.000 Farbschattierungen benutzt. Viele Säulen sind aus Lapislazuli oder Malachit, die Fußböden und Wände aus russischem, italienischem oder französischem Marmor. Bemerkenswert sind auch die Mosaikbilder der Ikonostasis und das 30 Quadratmeter große Glasfenster über dem Hauptaltar, das die Auferstehung Christi darstellt. Seit 1931 ist die Kathedrale ein Museum.

Am 1. März 1881 fiel Alexander II. am Ufer des Gribojedow-Kanals einem Attentat zum Opfer. Ihm zu Ehren ließ Alexander III. an dieser Stelle die „Kirche auf dem Blute", auch als Erlöser- und Auferstehungskirche bekannt, errichten. Auf ausdrücklichen Wunsch Alexanders III. bauten die beiden Architekten Parland und Makarow die Kirche in den Jahren von 1883 bis 1907 streng nach dem Vorbild der Moskauer Basilius-Kathedrale. Der Bau ist als bewusste Abgrenzung zu der in Petersburg dominierenden westlichen Architektur gedacht. So ist die „Kirche auf dem Blute" die einzige Zwiebelturmkirche in Sankt Petersburg, da Peter der Große den Bau russischer Kirchen in der Stadt verboten hatte. Die Kirche ist mit viel Gold, Mosaiken, farbigen Kacheln und Email ausgestattet.

Direkt am Newski-Prospekt befindet sich die Kathedrale der Muttergottes von Kasan. Den Namen verdankt sie der wundertätigen Ikone der Gottesmutter von Kasan. Die Kirche wurde 1811 von Baumeister Andrej Woronichin nach zehnjähriger Bauzeit fertiggestellt. Woronichin orientierte sich am Petersdom in Rom und verwandte erstmals Eisenträger für die Kuppel. Der Kernbau ist 72 Meter lang und 70 Meter hoch, darüber erhebt sich eine 71 Meter hohe Kuppel. Charakteristisch ist auch das Halbrund der 96 je 13 Meter hohen korinthischen Säulen. Von 1932 bis 1990 war hier das Mu-

Die Nikolsky-Kathedrale

RECHTE SEITE:
Neben Barock- und klassizistischen Kirchen gibt es in der Stadt auch noch die sehr russisch aussehende Christi-Auferstehungskirche (Erlöser auf dem Blute), die an die Moskauer Basilius-Kathedrale erinnert.

seum für die Geschichte der Religionen und des Atheismus untergebracht, das heute Museum für Religionsgeschichte heißt.

Die Peter-Paul-Kathedrale ist die älteste Sankt Petersburgs und das Wahrzeichen der Stadt. Das Herzstück der Peter- und Paul-Festung auf der Haseninsel wurde von dem italienischen Architekten Domenico Trezzini im holländisch frühbarocken Stil errichtet und 1733 nach 21-jähriger Bauzeit fertiggestellt. Den 62 Meter hohen Glockenturm ziert eine 60 Meter lange vergoldete Spitze mit einer Wetterfahne in Form eines Kreuzes und eines Engels. Im Inneren der Kathedrale finden sich Marmorsäulen, Kristalllüster und vergoldete Ikonen. Hier befinden sich die Gräber der Romanows sowie von Verwandten der Zarenfamilie. Am 29. November 1998 wurde die Asche von Nikolaus II. und seiner Familie, die 1918 in Jekaterinburg von den Bolschewiki erschossen wurde, in der Kathedrale beigesetzt.

Am Ende der Glinka-Straße, wo der Krjukowa- und der Gribojedow-Kanal aufeinandertreffen, befindet sich die Nikolai-Marine-Kathedrale. Sie wurde dem Schutzheiligen der Seefahrer gewidmet. Charakteristisch für das barocke Gotteshaus, das der russische Architekt Sawwa Tschewakinski 1762 erbaute, ist der traditionelle Fünf-Dom-Charakter. Dieser ist mit barocken Dekorationen angereichert. Weiße Säulen kontrastieren mit blauem Hintergrund, die Fenster sind mit Balustraden geschmückt und die Kuppeln vergoldet. Besonders beeindruckend sind das Zarenportal der Ikonostasis und die Ikone der Madonna mit dem Kind – eine Arbeit aus den Anfängen des 18. Jahrhunderts. Etwas abseits erhebt sich der dreistöckige Glockenturm mit zwei Glockenstühlen.

Ganz besonders beeindruckend ist die Kasaner Kathedrale, die direkt am Newski-Prospekt zu finden ist.

Schon am Tor bekommt man einen Eindruck von dem Prunk, der sich im Sommerpalast entfaltet.

Peter- und Paul-Festung

Das Alexander-Newski-Kloster, am Alten Newski-Prospekt gelegen, wurde 1710 gegründet. Es trägt den Namen des Kriegshelden Alexander Jaroslawitsch, der 1240 an der Newa einen wichtigen Sieg über die Schweden errang und daraufhin den Beinamen „Newski" bekam. Ende des 18. Jahrhunderts erhob Paul I. das Kloster zur Lawra, was mit der Gewährung von besonderen Privilegien verbunden war.

Das Smolny-Kloster in der Woinow-Straße wurde 1748 bis 1760 von Rastrelli errichtet, jedoch nicht fertiggestellt. Hier mischen sich russischer Stil und westlicher Barock. Der Bau wurde 1830 von dem russischen Architekten Wassili Stassow beendet. Die weiß-blau-goldene Kirche ist 80 Meter hoch und hat fünf vergoldete Kuppeln. Sie ist der Mittelpunkt der Klostergebäude, die sich mit vier Ektürmen im Viereck um die Kirche gruppieren.

Auf dem Lermontowski-Prospekt befindet sich die Große Chor-Synagoge, die 1883 bis 1893 im neumaurischen Stil erbaut wurde. Die Moschee auf dem Kirow-Prospekt entstand 1912 und ist eine Arbeit der beiden Architekten Nikolai Wasiljew und Stepan Kritschinski. Das Gebäude aus grauem Stein, das mit türkisfarbenen Kacheln geschmückt ist, hat zwei Minarette und eine große Kuppel.

Denkmäler

Das Gebäude der ehemaligen Sankt Petersburger Börse auf der Wassiljewski-Insel wird von zwei 30 Meter hohen Rostra-Säulen flankiert. Die rotbraunen mit Treppen versehenen Säulen wurden 1810 von dem französischen Baumeister Thomas de Thomon entworfen. Sie sind mit steinernen Schiffschnäbeln der Beuteschiffe geschmückt. Auf den Spitzen brannten früher Ölfeuer, um den Schiffen den Weg zu den Newa-Anlegestellen zu weisen. Jede Säule ist mit allegorischen Figuren geschmückt, die die großen Ströme Newa, Wolchow, Wolga und Dnjepr darstellen.

In der Mitte des Schlossplatzes vor dem Winterpalast erhebt sich die Alexandersäule. Sie wurde 1834 eingeweiht – zum Andenken an den Sieg Alexanders des I. und seiner Armee gegen Napoleon im Jahre 1812. Die Inschrift lautet: „Für Alexander vom dankbaren Volk." Die Säule ist 700 Tonnen schwer, 47,5 Meter hoch und weltweit das einzige Denkmal, das nicht verankert ist. Die Spitze bildet ein Engel, der ein Kreuz hält. Um den Boden unter der Säule zu festigen, waren 1200 Holzstämme notwendig, um den sumpfigen Untergrund auszufüllen.

Auf dem Theaterplatz erinnert ein Denkmal an den Komponisten und „Vater der russischen Oper" Michail Glinka (1804–1857). Das Denkmal wurde 1906 von dem Bildhauer R. Bach fertiggestellt. Glinka schrieb mit „Ein Leben für den Zaren" die erste russische Nationaloper.

Ein Symbol für das fortschreitende Russland ist das Denkmal für Peter den Großen auf dem Dekabristen-Platz. Das Denkmal wird der „Eherne Reiter" genannt – nach dem berühmten Gedicht von Alexander Puschkin (1799–1837). Von Katharina der Großen gestiftet, stellte es der französische

Die Smolny-Kathedrale bildet den Mittelpunkt des Smolny-Klosters.

LINKE SEITE:
Der hohe und auffällig spitze Glockenturm der Kirche der Peter- und Paul-Kathedrale markiert zusammen mit der Kuppel der Isaak-Kathedrale das Zentrum von St. Petersburg.

Bildhauer Etienne Falconet im Jahre 1778 nach 12-jähriger Bauzeit fertig. „Petro Primo Catarina Secundo – für Peter I. von Katharina II." – so lautet die Inschrift, die die Kaiserin auf dem Denkmal anbringen ließ. Der in Stein verewigte Zar ist mit einem Lorbeerkranz geschmückt, thront auf einem sich aufbäumenden Pferd und weist mit der rechten Hand in Richtung Newa. Zu seinen Füßen windet sich eine Schlange. Die fünf Meter hohe Statue steht auf einem Granitblock. Der Transport von Karelien nach Sankt Petersburg dauerte zwei Jahre.

Auf dem Ostrowski-Platz befindet sich das einzige noch erhaltene Denkmal Katharinas II. Alexander II. ließ es 1873 errichten. Katharina II. steht auf einem glockenförmigen Podest, dargestellt mit einem pompösen Krönungsmantel, der Kette des Andreas-Ordens und dem Zepter in der rechten Hand. Rund um den Sockel sind Persönlichkeiten ihres Zeitalters abgebildet.Auf dem Platz der Künste empfängt der in Stein verewigte Dichter Alexander Puschkin den Besucher. Das Denkmal wurde 1957 von Michail Anikuschin geschaffen. Puschkin starb 1837 bei einem Duell in Sankt Petersburg.

Eines der mehreren Dutzend Denkmäler von Wladimir Iljitsch Lenin befindet sich auf dem Platz vor dem Finnischen Bahnhof. Es wurde 1926 errichtet. Der Revolutionsführer steht auf dem granitenen Modell der Luke eines Panzerwagens.

WEITERE BEDEUTENDE ORTE IN DER STADT AN DER NEWA

Mit der Grundsteinlegung für die Peter- und Pauls-Festung am 16. Mai 1703 wurde Sankt Petersburg begründet. In der Folgezeit entstand hier auf der Haseninsel ein imposantes Ensemble mehrerer Ge-

Reiterstandbild Peter des Großen

Die Spitze der Alexandersäule auf dem Platz vor der Eremitage

bäude, die ebenfalls im 18. Jahrhundert errichtet, jedoch teilweise noch bis zum Beginn des 20. Jahrhundert umgebaut wurden.

1724 wurde auf Befehl Peters des Großen die Münzanstalt von Moskau nach Sankt Petersburg verlegt. Das Gebäude auf der Haseninsel wurde aber erst zwischen 1798 und 1806 errichtet. Seit 1922 werden hier russisches Hartgeld sowie Orden und Medaillien geprägt. Hinter dem Münzhof liegen die berühmt-berüchtigten Gefängnisse der Zarenzeit. Gedenktafeln erinnern an die prominentesten Gefangenen. Unter Katharina II. saß hier Alexander Radischtschew ein, Autor des gesellschaftskritischen Romans „Reise von Petersburg nach Moskau". In der 60er Jahren des 19. Jahrhunderts verbrachte hier der berühmte Revolutionär und Theoretiker Nikolai Tschernyschewski, Autor des Romans „Was tun?" zwei Monate. Auch der Bruder Lenins, Alexander Uljanow, brachte die letzten Monate seines Lebens in der Festung zu. Er wurde hingerichtet, weil er sich am Versuch, ein Attentat auf Alexander III. zu verüben, beteiligt hatte. Die Gefängnisse sind im Zustand von 1872 erhalten geblieben. Im Jahre 1924 wurde die Festung zum Museum.

RECHTE SEITE:
Winterlich verschneiter Park in der Nähe von St. Petersburg

Fest vertäut neben der Haseninsel liegt der Panzerkreuzer Aurora. 1917 gab ein Kanonenschuss, der von der Aurora abgefeuert wurde, das Signal zum Sturm auf den Winterpalast. 1941 wurde die Au-

Die sogenannten Rostralsäulen sind mit Schiffsschnäbeln (Rostral) verziert – einst dienten sie als Leuchttürme für den Petersburger Handelshafen.

rora beschossen, sank im Hafen, wurde jedoch wieder aufgebracht und instand gesetzt. 1956 wurde auf dem Schiff eine Filiale des zentralen Marinemuseums eingerichtet, es diente der Marine jedoch noch bis 1961 zu Ausbildungszwecken. In den Jahren 1984 bis 1987 fanden umfangreiche Rekonstruktionsarbeiten statt. Die Aurora bekam einen neuen Motor, die komplette Außenhülle des Rumpfes unterhalb der Wasserlinie wurde erneuert. Das Schiff ist heutzutage ein Touristen-Magnet.

Direkt gegenüber der Festung an der Uferpromenade der Petrograder Seite befindet sich das sogenannte Blockhaus Peters des Großen. Das Haus – es ist zwölf Meter lang, fünfeinhalb Meter breit und zweieinhalb Meter hoch – ist das einzige Gebäude aus dem Jahr der Stadtgründung 1703, das noch erhalten geblieben ist. Die Innenausstattung mit holländischen Möbeln und Werkzeugen an den Wänden verrät sofort die Handschrift Peters des Großen.

Zum Schutz gegen Wind und Wetter ist das Gebäude von einem Steingehäuse ummantelt. Genauso geschützt stand lange Zeit nebenan das Boot, mit dem Peter seine ersten Segelversuche in der Umgebung von Moskau machte. Vom Bootshaus vor der Peter-Paul-Kathedrale wurde es ins Zentralmuseum der Kriegsmarine gebracht. Um Sankt Petersburg vor schwedischen Schiffsangriffen zu schützen, ließ Peter der Große 1711 die Admiralität als befestigte Werft auf der anderen Seite der Newa gegenüber der Peter- und Pauls-Festung bauen.

Hier liefen die ersten Schiffe vom Stapel. Bereits erste Stadtplanungen hatten diesen Punkt als Zentrum des linken Newa-Ufers vorgesehen. Hier befindet sich der Scheitelpunkt der drei Hauptadern Newski-Prospekt, Gorochowaja Uliza und Wosnesenski-Prospekt. Das imposante klassizistische Ge-

Auf einem der Gleise des Petersburger Bahnhofs

Nur eines von mehreren beeindruckenden Gebäuden auf dem Platz vor dem Winterpalast: das klassizistische Generalstabsgebäude mit seinem Triumphbogen

bäude in seiner heutigen Form wurde von Andrej Sacharow umgebaut und 1823 fertiggestellt. Die Frontseite misst 406 Meter, die Seitenflügel 168 Meter.

Das Zentrum des Gebäudes ist ein fensterloser Kubus mit einem reich verzierten Eingangstor. Den Turm mit dorischen Säulen ziert eine Kuppel mit einer 72,5 Meter hohen vergoldeten nadelförmigen Spitze. Die Wetterfahne darauf hat die Form einer Karavelle, eines Kriegsschiffes aus dem 19. Jahrhundert. Die Skulpturen der Fassade repräsentieren die russische Seemacht. Die Paradeeinfahrt zum Schlossplatz führt durch den Triumphbogen des Architekten Carlo Rossi. Der Bogen ist 27 Meter hoch und hat eine Spannweite von 17 Metern. Die Eisenskulpturen, die auf ihm lasten, sind fast 16 Tonnen schwer. Die Siegesgöttin mit dem Lorbeerkranz in der Hand und in einem von sechs Pferden gezogenen Wagen ist dem Sieg über Napoleon im Jahre 1812 gewidmet.

Auf dem Theaterplatz befindet sich das bedeutendste Theater von Sankt Petersburg – das Mariinski-Theater für Oper und Ballett. 1783 wurde es auf Befehl der Zarin Katharina der Großen unter dem Namen Bolschoi-Theater eröffnet. Bereits damals galt es als eines der prachtvollsten Theater in Europa.

RECHTE SEITE:
Die Staatliche Universität von St. Petersburg

Gegenüber dem Bolschoi-Theater errichtete der Architekt Albert Kavos ein Gebäude, das im Januar 1849 als Pferdezirkus eröffnet wurde. Zehn Jahre später brannte dieser Zirkus ab. Das neue Gebäude wurde zunächst für Musikaufführungen konstruiert. Die offizielle Eröffnung des Mariinski-

RECHTE SEITE:
Der Sitz der Admiralität

Theaters, das nach Maria, der Frau Alexanders des II. benannt wurde, fand 1860 mit der Uraufführung der Oper „Ein Leben für den Zaren" des Komponisten Michail Glinka statt. Zuerst zog die russische Oper ein, 1885/86 folgte das Petersburger Ballett.

Im 19. Jahrhundert wurde das Theater zweimal umgebaut. Die prächtige Innenausstattung des Zuschauerraumes ist bis heute erhalten geblieben: weiße Skulpturen, viel Gold sowie hellblaue Polster und Gardinen. Die malerische italienische Decke wird von einer dreistufigen Deckenleuchte in Form der Monomach-Krone geschmückt und erstrahlt durch tausende Kristallhängeleuchten.

Während des Zweiten Weltkrieges schlugen zwei Dutzend Granaten in das Theater ein, doch bereits 1944 war das Haus wiederhergestellt. Seit 2005 wird das Theater restauriert, die Arbeiten sollen bis 2008 abgeschlossen sein. Die Instandsetzung wird von der Weltbank und der Stadt Sankt Petersburg mit 20 Millionen Dollar finanziert.

Das Marsfeld wird im Süden vom Moika-Fluss, im Osten vom Sommergarten und im Westen von der Petersburger Energiezentrale begrenzt. Der zehn Hektar große Platz wurde von Peter dem Großen angelegt und für Volksfeste genutzt. Nach der Fertigstellung des Winterpalastes blieb der Platz der Aristrokratie vorbehalten. Paul I. ließ die „Wiese der Zarin" mit Kopfsteinpflaster auslegen und einen Exerzierplatz daraus machen. Von da an hieß er Marsfeld. Nach der Oktoberrevolution wurde der Platz wieder in eine Grünfläche zurück verwandelt.

Vom Tor des Alexander-Newski-Klosters geht es rechter Hand zum Tichwinski-Friedhof. Hier sind zahlreiche brühmte Künstler, Schriftsteller und Komponisten bestattet, so zum Beispiel Fjodor Dostojewski (1821–1881), Michail Glinka (1804–1857), Nikolai Rimski-Korsakow (1844–1908), Peter Tschaikowski (1840–1893) und Modest Mussorgski (1839–1881). Zwei Kilometer westlich vom Newski-Kloster liegt der Wolkowo-Friedhof. Neben einem Denkmal für die Mutter und die Schwestern Lenins befinden sich auch hier die letzten Ruhestätten berühmter Dichter wie Iwan Turgenjew (1818–1883), Iwan Gontscharow (1812–1891) und Michail Saltykow-Schtschedrin (1826–1889).

DIE ZARENRESIDENZEN

Das älteste Zarenschloss in der Umgebung von Sankt Petersburg ist Peterhof. Es liegt an der südlichen Küste des Finnischen Meerbusens, der so genannten Kronstädter Bucht, 29 Kilometer von Petersburg entfernt. Peterhof, das von 1945 bis 1992 Petrodworez (Peterspalast) hieß, umfasst acht Parkanlagen mit einer Fläche von rund 800 Hektar, ungefähr 20 Dependancen, drei Kaskaden und 144 Springbrunnen. Es wird auch das „russische Versailles" oder die „Fontänen-Hauptstadt Russlands" genannt.

Der architektonische Mittelpunkt der Anlage ist der Große Palast. Er wurde im August 1723 eingeweiht, jedoch auf Wunsch von Elisabeth I. in den Jahren 1747–1755 von Bartolomeo Rastrelli vollständig umgebaut. Der Architekt setzte ein drittes Geschoss auf und baute noch zwei Seitenflügel dazu. Die Fassade im frühbarocken Stil ist 268 Meter lang. Das Schloss war prächtig und verschwenderisch ausgestattet: Mosaikfußböden, Kristalllüster, Deckenmalerei, Spiegel und geschnitzte

Großer Teich mit Springbrunnen in Peterhof

Türen. Im Zweiten Weltkrieg wurde der Palast weitgehend zerstört, jedoch in mühevoller, jahrzehntelanger Arbeit wieder aufgebaut. Zum Zeitpunkt der Einweihung des Palastes war auch schon ein 400 Meter langer Meereskanal ausgehoben, über den die Zaren zum Meer gelangten und so direkt nach Sankt Petersburg reisen konnten.

Ebenfalls fertig gestellt waren das am Meer gelegene Schlösschen Monplaisir sowie der Marly-Palast. Das Sommerschlösschen Monplaisir wurde von den drei Baumeistern Frederik Braunstein, Alexander Leblond und Nicolo Machetti 1722 beendet. Es ist ein eingeschossiger Backsteinbau, der mittlere Teil wird durch ein Zeltdach hervorgehoben. Er geht in Seitengalerien über, deren Dächer mit Holzbalustraden verziert sind. Besonders sehenswert ist hier das in Rot erstrahlende Lackzimmer im chinesischen Stil.

Der Marly-Palast wurde 1721 bis 1724 im Stil Louis XIV. von Braunstein erbaut. Im Zweiten Weltkrieg wurde der Palast von den Deutschen in die Luft gesprengt, ein Teil der kostbaren Innenausstattung konnte jedoch gerettet werden. Nach dem Krieg wurde der Palast wieder instand gesetzt.

1724 wurde die Große Kaskade fertig. Diese treppenförmige Brunnenanlage vor dem Großen Palast gehört zu den schönsten weltweit. Das Wasser fällt von der Schlossterasse hinab in ein barockes Marmorbecken und fließt dann durch den Meereskanal ins Meer. Das Kunstwerk aus zwei Kaskadentreppen und 64 Fontänen schmücken Skulpturen, Basreliefs und vergoldete Statuen. Im Zentrum der Großen Kaskade kämpft die 30 Meter hohe vergoldete Figur des Samson mit einem Lö-

Wirkt bei dem Prunk der anderen Paläste eher klein und zierlich: der Marly-Palast, einst als Gartenschloss Peter des Großen errichtet.

wen. Dabei schießt eine 20 Meter hohe Fontäne aus dem Rachen des Raubtiers. Die Fontäne wurde 1734 zur Erinnerung an den Sieg der Russen über die Schweden errichtet.

Besonderer Beliebtheit unter den Besuchern erfreuen sich die so genannten Scherz-Fontänen im Oberen Park. Die Schirm-Fontäne bildet einen Wasserschirm um den Besucher, sobald sich dieser auf eine der Bänke setzt. Die Eiche-Fontäne ist ein künstlicher Baum. Genauso wie die ihn umgebenden Tulpen-Imitationen beginnt er, sich nähernde Besucher nass zu spritzen.

25 Kilometer südlich von Sankt Petersburg liegt mit Zarskoje Selo (Zarendorf) eine weitere „Zarenvorstadt". Der alte Name wurde kurz nach der Oktoberrevoluton durch Djetskoe Selo (Kinderdorf) ersetzt, weil einige der Gebäude als Erholungs- und Weisenheime für Petersburger Kinder genutzt wurden. 1937 erhielt der Ort den Namen Puschkino – zu Ehren des Dichters Alexander Puschkin, der hier seine Jugend verbrachte.

Die Residenz mit all ihren Parks und Landschaftsgärten hat eine Fläche von 600 Hektar mit mehr als 100 Bauten. Nicht nur die Paläste, sondern auch zahlreiche Brücken, Skulpturen und Pavillons erinnern an die Siege Russlands über die Türken. Hauptattraktion ist der prunkvolle Große Katharinenpalast – er wirkt wie ein Duplikat des Winterpalastes in Sankt Petersburg. Er entstand in der Mitte des 18. Jahrhunderts und war die bevorzugte Residenz von Katharina I., Katharina II. Alexander I. sowie von Nikolaus II.

Ein kleiner Pavillon im Park von Peterhof

Verschiedene Architekten waren hier am Werk. Letzte Hand legte jedoch Bartolomeo Rastrelli an, der den Palast 1752 fertigstellte. Die barocke Fassade ist 300 Meter lang. Die rythmisch gegliederten weißen Säulen, vergoldeten Atlanten und Fensterrahmen bilden einen interessanten Kontrast zu dem lasurblauen Wandgrund. Die Palastkirche mit ihren fünf Kuppeln ist eine Mischung aus russischem Stil und Barock. Letztere Stilrichtung ist auch im Inneren des Palastes vorherrschend. So ist der „Große Saal" einer der größten und prunkvollsten Ballsäle Europas. Jedoch finden sich hier auch spätklassizistische Säle des Architekten Wassili Stassow. An der Ausstattung wurde wahrlich nicht gespart: kostbare Bilder, Teppiche, Porzellan, Marmor. Die Wände waren mit Brokat und Seide bespannt, die Türen aus wertvollem Holz geschnitzt und der Boden aus seltenen Hölzern oder Mosaiken gelegt. Um das Innere zu vergolden, soll Rastrelli 114 Kilogramm pures Gold verwendet haben.

Immer wieder kommt man ins Staunen bei der Größe der Anlage der Zarenpaläste.

Er war es auch, der 1761 im Katharinenpalast das Bernsteinzimmer einrichtete, in dem er den kostbaren Stein – ein Geschenk von Friedrich Wilhelm I. von Preußen an Peter den Großen im Jahre

Die Tschesmenskaja-Säule in Tsarskoye Selo, dem heutigen Puschkin

RECHTE SEITE:
Auch die Kuppel der Schlosskirche von Peterhof ist über und über mit Gold verziert.

1716 – mit Spiegeln, Bronze und Mosaiken aus Jaspis und Achat kombinierte. 1942 montierten die Deutschen das Zimmer ab und brachten es nach Königsberg. Bis heute ist es verschwunden.

Nach Katharina II. wohnte niemand mehr in dem Palast. Ihr Enkel Alexander I. ließ sich nicht weit davon entfernt, im Alexander-Park, das Alexander-Palais errichten. Der einstöckige Palast wurde 1795 von Giacomo Quarenghi fertiggestellt. Er ist wie der Park im englischen Stil gehalten. Sehenswert ist zudem noch das Lyzeum – ein Gebäude neben dem Nord-Ost-Flügel des Palastes. Es wurde 1790 von Ilja Nejelow gebaut, 1811 von Wassili Stassow umgebaut und im selben Jahr eröffnet.

1900 errichtete Robert Bach im Garten der Schule dem Dichter zu seinem 100. Geburtstag ein Denkmal. Heute dokumentiert eine Ausstellung in einem Flügel des Palastes das Leben und Werk Puschkins.

Die Zarenresidenz Pawlowsk liegt 30 Kilometer südlich von Sankt Petersburg und fünf Kilometer von Zarskoje Selo entfernt. 1777 schenkte Katharina die Große das über 600 Hektar große Areal ihrem Sohn Paul I. anlässlich der Geburt seines Sohnes Alexander I. Der Große Palast im klassizistischen Stil besteht aus einem Mittelbau, an den sich halbrunde Seitenflügel anschließen. Im Ehrenhof steht ein Denkmal Pauls I.

Auch hier zeigt sich der ganze Prunk: Springbrunnen und Wasserkaskaden im Park des Sommerpalastes.

Detailaufnahme: Katharinas Residenz in Peterhof

Der Bau des Palastes unter der Leitung von Charles Cameron begann in den 80er-Jahren des 18. Jahrhunderts und er wurde in den folgenden Jahrzehnten ständig erweitert. 1803 brannte ein Teil des Palastes nieder, weshalb mehrere Architekten Hand anlegen mussten. Der griechische Saal im ersten Stock wurde von Cameron entworfen. Hier finden sich hohe malachitverkleidete Säulen, klassische Statuen, Stuckdecken und gestuckte Friese, ein heller Parkettfußboden, schlichte Lüster sowie ein riesiger doppelter Kronleuchter in der Mitte.

Das Teppich-Kabinett ist mit französischen Gobelins des 18. Jahrhunderts aus der Serie „Don Quichote" ausgestattet. Im Schlafzimmer der Zarin fällt der pompöse vergoldete Baldachin aus geschnitztem Holz ins Auge – eine Arbeit des französischen Kunsttischlers Francois-Honoré Jacob (1770–1841). Das Portland-Service wurde der Zarin von Marie-Antoinette geschenkt. Auch die Toilette ist ein kostbares Kleinod – sie ist aus Tulastahl.

Noch beeindruckender als der Große Palast ist jedoch der ihn umgebende riesige Naturpark – der bis heute größte Landschaftspark Europas. Er wurde ebenfalls von Charles Cameron angelegt. Teiche wechseln sich ab mit Wäldchen, Lichtungen, seltenen Bäumen, exotischen Sträuchern, größeren Waldflächen, Pavillons, Chalets und Türmen.

EXKLAVE KALININGRAD

LAGE UND BEVÖLKERUNG

In Kaliningrad zeigt die Uhr eine Stunde früher an als in Moskau. Die westlichste Großstadt Russlands liegt eine Zeitzone und 1289 Kilometer von der Hauptstadt entfernt. Kaliningrad, das bis 1946 Königsberg hieß, hat 427.800 vorwiegend russische Einwohner. Es ist Hauptstadt der kleinsten Territorialeinheit der Russischen Föderation, des Kaliningrader Gebietes. Dieses misst 15.100 qkm und erstreckt sich über 195 Kilometer von West nach Ost und über 110 Kilometer von Nord nach Süd. Das Besondere dabei: Gebiet und Stadt haben mit dem übrigen Russland keine gemeinsame Grenze, sie liegen wie eine Insel zwischen den EU-Staaten. Im Nordosten grenzt das Gebiet an Litauen, im Süden an Polen und im Westen ist es von 140 Kilometern Ostseeküste umgeben.

Kaliningrad liegt am Fluss Pregolja (Pregel), der wenige Kilometer weiter ins Frische Haff mündet. Als eisfreier Handels- und Fischereihafen ist es für Russland von größter Bedeutung. Dasselbe gilt für den Marinehafen Baltisk (Pillau). Der Standort der russischen Ostseeflotte ist mit der Stadt durch den 50 Kilometer langen Kaliningrader Seekanal verbunden.

Das moderne russische Kaliningrad: Weltzeituhr und Plattenbauten

Die Geburt der heutigen Stadt verlief traumatisch. Nach dem Zweiten Weltkrieg wurden die wenigen verbliebenen deutschen Bewohner nach Westen deportiert. Aber die russischen Bürger, die ihren Platz einnahmen, kamen auch nicht freiwillig hierher. Ihr Umzug erfolgte auf Befehl von Oben, im Zuge einer gezielten Ansiedlungspolitik. Die Menschen aus der russischen Provinz, die nun plötzlich in der zu 90 Prozent zerstörten Stadt leben sollten, waren schockiert und empfanden die verbliebenen Reste der ihnen fremden westlichen Architektur als bedrohlich.

Unter diesen Umständen haben die neuen Bürger Kaliningrads das Beste aus der Situation gemacht. Inzwischen sind sie so souverän, dass sie die deutsche Vergangenheit der ehemaligen Hanse- und

Die wirtschaftliche Lage der Landbevölkerung im Kaliningrader Gebiet ist nicht gerade rosig.

Hauptstadt Ostpreußens nicht mehr verdrängen wollen. Die wenigen erhaltenen Zeugnisse werden konserviert und restauriert. Wie alle größeren sowjetischen Hafenstädte war Kaliningrad schon in den Jahren des Kalten Krieges der westlichen Alltagskultur näher als das Innere Russlands. Keine Grenzen konnten Matrosen daran hindern, Geschenke mitzubringen und vom Gesehenen zu erzählen.

In der Umgebung der Stadt gibt es seit Anfang der 90er Jahre eine neue Welle von Siedlern. Ausdrücklich ermuntert durch die russische Regierung, haben sich bereits 25.000 Russlanddeutsche aus Mittelasien hier niedergelassen. Dazu kommen Russen, die den Grenzen nahe sein wollen, weil sie im westlichen Ausland öfter nach ihren Geschäften oder nach ihren Verwandten sehen wollen. Eines kann man den Kaliningradern jedenfalls nicht absprechen: Mobilität.

Doch das Ausleben ihres Bewegungsdranges wird den Bewohnern der Stadt und des Gebietes nicht leicht gemacht. Zwar hat man nach jahrelangen Verhandlungen einen Weg gefunden, ihnen die visafreie Fahrt nach Osten in die russischen Kernlande und wieder zurück zu ermöglichen, aber der Landweg nach Westen ist für sie noch immer voller Hürden. Polnische und litauische Visa und Transitvisa sind nicht einfach zu bekommen, und nach dem Beitritt der beiden Nachbarstaaten zum Schengener Abkommen fürchtet man hier neue Einschränkungen.

Zu seinem Glück hat Kaliningrad einen internationalen Flughafen. Nach dem Zusammenbruch der Sowjetunion träumte die Stadt davon, zum Tor des neuen Russlands in Richtung Westen zu werden. Die Verwirklichung dieses Traumes ist mühsam. Die Lage Kaliningrads und seines Umlandes bleibt exponiert und kompliziert.

Durch Anpflanzung kleiner Birkenwälder soll die Wanderbewegung der Dünen auf der Nehrung eingedämmt werden.

TOPOGRAFIE UND KLIMA

Kaliningrad liegt an der Schwelle vom ozeanischen zum kontinentalen Klima. Das Wetter ähnelt hier dem in den deutschen Küstenstädten, ist aber im Winter mit einer Januar-Durchschnittstemperatur von -4 Grad Celsius merklich kälter. Auch die Landschaft ähnelt der norddeutschen Tiefebene. Bisweilen wird sie von Moränenhügeln unterbrochen.

GESCHICHTE

1255 gründete der Deutschritterorden am Fluss Pregel eine Festung. Sie diente als Vorposten im Kampf gegen die westbaltischen Stämme der Pruzzen. Der Orden nannte sie Königsberg, zu Ehren seines Bundesgenossen in diesem Kampfe, des böhmischen Königs Ottokar II. Die Siedlung entwickelte sich bald zu einer Hafenstadt.

Das Königstor der alten Stadtmauer

Verteidigungsanlagen aus dem Zweiten Weltkrieg

Ende des 13. Jahrhunderts formierte sich die spätere Altstadt und das Schloss wurde gebaut. 1339 wurde Königsberg Mitglied der Hanse und blieb es bis 1579. Um 1400 lebten rund 10.000 Menschen in Königsberg. Ab 1457 war Königsberg die Residenz des Ordensstaates, dessen Existenz sich allerdings dem Ende zuneigte. 1511 wurde Herzog Albrecht I. von Hohenzollern-Ansbach letzter Hochmeister des Ordens und überführte den Staat in ein säkulares Herzogtum Preußen, das der polnischen Krone unterstellt war. 1544 gründete er in Königsberg die Universität Albertina. Parallel dazu ließ er eine Bibliothek zusammenstellen und der Öffentlichkeit zugänglich machen.

1701, nach jahrhundertelangen Kämpfen zwischen Polen, Schweden und Russen um die Region, wurde Königsberg mit über 40.000 Einwohnern Bestandteil des Königreichs Preußen. 1781 gab es in Königsberg 224 Bierbrauereien. 1813 war die Einwohnerschaft der Stadt auf knapp 49.000 angewachsen. 1853 wurde sie durch eine Eisenbahnlinie mit Berlin verbunden.

Als 1871 das Deutsche Reich entstand, hatte Königsberg schon über 100.000 Einwohner. Die Stadt führte Getreide und Gemüse aus und Kolonialwaren wie Tee und Zucker ein. Dazu kamen Maschinenbau, Metallverarbeitung, Seifen- und Kerzenproduktion. Die Anzahl der Einwohner stieg bis zum Ersten Weltkrieg auf 372.000.

In den ersten fünf Jahren des Zweiten Weltkriegs blieb Königsberg von Kampfhandlungen verschont, aber 1944 bezogen die deutschen Truppen es in die Verteidigungslinien des eilig errichteten „Ostwalls“ ein. In den Nächten des 27. und 30. August 1944 warfen britische Flugzeuge 40.000 Bomben auf Königsberg. Das Zentrum wurde total zerstört. Die Belagerung durch russische Truppen begann am 6. April 1945, am 9. April kapitulierte die Stadt.

1945 teilte die Potsdamer Konferenz Europa neu auf. Königsberg schrieben die Sieger zusammen mit einem Drittel des ehemaligen Ostpreußens der UdSSR zu. Den Rest Ostpreußens erhielt Polen. 1975 wurde in Helsinki im „Vertrag über Sicherheit und Zusammenarbeit in Europa" diese Regelung von allen Beteiligten und Betroffenen als Bedingung des Friedens in Europa bestätigt. Schon 1946 hatte die Stadt zu Ehren des ehemaligen Staatspräsidenten der UdSSR und treuen Stalin-Anhängers Michail Kalinin ihren neuen Namen erhalten: Kaliningrad.

WIRTSCHAFT

Kaliningrad ist heute Russlands wichtigster Fischereihafen an der Ostsee. Entsprechend stark vertreten ist hier die fischverarbeitende Industrie. Im Kalinigrader Gebiet werden über 50 Prozent der Böden landwirtschaftlich genutzt. Getreideanbau und Viehzucht mit Molkereiwirtschaft dominieren. Industriell stellt man hier Elektromotoren, Kräne, Gabelstapler und Anlagen für die Zelluloseindustrie her. Auch Erdöl und Kohle werden in der Region in Maßen gefördert und elektronische Anlagen für die entsprechenden Industrien produziert. In Kaliningrad hergestellte Möbel genießen in Russland einen hervorragenden Ruf.

Zur Feier des Schulanfangs wurden sie alle festtäglich herausgeputzt.

Der Bahnhof von Kaliningrad

1993 verlieh der russische Staat dem Kaliningrader Gebiet den Status einer Sonderwirtschaftszone. Dies bedeutet die Befreiung der hier produzierten Waren von der Mehrwertsteuer und steuerliche Begünstigungen für ausländische Investoren. 30 Prozent aller Investitionen in der Zone werden von Deutschen aus der Bundesrepublik getätigt und Deutschland ist auch der größte ausländische Handelspartner.

HOCHSCHULEN

Die berühmte Königsberger Universität wurde 1544 von dem preußischen Herzog Albrecht I. gegründet. Die Nachfolgeinstitution dieser Albertina, an der auch der Philosoph Immanuel Kant (1724–1804) als berühmtester Sohn der Stadt studierte und später lehrte, spielt heute unter neuen Dächern wieder eine bedeutende Rolle. Sie heißt heute „Immanuel Kant-Universität“. Außerdem wirken in Kaliningrad noch etwa zwei Dutzend Hochschulen und Zweigstellen russischer Universitäten aus anderen Städten.

Kaliningrad verfügt über ein Schauspielhaus und eine ganze Reihe kleinerer Theater, darunter ein deutschsprachiges. Die Philharmonie befindet sich in der rekonstruierten katholischen Kirche „Zur

Heiligen Familie“ (1907) mit ihrer sehr guten Orgelakustik. Auch das über die Grenzen Russlands hinaus populäre Puppentheater „Teatr Kukol“ hat in einem wiederaufgebauten Gotteshaus Unterschlupf gefunden, in der neoromanischen Luisenkirche (1901).

Das große Museum für Geschichte und Kunst macht seine Besucher mit der Natur des Kaliningrader Gebietes vertraut. Es stellt die archäologischen Funde der Region vor, dokumentiert die Ereignisse des Zweiten Weltkrieges im Kaliningrader Gebiet und dessen Neubesiedlung nach dem Krieg. Außerdem zeigt es Kunstwerke deutscher und russischer Maler und Bildhauer aus verschiedenen Jahrhunderten. In seinem Art-Atelier präsentiert es jeden Monat eine neue Ausstellung junger Künstler.

Größere Ausstellungen mit moderner Kunst finden in der hervorragenden Kunstgalerie des Gebietes Kaliningrad statt, die über acht Hallen verfügt. Das einzigartige Museum der Weltmeere ist im ehemaligen Forschungsschiff Witjas stationiert. Hier lernen Besucher die Flora und Fauna der Weltmeere sowie moderne Forschungsmethoden kennen. Kalingrad wird zu Recht als Welthauptstadt des Bernsteins bezeichnet, da man mehr als 90 Prozent der weltweit geförderten Menge in der Kaliningrader Region findet.

Das Bernsteinmuseum ist in einem behäbigen, noch aus deutscher Zeit stammenden Festungsturm untergebracht. Ausgestellt werden hier über 6000 Exponate. Darunter sind sehr rare wie besonders kunstvoll verarbeitete Schmuckstücke und Geräte oder Rohbernstein mit seltenen Einschlüssen. Außerdem wird hier die Entstehung des Bernsteins vor 35 Millionen Jahren dokumentiert.

Das riesige Skelett eines Wales im Weltmeeresmuseum in Kaliningrad

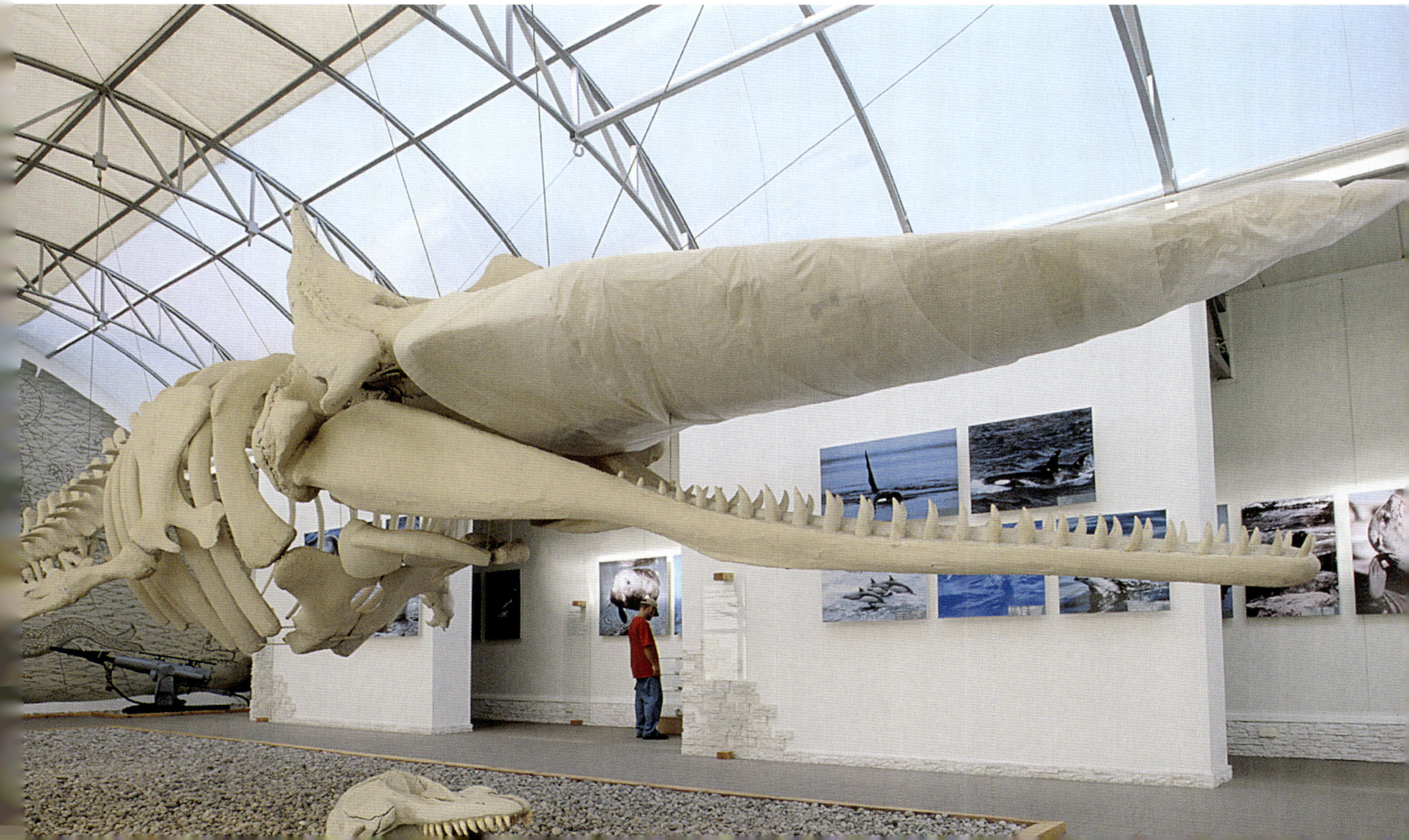

Der Name „Lasch-Bunker“ deutet für Kenner schon darauf hin, worum es in diesem Museum geht: General Otto von Lasch leitete am Ende des Zweiten Weltkrieges die Verteidigung der zur Festung erklärten Stadt Königsberg. Sein unterirdischer Befehlsstand beherbergte mehr als ein Dutzend Räume, in denen man heute Fotografien, Schautafeln und Miniaturnachbauten Königsbergs in seinen letzten Tagen betrachten kann.

STADTBILD UND SEHENSWÜRDIGKEITEN

Denkmäler aus der Königsberger Epoche

Nach der großflächigen Zerstörung der Innenstadt im Zweiten Weltkrieg bot diese viel Platz für neue Parks und breite Prospekte. Ein historischer Park ist hingegen der 1886 als „Königsberger Tiergarten“ eröffnete heutige Kaliningrader Zoo. Im dazugehörigen Dendropark können seltene und alte Bäume bestaunt werden. Aus dieser Periode stammen auch das Bären- und das Löwenfreigehege, die Adlervoliere und das Seetierhaus mit seinen Außenschwimmbecken. Ein ebenfalls von Tieren bewohntes Architekturdenkmal ist das ehemalige Gesellschaftshaus des Zoos, das 1911 von Walter Kuckuck erbaut wurde. Mit seinen zwei Stockwerken, dem Palmensaal und Terrassenanlagen dient es heute als Elefantenhaus. Neben dem Zoo verfügt Kaliningrad auch über einen renommierten Botanischen Garten.

Schon 1886 wurde der Kaliningrader Zoo eröffnet.

Historisches Häuser-
ensemble mit Leucht-
turm

1969 wurden die noch erhaltenen Überreste des Schlosses gesprengt. Der Dom aus dem 14. Jahrhundert ist hingegen heute vollständig restauriert. An der Dommauer befindet sich das Grab des berühmten Sohnes der Stadt, Immanuel Kant (1724–1804). Der Volksmund behauptet, die Grabstätte des auch in der ehemaligen Sowjetunion hoch angesehenen Philosophen habe den Dom vor der Zerstörung bewahrt.

Immanuel Kant

Der Wunsch, das Andenken Kants zu ehren, verbindet Kaliningrad mit Königsberg. Der Philosoph betrachtete seine Heimatstadt mit ihrer weltoffenen Atmosphäre als unverzichtbare Inspirationsquelle. Nachdem er hier eine Professur erhalten hatte, traf er sich mit Menschen aus aller Welt, stellte selbst aber das Reisen völlig ein.

Als Lohn dafür verfügt er hier heute gleich über zwei Grabstätten. Neben seinem ursprünglichen Grab an der Dommauer baute man ihm 1924 ein Mausoleum, in dem er heute ruht. Alle Elemente der Architektur haben Bezug zu seiner Philosophie.

1864 schuf der Bildhauer Christian Daniel Rauch für Königsberg eine Statue Immanuel Kants. Sie verschwand 1945. Die deutsche Journalistin Marion Gräfin Dönhoff ließ sie nachgießen. Seit 1992 steht Kant mit Gehrock und Spazierstock an der Albertina. Nachgebildet wurde auch die ebenfalls

Vielfach sind es Rentner, die ihr mageres Einkommen damit aufbessern, dass sie auf dem Markt Blumen aus dem eigenen Garten verkaufen.

Das Grab Immanuel Kants an der Außenmauer des Doms

Der Kaliningrader Dom, bei dem sich auch das Grab Kants befindet, der hier im historischen Königsberg geboren wurde

Blick über die Nehrung

von Rauch geschaffene, heute im Zentrum befindliche Statue Herzog Albrechts. Die dritte sehenswerte Statue aus der Vorkriegszeit ist das Schillerdenkmal. Es wurde 1910 von Stanislaus Cauer geschaffen und blieb auch in den Nachkriegswirren unversehrt, der Überlieferung zufolge, weil jemand auf Russisch „Dies ist ein Dichter" an den Sockel gekritzelt hatte.

Denkmäler aus der Kaliningrader Epoche

Sehenswert und bisweilen mitreißend sind auch einige Denkmäler, die in der Stadt während der sowjetischen Periode errichtet wurden. Das Kosmonautendenkmal würdigt drei russische Kosmonauten, die zu Ehrenbürgern der Stadt wurden. Sehenswert sind auch das Denkmal für den russischen Feldherren Kutusow, das für Peter I. und das Denkmal für Mütterchen Russland. Der Sockel lädt die neuen Kaliningrader ein: „Kommt her zu mir, ihr Kinder Russlands, hier seid ihr zu Hause!" Das „Ehrenmal der 1200" wurde über einem Massengrab für 1200 Soldaten der 11. Gardearmee errichtet, die beim Sturm auf das zur Festung erklärte Königsberg fielen.

Neben den restaurierten historischen Bauwerken gibt es im heutigen Kaliningrad auch viele, die in einem historisierenden Stil völlig neu entworfen wurden, so die große orthodoxe Christ-Erlöser-Kathedrale am Siegesplatz. Hauptwahrzeichen der modernen Nachkriegsstadt ist der 151 Meter hohe Fernsehturm (1962).

Nicht schön, aber sehenswert: Das Bernsteinmuseum ist in einem alten Rundturm zuhause.

Sehenswertes außerhalb der Stadt

In Jantarny (Palmnicken) befindet sich der weltweit einzige Bernstein-Tagebau der Welt. Hier können Besucher verfolgen, wie bis zu 80 Meter tief nach dem goldenen Material gegraben wird.

Die Natur hat die Küste des Kaliningrader Gebietes reich beschenkt – endlos goldene Strände aus feinem, leichtem Sand, ein sehr allmählicher Abfall des Meeresbodens, der Duft der Nadelbäume und erträglich warme Sommer. Dazu kommt ihr Artenreichtum. Neben fast 1300 Pflanzenarten leben hier 409 Wirbeltierarten. Von ihnen gelten 176 als selten oder sehr selten. Dies alles macht die Region zur Attraktion für Touristen.

Besonders auf der Halbinsel Samland, zwischen dem Frischen und dem Kurischen Haff, reihen sich Kurorte mit alter Tradition aneinander. Heute bemühen sie sich mit intensiver Werbung in aller Welt, diese wieder zu beleben. Führend ist hier Swetlogorsk (Rauschen), wo sich noch die Bebauung der Strandpromenade von der Wende des 19. zum 20. Jahrhundert erhalten hat.

In Swetlogorsk gibt es auch ein Kunstmuseum mit Skulpturen des deutschen Bildhauers Hermann Brachert (1890–1872), von dem im Ort mehrere Großplastiken unter freiem Himmel stehen. Brachert,war als Nazigegner bekannt. Da aber die Staatliche Bernsteinmanufaktur in Königsberg auf seine künstlerische Mithilfe angewiesen war, konnte er dort künstlerisch bis zum Ende des Zweiten Weltkriegs arbeiten.

Besonders beliebt bei wohlhabenden Gästen aus dem russischen Kernland ist Selenogradsk (Cranz). Sobald die Strände hier aber nicht nur exklusiv gegen Bezahlung die Tore öffnen, sondern jedermann zugänglich sind, geht es hier zu wie in einer Sardinenbüchse. Was westliche Besucher abschrecken

Sehr ländlich ist es auf dem Kaliningrader Gebiet außerhalb der Stadt.

könnte: 90 Prozent der Kaliningrader Abwässer werden ungefiltert in die Frische Nehrung eingeleitet. Dies gefährdet nicht nur die Kaliningrader Bevölkerung, sondern auch Polen und Litauen.

Im Jahr 2000 wurde die Kurische Nehrung, heute ein Naturschutzpark, von der UNESCO zum Weltnaturerbe erklärt. Sie erstreckt sich von Selenogradsk bis zum litauischen Klaipeda (Memel). Die kleinere, nördliche Hälfte gehört zu Litauen.

Eigentlich ist die Kurische Nehrung eine 98 Kilometer lange Sandbank, welche die Bucht Kurisches Haff fast ganz von der Ostsee abschneidet. Nur an ihrem östlichen Ende befindet sich ein rund 300 Meter breiter Durchfluss. Aber was für ein Naturwunder! Ihre schmalste Stelle misst 380 Meter, die breiteste 3,8 Kilometer.

Berühmt und berüchtigt waren seit Urzeiten die riesigen, bis zu 70 Meter hohen Wanderdünen der Kurischen Nehrung. Mehr als einmal begruben sie Dörfer unter sich. Erst Ende des 19. Jahrhunderts fand man eine Aufforstungsmethode, welche ihre Aktivität stoppte. Aber nicht nur Dünen gibt es hier, sondern auch Wald, Wiesen, Sümpfe und Wälder. In diesem Biotop machen jährlich Heerscharen von Zugvögeln aus den skandinavischen Ländern auf ihrem Zug nach Südeuropa oder Afrika Station.

Weil der Besuch der Kurischen Nehrung gebührenpflichtig ist, herrscht hier noch Stille. Besucher können gegen Zahlung einer Gebühr von rund 20 Euro pro Auto mit Fahrer und von 5 Euro für jeden weiteren Insassen eine einmalige Einfahrgenehmigung in das Naturschutzgebiet erwerben. In Rybatschi (Rositten) arbeitet die älteste Vogelwarte der Welt. Sie wurde 1901 gegründet und befasst sich noch heute eifrig mit der Beringung der gefiederten „Gäste".

Kondopoga
Scheschart
Sortawala
Petrosawodsk
Onega-
see
Onega
Njandoma
Waga
Nördl. Dwina
Syktywkar
Wytschegda
Kotlas
Welsk
Weliki Ustjug
Wiborg
Ladogasee
Podporoschje
Wytegra
Koroscha
St. Petersburg
Wolchow
Puschkin
Tichwin
Belosersk
Suchona
Nordrussischer Landrücken
Boksitogorsk
Sokol
Peipus-
see
Tscherepowez
Wologda
Luga
Nowgorod
Rybinsker
Stausee
Ilmensee
Borowitschi
Galitsch
Kotelnitsch
Wjatka
Pskow
(Pleskau)
Staraja Russa
Rybinsk
Kostroma
Wetluga
Nolinsk
Wyschni
Wolotschek
Lowat
Wolga
Jaroslawl
Kineschma
Wjatka
Ostaschkow
Iwanowo
Joschkar-Ola
Welikije Luki
Twer
Balachna
Nischni
Nowgorod
Rschew
Sergijew-Posad
Susdal
Kowrow
Kasan
Wladimir
Dserschinsk
Tscheboksary
Noginsk
Pawlowo
Moskau
Orechowo-
Sujewo
Witebsk
Murom
Arsamas
Smolensk
Wjasma
Sofino
Kolomna
Oka
Alatyr
Orscha
Dnjepr
Serpuchow
Dimitrowgrad
Borisow
Kaschira
Kaluga
Rjasan
Sasowo
Saransk
Simbirsk
Mogilew
Tula
Mittelrussische Platte
WEISS-
RUSSLAND
Nowomoskowsk
Toljatti
Brjansk
Sysran
Bobruisk
Desna
Oka
Don
Pensa
Kusnezk
Mitschurinsk
Orel
Gomel
Tambow
Jelez
Lipezk
Mosyr
Wolga
Kursk
Woronesch
Saratow
Engels
Borissoglebsk
Balaschkow
Kiew
Belgorod
Kamischin
Charkiw
UKRAINE
Dnjepr
Donez
Don
Wolgograd
Wolschski
Dnipropetrowsk
Luhansk
Kamensk-
Schachtinski
0
100
200
300
km

ZENTRALRUSSLAND

Russland ist unendlich groß, aber in seiner Mitte kann man tief in seine Seele schauen. Mit Zwiebeltürmen, Kremln und Klöstern sind die Städte des Goldenen Ringes geradezu die Verkörperung des alten Russland. Vladimir, Pereslawl-Salesski und Susdal – wie eine mittelalterliche Matrix legt sich der Goldene Ring um Moskau.

Auch die Hauptstadt birgt die Schätze von Jahrhunderten, ihr Antlitz erzählt von Zaren, Kaufleuten und Parteifunktionären. Heute ist die Millionenmetropole nicht nur das unbestrittene politische und kulturelle Zentrum des russischen Staates. Sie ist auch ein explodierender Moloch, der von zehnspurigen Straßen durchzogen ist. Ein Widerspruch, der typisch russisch ist.

SMOLENSK

Die Stadt Smolensk ist älter als Moskau und wurde Jahrhunderte lang als „Schlüssel zum Moskauer Staat" bezeichnet. Als „Collier des ganzen rechtgläubigen Russland" nannte man ihre Festung mit den teilweise heute noch zu besichtigenden Mauern aus dem beginnenden 17. Jahrhundert. Die Stadt liegt, malerisch in üppiges Grün gebettet, 378 Kilometer südwestlich von Moskau. Sie befindet sich nahe der weißrussischen Grenze auf den Smolensker Höhen an den Ufern des oberen Dnjepr. Sie ist ein Eisenbahnknotenpunkt und verfügt über einen Flughafen. Smolensk hat 317.700 Einwohner.

Blick auf die Altstadt von Smolensk

Geschichte

863 wurde die Stadt erstmals urkundlich erwähnt. Sie war damals das Handels- und Handwerkszentrum des slavischen Stammes der Kriwitschen am Wege „von den Warägern zu den Griechen". Ab 882 gehörte sie dann zur Kiewer Rus. Dank ihrer strategischen Lage im äußersten Westen des russischen Staates war die Stadt über tausend Jahre lang in Kriegen immer wieder heiß umkämpft. 1404 unterwarfen die litauischen Großfürsten im Verbund mit Polen die Stadt. Später wendete sich das Blatt. Die Moskauer Expansion drängte Polen-Litauen zurück und verleibte sich 1514 als letztes Smolensk ein. Sehr dramatisch verlief hier auch der Kampf gegen die napoleonischen Truppen 1812. Mehrere Denkmäler in der Stadt erinnern an den damaligen russischen Sieg.

Der polnische Staatspräsident Lech Kaczynski legt an der polnisch-russischen Gedenkstätte „Katyn" einen Kranz nieder und gedenkt der Opfer.

In der zweiten Hälfte des 19. Jahrhunderts entwickelte sich das kulturelle Leben der Stadt rapide. Gymnasien und Musikschulen wurden gegründet, 1866 das Schauspielhaus und 1888 das erste Museum. Der Smolensker Expeditionsreisende Nikolai Przewalski spielte eine wichtige Rolle bei der Erforschung Zentralasiens und entdeckte dort die älteste Wildpeferderasse, die nach ihm benannt wurde. Im Zweiten Weltkrieg fand hier eine der entscheidenden Schlachten statt, die den Blitzkriegs-Phantasien des faschistischen Deutschland einen Dämpfer versetzte. Sie dauerte vom 10. Juli bis 10. September 1941 und gab Moskau Zeit, sich auf die eigene Verteidigung vorzubereiten. Alle Produktionsstätten und 93 Prozent der Wohnungen in Smolensk wurden in diesem Krieg vernichtet, tausende von Stadtbewohnern wurden getötet oder zur Zwangsarbeit ins Deutsche Reich verschleppt.

RECHTE SEITE OBEN:
Figurengruppe vor dem Stadion von Smolensk

RECHTE SEITE UNTEN:
Alte russische Kirche in einem Freilichtmuseum bei Smolensk

UNTEN:
Schon im 12. Jahrhundert entstand die berühmte 6,5 km lange Festungsmauer.

Bildung, Kultur, Sehenswürdigkeiten

Obwohl Smolensk überschaubar ist, konkurrieren hier acht Musikschulen miteinander. In der Stadt sind vier Hochschulen tätig. Außer dem Schauspielhaus verfügt sie über ein Puppentheater. Das erstaunlichste Architekturdenkmal ist die von dem Architekten Fjodor Kon entworfene 6,5 Kilometer lange Festungsmauer. Eng beieinander stehen in Smolensk neun historische Kirchen. Als älteste ist die Peter- und Paulskirche ein berühmtes Denkmal der russischen Baukunst des 12. Jahrhunderts, zwei weitere Gotteshäuser aus der selben Periode sind erhalten. Das Stadtbild prägt besonders die 1677 bis 1740 erbaute Uspenski-Kathedrale. Den Besucher laden ein Museum für Architekturgeschichte ein, das Konjonkow-Skulpturenmuseum und das „Museum für den Vaterländischen Krieg von 1812". Jährlich ist Smolensk Schauplatz des internationalen Jazz-, Pop- und Rockfestivals „The Smolensk-Project".

18 Kilometer vor den Stadtgrenzen beim Dorf Katyn, befindet sich ein mit 80 Hektar Wald bedecktes Massengrab. Hier wurden in den Jahren des Terrors unter Stalin 10.000 Sowjetbürger und 4000 polnische Offiziere erschossen. Heute befindet sich hier die polnisch-russische Gedenkstätte „Katyn".

DAS SMOLENSKER GEBIET

Das Smolensker Gebiet misst 49.800 qkm. In den 1990er Jahren nahm seine Einwohnerzahl stetig ab. 2007 bewohnten es rund 993.500 Menschen. Im Jahre 2002 waren von der Gesamteinwohnerschaft 93,4 Prozent Russen, 1,7 Prozent Ukrainer und 1,6 Prozent Weißrussen. Das Gebiet grenzt an Belarus sowie an die Verwaltungsbezirke von Pskow, Twer, Moskau, Kaluga und Brjansk.

Das Smolensker Gebiet liegt im zentralen Teil der Osteuropäischen Ebene auf der mittelrussischen Platte. Es ist gekennzeichnet durch hügelige und bergige Bereiche, in die sich bis zu 150 Meter tiefe Flusstäler eingegraben haben. Das Klima ist gemäßigt kontinental. Die durchschnittliche Januartemperatur beträgt -9 Grad, die durchschnittliche

Herstmorgen an einem der unzähligen kleinen Seen im Gebiet von Smolensk

Julitemperatur 17 Grad Celsius. Im Jahresdurchschnitt fallen 600 Millimeter Niederschlag. Das Gebiet ist überreich an Flüssen und Seen.Nur einige der Flüsse sind Dnepr, Ustrom, Iput und Desna. Misch- und Nadelwälder mit der für Ostmitteleuropa typischen Flora und Fauna bedecken 40 Prozent des Territoriums. Das Gebiet beherbergt den Nationalpark „Smolensker Seen“ und ein veraltetes Atomkraftwerk.

Das Gebiet ist reich an Braunkohle, Torf, Tonerden und natürlichen Baumaterialien. Klima und Böden begünstigen die Landwirtschaft. Vor allem werden hier verschiedenste Getreidesorten und Kartoffeln angebaut. 28 Prozent des russischen Flachses werden hier produziert. Milch- und Fleischprodukte werden exportiert. Entsprechend entwickelt sind die lebensmittelverarbeitende Industrie und die Leinenproduktion. Dazu kommen Leicht- und Baustoffindustrie sowie Metallverarbeitung. Im Stadtgebiet werden Schmuck und Zähler für Wasser, Gas und Geldscheine hergestellt sowie Autoteile, Kühlschränke und medizinische Instrumente.

RJASAN

Rjasan ist mobil. Es hat in der Geschichte nicht nur mehrmals seinen Namen, sondern einmal sogar seinen geographischen Standort gewechselt. Die 512.200 Einwohner zählende Stadt liegt 196 Kilometer südöstlich von Moskau an der Mündung des Flüsschens Trubesch in die Oka. Sie beherbergt nicht nur eine Altstadt, die wie Freiluftmuseum wirkt, sondern auch eine Vielfalt moderner industrieller Produktionsstätten. Sie ist ein Eisenbahn- und Autobahnknotenpunkt und verfügt über einen Fluss- und einen Flughafen.

Geschichte

Die gleichnamige Hauptstadt des Fürstentums Rjasan befand sich ursprünglich 50 Kilometer weiter südlich am Fluss Oka an der Stelle des heutigen Dorfes Staraja Rjasan. Hier hatte Fürst Swjatoslaw Igorjewitsch 965 eine Festung errichtet. Im Dezember 1237 fielen aus der Steppe die Mongolen unter Batu Khan über das ursprüngliche Rjasan her und machten es dem Erdboden gleich. Die Rjasaner Fürsten verlegten ihren Hof nach Perejaslawl.

Diese Stadt hatte sich Ende des 11. Jahrhunderts aus einem Handelsplatz namens Wjatkow entwickelt. Als Durchgangspunkt für Reisende nach Mittelasien, Persien und ins Heilige Land blühte sie bald wirtschaftlich auf. Zur Unterscheidung von gleichnamigen Städten nannte man sie nun auch Perejaslawl Rjasanski. Dieses wurde 1285 auch Bischofsstadt. 1778 benannte Katharina II. es der Einfachheit halber in Rjasan um.

Im Zweiten Weltkrieg bleib die Stadt von den deutschen Truppen verschont. Indem sie zahlreiche kriegswichtige Produktionszweige aufnahm, industrialisierte sie sich quasi über Nacht.

Smolensk ist ein wichtiger Knotenpunkt im Eisenbahnverkehr in Westrussland.

Die Christi-Geburt-Kathedrale aus dem 14. Jahrhundert und die Mariä-Himmelfahrts-Kathedrale. In der Mitte der Palast des Fürsten Oleg (1653–1692).

Am 22. September 1999 bereiteten Rjasaner Bürger dem russischen Geheimdienst SFB eine peinliche Schlappe, als sie dessen Agenten dabei ertappten, wie sie Säcke mit Sprengstoff im Wohnhaus Hauses Nowoselowov-Straße 14/16 deponierten. Die Einwohner alarmierten die Miliz. Sprengstoffexperten fanden in dem Stoff am Tatort Hexogen. Geheimdienstchef Nikolai Patruschew erklärte später, mit der Deponierung habe man die Wachsamkeit von Bürgern und Behörden testen wollen. Eine parlamentarische Untersuchung des Falles wurde unterbunden. Der Vorfall nährte in der russischen Bevölkerung den Verdacht, dass der FSB auch an den Bombenanschlägen auf zwei Moskauer Hochhäuser am 08. und 13. September des selben Jahres beteiligt gewesen war, bei denen 222 Menschen den Tod gefunden hatten.

Bildung, Kultur, Sehenswürdigkeiten

Rjasan beherbergt eine Medizinische Universität, drei zivile und vier militärische Hochschulen sowie zwei Filialen von Moskauer Bildungsinstitutionen. Die Stadt verfügt über ein überregional bekanntes Opernhaus, eine Philharmonie, ein Schauspielhaus, ein Jugend- und ein Puppentheater sowie einen Zirkus.

Die gesamte Rjasaner Altstadt um den 1059 errichteten Kreml ist ein einziges Museum mit zahlreichen Kirchen und Klöstern aus der Zeit vom 15. bis zum 18. Jahrhundet. Monumental wirkt die 1693 bis 1699 errichtete Mariä-Entschlafens-Kathedrale mit einer Höhe von 72 Metern und ihrem 27 Metern hohen Ikonostas. Der 1840 fertiggestellte Glockenturm der Bischhofsresidenz ragt 89 Meter hoch auf. An weltlicher Architektur haben sich die Gebäude der Stadtämter (1796) erhalten sowie der ehemaligen Adelsversammlung von der Wende des 18. zum 19. Jahrhundert und die Handelsreihen vom Beginn des 19. Jahrhunderts.

Die Stadt verfügt über thematisch interessante Museen, die nicht nur der bildenden Kunst gewidmet sind. Neben dem Museum der Jugendbewegung und dem der Luftlandetruppen gibt es auch eines in der einstigen Villa des Mediziners, Physiologen und Nobelpreisträgers Iwan Pawlow (1849– 1936). Die permanente Ausstellung befasst sich mit Pawlow als Sohn Rjasans und als Weltbürger. Im Haus finden ständig Musikabende und wissenschaftliche Konferenzen statt. Die Führungen sind unter anderm der Pawlowschen Lehre von Traum und Hypnose und den Beziehungen des höheren Nervensystems zur Charakterbildung gewidmet.

In Konstantinowo, dem Geburtsdorf des Dichters Sergej Jesenin (1895–1925), befindet sich ein Literatur- und Gedenkmuseum für ihn.

DAS RJASANER GEBIET

Das Rjasaner Gebiet umfasst 39.600 qkm und liegt im Zentrum des europäischen Russland. Es grenzt im Uhrzeigersinn betrachtet an die Gebiete von Wladimir, Nischni Nowgorod, die Republik Mordowia und die Gebiete von Pensa, Tambow, Lipezk, Tula und Moskau. 2006 hatte es 1.182.011 Einwohner. Im Jahre 2002 waren 94,6 Prozent der Bewohner Russen, 1 Prozent Ukrainer und ein halbes Prozent Mordwiner.

Der wohl berühmteste Sohn Rjasans: der Medizinnobelpreisträger Iwan Petrowitsch Pawlow

Das Gebiet erstreckt sich von der Meschtschora-Tiefebene im Norden bis auf die Ausläufer des mittelrussischen Höhenrückens im Westen. Im Gebiet finden sich Braunkohle, Torf und natürliche Baumaterialien. Die Region ist reich an Flüssen, Seen und Sümpfen. Wichtigste Flüsse sind die Pra, Gus, Pronja, Mokscha. Im Süden entspringt der Woronesch. Das Klima ist gemäßigt kontinental mit einer Durchschnittstemperatur von -11 Grad im Januar und 19 Grad Celsius im Juli. Die Niederschlagsmenge beträgt rund 550 Millimeter im Jahr. 1/3 des Gebietes bilden Mischwälder. Flora und Fauna sind die selben wie im benachbarten Moskauer Gebiet. Im Süden gehen die Wälder in Waldsteppe über. Das Gebiet beherbergt den Meschtschora-Nationalpark und das Oka-Naturschutzgebiet

Wichtige Industriebranchen um und in Rjasan sind die Elektroindustrie, Erdölraffinerien und die Herstellung von Kunstfasern und Radio- und Fernsehgeräte. Im Maschinenbau entstehen Werkbänke für die Metallverarbeitung und Erntemaschinen. Die Textilindustrie verarbeitet Mikrofaser und Seide. Da im Gebiet eine Vielzahl landwirtschaftliche Produkte erzeugt werden, findet sich hier auch die entsprechende lebensmittelverarbeitende Industrie.

Wiedehopf im Nationalpark
im Gebiet von Woronesch

Auch der farbenfrohe Eisvogel fühlt sich im Nationalpark zuhause.

WORONESCH

Woronesch fristete über Jahrhunderte das Leben eines Forts im Wilden Westen. Nur dass es der Süden des russischen Reiches war, den die 1586 auf dem hohen Ufer des Flusses Woronesch gebaute Festung verteidigte. Im Laufe ihrer Geschichte wurde die Stadt wieder und wieder niedergebrannt, erst von den Krim- und Nogai-Tataren, im Zweiten Weltkrieg von den Deutschen. Das vollständig wieder aufgebaute Zentrum der 587 Kilometer süd-südöstlich von Moskau gelegenen Stadt ist eine Augenweide. Die industriell bedingte Luftverschmutzung schreckt allerdings viele ab. Trotzdem leben hier 840.700 Einwohner. Die Stadt ist gut an das Bahn- und Straßennetz angebunden und verfügt über einen Flughafen.

Geschichte

1696 erließ Peter I. den Befehl, zur Vorbereitung seines Kampfes um die Festung Asow hier eine Werft zu gründen. 16971 bis 698 wurde die Festung verstärkt und ein Admiralitätsgebäude errichtet. Diverse Manufakturen wie eine Eisengießerei, Seilerei und Tuchfabrik folgten und machten aus dem schon lange blühenden Handelspunkt auch ein Marinezentrum. Diese Periode endete 1705 mit der Verlegung des Schiffsbaus auf andere Orte.

Im 19. Jahrhundert gewannen die lebensmittelverarbeitende Industrie und der Lebensmittelexport, vor allem von Getreide, an Bedeutung. 1868 erhielt die Stadt eine Eisenbahnverbindung nach Moskau, 1871 nach Rostow am Don. 1942 bis 1943 war die Stadt über 7 Monate lang von der Wehrmacht besetzt. Sie

Historische Aufnahme von den Kämpfen in Woronesch während des Zweiten Weltkrieges

wurde völlig zerstört, 30.000 Einwohner kamen ums Leben oder wurden ins Deutsche Reich verschleppt. Nach dem Krieg wurde die Stadt mit allen historischen Gebäuden liebevoll wieder aufgebaut.

Nach dem Jahr 2000 kam es in Woronesch jährlich im Durchschnitt zu 59 bis 60 gewalttätigen Angriffen auf Ausländer, mehrere davon endeten tödlich. Nach der Ermordung eines peruanischen Studenten im Jahre 2005 demonstrierten etwa 300 ausländische Studenten in den Straßen der Stadt mit der Losung: „Hört auf, uns umzubringen, wir wollen leben!". Russische Journalisten wählten Woronesch 2006 zur „Hauptstadt des Fremdenhasses".

Bildung, Kultur, Sehenswürdigkeiten

Die Universität Woronesch entstand 1918 durch den Exodus russischer Studenten aus der Universität Tartu, nachdem Estland seine Unabhänigigkeit erklärt hatte. Die Universität wurde zur Sowjetzeit zusätzlich mit der Ausbildung von Studenten aus der dritten Welt beauftragt und hat noch heute viele Studenten aus Asien, Afrika und Lateinamerika. Außerdem beherbergt die Stadt fünf Hochschulen, darunter eine Kunsthochschule, und Filialen diverser Moskauer Universitäten.

Sie verfügt über ein Schauspielhaus, ein Opern- und Balletttheater, ein Jugend- und ein Puppentheater. Das Gebäude des Letzteren wurde in den 1980er Jahren von litauischen Künstlern geschaffen und ist mit seinen Wandmalereien ein Triumph des magischen Realismus. Neben dem Heimatmuseum und dem Museum für bildende Kunst hält die Stadt noch einige kleine Museen bereit. Ein Beispiel ist das Haus des aus einer Zirkusdynastie stammenden Anatoli Durow.

Eine alte Kirche außerhalb von Woronesch

In Woronesch stehen Kirchen aus dem 17. und 18. Jahrhundert, die bedeutendste ist die Nikolskaja-Kirche (1720). Im großen und ganzen ist die Innenstadt eine gelungene Stilmischung. Das Palais des Fürsten Potjomkin aus dem 18. Jahrhundert entstammt dem Barock, der Gouverneurspalast dem Klassizismus, das Bristol-Hotel dem Jugendstil und Theater sowie Verwaltungsgebäude der Süd-Ost-Bahn sind Vertreter des stalinschen Zuckerbäckerstils. Erhalten hat man auch zwei Klöster, darunter ein Höhlenkloster. Nicht weit von Woronesch befindet sich das Kernkraftwerk Nowoworonesch. Ein zweites ist da-neben im Bau.

DAS GEBIET WORONESCH

Das Woronescher Gebiet erstreckt sich vom Zentralrussischen Höhenrücken in die Donebene hinein. Mit 52.600 qkm. ist es das größte in der zentralen Schwarzerdregion, in der auch die Verwaltungsbezirke von Kursk, Belgorod, Tambow, Orjol und Lipezk liegen. Das Gebiet von Woronesch hat 2.294.600 Einwohner. Im Jahr 2002 waren der Einwohner 94 Prozent Russen und über 3 Prozent Ukrainer. Das Woronescher Gebiet zieht sich auf beiden Seiten des Mittellaufes des Don durch die Steppe und Waldsteppe. Der bis zu 268 Meter hohe Mittelrussische Höhenrücken ist hier tief zerklüftet.

Das Klima ist auch hier gemäßigt kontinental. Die Durchschnittstemperatur im Januar beträgt -9 Grad, die im Juli 20 Grad Celsius, die durchschnittliche Niederschlagsmenge ca. 500 Millimeter im Jahr. Im Süden wehen trockene Winde. Unter den Tieren überwiegen hier bereits die Steppenbewohner. Neben Hasen und allerlei Nagetieren gibt es vor allem Vögel: Adler, Krähen und Kraniche.

Eine Brücke über den Fluss Woronesch wird instand gesetzt.

Die schwarze Erde ist hier nicht nur fruchtbar, sondern auch reich an Eisenerz. Deshalb sind 32 Prozent der Menschen in der Region in der Industrie beschäftigte, wo sie vor allem Metall verarbeiten. In Woronesch ist der Maschinenbau zu Hause. Hier werden die Flugzeugtypen Iljuschin 86 und 96 hergestellt, außerdem Raketenantriebe, Fahrzeugreifen und Landwirtschaftsmaschinen. Nach wie vor sind die Schwarzerdgebiete aber für ihre hohen Ernten bekannt und verfügen deshalb auch für die entsprechende lebensmittelverarbeitende Industrie. Führend ist hier die Zuckerproduktion.

Flugzeugbau gehört zum Industrieportfolio der Woronescher Region.

DER GOLDENE RING

LINKE SEITE:
Das Dreifaltigkeit-Sergijus-Kloster in Sergiev Posad ist typisch für den Goldenen Ring.

Eine einsame weiße Zwiebelturmkirche auf dem hohen Flussufer, Glockentöne in der Ferne – das Märchenbild von Russland kann man immer noch antreffen. Am häufigsten dort, wo die Zeit still gestanden zu sein scheint, auf dem „Goldenen Ring". Dieser Begriff wurde in den 70er Jahren des 20. Jahrhunderts geprägt. Er bezeichnet altrussische Städte in einer Entfernung von 50 bis 500 Kilometer von Moskau, je nach dem, wie groß man den Durchmesser dieses Ringes ansetzt. Jede von ihnen hat eine ganz eigene Rolle bei der Formierung des russischen Staates gespielt.

LAGE

Die acht Städte, welche am häufigsten dazu gezählt werden, sind Wladimir, Susdal, Iwanowo, Kostroma, Jaroslawl, Rostow Weliki, Pereslawl Salesski und Sergijew Posad. Sie erstrecken sich im Kreise nordöstlich von Moskau. Kulturell und historisch, nicht aber geografisch gehört auch das weiter nordwestlich liegende Nowgorod Weliki dazu.

Das Euthymios-Erlöser-Kloster, Susdal

Wer die übrigen acht Städte im Kreis abfährt, hat 700 Kilometer zurückgelegt. Im Winter ist dies auf Teilstrecken per Schlitten möglich, im Sommer kann man große Abschnitte per Flussdampfer zurücklegen, denn der Goldene Ring ist touristisch ausgezeichnet erschlossen. In der Sowjetunion war eine solche Rundreise für westliche Ausländer unmöglich, denn die Industriestadt Iwanowo, auf halbem Wege zwischen Susdal und Kostroma, war für sie Sperrgebiet.

EINWOHNERZAHLEN

Jaroslawl, Kostroma, Wladimir und Iwanowo sind Hauptstädte von „Oblast" genannten provinzähnlicher Gebieten. Mit 604.000 Einwohnern ist Jaroslawl die größte Stadt des Goldenen Ringes. Die Bevölkerungszahl anderer Städte liegt deutlich unter 500.000. In Bezug auf ihre ethnische Zu-

Eine kleine Holzkirche in Wladimir

sammensetzung ist dies eine „urrussische" Gegend. 95 Prozent der Bewohner sind Russen, die übrigen vor allem Ukrainer, Weißrussen und Tataren. Zahlen über die Bevölkerungsdichte dieser Städte sind wenig aussagekräftig, denn fast alle ihre Bewohner fühlen sich dem Umland eng verbunden und haben Verwandte und Sommerhäuschen in benachbarten Dörfern.

TOPOGRAFIE UND KLIMA

Der Name „Goldener Ring" weist auf den geschichtlich-kulturellen Zusammenhang zwischen diesen an mittelalterlichen Baudenkmälern und goldenen Zwiebeltürmen reichen Städten hin. Er spielt auch auf das dem Moskauer sehr ähnliche, verhältnismäßig milde Klima der mittelrussischen Landschaft, mit ihren ruhigen, stabilen Herbstmonaten an. Die durchschnittlichen Monatstemperaturen sind um etwa zwei bis drei Grad niedriger als in Moskau, da der durch die Dunstglocke der Großstadt entstandene zusätzliche Treibhauseffekt entfällt. Dem gemäßigt kontinentalen Klima entspricht eine mäßig hügelige Landschaft. Die dichten Mischwälder sind voller Wild.

GEMEINSAMKEITEN DER GESCHICHTE

Die Städte des Goldenen Rings entstanden zwischen dem 9. und 11. Jahrhundert als nordwestliche Bollwerke der Kiewer Rus. Deshalb verfügen alle über einen Kreml, eine befestigte Stadtburg, als Kern. Die fruchtbare Natur Mittelrusslands und ihre vorteilhafte geografische Lage an Handelswegen, vor allem an schiffbaren Flüssen, ließen ihre Bevölkerung rasch wachsen. Mit dem Zerfall der Kiewer Rus nahm ihr Einfluss noch zu. Als 1237 mongolisch-tatarische Heere Russland überfielen, konnte sich Moskau erfolgreich konsolidieren. In geschickten Verhandlungen mit den mongolischen Khanen erlangte die Stadt die Großfürstenwürde und verleibte sich im 14. und 15. Jahrhundert peu à peu die benachbarten Fürstentümer ein.

Die Städte des Goldenen Ringes gehörten nun zu dem sich um Moskau formierenden russischen Staat. Da – je nach Lesart – der Goldene Ring sich mit anderen Regionen überschneidet, werden einige seiner Städte hier nicht einbezogen. Jaroslawl und Kostroma werden im Kapitel über die Wolga vorgestellt, Nowgorod Weliki im Kapitel Nordwestrussland.

Der Goldene Ring besteht nicht nur aus Kirchen und Klöstern – auf dem flachen Land wird auch Landwirtschaft betrieben.

ROSTOW WELIKI

Lage und Bevölkerung

Die Stadt liegt 203 Kilometer nordöstlich von Moskau am Nerosee. Bewohnt wird sie von 35.000 Menschen, die noch zu einem großen Teil in traditionellen russischen Holzhäuschen leben.

Geschichte

862 wurde Rostow Weliki gegründet und war von Anfang an ein Zentrum des russischen Bojarenadels. Seit dem 11. Jahrhundert war es Bischofssitz und mit der Zeit eines der autoritätsreichsten Bistümer in Russland. Ursprünglich Teil des Fürstentums Wladimir, wurde es nach 1212 selbstständig. Rostower Heeresaufgebote beteiligten sich an allen entscheidenden Schlachten gegen die Mongolen und Tataren. Im 16. Jahrhundert legte man durch Rostow die Landstraße, welche Moskau mit dem Nordmeerhafen Archangelsk verband. Die Stadt hat einen Fernbahnhof und ist auf gut ausgebauten Landstraßen erreichbar.

Kultur

Der Rostower Kreml ist bekannt für seinen Glockenstuhl, bei dem jede der 15 Glocken ihren eigenen Ton hat. Der französische Komponist Hector Berlioz scheute die Reise hierher nicht, um sich

Im Innenhof der Rostower Kreml-Anlage

Das Glockenspiel des Rostower Kreml ist weltweit bekannt.

dessen Klangspiel anzuhören. Alljährlich findet hier ein Wettbewerb um den Titel des besten Glöckners Russlands statt. Berühmt ist die Stadt auch für ihre Email-Arbeiten. Hier hergestellte Broschen, Ohrringe und Armbänder tragen fein gepinselte Blütenmuster auf hellem oder farbigem Emaille-Hintergrund. Ein Museum stellt hier solche Arbeiten aus über 200 Jahren vor.

Stadtbild und Sehenswürdigkeiten

Der Rostower Kreml beeindruckt durch die Geschlossenheit seiner Anlage. Die Mariä-Entschlafens-Kathedrale ist die bedeutendste Kirche der Stadt. Der erste Bau aus dem 10. Jahrhundert erhielt im 17. Jahrhundert seine heutige Form. Zusammen mit der Erlöser-Kirche am Marktplatz bildet sie ein einheitliches Ensemble. Gleichzeitig ist die Kathedrale architektonisch auch mit den Mauern und Türmen des Kremls verbunden. Ihre schönen Fresken im Innenraum machen die Spas-na-Senjach-Kirche einzigartig. Sehenswert ist auch das Erlöser-Jakob-Kloster (17.–19. Jahrhundert) mit der Demetrios-Kirche. Sie wird auch Scheremetjew-Kirche genannt. Der gleichnamige Graf ließ sie von einem leibeigenen Architekten erbauen.

Umland

88 Kilometer von Rostow entfernt in Richtung Jaroslawl liegt das Städtchen Myschkin, dessen Name vom russischen Wort für „Maus" abgeleitet ist. Dort befindet sich das einzige Mäusemuseum der Welt. Es stellt Kunsthandwerk mit Mäusemotiven und Kunstwerke mit Mäusethematik aus aller Welt aus. Wichtige Exponate sind Trickfilmzeichnungen.

Sie wirken solide und erwecken Vertrauen: die mächtigen Mauern des Kreml von Rostow.

Ein einzigartiges Stück Architektur: die Anlage des Rostower Kremls

WLADIMIR

Wladimir liegt 190 Kilometer östlich von Moskau am Fluss Kljasma und hat heute 339.900 Einwohner. Es hat einen Fernbahnhof sowie einen Flughafen und ist über die Landstraße M7 von Moskau aus gut erreichbar.

Geschichte

Wladimir wurde bereits im Jahre 1108 als Festung vom Fürsten Wladimir Wsjewolodowitsch Monomach gegründet. Zu einer Residenz-Stadt wurde es aber erst unter seinem Enkel Fürst Andrej Bogoljubski, der in Kiew die Großfürstenwürde erlangte. Mitte des 12. Jahrhunderts machte er Wladimir nicht nur zur Hauptstadt des Wladimir-Susdaler Großfürstentums, das sich über ganz Nord-Ost-Russland erstreckte, sondern der ganzen Kiewer Rus. Moskau war damals nur eine kleine Provinzstadt in diesem Imperium. Zur Ausgestaltung ihres Zentrums scheuten die Wladimirer Großfürsten weder Kosten noch Mühen.

Nachdem das Großfürstentum 1238 unter die Herrschaft der Mongolen fiel, begann Wladimirs Niedergang. Im 14. Jahrhundert akzeptierte es Moskau als Hauptstadt des Großfürstentums. Im 17. Jahrhundert ging es wirtschaftlich mit der Stadt wieder aufwärts. Im 18. Jahrhundert wurde die Stadt einer moderaten Modernisierung unterzogen. 1796 wurde Wladimir zur Hauptstadt des Wladimirer Gouvernements ernannt und bekam so regionale politische Bedeutung.

Hochschulen

In Wladimir befinden sich eine Pädagogische und eine Staatliche Universität sowie eine Reihe teils privater Hochschulen, vor allem für Finanzen und Mangement.

Kultur

Außer ihren zahlreichen Museen verfügt die Stadt auch über ein Schauspielhaus und ein Puppentheater.

Wirtschaft

Anders als seine 30 Kilometer entfernte Zwillingsstadt Susdal hat Wladimir nicht nur Touristenattraktionen zu bieten. Es ging mit der Zeit und beherbergt heute eine populäre Traktorenfabrik und ein berüchtigtes Gefängnis. Außer dem Traktorenbau sind auch noch andere Zweige der metallverarbeitenden Industrie in Wladimir angesiedelt. Hier werden Motoren und Autoteile hergestellt, außerdem finden sich chemische, pharmazeutische und Kunststoffindustrie.

Beispiellos aktiv unter den vielen Partnerschaften zwischen deutschen und russischen Städten ist die seit 1983 bestehende zwischen Erlangen und Wladimir. Dies reicht bis hin zur Zusammenarbeit in

Morgen am Fluss in Wladimir

RECHTE SEITE:
Im barocken Stil erglänzt die Nikitski-Kirche.

der städtischen Infrastruktur Wladimirs. Das „Kesselhaus Erlangen" versorgt 1500 Wladimirer Wohnungen mit Fernwärme. Nicht mehr wegzudenken aus dem Bild der Stadt sind 38 Nahverkehrsbusse aus Erlangen. Nicht zuletzt dank der Zusammenarbeit mit der Partnerstadt gehört das Wladimirer Klärwerk heute zu den besten in Russland. All diese Anlagen sind keine reinen Geschenke. Sie funktionieren nur dank der finanziellen Beteilgung und des Arbeitseinsatzes entsprechender russischer Institutionen. Seit sich in der Stadt ein privater Sektor entwickelt hat, reichen beide Hände nicht mehr aus, um die Kooperationen zwischen Erlanger und Wladimirer Firmen aufzuzählen. So werden zum Beispiel in Mittelrussland jetzt hölzerne Bierzeltgarnituren für Mittelfranken hergestellt.

Stadtbild und Sehenswürdigkeiten

Im 12. und 13. Jahrhundert bildeten sich in Wladimir die damals russlandweit führenden Schulen in Malerei und Architektur heraus. Von den einst mächtigen Festungsanlagen sind heute einige Erdwälle erhalten, dazu mitten im Zentrum das mächtige Goldene Tor aus dem 12. Jahrhundert, ein 14 Meter hoher Wehrbau mit einer Kapelle auf der Spitze. Viele Klöster und Kirchen aus der Blütezeit der Stadt haben den Mongolensturm überstanden.

Das Wahrzeichen der Stadt ist die einzigartige Mariä-Entschlafens-Kathedrale. 1158 bis 1160 als Sitz des Bischofs errichtet, wurde die Kathedrale im Laufe des 12. Jahrhunderts weiter ausgebaut. Rund um das Hauptgebäude läuft eine zweistöckige Galerie mit goldenen Kuppeln an vier Stellen. So entstand ein beeindruckendes Bauwerk mit weißen Mauern und insgesamt fünf goldenen Kuppeln.

Industriezone von Wladimir, das in wirtschaftlicher Hinsicht von der Partnerschaft mit dem deutschen Erlangen profitiert.

RECHTE SEITE:
Die Jurjev-Polski-Kirche in der Nähe von Wladimir

Jahrhunderte lang diente dieses Gotteshaus als Vorbild für viele orthodoxe Kathedralen, unter anderem auch die Kathedralen des Moskauer Kremls.

Die Demetrios-Kathedrale

Diese kleine, harmonische Kathedrale wurde 1194 als Hofkirche des Fürsten erbaut. Sie zieren über 1000 geschnitzte Steine, eine goldene Kuppel und eine geheime, bisher unentzifferte Botschaft im geschnitzten Steinwerk.

Das Mariä-Geburt-Männerkloster

Das 1191 errichtete Kloster ist eines der ältesten in Russland und bis Mitte des 16. Jahrhunderts war es auch das wichtigste des Landes. Vermutlich lebte hier der Mönch Lawrenti, der 1377 die älteste erhaltene Abschrift der ältesten russischen Chronik schuf, der „Erzählung der vergangenen Jahre".

Viele Gebäude in Wladimir wurden 1992/93 von der UNESCO zum Weltkulturerbe erklärt, wie auch fast seine gesamte Nachbarstadt Susdal.

Die kleine Demetrios-Kathedrale

Ein architktonisches Kleinod ist die Kirche Mariä Schutz direkt am Ufer der Nerl.

Alte Holzhäuser präsentiert das Museum für Holzarchitektur in Susdal.

Sehenswertes in der Umgebung

10 Kilometer nordwestlich von Wladimir, beim Dorf Bogoljubowo, stehen noch die Ruinen der ehemaligen Residenz des Fürsten Andrej Bogoljubski aus den Jahren 1158 bis 1165. Anderthalb Kilometer weiter, einsam am Flusse Nerl, befindet sich die Kirche Mariä Schutz und Fürbitte an der Nerl aus dem Jahre 1165. Klein aber fein, gilt sie als das charmanteste Bauwerk aus jener Periode. Wenn die Nerl-Auen überschwemmt sind, scheint sie auf dem Wasser zu treiben.

SUSDAL

Lage und Bevölkerung

Susdal befindet sich 220 Kilometer nordöstlich von Moskau und 30 Kilometer von Wladimir entfernt am mäanderreichen Flüsschen Kamenka. Es hat heute 12.000 Einwohner.

Geschichte

Aktenkundig wurde Susdal schon im Jahre 1024. Auch dieses Städtchen war im 12. Jahrhundert für wenige Jahrzehnte Hauptstadt der Rus. Nach den Mongolenstürmen hat die Geschichte diese Stadt verschont. Wo sonst findet man auf einer Fläche von zweieinhalb mal dreieinhalb Kilometern 90 Kirchen, davon mehrere aus dem 12. Jahrhundert? Die Susdaler Kaufleute waren wegen des Lärms gegen eine Eisenbahnlinie. Ihre schönen Wohnhäuser aus dem 19. Jahrhundert stehen deshalb noch

Susdal ist ein Freilichtmuseum für Kirchenbauten, aber nicht nur das.

heute. Bodenschätze gibt es in dieser Gegend auch nicht. Und als im 19. Jahrhundert der Kapitalismus boomte, blieb Susdal nur gottgefällige Erde. Seit 1967 ist die Stadt – ein durchaus bewohntes – Museumsreservat. Betonbauten oder Fabriken sucht man hier vergeblich. Susdal ist am besten per Bus oder Wagen von Wladimir aus erreichbar, es liegt ebenfalls an der M7.

Stadtbild und Sehenswürdigkeiten

Außer den vielen Kirchen und Klöstern sind in diesem großen Freiluftmuseum der Kreml und der Erzbischöfliche Palast (1656) sowie die alten Handelsreihen erhalten geblieben. Das Kloster zur Gewandniederlegung Mariä sowie das Goldene Tor aus dem 18. Jahrhundert zählen zu den kunstvollsten Bauwerken am Ort. Praktisch seine ursprüngliche Form behielt das Erlöser-Euthymios-Kloster aus dem 14. Jahrhundert.

Außerhalb der Altstadt befindet sich auf der grünen Wiese ein äußerst sehenswertes Museum für Holzarchitektur. Hier wurden alte Häuser, Ställe, Werkstätten und Mühlen mit ihrem Originalinterieur aus ganz Zentralrussland zusammengetragen und wieder aufgebaut. Im Sommer sind die Gebäude begehbar.

Eine Holzkirche im winterlichen Susdal

PERESLAWL SALESSKI

Lage und Einwohnerzahl

Pereslawl Salesski liegt 130 Kilometer nordöstlich von Moskau am Pleschtschejewo-See und hat 42.400 Einwohner. Die Stadt hat keinen Bahnhof, aber eine Hochschule, die „Universität der Stadt Pereslawl“. Pereslawl Salesski ist nur mit dem Überlandbus oder Wagen erreichbar, am besten von Moskau oder Sergijew Posad aus.

Geschichte

Die Stadt wurde 1152 als Grenzverteidigungsposten angelegt. 1220 kam hier Alexander Newski zur Welt. Der russischer Heerführer und Nationalheld wurde von der orthodoxen Kirche 1542 heilig gesprochen. Der Regisseur Sergej Eisenstein verfilmte 1938 dessen Sieg über die deutschen Ordensritter mit einer spektakulären Kampfszene auf dem vereisten Peipussee. Ende des 17. Jahrhunderts ließ Zar Peter der Große auf dem Pleschtschejewo-See kleine Kriegsschiffe zu Wasser, um damit Seeschlachten einzustudieren. Dies war einer der Momente in Peters Leben, die man später als „Geburtsstunde der russischen Flotte“ interpretierte.

Sie ist eher unscheinbar und doch die älteste Steinkirche in Zentralrussland: die Christi-Verklärungskathedrale in Pereslawl-Salesskij

Stadtbild und Sehenswürdigkeiten

Das malerische Städtchen ist nicht von Touristen überlaufen. Einst war es die größte Festung des Susdaler Fürstentums. Ein 2,5 Kilometer langer und 16 Meter hoher Erddamm als Teil der damaligen Fortifikationsanlagen ist heute noch zu sehen. 1152 legte Fürst Juri Dolgoruki, der später auch Moskau gründete, in der Stadt den Grundstein für die Christi-Verklärungs-Kathedrale. Damit gilt sie als die heute älteste Kirche in Zentralrussland. Sehenswert ist auch das 1328 gegründete Gorizki-Kloster mit seiner Ikonen- und Gemäldesammlung im ehemaligen Refektorium. Sein Glockenturm bietet einen malerischen Rundblick über Stadt und See. Am Ufer des Pleschtschejewo-Sees befindet sich ein Museeum zur Geschichte der russischen Marine mit Zar Peters Schiff „Fortuna" als Glanzstück.

SERGIEW POSAD

Lage und Bevölkerung

Sergiew Posad liegt 71 Kilometer nordöstlich von Moskau und hat 111.200 Einwohner. Die Stadt verfügt über einen Bahnhof und ist über die autobahnähnliche Jaroslawskoje Chaussée von Moskau aus gut zu erreichen.

Geschichte

Die Stadt gruppiert sich um das Dreifaltigkeits-Sergios-Kloster, eines der wichtigsten Zentren der russisch-orthodoxen Kirche. Es war und ist auch heute noch das größte Kloster Russlands. 1345 von dem damaligen Mönch und heutigen Heiligen Sergej von Radonesch gegründet, gewann es schnell an Einfluss und wurde zum Wallfahrtsort. Im 17. Jahrhundert erhielt das Kloster den Ehrentitel Lawra (Hauptkloster).

In der Zeit der Wirren, Anfang des 17. Jahrhunderts, hielten seine dicken Mauern der Belagerung durch die polnische Armee stand, die Moskau bereits eingenommen hatte. Später verbarg sich hier Peter der Große vor Verschwörern, die seine Eltern ermordet hatten. Im Zuge der kommunistischen Atheismus-Kampagne wurde das Kloster 1919 aufgelöst. Nachdem aber Stalin im Zweiten Weltkrieg die Allianz mit den Geistlichen wieder gesucht hatte, wurde es 1946 zum Hauptsitz der Russisch-Orthodoxen Kirche. Hier befinden sich seit 1814 die Moskauer Geistliche Akademie und seit 1742 ein Priesterseminar.

Kultur

Neben den zahlreichen kirchlichen Museen stehen hier auch einige weltliche. Am bekanntsten ist das Museum für russisches Spielzeug.

Sehenswürdigkeiten und Stadtbild

Das Stadtbild Sergiew Posads wird durch das Kloster dominiert. Die 1422 erbaute Dreifaltigkeitskathedrale ist dessen ältester Bau. Ihre Fresken stammen zum Teil von dem berühmten Meister An-

Die 1422 erbaute Dreifaltigkeitskathedrale in Sergiew Posad ist Mittelpunkt eines der größten und berühmtesten Klöster in ganz Russland.

Eine kleine Idylle: ein Kirchlein im Grünen bei Sergiew Posad

drej Rubljow. Zusammen mit anderen Wanderhandwerkern schuf er auch den Ikonostas. Heute steht in der Kathedrale nur eine Kopie, das Original befindet sich in der Tretjakow-Galerie in Moskau.

Zentrum des Klosters ist die Mariä-Himmelfahrts-Kathedrale aus dem 16. Jahrhundert mit dem 88 Meter hohem Glockenturm. Eine kleine Brunnenkapelle mit angeblich heilkräftigem Wasser befindet sich rechts von ihrem Haupteingang. Zur Pracht des Klosters tragen auch die Schatzkammer bei, die Zarenkartause, das Refektorium, außerdem die Türme und Torkirchen.

IWANOWO

Lage und Einwohnerzahl

Iwanowo ist mit 409.000 Einwohnern die Textil-Hauptstadt Russlands und liegt 318 Kilometer nordöstlich von Moskau. Die Stadt ist ein Eisenbahn- und Fernstraßenknotenpunkt und verfügt über einen Flughafen.

Geschichte

Zum ersten Mal wurde Iwanowo als Dorf im Jahr 1561 erwähnt. Im 17. Jahrhundert wurde es zum größeren Handelszentrum, vor allem für Textilien. 1710 befahl Zar Peter der Große, hier Webereien

zu eröffnen. Im 19. Jahrhundert nannte man Iwanowo das „Russische Manchester", 1871 erhielt es den Stadtstatus. Da vor allem Frauen in der Entwicklung und Produktion der Stoffe tätig sind, wird Iwanowo auch liebevoll „Stadt der Bräute" genannt. In den 1970er Jahren kam es hier zu einem Streik der Arbeiterinnen, die die Ansiedlung von mehr Männern forderten. Iwanowo hat einen Fernbahnhof und ist über Landstraßen gut erreichbar.

Das kleine Dorf Nikolo-Mera am Ufer der Mera in der Region Iwanowo

Stadtbild und Sehenswürdigkeiten

Da Iwanowo relativ spät zur Stadt wurde, gibt es hier kaum historische Bauten. Entlang des Flusses Uwod stehen zahlreiche Fabrikgebäude, manche davon aus roten Ziegelsteinen – Denkmäler der Industriearchitektur des 19. Jahrhunderts. Von den Kirchen überlebten nur wenige die Atheismus-Kampagne der Bolschewiki, zum Beispiel die so genannte Rote Kirche am Engels-Prospekt. Außer der Universität für Energietechnik gibt es hier noch Hochschulen für Medizin, Bauingenieurswesen, Landwirtschaft und Chemotechnik.

Kultur

Auf jeden Fall lohnt sich ein Besuch im Kattunmuseum, um sich zu vergegenwärtigen, welch zahlreiche Muster und Strukturen bei Baumwollstoffen denkbar sind. Im Kunstmuseum werden rund 20.000 Exponate ausgestellt, darunter russische Ikonenmalerei des 16. Jahrhunderts, Lackminiaturen aus Palech sowie Kunstobjekte aus anderen Ländern. Verschiedene Aufführungen bieten das Schauspielhaus, ein Operettentheater, ein Puppentheater und ein Zirkus an.

RECHTE SEITE:
Die im klassizischten Stil erbaute Kirche von Pljos, wo der Maler Isaak lewitan lebte.

Wirtschaft

Auch heute noch werden in Iwanowo hervorragende Textilien produziert. Hier sind 55 Prozent der russischen baumwoll- und leinenverarbeitenden Industrie zu Hause. Aber es gibt auch Maschinenbau, zum Beispiel werden hier 70 Prozent aller russischen Kräne gebaut.

Sehenswertes in der Umgebung

Rund um Iwanowo liegen viele kleine Orte, die ihr historisches Antlitz kaum verändert haben, wie Lomy, Leschnewo, Tschernzy und andere. Es lohnt sich, einen Ausflug in die malerische Ortschaft Pljos zu unternehmen. Hier lebte der berühmte Maler Isaak lewitan, der von der landschaftlichen Schönheit der Gegend inspiriert wurde. Ihm ist ein Museum gewidmet.

HOCHBURGEN DES RUSSISCHEN KUNSTHANDWERKS AM GOLDENEN RING

Das Dorf Palech liegt 55 Kilometer von Rostow Weliki entfernt. Hier wurde im Mittelalter die Kunst entwickelt, Miniaturen auf Lackdosen zu malen. Die Striche sind zum Teil so fein, dass sie mit einem einzigen Eichhörnchenhaar gezogen werden. Im Museum für Lackminiaturen kann man die Werke der örtlichen Meister bewundern. Ebenso berühmt ist Palech für seine Ikonen, die zu den begehrtesten Objekten unter den Kunstsammlern zählen.

Alle Städte des Goldenen Rings beherbergen hervorragende Werkstätten für Kunsthandwerk, zum Beispiel Holzschnitzerei oder Stickerei. Ein Beispiel sind die bereits beschriebenen Rostower Email-Arbeiten.

Aber gerade auch ganz kleine Orte und Dörfer am goldenen Ring sind Hochburgen russischen Kunsthandwerks. Wer einen Abstecher hierher macht und über ein geübtes Auge verfügt, kommt mit Souvenirs nach Hause, wie sie in den Großstädten nur schwer zu finden sind.

Gus Chrustalny bedeutet auf deutsch „Kristallgans". Die gleichnamige Stadt, 57 Kilometer von Wladimir entfernt, am Flüsschen Gus (Gans) gelegen, ist seit 200 Jahren für ihre Glas- und Kristallproduktion berühmt. In Schostowo, 25 Kilometer nördlich von Moskau, werden die berühmten russischen Lacktabletts hergestellt, auf deren dunklem Untergrund farblich glühende Blumen- und Früchtebuketts prangen.

In Mstjora, 120 Kilometer östlich von Wladimir, hat man die Herstellung von Schatullen aus Papiermaché zur Vervollkommnung entwickelt. Sie sind mit feinen pflanzlichen Ornamenten in Ikonenfarben geschmückt. Tatsächlich werden die Farben auch nach denselben Rezepten wie diejenigen für die Ikonen gemixt. Bekannt ist Mstjora auch für seine mit Weißstickerei verzierten, feinen Wäschestücke.

ВИННЫЙ ЗАЛ

MOSKAU

LINKE SEITE:
Käufer in Moskaus bekanntester Delikatessenhandlung Jelisejewski – zu Zaren- und Sowjetzeiten ein Inbegriff des Luxus.

LAGE, GRÖSSE, EINWOHNERZAHL

Moskau gilt als Mutter aller russischen Städte. Demografisch betrachtet ist es heute die größte Stadt Europas, eine echte Megapolis. Offiziell leben hier 10,4 Millionen Menschen. Hinzu kommen praktisch weitere vier Millionen, welche nicht gezählt werden, weil sie die strengen Meldegesetze umgehen.

Nach Schätzungen der Moskauer Polizei sind – Durchreisende und Touristen eingerechnet – täglich 20 Millionen Menschen in der Hauptstadt unterwegs. Weitere vier Millionen bewohnen ständig das zum Stadtstaat Moskau innerhalb der Russischen Föderation gehörende Umland „Moskowskaja Oblast".

Seit Mitte des 15. Jahrhunderts sammelten die Moskauer Großfürsten „die russische Erde", sie weiteten von hier aus also zielstrebig ihr Reich zu einem gewaltigen Imperium aus. Deshalb nannte man den russischen Staat früher im Ausland „Moskowia" und seine Bewohner „Moskowiter". Noch heute ist Moskau geistig, administrativ, kulturell und wirtschaftlich das Zentrum Russlands, auch wenn es sich geografisch keineswegs in der Mitte befindet, sondern weit im Westen.

Der Rote Platz in Moskau ist wohl die erste Anlaufstelle für alle Moskaureisenden.

Jeder Westeuropäer fühlt es, wenn er auf dem Roten Platz steht: Hier beginnt eine ganz andere und sehr eigentümliche Kultur. Moskau als urrussischer Ort blieb im Bewusstsein der meisten Russen stets die Hauptstadt. Auch während der Jahre, in denen das seinem Charakter nach westlichere Sankt Petersburg als solche fungierte (1712–1918). Wenn die Helden in Tolstois Romanen aus Petersburg nach Moskau aufbrechen, dann reden sie im 19. Jahrhundert von einer Reise in die „alte Hauptstadt". 1918 wurde diese wieder zur einzigen Hauptstadt.

Benannt ist sie nach dem gleichnamigen Fluss, der Moskwa, einem Nebenfluss der Oka. Diese windet sich in vielen Mäandern durch und um die im Durchschnitt 155 Meter über dem Meeresspiegel

Ultramoderne Glasfassaden prägen die Skyline von Moskaus Geschäftszentrum.

liegende Stadt. Noch heute wird in Moskau kolportiert, die Stadt sei – wie Rom – auf sieben Hügeln erbaut. Diese Lesart sieht Moskau als Nachfolger des oströmischen, byzantinischen Imperiums und Bewahrer des orthodoxen Christentums. Wie viele Hügel das „Dritte Rom" wirklich hat, darüber streiten die Geologen. Jedenfalls verleiht das ständige Hügelauf-Hügelab Moskau ein malerisches und – in der Sommerhitze – südliches Flair. Die Erhebungen sind Ausläufer des sich südlich von der Stadt lang hinziehenden Moskauer Höhenrückens, der die Smolensker Höhen fortsetzt. Bei Moskau erreicht der Rücken bis zu 310 Meter über dem Meeresspiegel, in die sich zahlreiche Flusstäler tief einkerben. Der bekannteste hier entspringende Fluss ist die Kljasma.

RECHTE SEITE:
Goldener Glanz und marmorner Prunk zeugen von der Größe vergangener Zeiten, aber auch vom Anspruch der Neuzeit.

Die Stadt Moskau liegt etwa auf dem gleichen Breitengrad wie Edinburgh und Kopenhagen. Sie ist 1850 Kilometer von Berlin, 9300 Kilometer von Wladiwostok und 9000 Kilometer von Peking entfernt. Das Stadtgebiet umfasst 1080 qkm, im Gegensatz zu Berlin, das auf 890 qkm nur etwa ein Drittel der Einwohnerzahl Moskaus unterbringen muss. Umrundet wird die Metropole vom 110 Kilometer langen äußeren Autobahnring MKAD (Moskowskaja Kolzewaja Awtomobilnaja Doroga). Diese Autobahn ist heute die vierte der Ringstraßen, welche den Kreml konzentrisch umgeben. Die beiden ältesten, der innere Boulevardring und der vielspurige Gartenring, wurden Anfang des 19. Jahrhunderts an der Stelle ehemaliger Festungswälle gezogen. Zwischen dem Gartenring und der MKAD platzierte man in den 90er Jahren noch einen dritten Autoring. Bald soll noch ein vierter parallel zu ihm, weitgehend durch Tunnel, ins Stadtbild gezwängt werden. Die Autobahn MKAD wird dann unter all den Ringstraßen um den Kreml schon an die fünfte Stelle rücken.

Obgleich Moskau innerhalb der ersten beiden Ringstraßen über große Strecken den Eindruck einer Steinwüste vermittelt, bilden doch ein Drittel der eigentlichen Stadtfläche Grünanlagen und Parks mit rund 500 Teichen. Größter Moskauer Erholungspark ist mit 1800 Hektar der am nordöstlichen

Noch fließt der Verkehr auf den abendlichen Straßen der Stadt relativ ruhig . Moskau ist gefürchtet für seine Verkehrsstaus.

Stadtrand gelegene Ismailowski-Park. Der Eingang ist ein Treffpunkt für Händler von Kunsthandwerk und Souvenirs. Das Moskauer Stadtgebiet untergliedert sich in zehn Bezirke oder Russisch „Rayons“. Je nach ihrer geografischen Lage heißen sie zum Beispiel „Zentraler“ oder „Südwestlicher“ Bezirk. Sie teilen sich wiederum in zahlreiche Unterbezirke – das Wort „Rayon“ ist also äußerst vieldeutig. Jenseits der MKAD verläuft noch ein 30 bis 40 Kilometer breiter Waldgürtel mit zahlreichen Erholungsheimen und Sportstätten. Das größte dieser in sich zusammenhängenden Gebiete ist mit 120 qkm der im Nordosten gelegene Nationalpark Losiny Ostrow, was soviel wie Elchinsel bedeutet. Es gehört bereits zu einer aus Torfmooren und Mischwäldern bestehenden Tiefebene namens Meschtschora, welche sich zwischen Kljasma, Moskwa und Oka erstreckt.

Moskaus Weißes Haus – die Duma – Sitz der Regierung der Russischen Föderation.

Moskau lebt in enger Symbiose mit seinem Umland, dem Großraum Moskau, der so genannten „Oblast“. Die meisten Einwohner haben in den dortigen Dörfern eine Datscha. 60 Prozent aller Moskauer Familien besitzen eine, oft sind sie nicht größer als eine Schrebergartenhütte. Ohne das Obst und Gemüse, das sie dort ziehen, kämen viele von ihnen nur schwer über die Runden. Umgekehrt pendeln viele Bewohner des Umlands und sogar der Kleinstädte mit der „Elektritschka“ genannten S-Bahn zur Arbeit in die Hauptstadt.

KLIMA

Das Moskauer Klima ist gemäßigt kontinental. Die Durchschnittstemperatur wird für Januar mit -9,3 Grad Celsius und für Juli mit 18,2 Grad Celsius angegeben. Dabei sind allerdings Tages- und Nachttemperatur zusammengezählt. Mittags ist es deshalb jeweils um etwa 5 Celsius Grad wärmer. Da die Stadt weit entfernt von jeder Meeresküste liegt, weht im Durchschnitt wenig kühlender Wind und die Temperaturen werden als höher empfunden, als sie in Wirklichkeit sind.

Weil die Erde sich erwärmt, werden die Sommer in Moskau immer heißer. Und da sich die einst legendär eisigen Moskauer Wintertemperaturen meist nur noch um den Nullpunkt bewegen, stapfen die Fußgänger dann durch den Matsch. Sichere Prognosen, wie die Sommer- und Wintertemperaturen in einem konkreten Jahr nun tatsächlich ausfallen werden, lassen sich kaum treffen. Mitte

Eine Stück der langen roten Kremlmauer grenzt das Gelände des Kreml zur Moskwa und zur Uferstraße hin ab.

September kann man meist schon mit Nachtfrösten rechnen. Der erste Schnee fällt gewöhnlich Ende Oktober, bleibt aber noch nicht lange liegen. Wasserfestes Schuhwerk ist zu jeder Jahreszeit angesagt. Auch im Sommer verwandeln sich die Straßen wegen der mangelhaften Kanalisation bei jedem Gewitter in Bäche.

Die besten Reisezeiten für Russlands Hauptstadt liegen im Mai und Ende August oder Anfang September. Die heißen Monate Juni und Juli werden in der von Abgasen stickigen Moskauer Altstadt von vielen Touristen als unerträglich empfunden. Die Einheimischen fliehen in dieser Zeit auf ihre Datschen. Spätestens Mitte August gibt es meist einen etwa 10-tägigen Einbruch von Regenwetter. Die durchschnittliche monatliche Niederschlagsmenge ist auch im August mit 94 Millimetern am höchsten. In jedem der Sommermonate sind durchschnittlich 10 bis 12 Regentage verzeichnet, wobei es sich im Juni und Juli allerdings oft nur um heftige Gewitter handelt. Der Mai hat im Jahresdurchschnitt die wenigsten Regentage, nämlich acht.

DER WASSERVERBUND VON MOSKWA, OKA UND WOLGA

Schon beim Anflug auf die russische Hauptstadt fällt der große Reichtum an Flüssen und Seen im Hügelland zwischen Oka und Wolga auf. Ungefähr 120 kleine Flüsse strömen im Stadtgebiet der Moskwa zu. Mit Ausnahme von 14 wurden sie alle in Röhren unter die Erde verlegt. Einige der be-

Idyllische Abendstimmung bei der Stadt Taldom im Moskauer Gebiet.

Landwirtschaftlich genutzte Fläche unweit von Moskau

RECHTE SEITE:
Davon träumt jeder Moskauer – eine Datscha direkt an einem kleinen See.

liebtesten Badestrände der Moskauer befinden sich allerdings an einem künstlichen Kanal, nämlich dem 1937 eingeweihten, 128 Kilometer langen Moskwa-Wolga-Schifffahrtskanal. Er führt der Stadt von Nordwesten her Wasser aus der noch jungen Wolga zu und gilt als besonders sauber. Über ein Netz von Flüssen, Seen und künstlichen Kanälen ist Moskau mit der Ostsee, dem Eismeer und dem Schwarzen Meer verbunden, ebenso mit dem Kaspischen und dem Asowschen Meer, die in Wirklichkeit Binnenseen sind.

FLORA UND FAUNA

Die Tier- und Pflanzenwelt um Moskau gleicht in etwa der mitteleuropäischen. Noch heute gibt es hier Elche, viel Rotwild und allerlei Pelztiere. Die Flüsse sind fischreich. Das Angeln ist Freizeitsport Nummer eins der männlichen Moskauer. Noch heute sammeln die Hauptstädter Heilkräuter, Pilze und Beeren in den umliegenden Mischwäldern, in denen die Laubbäume mit Buchen, Birken, Erlen, Eichen und Weiden überwiegen.

Manche Städter bevorraten sich mit Trinkwasser aus einigen als heilkräftig geltenden Waldquellen. Was dagegen aus den Moskauer Wasserhähnen fließt, ist wegen des hohen Schwermetallanteils nur gefiltert zu genießen. Kein Wunder, dass in dieser ertragreichen und über die Flüsse mit allen Himmelsrichtungen verbundenen Region sich den Archäologen zufolge schon zur Zeit des Neolithikums, um etwa 5000 Jahre vor unserer Zeitrechnung, auch der Zweibeiner Mensch heimisch fühlte.

Das Historische Museum erstrahlt in tiefem Rot.

RECHTE SEITE:
Die Zarenglocke – um 1730 gegossen – ist die schwerste Glocke der Welt. Geläutet hat sie allerdings nie.

GESCHICHTE

Die erste urkundliche Erwähnung Moskaus stammt aus dem Jahre 1147. 1997 wurde deshalb mit großem Pomp der 850. Geburtstag der Stadt begangen. Als Gründer der Stadt gilt Fürst Juri Dolgoruki (1090–1157), Fürst von Susdal-Wladimir. Sein Name bedeutet zu Deutsch „Langarm". Er soll es gewesen sein, der an den Ufern der Moskwa eine hölzerne Festung zu bauen befahl. 1156 wurde dann dieser erste, hölzerne Kreml fertiggestellt. In seinem Schutz bevölkerte sich der prosperierende Marktflecken schnell.

Diese Siedlung auf dem Borowizki-Hügel lag an der Kreuzung zweier wichtiger Handelsstraßen: der Wolga-Straße aus Mittelasien und dem nahen Osten nach Nordwesten mit der Handelsstraße, die aus Kiew über Smolensk nach Wladimir führte. Doch in den folgenden Jahrhunderten behinderten wiederholte Einfälle von Steppenbewohnern die Stadt in ihrem Wachstum. Mehrmals brannte sie dabei bis auf die Grundfesten ab, so wie bei dem großen Tatarensturm 1382 und ein letztes Mal sogar noch 1571.

1263 wurde Moskau zum Fürstentum erhoben. Die Fürsten von Moskau zeichneten sich durch Besitzinstinkt und das Fehlen von moralischen Skrupeln aus. Geschickt standen sie die mongolisch-tatarische Herrschaft zu nutzen. In der ersten Hälfte des 14. Jahrhunderts gelang es ihnen, durch In-

Колоколъ сей
Государыни Императрицы
Анны Iоанновны,
Пребылъ въ землѣ сто и три года
и
волею
Благочестивѣйшаго Государя Императора
Николая I.

trigen und Bestechung vom Großchan der tatarischen Goldenen Horde, die Großfürstenwürde verliehen zu bekommen. Dieser Coup erwies sich neben der tatarischen Hilfe bei Erbstreitigkeiten als Sprungbrett für weitere territoriale Zugewinne und für den Ausbau Moskaus als Machtzentrum. In der so entstehenden Atempause konnte die Stadt wirtschaftlich schnell wachsen und militärisch aufrüsten. Als es danach doch wieder zu Schlachten mit den Tataren kam, konnten die Moskauer diese immer häufiger auf fremdem Territorium ausfechten und gingen zunehmend als Sieger daraus hervor.

Iwan III (1463–1505) betrieb schon eine ausgesprochene Expansionspolitik. 1480 fügte er den Tataren eine entscheidende Niederlage zu. Danach eroberte er die Städte Twer und Nowgorod am Ilmensee, Territorien am Dnjepr, an der Oka und der Desna.

Nicht zufällig heiratete er die byzantinische Prinzessin Sofija, eine Nichte des letzten oströmischen Kaisers Konstantin XI. So konnte er den Anspruch untermauern, als einziger orthodoxer Herrscher das Erbe von Byzanz anzutreten, nachdem es von den Osmanen erobert worden war. Der Doppeladler als Wappen und imperiales Prestige waren ab nun Ausdruck der autokratischen Staatsidee. Als erster Moskauer Herrscher unterschrieb Ivan III einige seine Verträge als „Zar“ und „Selbstherrscher“.

Ende des 15. Jahrhunderts gewannen der Kreml und die ihn umgebende steinerne „weiße Stadt“ allmählich das Gesicht, welches wir kennen. Die bauchigen Gewölbe und dicken Mauern hielten die

Ruinen eines alten Zarenpalastes in Moskau

Unbilden des Winters und die Sommerhitze ab und verliehen der Stadt das traditionelle Image einer schützenden Mutter. Um den Kreml herrschte ein geschäftiges Treiben von Handwerkern und Kaufleuten. Die Einwohnerzahl stieg bis 1600 auf 100.000 an. Bald entstanden die ersten Manufakturen, Papier- und Pulvermühlen, Tuch- und Glasfabriken.

1598 bis 1613 dauert die so genannte „Smuta", die Zeit der Wirren, an. Das Moskauer Fürstenhaus war durch Erbstreitigkeiten geschwächt, Schweden und Polen marschierten in Russland ein. Der polnische König Zygmunt III. schaffte es beinahe, seinen Sohn Wladyslaw auf den Zarenthron zu hieven. Nun zeigte sich aber, wie weit sich die tragenden Stände des russischen Volkes schon mit Moskau identifizierten.

Der Stadthauptmann Minin und der Fürst Poscharski aus Nischni Nowgorod an der Wolga stellten ein Volksheer auf die Beine, welches die Polen erfolgreich vertrieb. Eine Versammlung des „ganzen Landes", das heißt des Provinzadels und der Stadtbürger, wählte 1613 den jungen Michail Romanow zum neuen Zaren. Die Romanows wurden Russlands letzte Herrscherdynastie. Minin und Poscharski haben 1818 ihr Denkmal auf dem Roten Platz vor dem von ihnen befreiten Kreml bekommen.

1812 marschierte Napoleon auf Moskau. Es kam zu einem Flächenbrand, bei dem zwei Drittel der Stadt in Schutt und Asche gelegt wurden. Die Legende will es, dass die Bewohner selbst das Feuer

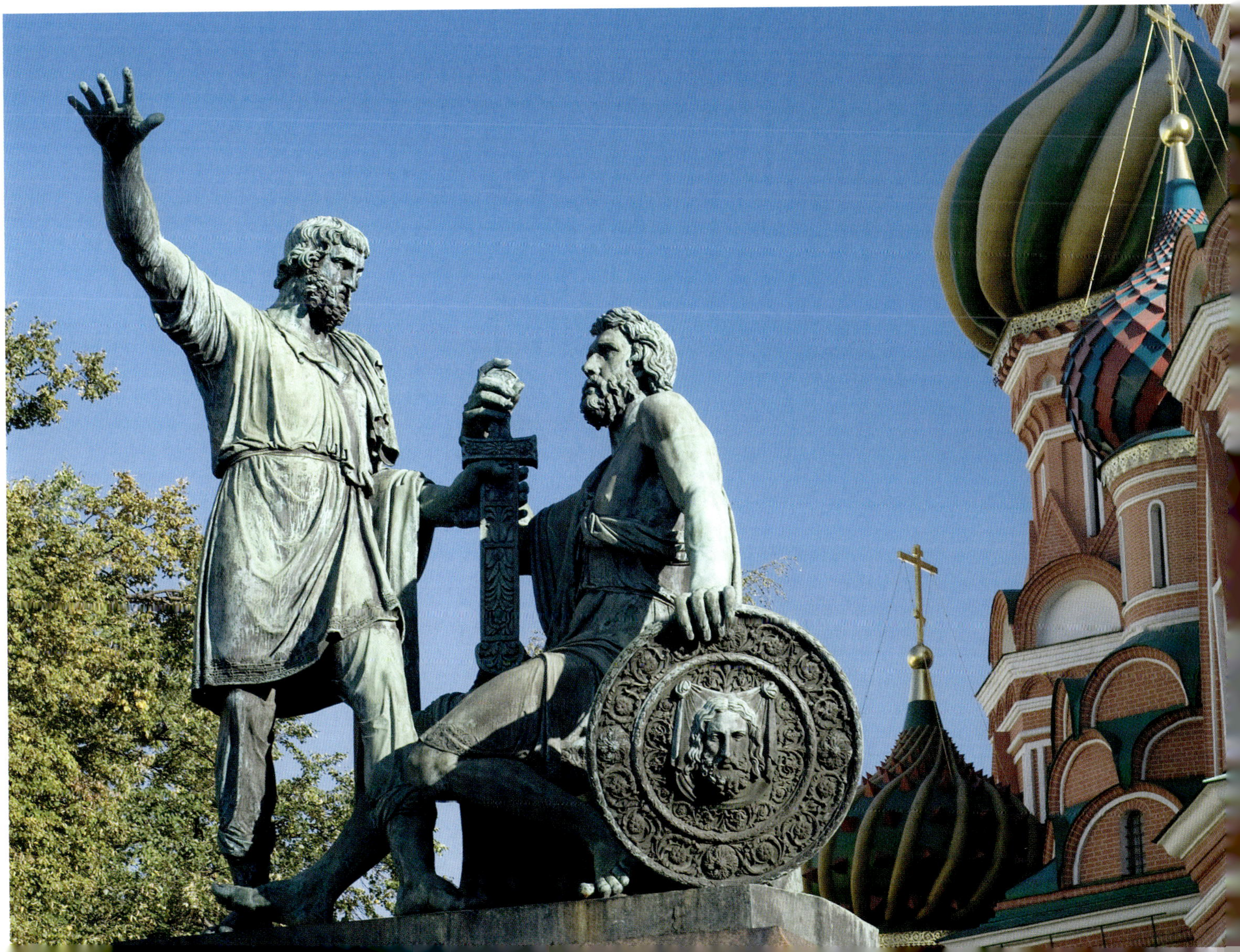

Denkmal für den Stadthauptmann Minin und den Fürsten Poscharski aus Nischnij Nowgorod vor der Basilius-Kathedrale im Kreml

Die Romanows – einst per Votum auf den Zarenthron gekommen – waren Russlands letzte Zarendynastie.

legten. Jedenfalls war die französische Armee, die hier Unterschlupf zu finden gehofft hatte, erneut dem Hunger und der Kälte ausgesetzt und trat ihren schmählichen Rückzug an.

Der Brand schuf Raum für das Entstehen einer modernen, offenen Stadt im 19. Jahrhundert. An die Stelle der konzentrisch angelegten Erdwälle zur Befestigung traten breite Chausseen. Moskau verband sich durch Eisenbahnlinien mit allen wichtigen Städten im Lande und im europäischen Ausland. Ende des 19. Jahrhunderts spann die elektrische Straßenbahn ihre Netze durch die Stadt. Die Bevölkerung war auf eine Million gestiegen. Bis zur Oktoberrevolution 1917 wuchs sie nochmals um mehr als das Doppelte.

Die russische Revolution von 1905 bis 1907 erfasste Moskau im Dezember 1905. Den Ruf eines schwer auszuräuchernden Rebellennestes erwarb sich damals der hügelige Stadtteil Krasnaja Presnja. Damals lieferten sich die Arbeiter in dem Fabrik- und Randbezirk neun Tage lang erbitterte Schlachten mit zaristischen Dragonern. Es gab über 500 Tote.

Nachdem die Bolschewiki in Sankt Petersburg gesiegt hatten, verlegten sie die Regierung am 12. März 1918 in den Kreml. Am 30. Dezember 1922 wurde dort die Sowjetunion gegründet. Der bis 1922 währende Bürgerkrieg dezimierte auch die hauptstädtische Bevölkerung stark. 1926 war sie wieder auf zwei Millionen angewachsen.

Einen weiteren tiefen Einschnitt in die Bevölkerungsentwicklung der Stadt bildete der Zweite Weltkrieg. Die deutsche Offensive auf Moskau begann knapp drei Monate nach Kriegsbeginn, am 30.

September 1941. Die Wehrmacht mobilisierte etwa 80 Divisionen, Hunderte von Flugzeugen, Tausende von Panzern, Geschützen und Granatwerfern gegen die russische Hauptstadt. Aus Moskau wurden in der Folge fast alle Frauen und Kinder evakuiert. Nach und nach verließen alle großen Kultureinrichtungen die Stadt, die Ensembles der Theater und das Bolschoi Ballett, in Richtung auf den Ural, Sibirien oder Mittelasien. Sogar Lenins Leichnam wurde fortgeschafft.

Im November 1941 rückten die Deutschen bereits in einzelne Vororte im Süden ein. Doch am 5. Dezember begann der sowjetische Gegenangriff, in dessen Verlauf die deutsche Armee um 300 Kilometer zurückgeschlagen wurde. Sie verlor in der Schlacht um Moskau 250.000 Mann. 700.000 sowjetische Soldaten wurden dabei getötet, verwundet oder verschwanden spurlos. Sie hatten der deutschen Wehrmacht ihre erste große Niederlage zugefügt. Dreieinhalb Jahre später, am 24. Juni 1945 zog die Siegesparade der Roten Armee über den Roten Platz.

In den Jahren 1989/1990 kam es in Moskau immer wieder zu Kundgebungen auf dem Manege-Platz und vor dem Außenministerium, bei denen sich bis zu einer halben Million Demonstranten versammelten und ein Mehrparteiensystem forderten, bisweilen auch die Auflösung der Sowjetunion.

1993 eröffneten russische Nationalisten und die Befürworter größerer Rechte für einige Unionsrepubliken in Moskau den Straßenkampf. Ein Teil von ihnen verbarrikadierte sich in der Duma. Präsident Jelzin ließ daraufhin das Gebäude von der Armee unter Beschuss nehmen.

Den ersten Putschversuch gegen die junge russische Demokratie hatten schon 1991 konservative Kommunisten lanciert. Zusammen mit seinen Anhängern ruft Boris Jelzin die Bevölkerung Moskaus zum Generalstreik gegen die altkommunistischen Putschisten auf. In ihren Händen halten sie die russische Trikolore.

RECHTE SEITE:

Junge Pioniere auf dem Roten Platz vor dem Kreml

Ab März 1989 erwies sich die „Moskauer Wählervereinigung" (Moskowskoje Objedinjenie Isbiratelјej) als entscheidender Motor auf dem Wege Russlands zur Demokratie. KPdSU-Generalsekretär Michail Gorbatschow wünschte zwar eine erweiterte Mitsprache der Bevölkerung, bestand aber weiterhin auf einem Einparteiensystem. Sein Hauptwidersacher, Boris Jelzin, war vorher Moskauer Parteichef gewesen. Er wurde nun in der immer noch staatlich gelenkten Presse totgeschwiegen oder übel verleumdet. Bei den Wahlen zum Obersten Sowjet der UdSSR im März 1989 klebten Hunderte von Moskauern und Moskauerinnen selbstgebastelte Wahlplakate für Jelzin in die Metro und an Gebäude und organisierten eine strikte Bürgerüberwachung bei der Auszählung der Stimmzettel. Jelzin zog als Moskauer Deputierter in den Obersten Sowjet ein.

Im einstmals rebellischen Stadtteil Krasnaja Presnja formierte sich zu Beginn der 90er Jahre erneut Widerstand. Hier befand sich nämlich nun das Weiße Haus, der Regierungssitz der Russischen Föderation – damals noch ein Teilstaat innerhalb der UdSSR. Im August 1991 setzten sich vor dem Weißen Haus, im strömenden Regen, Moskauer Bürger und Bürgerinnen drei Tage und Nächte lang gegen den Augustputsch der Altkommunisten zur Wehr. Ihr politischer Held war diesmal Boris Jelzin.

Sie glaubten damals noch an dessen Versprechen, ein für alle Mal mit der Korruption aufzuräumen. Drei junge Männer kamen dabei ums Leben. Zwei Jahre später, im Oktober 1993, während der Verfassungskrise, als Jelzin den reaktionären Obersten Sowjet Russlands niederkartätschen ließ, kämpf-

te hier Bürger gegen Bürger, auf Seiten des Präsidenten auch das Militär. Die Zahl der Todesopfer wird mit offiziell mit 187 angegeben. Viele Augenzeugen schätzen sie aber höher ein.

Noch heute psychisch traumatisiert sind die Moskauer von den beiden Sprengstoffanschlägen auf zwei neun- und achtstöckige Wohnhäuser im September 1999. Die Sprengsätze, die in der Gurja-

now-Straße und an der Kaschirskoje Chaussée hochgingen, hatten die Gewalt von Bomben aus dem Zweiten Weltkrieg. Insgesamt kamen über 200 Personen ums Leben und über 300 wurden zum Teil schwer verletzt. Aus diesem Anlass erklärte Wladimir Putin, damals noch Ministerpräsident, den Krieg gegen die „illegalen Kampfeinheiten" in Tschetschenien. Bis heute ist allerdings die Urheberschaft tschetschenischer Terroristen für diese Anschläge nicht bewiesen.

Auf dem Roten Platz reiht sich eine Sehenswürdigkeit an die andere.

KULTUR

Moskauer Dichter, Künstler, Theaterleute und Filmemacher haben nicht nur zur russischen sondern auch zur Weltkultur einen unverzichtbaren Beitrag geleistet. Man könnte in Moskau zwei Monate verbringen und jeden Tag ein anderes Theater und dazu ein weiteres Museum besichtigen. Einige Theater und Museen werden hier noch vorgestellt werden. Hier kommen erst einmal die beiden international berühmtesten.

Das Bolschoi-Theater

Das Ensemble des Bolschoitheaters galt zum Beispiel jahrzehntelang weltweit als das klassische Ballett schlechthin. Gegründet wurde das Theater 1776 von Fürst Peter Urusow, der vom Zaren das Monopol für das Inszenieren von Schau- und Singspielen in Moskau erhalten hatte.

Das heutige Gebäude im Stil des russischen Klassizismus wurde 1825 durch den Architekten Joseph Bové errichtet. Heute arbeiten dort an die 900 Schauspieler, Tänzer und Sänger, mehrere Ensembles befinden sich stets in aller Welt auf Tournee.

Einige hervorragende Theater in Moskau tragen heute noch Namen aus der Sowjetzeit, da sie schon damals zur Avantgarde zählen. Hierzu zählten das Lenkom (Theater des Lenin-Komsomol), das Theater des Mossowjets (Theater des Moskauer Stadtsowjets) und das nach dem Revolutionsdichter benannte Majakowski-Theater. Zu den traditionsreichen Bühnen kommen heute zahlreiche Studio- und Werkstatt-Theater.

LINKS:

Das Bolschoi-Theater in abendlicher Festbeleuchtung

UNTEN:

Denkmal für den großen russischen Poeten Alexander Puschkin.

Das Puschkin-Museum ist eines der wichtigsten Museen in Moskau.

Das Puschkin-Museum für Bildende Künste

Das Museum liegt an der Wolchonka-Straße und der gleichnamigen Metrostation. Das Gebäude im Stil einer großen Stadtvilla wurde Ende des 19. Jahrhunderts speziell als Kunstmuseum errichtet und sollte der studierenden Jugend die Bekanntschaft mit Kunstwerken der Antike in Ko-

plen ermöglichen. Heute ist es vor allem für seine Sammlung klassischer moderner Kunst berühmt, hauptsächlich von französischen Impressionisten. Im Laufe der Zeit hat das Museum zahlreiche Gebäude in der Nachbarschaft erworben und in Filialen verwandelt – zum Beispiel für private Sammlungen.

Hochschulen

1687 wurde mit der „Slawisch-Griechisch-Lateinischen Akademie“ in Moskau die erste Hochschule Russlands eröffnet. 1755 – der Hauptstadttitel war inzwischen auf Sankt Petersburg übergegangen – folgte dennoch auch hier mit der Lomonossow-Universität die erste offizielle Hochschule.

Die Lomonossow-Universität

Seit Anfang der 50er Jahre ist sie in einem Wolkenkratzer auf den Sperlingsbergen beheimatet und hat heute 30.000 Studenten. Wer darauf Wert legt, kann hier sein ganzes Studium in Pantoffeln absolvieren, ohne das Freie zu betreten. Die 36 Stockwerke hohen Türme sind im Quadrat angeordnet, um einen ebenso gewaltigen Hof herum. Vom Erdgeschoss aus geht es noch ein paar Stockwerke in die Tiefe, in einen Dienstleistungssektor, wo man neben Restaurants, Lebensmittelgeschäften, einem Friseur und dem Fotostudio alles findet, was das Herz begehrt. Auch ein Schwimmbad und ein Postamt gibt es in der Anlage und selbstverständlich kommt bei Krankheit ein Facharzt ins integrierte Wohnheim.

Eine Stadt in der Stadt ist die Lomonossow-Universität.

Einer der mächtigen Türme der Lomonosow-Universität, im Vordergrund die Statue zu Ehren des vielseitigen russischen Wissenschaftlers Michail W. Lomonossow.

Wer mit dem Auto ins Geschäft oder ins Büro muss, ist froh, wenn der Verkehr rollt

RECHTE SEITE: Blick über die Moskwa und die angrenzende Skyline

Insgesamt beherbergt Moskau 80 Hochschulen, deren 250.000 Studenten in 380 Fachrichtungen ausgebildet werden. In über 1000 Forschungsinstituten und Konstruktionsbüros können sie Praktika absolvieren. Einige der im Ausland bekanntesten Hochschulen sind die Russische Universität für Luft- und Raumfahrt (MAI), die – vornehmlich von Studenten aus der dritten Welt besuchte – Russische Universität der Völkerfreundschaft, die Diplomatenschmiede MGIMO und die Russische Staatliche Geisteswissenschaftliche Universität Moskau – ein Hort des liberalen und demokratischen Denkens.

WIRTSCHAFT

Moskau zahlt ein Viertel aller Steuereinnahmen des russischen Staatshaushaltes. In der Hauptstadt sind 80 Prozent des Finanzkapitals Russlands konzentriert. Zwei Drittel aller ausländischen Investoren legen ihr Geld gleich hier an. Hierher streben die Reichen aus ganz Russland. Fünf bis zehn Prozent der Moskauer Bevölkerung zählen zu dieser Schicht und treiben die Preise in die Höhe. Moskau gilt als teuerste Stadt Europas.

Allerdings ist auch der Lebensstandard der Durchschnittsbürger seit 1990 erheblich gestiegen. Vier Millionen Einwohner zählen sich zur neuen Mittelschicht. Das von den Bürgern angegebene Durchschnittseinkommen liegt bei 850 Euro monatlich, de facto vermutlich um 30 bis 100 Prozent darüber. Alteingesessene Moskauer zahlen dabei keine Mieten, da sie ihre Wohnungen Anfang der

RECHTE SEITE:
Rush Hour in Moskau – an manchen Tagen dauern die Staus im Berufsverkehr Stunden.

90er Jahre gegen eine Verwaltungsgebühr in Privateigentum umwandeln konnten. Heute herrscht in Moskau Vollbeschäftigung, das Wirtschaftswachstum liegt im Durchschnitt bei zehn Prozent jährlich.

Dabei wird in Moskau nicht nur gehandelt, sondern vor allem produziert. Fast alle Arten von Industrie sind hier heimisch. Ein Viertel der Produktion macht der Maschinenbau aus, danach kommen Hüttenwerke, Leicht-, chemische und petrochemische Industrie. Außerdem ist Moskau ein Zentrum der russischen Rüstungsindustrie. Auf Schritt und Tritt kann man die ungefilterten Ausdünstungen der Fabrikstadt riechen.

BEVÖLKERUNG

Moskau war schon im Mittelalter eine multikulturelle Stadt. Davon zeugen die Straßen- und Ortsnamen von Vorstädten, die früher kompakt von Angehörigen verschiedener Völker besiedelt waren. Grusinskaja Bolschaja Uliza steht für „Große Georgierstraße", Armjanski Pereulok für „Armeniergässchen". Heute leben über 100 Nationen und Ethnien in Moskau, davon immerhin 84 Prozent Russen. Laut Volkszählung von 2002 folgen Ukrainer mit 2,5 Prozent, Tataren mit 1,5 Prozent, Armenier und Aserbeidschaner mit 1,2 und 0,9 Prozent. Auf die hier als eigene Nationalität bezeichneten russischen Juden und Belorussen entfallen je 0,75 Prozent, auf Moldawier 0,35 Prozent. Die Liste ist noch lang. In kleinen Grüppchen leben hier offiziell gemeldet auch ständig Vietnamesen, Chinesen und sogar Tschetschenen.

Parade der russischen Armee bei einer Veranstaltung zur Ehrung eines ehemaligen Offiziers

Personen mit dunklerer Hautfarbe, Afrikaner, Araber und vor allem Immigranten aus dem Kaukasus und Zentralasien müssen nicht nur mit Überfällen von Skinheads rechnen. Sie werden auch in viele Restaurants und Diskotheken nicht eingelassen und erdulden ständige Kontrollen ihrer Ausweispapiere und andere Schikanen seitens der Polizei.

Noch bis vor kurzem bildeten Händler aus dem Kaukasus, Tadschikistan und Usbekistan mit ihren Familien den Löwenanteil der etwa eine Million Beschäftigten auf den 150 Moskauer Märkten. Da viele von ihnen den Kunden gegenüber sehr aufdringlich waren und russische Konkurrenten organisiert von den Märkten fernhielten, waren sie auch bei nichtrassistischen Moskauern unbeliebt. Zur Zeit der Drucklegung dieses Buches ist ein Gesetz in Kraft getreten, das sie von den Märkten fernhält.

Zwischen der tatsächlichen und der offiziellen Einwohnerzahl Moskaus herrscht eine große Diskrepanz. Diese Differenz wird auf vier Millionen Menschen geschätzt und hängt mit den rigiden Bestimmungen für die polizeiliche Meldung (Propiska) in der russischen Hauptstadt zusammen.

Dies ist einer der vielen Widersprüche zwischen der russischen Wirklichkeit und der russischen Verfassung, die allen Bürgern das Recht auf Freizügigkeit garantiert. Doch auch die offizielle Einwohnerschaft steigt weiter, denn die administrativen Hürden sind offenbar nicht unüberwindlich: „Das Gesetz steht wie ein Pfahl", sagt ein russisches Sprichwort. „Man kann es nicht überspringen, aber umgehen" – zumindest mit genügend Geld.

Große Halle in einem der neun Moskauer Bahnhöfe

FERNVERKEHRSVERBINDUNGEN

Moskau hat fünf Flughäfen, neun Bahnhöfe und zwei Häfen, in denen Passagiere zu Flusskreuzfahrten starten. Dies sind der Nord- und der Südhafen, die beide auch dem Lastverkehr dienen. Die Reise vom Nordhafen nach Sankt Petersburg dauert zwölf Tage. Ausschließlich dem Warenverkehr dient der Westhafen.

Neben dem traditionellen Moskauer Auslandsflughafen Scheremetjewo haben jetzt auch die Flughäfen Domodjedowo und Wnukowo ihre Tore der weiten Welt geöffnet. Die beiden letzteren verfügen sogar schon über Schnellbahnverbindungen zur Innenstadt – sehr wichtig angesichts der legendären Korruption unter den Moskauer Flughafentaxifahrern.

In Scheremetjewo landende Passagiere ziehen es deshalb vor, sich abholen zu lassen. Aber auch für diesen Flughafen soll bald eine „Elektritschka", eine S-Bahnverbindung, zur Verfügung stehen. Der älteste Flughafen, Bykowo, wird heute nur für Inlandflüge genutzt. Der neueste, Ostafjewo, bedient vorerst keine Linienflüge.

Moskau verbindet per Schiene Europa, Asien und den Kaukasus. Für die Passagiere heißt dies allerdings nicht, dass sie auf einem einzigen Bahnhof von einer Weltregion in die andere umsteigen könnten. Jede Himmelsrichtung wird in Moskau von einem eigenen Bahnhof bedient. Allerdings sind einige der wichtigsten um den Komsomolskaja-Platz gruppiert. Von hier aus verlassen Züge den

Leningrader Bahnhof in Richtung Sankt Petersburg, vom Jaroslawler Bahnhof startet die Transsibirische Eisenbahn und vom Kasaner Bahnhof aus geht es nach Tatarstan und Baschkorostan. Jeder der drei zeichnet sich durch eine originelle, an folkloristischen Elementen reiche Architektur aus.

Wer diese Bahnhöfe betritt, ist in Russland angekommen. Die Reisenden, die oft über eine Woche unterwegs sind, lassen sich auf Bahnsteigen und in den Wartesälen geradezu häuslich nieder. Besonders wichtig ist noch der Kiewer Bahnhof für den Verkehr mit der Ukraine. Alle Passagiere aus Westeuropa treffen auf dem prächtigen, hellgrünen Ensemble des Belorussischen Bahnhofs ein. Er liegt am Ende der Ersten Twerskaja-Jamskaja-Straße, die direkt zum Kreml führt. Alle neun Bahnhöfe sind untereinander durch die Ringlinie der Metro verbunden.

Metro contra Personenwagen

Mit der Moskauer Metro fahren täglich neun Millionen Passagiere. 63 Prozent von ihnen fürchten sich allerdings dabei vor Terroranschlägen. Aber zum Verkehrsmittel Nummer eins gibt es einfach keine Alternative. Zumal der Personenwagenverkehr in der russischen Hauptstadt zu völlig unvorhersagbaren Staus führt. Der Statistik zufolge verbrachte jeder Moskauer Autofahrer 2007 im Monatsdurchschnitt 48 Stunden im Stau. Dennoch wächst die Zahl der neu zugelassenen Personenwagen rapide. 2007 waren es täglich 400 Stück, davon 50 Prozent ausländische Marken.

Rush-hour in einer der Moskauer Metrostationen

Die Moskauer Metrostationen übertreffen sich gegenseitig in ihrer prachtvollen Ausstattung.

Da ist die Metro nicht nur schneller – die Wartezeit zwischen den Zügen liegt im Schnitt bei zwei Minuten – sie schont auch die Nerven. Viele Stationen sind außerdem eine Augenweide. Denn was ihre Ausstattung mit Mosaiken, Statuen, Vergoldungen und Marmor betrifft, so wetteifern einige der älteren Stationen durchaus mit den überirdischen Kathedralen. Der erste Metroabschnitt wurde 1935 fertiggestellt. Damals war dieses Verkehrsmittel ein ideologisches Manifest: Jeder Werktätige sollte sich beim Hinuntergleiten auf den Rolltreppen innerlich erhoben fühlen. Im Zweiten Weltkrieg rettete die Metro vielen Moskauern das Leben. Die Bahnhöfe ließen sich durch spezielle Vorrichtungen abschotten und als Bunker nutzen, einige dienten auch als Lazarette und Kommandozentralen.

Getötet wurden Metropassagiere erstmals 1977. Bei einem Bombenanschlag armenischer Separatsten kamen sieben Menschen ums Leben. 1996 detonierte ein unter einem Sitz im Waggon angebrachter TNT-Sprengsatz zwischen den Metrostationen Tulskaja und Nagatinskaja. Dabei starben vier Fahrgäste, 16 wurden teils schwer verletzt. Wegen der starken Rauchentwicklung mussten alle Passagiere evakuiert werden. Über die Urheber gibt es nur Spekulationen. Den bisher folgenschwersten Anschlag verübte im Februar 2004 ein tschetschenischer Selbstmordattentäter während der morgendlichen Rushhour in einem Zug zwischen den Stationen Awtosawodskaja und Pawelezkaja. Die Bilanz belief sich auf 39 Tote und über 100 zum Teil schwerst Verletzte.

Heute umfasst die Moskauer Metro ein Netz von 293 Kilometern mit zwölf Linien und 176 Stationen. Jährlich kommen neue hinzu. Die Sicherheitsvorkehrungen unter der Erde sind scharf. An den Endstationen werden die Wagen innen und von unten mit Minensuchhunden kontrolliert. Einen Rucksack zu „vergessen" ist ebenfalls so gut wie unmöglich, da die Mitreisenden auf so etwas mittlerweile alarmiert reagieren. Wer seine Metro nicht zu Fuß erreichen kann, der kommt oberirdisch immer noch mit Bussen, Trolleybussen und Straßenbahnen voran.

LINKE SEITE:
Passagiere auf dem Airport Domodjedowo

Ursprünglich für die Expo 2010 geplant, später als unrentabel nicht weiter ausgebaut: Moskaus Monorail.

RECHTE SEITE:
Einer der mächtigen Ecktürme der Kremlmauer

STADTBILD UND SEHENSWÜRDIGKEITEN

DER ROTE PLATZ

Im Jahr 2000 hat die UNESCO den Moskauer Kreml und den Roten Platz in die Liste des Weltkulturerbes aufgenommen. Die Bezeichnung Krasnaja Ploschtschad – Roter Platz – war nie politisch zu verstehen. Sie stammt aus dem 16. Jahrhundert. Das Wort „krasnyj" bedeutet heute nur noch „rot". Damals aber hieß es vor allem „schön", „rot" war eine Nebenbedeutung des Wortes. Am „Schönen Platz" also finden wir heute neben dem Kreml die weltberühmte, 1561 errichtete Basilius-Kathedrale und das Kaufhaus GUM.

Basilius-Kathedrale

Die Basilius-Kathedrale (1561) ist aus einfachem rotem Backstein, früher war sie weiß getüncht, aber nie bemalt. Den Zauber verleiht ihr der Kontrast zwischen der schlichten Fassade und den neun bunten Hauptkuppeln, von denen jede eine individuelle Form- und Farbgebung aufweist. Die Hauptkapelle in der Mitte erhebt sich auf rechteckigen Grundmauern, über die sich achteckig angeordnetes Mauerwerk stülpt. Bekrönt wird sie durch ein zeltförmiges Dach, das in eine goldene Kuppel übergeht.

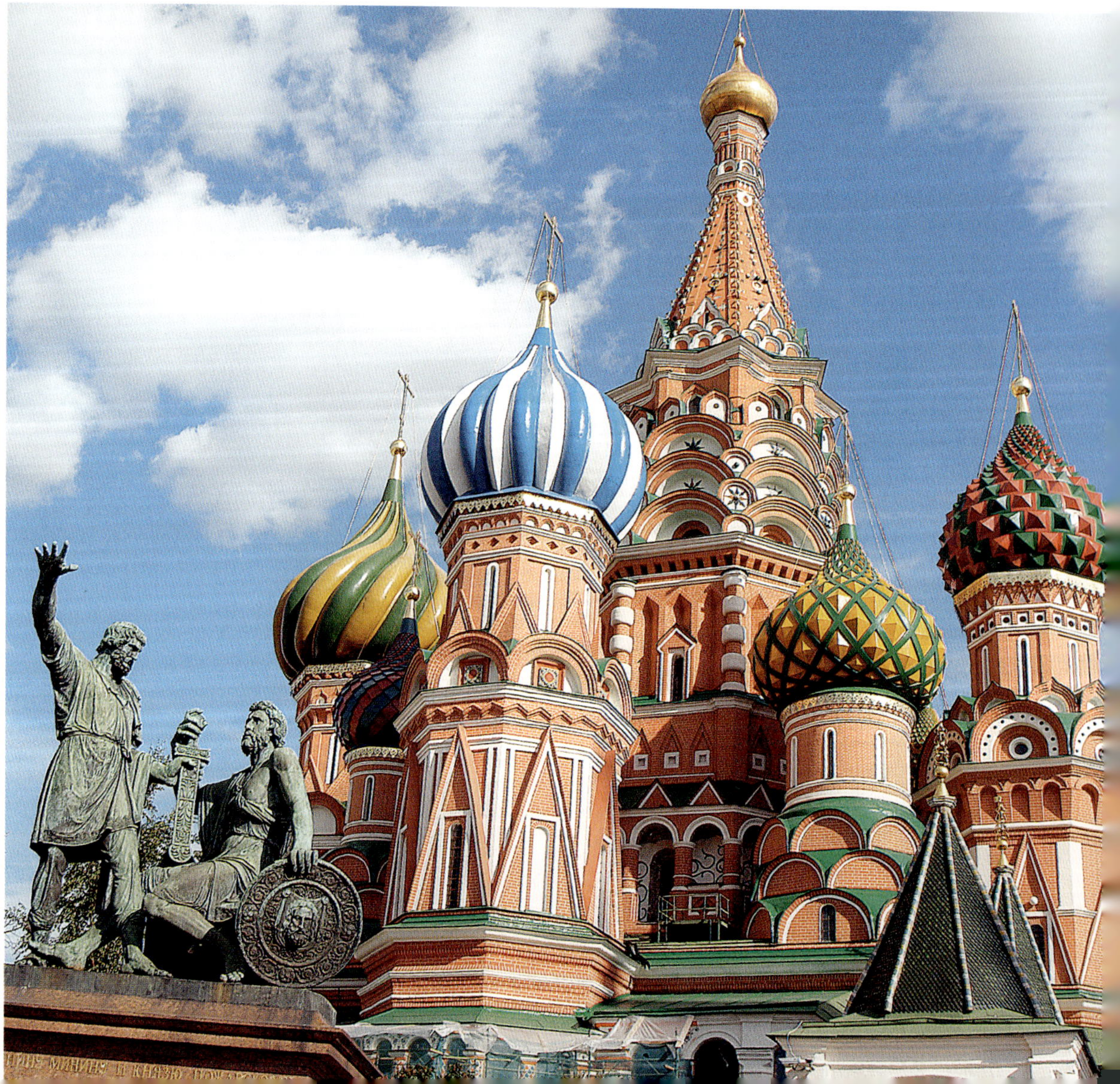

Jeder der sieben Türme der Basilius-Kathedrale ist in seiner Farbgebung völlig unterschiedlich.

Ein riesiger Einkaufstempel mitten auf dem Roten Platz: das Kaufhaus GUM

Das GUM

Das Gebäude des GUM befindet sich im Herzen Moskaus am Roten Platz, gegenüber dem Lenin-Mausoleum und dem Kreml. Es wurde 1893 nach Entwürfen von Alexander Pomeranzew und Wladimir Schuchow unter dem Namen „Obere Handelsreihen" erbaut und ist heute ein wichtiges Denkmal der historischen russischen Architektur des späten 19. Jahrhunderts. Das Gebäude des Kaufhauses nimmt ein annähernd rechteckiges Areal ein und verfügt über zehn Seiteneingänge.

Der 250 Meter lange und 88 Meter breite Innenraum des Gebäudes beherbergt auf drei Etagen rund 200 separate, unterschiedlich große Ladenlokale, angeordnet in verschiedenen Längs- und Querpassagen. Unter dem gläsernen Dachgebäude verlaufen durch Brücken verbundene Galerien. Diese Funktionsweise definiert das GUM weniger als Warenhaus, sondern als Einkaufszentrum wie zur Zeit seiner Gründung. Viele internationale Kosmetikfirmen und Modelabels haben hier ihre Filialen.

Das Historische Museum

Wer das GUM im Rücken hat und das Lenin-Mausoleum mit dem Kreml vor sich, sieht rechts ein Ehrfurcht gebietendes rotes Steingebäude – das Staatliche Historische Museum. Als solches war es auch von Anfang an geplant. Der Grundstein wurde 1875 in Gegenwart von Zar Alexander II. gelegt. Heute vermittelt es mit über 250.000 Exponaten einen Streifzug durch die bewegte Geschichte Russlands. Es beherbergt unter anderem die Kleiderkammer Iwans des Schrecklichen und die Feldküche Napoleons.

Kitai-Gorod

Im rückwärtigen Bereich des GUM stehen noch einige gut erhaltene Steinhäuser. Sie gehören zu Kitai-Gorod, einem alten Handelsviertel, das bereits im 13. bis 14. Jahrhundert entstand. Später lebten dort auch Bojaren. Einiges aus der Bausubstanz gehörte zur Hofhaltung des Zaren (16.–18. Jahrhundert). Erwähnenswert ist noch das Haus des Bojaren Romanow und die Sankt-Annen-Kirche aus dem 15. Jahrhundert. Die „altrussische" Bauweise der Häuser ähnelt der des Facetten-Palastes im Kreml. Ihr Kennzeichen ist der dekorativ-ornamentale Stil: üppiger Fassadendekor, gemeißelter Back- und Kalkstein und die Verwendung von bunter Keramik.

Der Kreml

Der Moskauer Kreml ist mit seiner Kombination aus dicker Mauer, soliden Türmen und eleganten Kathedralen ein Architekturdenkmal mit einzigartigem Flair. Heute ist er die Residenz des Präsidenten von Russland, aber dennoch zum größten Teil für die Besichtigung freigegeben. Als Ensemble von Sakral-, Verwaltungs- und Wohnbauten entstand er in seiner heutigen Gestalt im Laufe von über 500 Jahren. Die heutige Kremlmauer ist 2235 Meter lang, umfasst 27,5 Hektar und hat 20 Türme. Sie entstand im Wesentlichen um 1500 unter Mitarbeit italienischer Festungsbaumeister. Ende des 15. Jahrhunderts waren bereits die Uspenski- und die Blagoweschtschenski-Kathedrale sowie der Facettenpalast fertiggestellt.

Der große Kremlpalast

RECHTE SEITE:
Er verdient sein Geld mit Bildern von der Basilius-Kathedrale

Die heitere Uspenski- oder Mariä-Himmelfahrts-Kathedrale wurde vom italienischen Architekten Aristotele Fioravanti erbaut. So strahlt die Hauptkathedrale des Kreml und Krönungskathedrale der Imperatoren viel vom Geist der Renaissance aus.

Die Blagoweschtschenski- oder Mariä-Verkündungs-Kathedrale dagegen war anderthalb Jahrhunderte lang sozusagen Privatkirche der Zarenfamilie. Sie bezaubert durch märchenhafte Ikonen, unter anderem werden sie den berühmten Meistern Feofan Grek und Andrej Rubljow zugeschrieben. Die Archangelski-, auf Deutsch Erzengel-Kathedrale, lange Zeit Gruft der russischen Zaren, wurde 1509 fertiggestellt.

Der 81 Meter hohe Glockenturm „Iwan der Große" war seinerzeit (1508) die höchste bauliche Anlage in Russland. Er ist kein Kremlmauerturm, sondern Teil einer allein stehenden Anlage. Daneben befinden sich heute zwei Zeugnisse von Größenphantasien – die Zaren-Glocke und die Zaren-Kanone. Die Zaren-Glocke ist mit 202 Tonnen Gewicht und 6,14 Metern Höhe die größte der Welt. Sie hat freilich nie geläutet, denn gleich nach ihrem Guss (1737) platzte sie bei einem Brand. Eine riesige abgesprungene Scherbe lehnt heute an ihrer Seite.

Die Zaren-Kanone, ein Denkmal des Gießereihandwerks aus dem 16. Jahrhundert, hat nie einen Schuss abgefeuert und ist dazu angeblich auch gar nicht imstande. Im 17. Jahrhundert fanden im Kreml noch der Terem-Palast, der Patriarchenpalast sowie die Kirche zu den zwölf Aposteln Platz, im Jahre 1778 das Senatsgebäude.

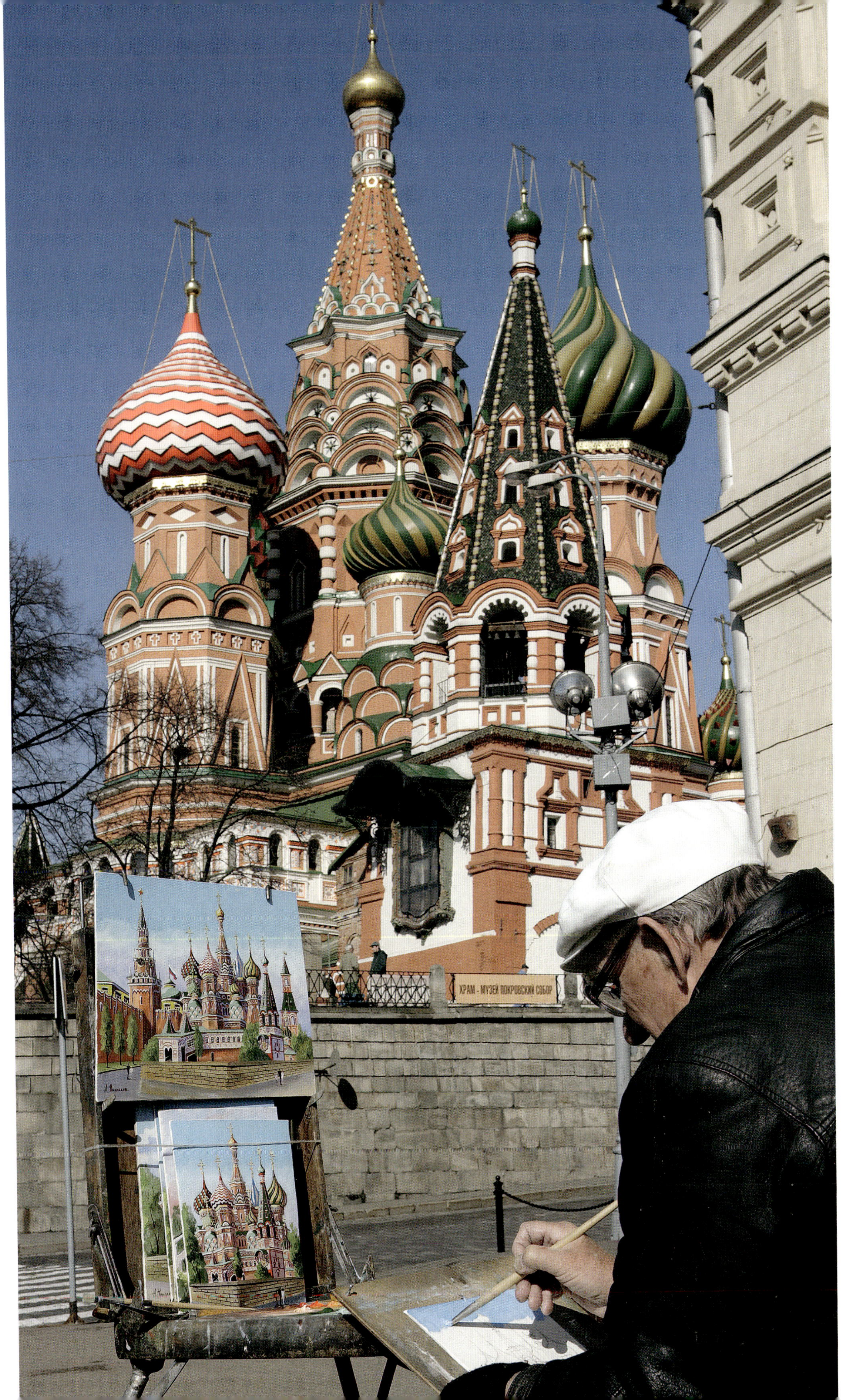
ХРАМ - МУЗЕЙ ПОКРОВСКИЙ СОБОР

Entspannter Plausch nach anstrengendem Einkauf oder Pause von der Arbeit

offee bean
60
СССР
ПОБЕДА

Kleiner Plausch am Alexandergarten, wo sich auch das Grab des Unbekannten Soldaten befindet.

Das Haus der Rüstkammer aus dem Jahre 1851 enthält eine große Sammlung alter Waffen, Kronen, Gewänder, Throne, Kutschen, Schmuckstücke und anderer Insignien der Zaren. Das hier heimische Museum präsentiert immer wieder historische Spezialausstellungen, die die alten Exponate unter neuen, interessanten Gesichtspunkten vorstellen.

1961 wurde auf dem Kremlterritorium der moderne Kongresspalast mit einem Saal für 6000 Personen eröffnet. Neben den Parteitagen der KPdSU fanden hier auch internationale Kongresse, Opern- und Ballettaufführungen statt. Hinzu kommt jedes Jahr die prestigeträchtigste Neujahrsfeier für Moskauer Kinder.

An der Kremlmauer zieht sich der Alexandergarten entlang. 1967 wurde hier für die Gefallenen des Zweiten Weltkriegs das Grabmal des Unbekannten Soldaten errichtet. Heute gehört ein gemeinsames Foto an dieser Stelle für viele frisch getraute Brautpaare zum Start in die Ehe.

Das Mausoleum und Lenin

Für viele Moskauer ist nicht der Kreml die Hauptsehenswürdigkeit der Hauptstadt, sondern das davor gelegene, 1930 von Alexij Schtschussew errichtete Lenin-Mausoleum aus Labradorstein und dunkelrotem Granit. Es gibt sonst kaum eine Weltstadt, die sich die makabre öffentliche Zurschaustellung eines Leichnams leistet. Lenins sterbliche Hülle ist im Übrigen keine Mumie, denn in seinen Adern zirkuliert noch Flüssigkeit. Allerdings handelt es sich nicht um Blut, sondern um eine Konservierungslösung, die mindestens einmal im Jahr ausgetauscht wird. 1991 zogen noch drei Millionen Menschen an dem toten Exführer im Mausoleum auf dem Roten Platz vorbei. Nach 2000 waren es nur noch etwa 80.000. Dabei hatte sich Lenin schon zu Lebzeiten gegen den Kult um seine Person gewehrt. Auch ist sein historisches Wirken in Russland längst nicht mehr unumstritten.

Auch im Westen, wo er von seinem Nachfolger Stalin über lange Zeit hin positiv abgegrenzt wurde, sieht man ihn mittlerweile kritischer. Obwohl die Bolschewiki Anfang des 20. Jahrhunderts Terror zur Verfolgung ihrer politischen Ziele noch ausdrücklich ablehnten, fand auch Lenin im Bürgerkrieg schnell Argumente für politische Geiselnahmen und Strafexpeditionen gegen ganze Dörfer. Um die einmal gewonnene Macht zu halten, predigten die Bolschewiki nun den „Roten Terror".

Als Richtplatz war der Rote Platz über Jahrhunderte mit dem Tod verbunden. Auf einer Steinplattform wurde hier 1671 zum Beispiel Stepan Rasin hingerichtet, der Führer eines Bauern- und Kosakenaufstandes im Wolga- und Dongebiet. Zum Friedhof wurde der Rote Platz im November 1917. Anders als in Petrograd erfolgte der revolutionäre Umsturz in Moskau in einem blutigen

Vielleicht die meistbesuchte Attraktion des roten Platzes: das Lenin-Mausoleum

RECHTE SEITE:
Für viele Russen ist Lenin nach wie vor ein großes Vorbild und Idol.

Kampf, bei dem mindestens 500 Menschen ums Leben kamen. Die Moskauer Arbeiter hoben nach ihrem Sieg spontan einen tiefen Graben an der Kremlmauer aus, in dem sie ihre Genossen in Särgen beerdigten.

Während der Feierlichkeiten für die ersten Jahrestage der Oktoberrevolution verstummten die Demonstranten beim Betreten des Platzes und senkten die Fahnen. Mit der Zeit wurde die Nekropole an der Kremlmauer zur Ruhestätte für weitere Politiker, auch für Persönlichkeiten wie den Astronauten Juri Gagarin. Stalins Leichnam hingegen wurde 1961 aus dem Mausoleum entfernt.

Mittlerweile ist der Rote Platz nicht nur als Stätte der Toten, sondern auch als Ort von größter Bedeutung für die russische Geschichte tief im Bewusstsein der Bürger verankert. Vermutlich deshalb regt sich immer wieder Protest, wenn hier Rock-Konzerte veranstaltet werden.

Wachablösung am Grab des Unbekannten Soldaten am Alexandergarten an der Kremlmauer

Das Café Puschkin – eine Institution in Moskau

MOSKAU – EIN STILISTISCHER QUERSCHNITT

Noch heute finden wir in Moskau Baudenkmäler aus allen historischen Phasen seit dem 15. Jahrhundert. Viel Bausubstanz wurde während des Zweiten Weltkrieges zerstört. Zahlreiche Kirchen der Stadt hatte man bereits während der Antireligionskampagne der Bolschewiki in den 20er Jahren geschleift, von 500 blieben 150 übrig. Moskaus einst malerische Silhouette erschien dadurch abgeplattet. Im Sommer 1947 beschlossen Stalins Architekten auf seinen persönlichen Befehl deshalb, die Stadt an markanten Standorten mit Wolkenkratzern zu versehen. Insgesamt wurden es sieben überdimensionierte Prunkbauten, auch die „Sieben Schwestern“ genannt.

Die Sieben Schwestern

Die Vorgabe bei ihrem Bau lautete, dass es sich bei ihnen nicht um Kopien ausländischer Architektur handeln dürfe. Was dabei herauskam, ist als „Zuckerbäckerstil“ in die Geschichte eingegangen. Mit ihrem massigen, an Terrassen reichen Aufbau, den bizarren Vorsprüngen, Türmchen und geifernden Wasserspeiern wirken diese Prunkbauten auf westeuropäische Besucher tatsächlich wie nicht von dieser Welt, als seien sie einem Science-Fiction-Film entsprungen. Näher besehen weisen sie aber viel Ähnlichkeit mit Hitlers Herrschaftsarchitektur auf.

Das Nowodewitschi-Kloster

Auch erinnern sie alle ein wenig an das Empire State Building. Markante Beispiele sind: das Hotel Ukraina am Kutusowski Prospekt, das Außenministerium am Gartenring und die Lomonossow-Universität auf den Sperlingsbergen. Die Universität befindet sich auf dem höchsten Aussichtspunkt Moskaus. Die Plattform auf ihrem Gelände liegt hoch über den Windungen der Moskwa und der überdachten Sportanlage des 1980 für die Olympiade genutzten Luschniki-Stadions. Von hier aus bietet sich dem Betrachter ein phantastischer Panorama-Blick über Moskau.

Das Nowodewitschi-Kloster

Jenseits der Moskwa und südwestlich des Stadtzentrums liegt das Nowodewitschi- oder auf Deutsch Neue-Jungfrauen-Kloster. Ende des 17. Jahrhunderts errichtet, ist dies eine der schönsten Anlagen ihrer Art in Russland. In der dazugehörigen Smolensker Kathedrale blieben ein Fresko aus dem 16. Jahrhundert und eine Ikonostase aus der gleichen Zeit erhalten. Neben dem Kloster befindet sich der populäre Nowodewitschi-Ehrenfriedhof. Hier bestattet sind unter anderem Ex-KPdSU-Chef Nikita Chruschtschow und Kultautor Michail Bulgakow (1891–1940) – Autor des Romans „Der Meister und Margarita“.

Zu den Sieben Schwestern gehöhrt auch das Hotel Ukraina.

Chruschtschowki

Was an kleineren vorrevolutionären Gebäuden den Zweiten Weltkrieg überlebt hatte, fiel weitgehend dem Neubauboom der 50er und 60er Jahre zum Opfer. Damals entstanden zwischen dem Gartenring und der Ringautobahn MKAD in kleinen Hainen die so genannten „Chruschtschowki", reihenweise angeordnete, vierstöckige Einheitshäuschen mit simplen sanitären Anlagen. Heute werden sie wegen ihrer Baufälligkeit und der gestiegenen Ansprüche der Bevölkerung wieder abgerissen. Damals aber kamen sie der gewaltigen Nachfrage nach Wohnraum auf praktische Weise entgegen. Und so manche Familie, die bis dahin in einer Riesenaltbauwohnung mit Fremden in einer Not-Wohngemeinschaft gehaust hatte, in einer so genannten „Kommunalka", empfand die abgeschlossene Zweizimmerwohnung in der Chruschtschowka als Paradies.

Einen nie dagewesenen Bauboom erlebte die Stadt nach 1955. Damals wuchsen zahlreiche Hochhaus-Plattensiedlungen auf bislang unbebautem Gelände in die Höhe. Von 1961–1970 entstand eine Neubaufläche, die zweieinhalb mal so groß war wie das gesamte vorrevolutionäre Moskau. Zwischen den Neubauvierteln beließ man große Flächen im Naturzustand, die so genannten „Waldparks", was die Stadt wohltuend entzerrt.

Kleine Pause in einem der vielen Parks in Moskau

Jugendstil-Treppe
im ehemaligen Wohnhaus
Maxim Gorkis

Hölzerne Villen – das Stadthaus Lew Tolstois

Wer sich eine Vorstellung von den hölzernen Villen machen möchte, die noch bis in die 50er Jahre hinein ganz Moskau durchzogen, kann sich das Stadthaus des Grafen und Schriftstellers Leo Tolstoi ansehen. Es befindet sich in der Uliza Lwa Tolstowo, in der Nähe der Metro-Station Park Kultury. Das Haus aus dem 19. Jahrhundert ist mit 18 Zimmern durchaus repräsentativ, verfügt aber über kein Bad. Die gräfliche Familie wusch sich täglich mit Hilfe von großen Eimern. Tolstoi selbst hackte in der Frühe Holz, um das Wasser zu erhitzen. Einmal in der Woche gingen alle zusammen in eine nahe gelegene Banja, wie die russische Sauna heißt.

Moskauer Jugendstil – das Haus Maxim Gorkis

Etliche Häuser aus der Jugendstil-Zeit sind erhalten, und sie prägen das Stadtbild noch immer. Besonders häufig sind sie auf dem Arbat und rund um die Patriarchenteiche, zwischen den Metrostationen Puschkinskaja, Majakowskaja und Arbatskaja. In der Malaja Nikizkaja Uliza ist zum Beispiel das Haus zu finden, das Stalin Maxim Gorki persönlich schenkte. Der Schriftsteller verbrachte hier seine letzten Lebensjahre (1931–1936). Gebaut hat es der Architekt Fjodor Schechtel um 1900. Nicht nur sein berühmter ehemaliger Bewohner macht es zu einer Attraktion. Spektakulär sind auch die

Denkmal für den Schriftsteller
Alexej Tolstoi

Moskaus Stadtleben unterscheidet sich kaum von dem anderer europäischer Großstädte.

Kalksteinfreitreppe und die Glasfenster mit phantastischen Pflanzenornamenten. Innen können unentgeltlich die Bibliothek des Dichters und viele Fotos und Erinnerungsstücke aus seinem Leben besichtigt werden.

MOSKAU ENTLANG SEINER HAUPTSTRASSEN

Uliza Twerskaja – die erste Hauptstraße

Die vom Kreml aus nach Norden in Richtung Twer und Sankt Petersburg führende Twerskaja-Straße hatte bereits im 19. Jahrhundert den Rang einer Hauptstraße. Oberhalb des Puschkin-Platzes heißt sie Erste Twerskaja-Jamskaja-Straße, zu Sowjetzeiten war sie nach Gorki benannt. Gesäumt wird sie von palastähnlichen Gebäuden, vorwiegend aus den 40er und 50er Jahren. Durchbrochen wird das Bild von nur wenigen postmodernen Konstruktionen und einigen im Vergleich zu allen Nachbarhäusern zierlich wirkenden alten Stadtpalais.

Das MChAT

Gleich zu Beginn der Twerskaja, rechts im Kamergerski Pereulok (Kammerherrengässchen), kann man die klassizistische Fassade des berühmten Moskauer Künstlertheaters betrachten. Über der Tür des Moskowski Chudoschestwenny Teatr (MChAT), so der russische Name, prangt ein elegantes Emblem mit einer Möve. Es erinnert daran, dass dies einst das Theater Anton Tschechows war. Das MChAT wurde 1897 gegründet. Die „Möwe" erlebte hier ebenso ihre Uraufführung wie der „Kirschgarten" und die „Drei Schwestern".

Uliza Petrowka und Kusnezki Most

Wer von der Twerskaja ein wenig abbiegen möchte, kommt vom Kamergerski Pereulok auf die kleinen Straßen Uliza Petrowka und Kusnezki Most. Sie sind besonders malerisch und in ihren Passagen, Boutiquen und ihrem bunten Gewimmel lebt die Moskauer Freude am Flanieren und Feilschen wieder auf.

Das Moskauer Rathaus

Wieder auf der Twerskaja, ein wenig weiter stadtauswärts, erhebt sich links das traditionelle Moskauer Rathaus. Das 1782 von Architekt Matwej Kasakow erbaute Gebäude ist Sitz des Moskauer Oberbürgermeisters. Obwohl dieser unter den heutigen russischen Lokalfürsten der mächtigste ist, wird hier nur noch repräsentiert. Die eigentliche Tätigkeit der Stadtverwaltung beansprucht schon längst einen Wolkenkratzer am Nowy Arbat. Gegenüber thront als Denkmal hoch zu Ross der Stadtgründer Fürst Juri Dolgoruki.

Das Rathaus von Moskau wirkt im Vergleich zu den anderen offiziellen Bauten Moskaus geradezu bescheiden.

Delikatessenhandlung Jelisejewski

Zwei Nebenstraßen weiter trifft man auf die Delikatessenhandlung Jelisejewski – sowohl zur Zarenzeit wie in der Sowjetunion Inbegriff des Luxus. Der erste gleichnamige Lebensmittelladen wurde um 1820 in Sankt Petersburg von dem geschäftstüchtigen freigekauften Leibeigenen Pjotr Jelisejew eröffnet. Seine Söhne und Enkel verhalfen dem Handelshaus zu Rang und Namen und gründeten Filialen in Kiew und Moskau.

Egal welches Regime herrschte – hier gab es zu jeder Jahreszeit alle Obstsorten, es türmten sich Käselaiber von allen Enden des Imperiums und zahlreiche Kaviar- und Lachsarten. Das Geschäft hat sein märchenhaftes historisches Interieur aus dem Jahre 1903 bewahrt, doch das Angebot unterscheidet sich zur Zeit nicht mehr von dem gewöhnlicher Selbstbedienungs- und Wochenmärkte in Moskau. Übrigens sind die Geschäfte in Moskau an sieben Tagen in der Woche bis spätabends geöffnet, viele Supermärkte auch rund um die Uhr.

Puschkinplatz

Drei Nebenstraßen weiter, an der Kreuzung zum Boulevardring, steht vor dem riesigen Kino „Rossija“ das Standbild des Dichters Alexander Puschkin. Nie fehlen zu den Füßen des Dichters die Blumen der Verehrerinnen, die das Denkmal, auf Russisch Pamjatnik Puschkina, schon mal zärtlich

Großformatige Werbung hat auch schon lange in Moskau Einzug gehalten.

„Pampuschka" nennen. Als klassischer Moskauer Ort für Rendezvous ist es in vielen Chansons und Gedichten besungen worden. Auf der anderen Straßenseite der Twerskaja befindet sich übrigens ebenfalls ein historischer Ort. Hier wurde 1990 die erste russische Filiale von McDonald's eröffnet.

Zentrales Museum für Zeitgeschichte

Auf der selben Straßenseite wie das Rathaus finden wir das Gebäude des Zentralen Museums für die Zeitgeschichte Russlands. Das anmutige Palais stammt aus dem späten 18. Jahrhundert. Von 1831 bis 1917 befand sich hier der „Moskauer Englische Klub", der bis 1998 als „Revolutionsmuseum" weiterexistierte. Heute ergreifen die Museumssäle für niemanden mehr Partei. Wichtige politische Persönlichkeiten, die während der Sowjetzeit in Ungnade fielen, tauchen nun anstelle der Retuscheflecken auf den Gruppenfotos wieder auf. Ein Beispiel hierfür ist Leo Trotzki. Szenen aus dem Alltag des 19. und 20. Jahrhunderts sind in Schaukästen nachgestellt. Das Museum verzeichnet heute jährlich fast eine halbe Million Besucher aus aller Welt.

Triumfalnaja-Platz mit Majakowski-Denkmal

Die nächste Sehenswürdigkeit auf der Twerskaja-Jamskaja Pjerwaja Uliza, wie die Straße hier bereits heißt, ist der Trumfalnaja Platz. Auch hier präsentiert sich ein berühmter Dichter als Standbild – der Revolutionsdichter Wladimir Majakowski. Dessen Gigantomanie hat das Denkmal neben der gleich-

Moskau hat viele Neureiche – und diese zeigen gerne, was sie besitzen: gerne auch in Form teurer Autos.

RECHTE SEITE OBEN:
Blick durch das Schaufenster einer Kneipe in der Nacht

RECHTE SEITE UNTEN:
Alte Frau mit Kind vor dem Plan des Gorki-Vergnügungsparkes

namigen Metrostation wohl etwas größer ausfallen lassen. Hinter ihm erhebt sich, über die politischen Systeme hinweg in unverändert gebliebenem Gelbweiß, das pagodenähnliche Hotel Peking. Es war eines der wenigen Lokale, wo man schon zu Sowjetzeiten auch in einer kleinen Gruppe gut essen konnte – natürlich chinesisch.

Restaurants und Cafés waren damals nämlich rar in Moskau. Heute strotzt die russische Hauptstadt nur so von ihnen. Die Inhaber und Aushänge wechseln häufig, die Preise sind für westeuropäische Verhältnisse hoch. Erschwingliche russische Hausmannskost erhält man in einer inzwischen in der Stadt weit verbreiteten Schnellrestaurantkette namens „Jolki Palki".

Zweite Hauptstraße, Novy Arbat

Viele der Moskauer Radialstraßen, die vom Zentrum aus alle Ringstraßen miteinander verbinden, entstanden im Zuge des stalinschen Generalplans zur Bebauung der Stadt Mitte der 30er Jahre. Der Novy Arbat, früher Kalininski Prospekt, ist die wichtigste von ihnen. Seinen Namen verdankt er dem historischen Arbat-Viertel, durch das er wie eine Schneise geschlagen wurde.

In westlicher Richtung, jenseits der Moskwa, am Wolkenkratzer des Hotels Ukraina, geht er in den Kutusowski-Prospekt über. Dies ist die ampelfreie Ausfallstraße, über welche alle führenden Politiker morgens und abends mit ihren Eskorten unter Signalhorngetute in Richtung Kreml und Duma jagen.

Menschenschlange vor einer Konditorei auf dem Alten Arbat

С ДНЕМ
ПОБЕДЫ!

АТОК В ПАРКЕ ГОРЬКОГ
"ЦЫПЛЕНОК ЖАРЕНЫЙ"
КАФЕ
КАФЕ
ГАРДЕРОБ
ПРОКАТ НОВЫХ КОНЬКОВ
АВТОДРОМ
КОЛЕСО ОБОЗРЕНИЯ
АРКАДЫ
ТИРЫ
КАФЕ
"МЕЛЬНИЦА"
ГРИЛЬ-БАР
"ШЛЯПА"
ДИРЕКЦИЯ
ПИВНОЙ БАР
Bier Bank
КАФЕ
КАФЕ
ФАНТАСТИЧЕСКИЙ
РЕЙС
ДЕТСКИЙ ГОРОДОК
КАФЕ
Чудо•Град
ЗИМА 2005

RECHTE SEITE:
Sonnenuntergang über der Moskauer Innenstadt

Auf das Konto dieser volksfeindlichen Sitte gehen etliche Verkehrsunfälle, weil andere Autofahrer deshalb oft sehr abrupt stoppen müssen. Für Fußgänger sind der Novy Arbat und der Kutusowski-Prospekt glücklicherweise untertunnelt. Auf diese Weise können sie sich ungefährdet von einem Luxusgeschäft zum nächsten durcharbeiten, vielleicht aber auch einen Stopp in Moskaus größter Buchhandlung einlegen, dem „Dom Knigi".

Dritte Hauptstraße: Stary Arbat

Diese Straße verläuft parallel zur eben beschriebenen mitten durch das alte Stadtviertel, dem sie ihren Namen verdankt. Dem Zauber ihrer vorwiegend im 19. oder Anfang des 20. Jahrhunderts erbauten Gebäude können sich Touristen nicht entziehen. Auch wenn sie bemerken, dass sie hier durch eine eigens für sie gebaute Konsumentenfalle flanieren.

Den Speck in dieser Falle bilden die Matrjoschki und andere typisch russische Souvenirs, aber auch Antiquitäten in den Geschäften. Aber hier ist Vorsicht geboten: Für Gemälde und Antiquitäten aus der Zeit vor 1945 ist grundsätzlich eine Ausfuhrgenehmigung erforderlich.

Matroschki für den Touristen, entweder kunstvoll traditionell oder auch mal mit Elvis-Gesicht

Besonders streng wird sie im Falle von Ikonen gehandhabt. Dies gilt auch für Münzen, Orden und Medaillen. Es ist ratsam, beim Händler ausdrücklich nachzufragen. Wer einen größeren und wertvolleren Gegenstand ausführen möchte, sollte sich auf jeden Fall eine Quittung geben lassen.

Moskauer lieben Dioramen, die geschichtliche Ereignisse lebendig werden lassen.

WEITERE SEHENSWÜRDIGKEITEN IM ZENTRUM

Revolutionsgedenkstätten und Dioramen

Zur Sowjetzeit war ganz Moskau gespickt mit kleinen Revolutionsmuseen. Nur wenige sind übrig geblieben. Eines davon befindet sich in dem einstigen Rand- und Fabrikbezirk Krasnaja Presnja. Heute liegt dieses Viertel im Zentrum und hat viel von seinem historischen Charakter bewahrt. Die Straßen werden zur Moskwa hin immer steiler und führen schließlich auf ein Massiv. Hier, direkt über der Uferstelle, an der sich der Regierungssitz im Weißen Haus befindet, entfaltet sich in einem eigenen Museum eines von Europas größten Historiendioramen, „Die heroische Presnja im Jahre 1905".

Neben dem Museum stehen noch einige der alten Holzhäuser, in denen 1905 die aufständische Bevölkerung wohnte. Am Ende der Kämpfe allerdings waren Hunderte von ihnen obdachlos. Nun sehen die Diorama-Besucher sie noch einmal wie von oben: Arbeiter, Dragoner, Frauen, Greise und Kinder kämpfen und fliehen. Fahnen flattern und es verbreiten sich üppige Rauchschwaden. Hinter der von Feuersbrünsten geröteten Szenerie peitschen Schüsse, dröhnen Kirchenglocken, stürzen Bauten krachend ein, begleitet von einer pathetischen Männerstimme, die, je nach Wahl des Besuchers, in einer von fünf Sprachen vom Geschehen berichtet.

Dioramen waren die Vorläufer des Breitwandkinos. In Russland sind sie noch heute beliebt. Mit kleinen Figürchen, Spiegeleffekten, Rauchvorhängen und einer gewaltigen Geräuschkulisse erwecken sie im Betrachter die Illusion, einer Massenszene beizuwohnen. In Moskau befindet sich noch ein zweites Prachtexemplar. Im Panorama der Schlacht von Borodino wird dargestellt, wie Napoleon seine entscheidende Niederlage gegen die Russen erlitt. Es befindet sich am Kutusowski Prospekt, nahe dem Hügel, auf dem Napoleon bei seinem Sturm haltmachte, um auf die Stadt hinabzublicken. Das Panorama-Museum wurde 1962 eröffnet. Damals jährte sich der Krieg zum 150. Mal. Im Hauptsaal wurde das halbrunde Monumentalgemälde des Künstlers Franz Roubaud aufgestellt, das dieser 1912 zum 100sten Jahrestag der Schlacht erschaffen hatte.

Die Christi-Erlöser-Kathedrale

Im Zuge der atheistischen Kampagne der Bolschewiki wurden in Moskau 350 von 500 russisch-orthodoxen Gotteshäusern zerstört. Doch die Kirche holt heute schnell auf. In Moskau und Umgebung hat sie nach 1990 schon 1000 Gotteshäuser renoviert und 200 neu gebaut. Den weltweit größten russisch-orthodoxen Kirchenbau, die von 1860 bis 1883 zum Dank für den Sieg über Napoleon unter dem Architekten Konstantin Thon erbaute Christi-Erlöser-Kathedrale am Moskwa-Ufer, ließ die Regierung 1931 sprengen. Stalin hatte an dieser Stelle einen gigantischen „Palast der Sowjets" vorgesehen. Doch der Zweite Weltkrieg kam diesem zuvor. Nach dem Krieg betonierte man die klaffende Baugrube dann aus und errichtete hier ein Freibad mit geheiztem Wasser. 1992 ließ dann Moskaus Oberbürgermeister Juri Luschkow die Rekonstruktion der Kathedrale verwirklichen und sammelte 250 Millionen Dollar dafür. Von außen sieht sie nun wieder so aus wie einst. In ihrem

Trotz des historischen Aussehens: Die Christus-Erlöser-Kathedrale wurde erst 2002 nach altem Vorbild neu gebaut.

10.000 Gläubigen Platz bietenden Inneren hat allerdings Bürgermeister Luschkows Lieblingskünstler Surab Zereteli als Innenarchitekt vieles modernisiert. Im August 2000 wurde sie mit viel Pomp wiedereröffnet. Auch wenn die an Gold und Marmor reiche Kathedrale allgemein als Symbol des neuen Russlands gilt, so gibt es noch viele ältere Moskauer, die sich danach zurücksehnen, in Eis und Schnee mitten im Stadtzentrum in warmem, dampfendem Wasser zu schwimmen.

SEHENSWERTE STADTVIERTEL INNERHALB DER RINGAUTOBAHN MKAD

Samoskworetschje

Viele schöne steinerne Herrenhäuser aus dem 18. und 19. Jahrhundert haben sich in Samoskworetschje erhalten. „Jenseits des Flusses Moskwa" – das bedeutet der Name dieses Stadtteils im Zentralen Moskauer Verwaltungsbezirk, der über die Metrostationen Metro Nowokusnezkaja und Tretjakowskaja erreicht werden kann. Man kann diese alte Kaufmanns- und Handwerkersiedlung am Flussufer gegenüber dem Kreml als ein einziges Architekturdenkmal betrachten.

Besonders malerisch sind die Pjatnizkaja-Straße – zu Deutsch „Freitagsstraße"– und die Große Ordynka-Straße mit ihren zahlreichen Kirchen. Letztere heißt so, weil über sie während der Tatarenherrschaft der Weg zur Goldenen „Horde" (Russisch: „Orda") verlief. Wenn man sie mit Blick auf die direkt über die Moskwa zum Kreml führende Große Moskworezki-Brücke abschreitet und sich die Autos fortdenkt, fühlt man sich um 200 Jahre zurück ins alte Moskau versetzt.

Moskaus wohl berühmtestes Haus für die Kunst: die Tretjakow-Gemäldegalerie

Schokolade und Pralinen nach alten Rezepten stellt die Schokoladenfabrik „Roter Oktober" her.

Tretjakow-Galerie

In diesem Stadtteil liegt auch die berühmte Tretjakow-Gemäldegalerie. Ihr schmuckes Gebäude wurde 1902 von dem Fabrikanten Pawel Tretjakow speziell für seine Bildersammlung gebaut. Sie präsentierte schon damals ausschließlich russische Kunst vom 11. Jahrhundert bis zur Gegenwart. Heute zeigt sie über 100.000 Gemälde, Grafiken und Skulpturen, von der Ikone bis zu Malewitschs „Schwarzem Quadrat". Eine spezielle Filiale für die Kunst der Gegenwart befindet sich nicht weit entfernt, am Krymski-Wall.

Schokoladenfabrik „Roter Oktober"

Gleich daneben verbindet die Steinerne Brücke, Russisch „Kameny Most", den Kreml mit der „Goldenen Insel". Zur Insel wurde dieses Territorium durch den künstlich geschaffenen Entwässerungskanal, der das Leben in dieser einst sehr sumpfigen Gegend erst erträglich machte. Hier finden wir eines der wenigen in Moskau erhaltenen klassischen Denkmäler der Industriearchitektur. In Ziegelrot prangt die Schokoladenfabrik „Krasny Oktjabr", was auf Deutsch „Roter Oktober" bedeutet. 1867 wurde sie hier von dem deutschen Fabrikanten Ferdinand Theodor von Einem als „Dampffabrik-Gesellschaft für Schokolade und Teegebäck" gegründet. Die Rezepte blieben trotz neuer Firmierung erhalten, und die Pralinen des Traditionsunternehmens gehören zu den beliebtesten im Lande.

Denkmal Peters des Großen

Noch immer nicht gewöhnen konnten sich die Moskauer hingegen an das gigantische Metalldenkmal für Peter den Großen, das an der Südspitze der Goldenen Insel aus dem Wasser ragt. Es wurde 1997 vom Bildhauer Surab Zereteli errichtet, einem Busenfreund des Moskauer Oberbürgermeiserts Juri Luschkow. Zereteli hat der Stadt viele umstrittene Denkmäler beschert. Dieses hier nennt der Volksmund „King-Kong“.

Moscow City

Seit Anfang der 90er Jahre ist Moskau im Begriff, sich mit atemberaubender Dynamik in eine moderne europäische Hauptstadt zu verwandeln. Schon damals träumte man hier von einem russischen Manhattan. Im Jahre 2001 wurde der erste zu diesem Projekt namens „Moscow City“ gehörende Wolkenkratzer fertiggestellt. Die Vollendung aller Gebäude des an der Moskwa beim Hotel Ukraina gelegenen Komplexes ist für das Jahr 2012 vorgesehen. Insgesamt soll das Projekt den Durst der russischen Hauptstadt nach Büroräumen stillen. Im Rahmen von Moscow City soll auch das höchste Bürogebäude Europas gebaut werden. Der 448 Meter hohe Turm „Federazija“, zu Deutsch Föderation, soll die Form eines Spitzsegels bekommen. Sein Grundstein wurde 2005 gelegt, die Planung des 93 Stockwerke umfassenden Gebäudes obliegt der deutsch-russischen Architektengemeinschaft Peter P. Schweger und Sergej Tschoban. Das ehrgeizigste Projekt unter allen Bauvor-

Moscow City: Hier setzt Moskau alles dran, um mit anderen europäischen Hauptstädten architektonisch gleichzuziehen.

haben von Moscow City stellt wohl der Russia Tower dar, auf Russisch „Baschnja Rossija". Er wurde bereits in den 1990er Jahren geplant, erst im März 2006 wurde der Bau des Wolkenkratzers angekündigt, der 612 Meter Höhe und 118 Etagen umfassen soll. Geplant wird er vom Architekten der Berliner Reichstagskuppel, Sir Norman Foster. Seine obersten Etagen sollen von Luxusappartements eingenommen werden, die mittleren von einem Hotel.

Viel kritisiertes Denkmal: Die von Bildhauer Surab Zereteli, einem Busenfreund des Moskauer Oberbürgermeiserts Juri Luschkow – errichtete überdimensionale Skulptur Peter des Großen stößt in Moskau weitgehend auf Ablehnung.

LEFORTOWO

Deutscher Friedhof

Wer vom Stadtzentrum aus das windungsreiche Flüsschen Jausa entlangfährt, gelangt in den Stadtteil Lefortowo. Auf dem Hügel in der Gospitalnaja Uliza, was Hospitalstraße bedeutet, erscheint ein spitzgiebeliges Tor im neogotischen Stil. Es wurde Anfang des 20. Jahrhunderts errichtet und gehört zum Deutschen Friedhof. Die ältesten heute noch erhaltenen Grabüberdachungen und Statuen stammen aus der zweiten Hälfte des 19. Jahrhunderts, aber die Begräbnisstätte ist weitaus älter. Seit den 70er Jahren des 19. Jahrhunderts war die gesamte Gegend als Deutsche Vorstadt bekannt. Hier wohnten Deutsche, Holländer, Flamen und Schweizer, Angehörige von Nationen, zwischen denen für die damaligen Russen kaum ein Unterschied bestand.

Beerdigt wurde hier auch der Genfer General Franz Lefort. In seiner Jugend war er der beste Freund, Berater und „Vertrauter in Amouren" des ebenfalls noch halbwüchsigen Peter I. Nach ihm heißt der Stadtteil Lefortowo. Franz machte Peter I. mit der Weinhändlerstochter Anna Mons bekannt, die in ihrem noch heute erhaltenen Häuschen Menschen aller Nationalitäten empfing und mit ihnen „mondäne Gespräche" führte. Über zehn Jahre lang hielt Peter ihr im weitesten Sinn die Treue.

Burdenko-Militärhospital

In der Deutschen Vorstadt fühlte sich der große Zar und Neuerer wie zu Hause. In einem Schuppen an einem benachbarten See fand er als Junge ein vorsintflutliches Boot, mit dem er das

Die alte Zarenresidenz von Katherina II. wurde einschließlich des umgebenden Parks restauriert.

Flüsschen Jausa entlangschipperte. Später nannten es Historiker die „Mutter der russischen Flotte". Von der Hospital-Straße zweigt der Hospital-Wall ab. Gesäumt wird er von den dicken, schützenden Mauern des Burdenko-Militärhospitals. Von Peter 1707 gegründet, war es das erste moderne Krankenhaus und die erste medizinische Lehranstalt des Landes. Es ist noch heute in Betrieb.

Berühmt ist Lefortowo auch für das Geheimdienstgefängnis Matroskaja Tischina, was soviel wie Matrosenruhe bedeutet. Hier waren seit dem Ende der Sowjetunion die Gegner der jeweils Herrschenden inhaftiert, während man Prozesse gegen sie führte. Die Insassen reichten von den Augustputschisten von 1991 bis hin zu Wladimir Putins Intimfeind, dem Oligarchen Michail Chodorkowski.

Im Schloss Kuskowo residierte die schauspielbegeisterte Fürstenfamilie Scheremetjew. Als es ihr und ihrer wachsenden Schar aus Leibeigenen-Schauspielern zu klein wurde, ließ der Fürst in Ostankino, seiner Sommerresidenz, eine eigene Theaterbühne bauen, die 250 Zuschauer fasste.

Moskaus Herrensitze

Für Liebhaber der klassischen russischen Literatur ist das sommerliche Landleben des russischen Adels mit romantischen Vorstellungen verbunden. Wer diese Welt erleben möchte, hat dazu auf einem der vielen Herrensitze um Moskau Gelegenheit. Etliche von ihnen wurden in Museen verwandelt. Einige sind sogar inzwischen von der immer weiter wachsenden Stadt eingemeindet worden und leicht mit der Metro erreichbar.

Ostankino

Fünf Gehminuten westlich der Metrostation WDNCh liegt der Moskauer Ostankino-Fernsehturm. Er gehört ebenfalls zu den Sehenswürdigkeiten der Stadt. 1967 fertiggestellt, war er mit 537 Metern lan-

Der Moskauer Fernsehturm war nach seiner Fertigstellung der höchste Fernsehturm der Welt

ge Zeit höchster Fernsehturm der Welt. Heute steht er an dritter Stelle. Zwischen ihm und dem Botanischen Garten liegt ein Schlösschen aus dem 18. Jahrhundert mit schönem Park. Einst diente es der Fürstenfamilie Scheremetjew als Landsitz. Diese unterhielt ein Theater mit Leibeigenen. Heute befindet sich im Schloss auch ein Museum für das Kunstschaffen der Leibeigenen.

Heute ein großartiges Museum, das eine hochwertige Kunstsammlung beherbergt: Archangelskoje, das etwas außerhalb von Moskau liegt.

Zarizyno

Der Schlosspark Zarizyno hat dem Stadtteil im Süden Moskaus und der nahe gelegenen Metrostation seinen Namen gegeben. Katharina die Große erwarb das Gelände 1775, um sich dort einen Landsitz vor den Toren Moskaus zu errichten. Die in Angriff genommenen Bauten wurden aber nie vollendet. Nur einige kleinere Nebengebäude wurde im Laufe des 19. Jahrhunderts im neoklassizistischen Stil fertiggestellt. Dennoch lieben die Moskauer den Park wegen seiner landschaftlichen Reize und gerade wegen der romantischen Ruinen. An Sommerabenden finden hier häufig Konzerte statt.

Archangelskoje

Eines der schönsten Güter um Moskau ist Archangelskoje nahe dem Städtchen Krasnogorsk. Es liegt 20 Kilometer westlich der Metropole und wurde im Stil des russischen Klassizismus im späten 18. und zu Beginn des 19. Jahrhunderts errichtet. Hier harmoniert alles miteinander – der Palast, die Gestaltung der Höfe, der französische Park und die schmiedeeisernen Tore und Zäune. Ursprünglich gehörte das Gut der Adelsfamilie Golizyn. Im Jahre 1810 erwarb es Fürst Nikolai Jussupow, ein damals bekannter Mäzen, Kunstsammler und der größte Landeigentümer Russlands.

Noch heute sind hochkarätige Gemälde an den Wänden zu bestaunen, zum Beispiel von Van Dyck und Boucher. Sie stammen aus Fürst Jussupows Sammlung von über 500 europäischen Kunstwerken

RECHTE SEITE:
Internationale Luxusmarken unterhalten im riesigen Einkaufstempel GUM ihre Moskauer Dependancen

aus dem 17.– 19. Jahrhundert. Das historische Mobiliar aus heller karelischer Birke sowie asiatisches und russisches Porzellan vervollständigen das Bild.

Gorki Leninskie

Ein Landgut der etwas anderen Art ist heute das einstige Anwesen von Sinaida Grigorjewna Morosowa. Sie war die Witwe des berühmten Moskauer Tuchfabrikanten und Kunstmäzens Sawwa Morosow, der zu Beginn des 20. Jahrhunderts die revolutionäre Bewegung unterstützt hatte. Die Villa mit weißen Säulen in neoklassizistischem Stil thront romantisch über einem Flusstal beim 30 Kilometer südlich von Moskau gelegenen Dorf Gorki, heute Gorki Leninskie. Inmitten von Putten und Deckengemälden verbrachte hier der Führer des Weltproletariats seine letzte, tragische Lebensphase von Mai 1923 bis zum 20. Januar 1924, während derer ihn ein Schlaganfall nach dem anderen ereilte.

Immer stärker eingeschränkt in seiner Artikulationsfähigkeit, wurde Lenin von seinen Genossen langsam entmachtet. Er trank aus fremden Tassen und schlief auf fremden Laken. Lenins Schwester Marja und seine Frau empfanden diese Umgebung so wenig als die ihre, dass sie die Schonbezüge auf den Polstermöbeln ließen. Und doch scheint die komfortable Gediegenheit des Anwesens sich vorteilhaft auf die Psyche des Kranken ausgewirkt zu haben. Das Haus war für seine Zeit äußerst modern ausgestattet. Es verfügte über elektrisches Licht und einem Kommutator, eine urzeitliche Telefonanlage mit mehreren Anschlüssen. Heute können hier kleine Touristengruppen übernachten und zu Kammermusik zu Abend speisen – nicht im Stile Lenins, sondern Sinaida Morosowas.

Lenin – noch hat er viele Bewunderer, aber ob sich heute noch jemand von ihm die Richtung weisen lässt?

ГРАМПЛАСТИНКИ

Moskau
Orechowo-Sujewo
Murom
Arsamas
Tschistopol
Almetjewsk
Smolensk
Wjasma
Sofino
Kolomna
Serpuchow
Alatyr
Dimitrowgrad
Dnjepr
Kaschira
Kaluga
Rjasan
Sasowo
Saransk
Simbirsk
Tula
Mittelrussische Platte
Nowomoskowsk
Toljatti
Samara
Brjansk
Sysran
Desna
Oka
Don
Pensa
Kusnezk
Mitschurinsk
Orel
Jelez
Tambow
Lipezk
Wolga
Kursk
Woronesch
Saratow
Engels
Uralsk
Borissoglebsk
Balaschkow
Belgorod
Kamischin
UKRAINE
Charkiw
Dnjepr
Donez
Don
Wolgograd
Wolschski
KASACHSTAN
Luhansk
Kamensk-Schachtinski
Dnipropetrowsk
Donezk
Makijiwka
Schachty
Zimljansk
Kaspische Senke
Taganrog
Rostow
Nowotscherkassk
Mariupol
Cherson
Melitopol
Berdjansk
Jeisk
Salsk
Astrachan
Manytsch
Elista
Asowsches Meer
Tichorezk
H. I. Krim
Kertsch
Kuban
Kropotkin
Simferopol
Feodosija
Krasnodar
Armawir
Stawropol
Kuma
Kaspisches Meer
Sewastopol
Jalta
Noworossisk
Maikop
Tscherkessk
Pjatigorsk
Tuapse
Terek
Naltschik
Sotschi
Kaukasus
Elbrus
5633
Grosny
Machatschkala
Kasbek
5047
Wladikawkas
Schwarzes Meer
Suchumi
Kutaisi
GEORGIEN
Derbent
TÜRKEI
0
100
200
300
km
Batumi
Tbilisi (Tiflis)

SÜDRUSSLAND

Der Süden Russlands wird vom Nordkaukasus begrenzt. Er erstreckt sich zwischen der kaukasischen Schwarzmeerküste im Westen und der Küste des kaspischen Meeres im Osten. Die Region umfasst im engeren Sinne sieben Teilrepubliken mit nicht russischen Titularnationalitäten und einer ethnisch gemischten Bevölkerung. In West-Ost-Richtung sind dies Adygien, Karatschai-Tscherkessien, Kabardino-Balkarien, Nordossetien-Alanien, Inguschetien, Tschetschenien und Dagestan. Hier leben insgesamt 6,5 Millionen Menschen.

Charakteristisch für die Region sind eine große Anzahl von Volksgruppen und Sprachen. Die nordkaukasischen Völker hatten vor 1917 kaum ein Nationalbewusstsein entwickelt. Das geschah erst in der Sowjetzeit, als durch eine fragwürdige Nationalitäten- und Territorialpolitik willkürlich autonome Republiken und Gebiete geschaffen wurden. So wurden durch die Schaffung der beiden Ein-

Ein imposantes Bergtal im Kaukasus

heiten Kabardino-Balkarien und Karatschai-Tscherkessien die verwandten Ethnien der Kabardiner und Tscherkessen und der turksprachigen Karatschauer und der Balkaren getrennt und nicht verwandte zusammengeschlossen.

Überdies zu Spannungen führte die Verklammerung von Berg- mit Talvölkern. Die nordkaukasische Bevölkerung gehört drei Sprachgruppen an: der indo-europäischen (Russisch, Armenisch und iranische Sprachen wie Ossetisch), der altaischen (Turksprachen wie Karatschaisch) sowie der kaukasischen (Kabardinisch, Tschetschenisch und Inguschisch). Die meisten nordkaukasische Ethnien sind muslimisch geprägt. Einzig das ossetische Volk gehört in seiner Mehrheit der christlich-orthodoxen Kirche an.

Der Charme des Verfalls: altes Gebäude an der Schwarzmeerküste

Die Berührung der Region mit Russland beginnt im 16. Jahrhundert mit der Gründung von Kosakengemeinden an den Flüssen Terek und Kuban. Das 17. und 18. Jahrhundert bringen wichtige Veränderungen. So kommt zu einer verstärkten Ausbreitung des Islam unter den Bergvölkern sowie zu einer massiven russischen Kolonisation im Vorgebirge. Besonders die Dagestaner und Tschetschenen setzen der russischen Expansionspolitik unter der Führung des Imam Schamil im Kaukasuskrieg zwischen 1834 und 1864 erbitterten Widerstand entgegen. Auch im westlichen Teil kämpfen einheimische Volksgruppen mit türkischer und britischer Unterstützung gegen russische Festungen am Schwarzen Meer und wehren sich auch noch fünf weitere Jahre nach der Kapitulation Schamils im Jahre 1859.

RECHTE SEITE OBEN:
Der leuchtend rote Farbstoff des Färbermaulbeerbaums wird – wie der Name es sagt – als natürlicher Färbemittel eingesetzt.

1864 wird die gesamte Region zaristischer Oberherrschaft unterworfen. Versuche der Russen, die Region zu befrieden, haben die Ansiedlung russischer Kolonisten sowie die Vertreibung einiger Volksgruppen zur Folge. Nach 1917 kommt es zu vor rübergehenden Staatsbildungen auf autonomer Grundlage. Im November 1920 wird die Sowjetrepublik der Bergvölker ausgerufen, Dagestan erhält einen eignen Republikstatus.

Aus der Bergvölkerrepublik werden in den folgenden Jahren einzelne autonome Gebiete und Republiken im Bestand der Russischen Sozialistischen Föderativen Sowjetrepublik ausgegliedert. Russische Verwaltungskader werden durch einheimisches Personal ersetzt. Ende der 1920er Jahre beginnen die sowjetischen Behörden eine „Modernisierung" und Gleichschaltung brutal durchzusetzen: Lokale Rechts- und Verwaltungsorgane werden genauso beseitigt wie Dorfgerichte und islamische Bildungs- und Rechtsinstitutionen. Die Kollektivierung der Landwirtschaft, die 1928 beginnt, geht einher mit Zwangsumsiedelungen von Gebirgs- in Talregionen. Auf eine Serie von Aufständen

Das Panorama des Archiz im nördlichen Kaukasus erinnert an die europäischen Alpen.

in den Jahren 1928 bis 1931 antworten die sowjetischen Organe mit einer „allgemeinen Operation zur Ausmerzung antisowjetischer Elemente". In Tschetschenien dauern die Unruhen bis in die Zeit des Zweiten Weltkrieges (1941–1945) an. Den Höhepunkt stalinistischer Gewalt stellen 1943/44 die Deportationen ganzer Völker nach Zentralasien und Sibirien dar: Zwischen November 1943 und Februar 1944 fallen ihnen rund 70.000 Karatschaier, im Februar 1944 380.000 Tschetschenen und 91.000 Inguschen sowie im März 1944 37.000 Balkaren zum Opfer.

Der Elbrus ist der höchste Berg des Kaukasus. Da manche diese Region gerne zu Europa zählen, wäre der Elbrus gar der höchste Berg Europas.

Erst in der Zeit nach Stalin dürfen die meisten deportierten Völker wieder in ihre Heimat zurückkehren. Neue Konflikte ergeben sich jedoch aus der Tatsache, dass die angestammten Siedlungsgebiete der Rückkehrer mittlerweile an umliegende Verwaltungseinheiten übertragen sind und die neuen Bewohner nicht weichen wollen.

Im Zuge des Zusammenbruchs der Sowjetunion treten auch im Nordkaukasus nationale Volksfronten auf den Plan, die sich für die kulturellen, wirtschaftlichen und politischen Belange ihrer Volksgruppen einsetzen und Souveränitätserklärungen abgeben. Am 27. November 1990 erklärt auch die Tschetscheno-Inguschische Autonome Sowjetrepublik ihre Souveränität. Daraus entwickelt sich ab 1994 ein mehrjähriger Krieg gegen die Zentralmacht in Moskau, der Zehntausende Menschen das Leben kostet.

DIE REPUBLIK ADYGIEN

Die Republik Adygien breitet sich in der südrussischen Steppe und im Bergland des nordwestlichen Kaukasus aus. Sie liegt südöstlich von Krasnodar beiderseits des Flusses Belaja, südlich des Flusses Kuban und westlich des Flusses Laba. Sie ist vollständig von der russischen Region Krasnodar umgeben. Auf einer Fläche von 7500 qkm leben 450.000 Menschen.

40 Prozent des Territoriums sind bewaldet. Der höchste Punkt ist der Tschugusch-Berg mit einer Höhe von 3238 Metern. Der schiffbare Fluss Kuban ist mit einer Länge von 870 Kilometern einer der

größten Flüsse in der Kaukasus-Region und Teil der Grenze zwischen Adygien und dem Gebiet Krasnodar. Die Republik hat keine natürlichen, dafür aber mehrere Stauseen, wie das „Krasnodarer Meer“, an das Adygien im Nordwesten grenzt.

Die Durchschnittstemperatur beträgt im Januar -2 Grad und im Juli 22 Grad Celsius. Die jährliche Niederschlagsmenge liegt bei 540 bis 800 Millimetern.

In Adygien leben Vertreter von rund 100 Nationalitäten. Stärkste Gruppe sind die Russen (64,5 Prozent), gefolgt von Adygejern (24,2 Prozent), Armeniern (3,4 Prozent), Ukrainern (2,0 Prozent), Kurden (0,8 Prozent) und Tataren (0,87 Prozent). Die Adygejer sind mehrheitlich Muslime. Amtssprachen sind Adygeisch und Russisch.

Erwähnung finden die Adygejer erstmals im 13. Jahrhundert. Sie werden noch als Tscherkessen bezeichnet, eine ihnen verwandte Ethnie. Über das Territorium des historischen Tscherkessien verläuft die berühmte Seidenstraße, weshalb die Adygejer schon von frühester Zeit an enge Verbindungen zu den russischen Fürstentümern und zum russischen Staat unterhalten. Ihre Hauptsiedlungsgebiete befinden sich an den Gebirgsausläufern und Ebenen entlang des Kuban und an der Ostküste des Schwarzen Meeres von der Mündung des Don bis nach Abchasien.

Brücke über den Kuban

In dieser Bergregion in der Nähe von Sotschi werden im Jahr 2014 die Olympischen Winterspiele ausgetragen.

Schlucht des Mzymta-Flusses, nicht weit vom Kurort Krasnaja Poljana inmitten der schönen Bergwelt des Kaukasus

Die frühfeudale Gesellschaft lebt vor allem von der Landwirtschaft. Im 12. und 13. Jahrhundert gelangen viele Adygejer als Sklaven nach Ägypten, wo sie in den Mameluken-Garden der Sultane dienen. Dem Adygejer Barkuwa gelingt es, die Macht zu ergreifen und die tscherkessischen Mameluken als Dynastie einzusetzen. Diese beherrscht Ägypten und Syrien von 1382 bis 1517. 1557 wenden sich tscherkessische Fürsten mit der Bitte an den Zaren, sich Russland anschließen zu dürfen. Dieser politische Schritt hat engere Beziehungen zu dem Zaren Iwan IV. zur Folge, in dessen engstem Umfeld sich alsbald mächtige und einflussreiche tscherkessische Fürsten wiederfinden.

Im 18. Jahrhundert bewohnen die Adygejer ein Territorium, das von der Mündung des Kuban entlang der Schwarzmeerküste bis zum Fluss Psou und von den nördlichen Ausläufern der kaukasischen Berge bis nach Ossetien reicht. In der Mitte des 19. Jahrhundert siedeln sie in weiten Teilen entlang der Schwarzmeerküste und im nördlichen Kaukasus. Als Russland 1830 nach Süden vorstößt, verkleinert sich ihr Gebiet, wo noch 1.082.000 Menschen leben, auf 180.000 qkm. In den 60er Jahren des 19. Jahrhunderts bleiben als Folge des Kaukasischen Krieges und der darauf einsetzenden Massenauswanderung ins Osmanische Reich nur fünf Prozent der Adygejer in ihrer angestammten Heimat. Am 27. Juli 1922 wird das Tscherkessische Autonome Gebiet gegründet.

Zu dieser Zeit ist Krasnodar das Verwaltungszentrum, verliert diesen Status aber 1936 an die Stadt Maikop. Am 3. Juli 1991 wird das Autonome Gebiet in den Rang einer Republik innerhalb der Russischen Föderation erhoben. Die Verfassung Adygiens wird am 10. März 1995 angenommen.

Der Präsident der Republik Adygien wird vom Volk für fünf Jahre gewählt, wobei die Beherrschung des Adygeischen eine Voraussetzung für die Kandidatur ist. Das Parlament, der Staatsrat (Khase) besteht aus zwei Kammern, dem Rat der Abgeordneten und dem Rat der Republik. Die jeweils 27 Abgeordneten der beiden Kammern werden auf fünf Jahre gewählt.

Adygien ist arm an Bodenschätzen, verfügt aber über geringe Vorkommen an Öl, Gas und Gold. Die Republik ist landwirtschaftlich geprägt, die Lebensmittelverarbeitung steht an erster Stelle. Angebaut werden Getreide, Mais, Sonnenblumen, Tee, Tabak und Zuckerrüben. Gut entwickelt sind auch die Schweine-, Schafs-, Rinder- und Pferdezucht. Daneben sind die Holz- und Schwerindustrie sowie die Metallverarbeitung von Bedeutung.

In der Hauptstadt Maikop gibt es einen kleinen Flughafen. Zudem führen mehrere Eisenbahnlinien über das Territorium der Republik, wobei die Hauptstadt Maikop nicht direkt bedient wird. In Maikop leben 156.000 Menschen. 1857 wird die Stadt als russische Festung gegründet. 1870 erhält Maikop die Stadtrechte, 1911 entdecken Forscher in der Umgebung Erdöl. 1936 wird Maikop Verwaltungszentrum des Adygischen Autonomen Gebietes. Von August 1942 bis Januar 1943 ist die Stadt von der Wehrmacht besetzt. Seit 1991 ist Maikop Hauptstadt der Republik Adygien.

Insgesamt gibt es in Adygien 31 Museen. Das Nationalmuseum besitzt einzigartige archäologische, ethnographische und naturkundliche Sammlungen. Eine spezielle Abteilung über die adygeische Diaspora dokumentiert die Periode des Kaukasuskrieges und das Leben der Adygejer im Ausland. In Adygien wurden mehrere Naturschutzzonen eingerichtet. Das Biosphärenreservat Nordkaukasus ist ein Schutzgebiet für die Bergwelt des Kaukasus. Der Ort Lagonaki ist ein beliebtes Wintersportgebiet.

Nur in wenigen Landstrichen ist Südrussland so flach wie hier

RECHTE SEITE:
Kristallklares Wasser in einem kleinen Bergsee

DIE REPUBLIK KARATSCHAI-TSCHERKESSIEN

Karatschai-Tscherkessien, das eine Fläche von 14.300 qkm umfasst, liegt am Nordhang des Großen Kaukasus. Im Westen grenzt die Republik an die Krasnodarer Region, im Norden und Nordosten an die Stawropoler Region, im Osten an die Republik Kabardino-Balkarien sowie im Süden an das abtrünnige georgische Gebiet Abchasien und Georgien. Die Einwohnerzahl liegt bei 431.000. Die Republik hat enorme Wasserressourcen. Es gibt hier 172 Flüsse, 130 Seen und zahlreiche Wasserfälle. Das große Stawropoler Kanalsystem versorgt das Stawropoler Gebiet mit Wasser.

80 Prozent des Territoriums sind Gebirgsland. Im Süden sind die Gebirge bis zu 5000 Meter hoch, im Norden wird das Land etwas flacher. Das Klima ist relativ warm, mit kurzen Wintern und langen, warmen und feuchten Sommern. Dabei sind lange Sonnenperioden charakteristisch. Die Durchschnittstemperatur liegt im Januar bei 3,2 Grad und im Juli bei 20,6 Grad Celsius. Die höchste gemessene Temperatur lag bei 39 Grad, die niedrigste bei minus 29 Grad Celsius. Die jährliche Niederschlagsmenge schwankt zwischen 550 Millimetern im Flachland und 2500 Millimetern im Gebirge.

Karatschai-Tscherkessien hat eine vielfältige Flora und Fauna. Mehr als 1260 Pflanzenarten finden sich hier. Zudem ist die Republik Heimat für Hirsche, Rehe, Bisame, Marder, Nerze, Dachse, Luchse, Füchse, Reb- und Moorhühner, Schneeeulen und -hühner sowie Fasane. Insgesamt erstrecken sich Wildschutzgebiete auf einer Fläche von 1.360.000 Hektar, davon sind 400.000 Hektar Waldgebiet.

Das kleine Kaukasusdorf Dombai ist ein sehr beliebter Ausgangspunkt für Kletter- und Trekkingtouren – auch Richtung Elbrus.

Kaukasisches Bergpanorama

Die beiden Titularvölker Karatschaier und Tscherkessen sind ethnisch nicht verwandt. Karatschaier stellen 38,5, Russen 33,6 und Tscherkessen 11,2 Prozent der Bevölkerung. Weitere Volksgruppen sind die Abasiner mit 7,4 Prozent, die Nogaier mit 3,4 Prozent sowie Osseten und Ukrainer mit je drei Prozent. Amtsprachen sind Karatschaisch, Kabardinisch, Abasinisch und Russisch. Die Mehrheit der Bevölkerung sind Muslime, eine Minderheit ist Russisch-Orthodoxen Glaubens.

Im Januar 1922 wird das Autonome Gebiet der Karatschaier und Tscherkessen gegründet. Vier Jahre später wird die Einheit in das Autonome Gebiet der Karatschaier und einen nationalen Kreis der Tscherkessen aufgeteilt. Unter dem Vorwurf der Kollaboration mit Nazi-Deutschland werden die Karatschaier 1943 nach Zentralasien deportiert. Dabei kommen Schätzungen zufolge 50 Prozent der Bevölkerungsgruppe ums Leben. 1944 lösen die Sowjetbehörden das Autonome Gebiet Karatschai auf und verteilen das Territorium unter anderen nationalen und administrativen Gebietseinheiten. 1957 werden die Verbannten rehabilitiert und dürfen wieder in ihre Heimat zurückkehren. Im gleichen Jahr wird das binationale Autonome Gebiet wieder in seinen alten Grenzen hergestellt.

1991 erhält das Gebiet den Status einer Republik. Aus der Autonomen Sozialistischen Sowjetrepublik Karatschai-Tscherkessien wird im Dezember 1992 die Republik Karatschai-Tscherkessien.

Der Präsident wird vom Volk auf vier Jahre gewählt, ebenso die 73 Abgeordneten des Parlaments, der Nationalversammlung. Der Regierungschef und die anderen Mitglieder des Regierung werden vom Präsidenten mit Zustimmung des Parlaments ernannt. 1999 drohte kurzzeitig die Spaltung der Republik, als Anhänger des unterlegenen tscherkessischen Präsidentschaftskandidaten den Behörden massiven Wahlbetrug vorwarfen.

Karatschai-Tscherkessien ist reich an Bodenschätzen wie Kupfer, Erz, Kohle und Blei. Ebenfalls vorhanden sind Kalkstein und Lehm. In der Steppe werden Mais, Weizen, Kartoffeln und Zuckerrüben angebaut. In den höheren Lagen des Vorgebirges wird intensive Rinder-, Schweine- und Schafzucht betrieben. Neben der Holzwirtschaft bildet der Bergbau mit Steinkohleförderung sowie dem Abbau

von Zinn-, Zink- und Kupfererzen die industrielle Basis der Wirtschaft. Die Hauptstadt Tscherkessk ist durch eine Stichbahn mit der Norkaukasischen Eisenbahn verbunden. Ansonsten ist die Republik verkehrsmäßig nur durch Straßen erschlossen.

Das rund 118.000 Einwohner zählende Tscherkessk wurde 1804 gegründet. Die verarbeitende Industrie ist zu zwei Dritteln hier angesiedelt und umfasst Maschinenbau, Betriebe der Holz- und Gummiverarbeitung sowie der chemischen Industrie.

DIE REPUBLIK KABARDINO-BALKARIEN

Kabardino-Balkarien liegt an den Hängen des Großen Kaukasus und in der Kabardinischen Ebene. Die Republik umfasst eine Fläche von 12.500 qkm und hat 780.000 Einwohner. Sie grenzt im Süden an Georgien, im Norden an die Region Stawropol, im Westen an die Republik Karatschai-Tscher kessien und im Osten und Südsosten an die Republik Nord-Ossetien

Auf dem größtenteils gebirgigen Territorium erheben sich mehrere Berge, die höher als 5000 Meter sind – darunter der Elbrus, der höchste Berg des Kaukasus und Russlands. Er ist 5642 Meter hoch. Die Hauptflüsse sind der Terek, der Malka und der Baksan. 180.000 Hektar des Territoriums sind von Wald bedeckt. In der Ebene liegen die Temperaturen zwischen einem und -8 Grad Celsius im Winter und zwischen 20 bis 26 Grad Celsius im Sommer. In den Bergen schwanken sie zwischen -20 und 4 Grad im Winter und 4 und 15 Grad Celsius im Sommer. Die jährliche Niederschlagsmenge beträgt zwischen 500 und 2000 Millimeter.

Die größte Bevölkerungsgruppe stellen mit 48 Prozent die Kabardiner, gefolgt von den Russen (32 Prozent), den Balkaren (8 Prozent), den Osseten (9,8 Prozent) und den Ukrainern (0,8 Prozent). Die Amtssprache ist Russisch, daneben werden aber auch Kabardinisch und Balkarisch gesprochen.

1557 baten Kabardinische Fürsten den russischen Zaren um militärischen Schutz. Die neue politische Allianz wurde bestärkt durch die Heirat Ivans IV. mit der kabardinischen Prinzessin Temriuka. Dennoch gibt es seit dem Ende des 18. Jahrhunderts Konflikte mit dem immer weiter nach Süden vorrückenden Russland, das Balkarien 1822 erobert. Nach dem Kaukasuskrieg (1828–1864) erfolgt die administrative Neuaufteilung der Region. Der Bau der Eisenbahnstrecke zwischen Rostow und Wladikawkas in den 70er Jahren des 19. Jahrhunderts stärkt die Anbindung an Russland. 1921 wird das Autonome Gebiet der Kabardiner und Balkaren errichtet.

Der Status und die Bezeichnung der Gebietseinheit wechseln in der Folgezeit mehrfach. Wegen angeblicher Kollaboration mit Nazi-Deutschland lässt Stalin die Balkaren 1944 nach Zentralasien deportieren. 13 Jahre später dürfen die Überlebenden in ihre Heimat zurückkehren.

1991 erklärt Kabardino-Balkarien seine Souveränität und schließt 1992 einen Föderationsvertrag mit Russland ab. Im gleichen Jahr stimmen die Balkaren für eine Abspaltung und rufen 1995 eine eigene Republik aus. Der Versuch, eine eigene Republik zu gründen, scheitert.

Im Oktober 2005 befiehlt der tschetschenische Rebellenführer Shamil Basajew einen Angriff auf die Hauptstadt Naltschik. Dabei werden Angehörige der Sicherheitskräfte und Dutzende Rebellen, von denen etliche in Naltschik leben, getötet.

Der Kaukasus Nationalpark Prielbrusie, zu dem auch der Elbrus gehört, ist ein beliebtes Ski- und Snowboarding-Revier.

Der Präsident der Republik wird für fünf Jahre gewählt, genauso wie die jeweils 36 Abgeordneten des Zweikammerparlaments. Dieses besteht aus dem Rat der Republik und dem Rat der Abgeordneten.

Gelbe Rapsblüten vor der Kulisse des Archiz

Kabardino-Balkarien verfügt über Bodenschätze wie Molybdän und Wolfram. Auch gibt es Vorkommen von Blei, Zink, Wismut, Erdöl, Erdgas und Steinkohle. Neben Landwirtschaft, Berg- und Maschinenbau sind Holz-, Metall- und Lebensmittelverarbeitung sowie Bauwirtschaft und Leichtindustrie vorherrschende Wirtschaftszweige. In der Republik finden sich zahlreiche Kurorte mit heilenden Mineralwasserquellen. Die Konflikte in der Kaukasusregion haben den Tourismus jedoch weitgehend zum Erliegen gebracht. Derzeit sind fast 90 Prozent der Bevölkerung arbeitslos.

Die Hauptstadt Naltschik mit rund 274.974 Einwohnern ist das wirtschaftliche und kulturelle Zentrum Kabardino-Balkariens. Sie wurde 1724 gegründet. Im örtlichen Heimatkundemuseum sind Sammlungen mit Gemälden russischer und ausländischer Künstler aus dem 17. und 18. Jahrhundert, Skulpturen, Porzellan und Alltagsgegenständen zu sehen. Insgesamt werden 150.000 Exponate präsentiert. Unweit von Naltschik befindet sich der 1928 gegründete gleichnamige Kurort, der für seine Mineralwasserkuren bekannt ist.

RECHTE SEITE:
Verschneiter Wald und Berge in der Baksan-Schlucht, Elbrus, Kabardino-Balkarien

Das Gebiet um den Elbrus mit dem Ort Prielbrusje gehört zu den beliebstesten Wintersportzentren. Seilbahnen und Sessellifte helfen Bergbegeisterten bei der Besteigung des Gipfels. Jährlich sterben rund 30 Menschen bei diesem Abenteuer, weil sie entweder nicht adäquat ausgerüstet sind oder von ihren Kräften verlassen werden.

DIE REPUBLIK NORDOSSETIEN-ALANIA

Mit einer Fläche von 8000 qkm ist Nordossetien-Alania die kleinste Republik in der Russischen Föderation. Hier leben 703.000 Menschen. Die Republik grenzt im Nordwesten an Kabardino-Balkarien, im Norden an die Region Stawropol, im Osten an die Republiken Tschetschenien und Inguschetien.

Die Gebirge im Süden Nordossetiens erreichen eine Höhe von 4000 Metern. Der höchste Punkt ist der 4780 Meter hohe Dschimara. Das ossetische Flachland im zentralen Teil Ossetiens geht im Norden in eine hügelige Landschaft über. Dazwischen finden sich zu früheren Zeiten dicht besiedelte Täler, deren wasserreiche Flüsse wie der Terek, der Uruch oder der Ardon sich aus zahlreichen Bergbächen speisen. 22 Prozent des Territoriums sind von Wald bedeckt, die Fauna ist sehr vielfältig. Am Oberlauf der Flüsse Zej, Ardon und Fiagdon erstreckt sich das Staatliche Nord-Ossetische Naturschutzgebiet.

Die Durchschnittstemperatur liegt im Januar bei -4,3 Grad, im Juli bei 24 Grad Celsius. Die Niederschlagsmenge schwankt im Jahresdurchschnitt zwischen 400 und 450 Millimetern. Nordossetien gehört zu den erdbebengefährdeten Gebieten mit Beben von einem Wert von 8 bis 9 Punkten auf der Richterskala.

Mit 53 Prozent sind die Osseten die größte Bevölkerungsgruppe, gefolgt von den Russen mit 29,9 Prozent sowie Inguschen und Armeniern mit 5,2 und 2,2 Prozent. Kleinere Gruppen stellen Georgier, Ukrainer und Kumyken. Amtssprachen sind Ossetisch und Russisch. Neben dem Russisch-Orthodoxen Glauben ist der Islam die wichtigste Religion.

Ende des 18. Jahrhunderts werden die Osseten formell russischer Herrschaft unterstellt. Für die vorwiegend christliche Ethnie eine günstigere Konstellation als vom Osmanische Reich regiert zu werden, das im Süden des Kaukasus immer noch stark ist. Das Russische Kaiserreich gewinnt indes in der Region immer mehr Territorium hinzu. 1784 wird Wladikawkas, die Hauptstadt der heutigen Republik Nordossetien-Alania, gegründet. Die Gründung ist ein Schachzug in der militärischen und kolonialen Expansion Russlands im Kaukasus. Wladikawkas bleibt für mehrere Jahre die wichtigste russische Militärbasis in der Region. 1920 wird Nordossetien Teil der Bergrepublik und erhält vier Jahre später einen Autonomiestatus. 1936 wird Nordossetien eine autonome Sozialistische Sowjetrepublik.

Während des Zweiten Weltkrieges marschieren deutsche Truppen in das Gebiet ein, doch ihr Versuch, im November 1942 Wladikawkas einzunehmen, misslingt. 1944 wird ein Teil des Prigorodny-Bezirkes am rechten Ufer des Terek, der bis dahin zur Tschetschenisch-Inguschetischen Republik

Eine schmale Straße führt durch das Bergland Ossetiens.

gehört hat, Nord-Ossetien zugeschlagen. Viele der von dort unter Stalin zwangsdeportierten Bewohner siedeln sich nach ihrer Rückkehr trotz Verbots wieder in der Heimat an.

Als erste autonome Republik erklärt Nordossetien 1990 seine Souveränität. 1991/92 eskalieren die interethnischen Spannungen zwischen Osseten und Inguschen im Prigorodny-Distrikt. Die traurige Bilanz sind rund 600 Tote und 1200 Verletzte. 65.000 Inguschen und 9000 Osseten werden vertrieben. Auch der Krieg im benachbarten Tschetschenien zieht Nordossetien immer wieder in Mitleidenschaft.

Bei Anschlägen in Wladikawkas und Mosdowo, wo russische Streitkräfte für den Einsatz in Tschetschenien stationiert sind, fordern Dutzende Tote. Vorläufiger Höhepunkt der gewaltsamen Auseinandersetzungen ist die Geiselnahme in einer Schule in Beslan im September 2004. Bei dem mehrtägigen Drama sterben 335 Menschen, ein Großteil davon Kinder.

Nordossetien ist eine Präsidialrepublik. Die Abgeordneten des Einkammerparlamentes werden für fünf Jahre gewählt.

Neben Öl verfügt Nordossetien über Vorkommen an Erz, Zink, Blei, Kalkstein, Marmor und Dolomit. An natürlichen Baustoffen finden sich Sand, Ton und Kies. Im Lande sprudeln rund 300 Mineralwasserquellen. Im industriellen Sektor dominieren Elektronik, Metall- und Lebenmittelverarbeitung sowie Chemie, in der Landwirtschaft Viehzucht sowie Getreide-, Obst und Bauwollanbau. Wladikawkas hat einen internationalen Flughafen. Neben mehreren Eisenbahnverbindungen gibt es auch ein gut ausgebautes Straßennetz mit zwei Autobahnen.

Die Hauptstadt Wladikawkas hat 315.000 Einwohner und ist das industrielle Zentrum des Landes. Sehenswert sind Gotteshäuser wie die Ossetische und Armenische Kirche sowie die Moschee.

In Nordossetien gibt es zahlreiche Kurorte. Berühmt ist das Zej-Tal mit seinen Flüssen, Wasserfällen und einer vielfältigen alpinen Flora. Die heilende Wirkung des Ortes wird besonderen Zauberkräften zugeschrieben, die der Natur innewohnen sollen.

DIE REPUBLIK DAGESTAN

Die Republik Dagestan, deren Namen übersetzt „Land der Berge" heißt, ist in gewisser Weise ein Ländchen der Superlative. Mit einer Fläche von 50.300 qkm und 2.120.100 Einwohnern ist das „Bergland" die größte und bevölkerungsreichste Republik im Kaukasus und der südlichste Teil der Rus-

Eine Totenstadt in den Bergen Nord-Ossetiens

sischen Föderation. Im Norden grenzt Dagestan an Kalmückien, im Nordwesten an die Region Stawropol, im Westen an Tschetschenien und im Süden an Georgien und Aserbaidschan.

Im Norden ist das Land flach. Halb- und trockene Steppen herrschen vor und gehen dann über eine Zone mit Gebirgsausläufern in Gebirge und Hochgebirge. Der höchste Punkt ist der Basardjusi mit einer Höhe von 4460 Metern. Es gibt 1800 Flüsse, die wichtigsten davon sind der Terek, der Samur und der Sukal. Daneben existieren rund 100 meist kleinere Seen. Das kontinentale Klima ist warm, mit wenig Schnee im Winter und heißen trockenen Sommern. Im Januar liegt die Durchschnittstemperatur bei -5 bis -1 Grad, im Juli bei 25 Grad Celsius. Die jährliche Niederschlagsmenge beträgt 200 bis 400 Millimeter.

In der Republik leben über 100 Völker. Die größte Gruppe sind die Awaren, die 29,4 Prozent der Bevölkerung stellen. Darauf folgen Darginer mit 16,5 Prozent, Kumyken mit 14,2 Prozent, Lesginer mit 13,1 Prozent sowie Laken und Russen mit 5,4 und 4,7 Prozent. 93 Prozent der Bevölkerung gehören dem sunnitischen Islam an. Die Amtsprache ist Russisch, daneben werden rund 30 lokale Sprachen gesprochen.

Erste russische Festungsstädte entstehen in Dagestan nach dem russisch-persischen Krieg, als dessen Folge Persien das Gebiet 1813 an Russland abtreten muss. Die brutale Kolonialpolitik Russlands führt zu einer Unabhängigkeitsbewegung, an deren Spitze sich der legendäre Imam Schamil stellt. Russland geht mit äußerster Brutalität gegen die Aufständischen vor, es kommt zu massenhaften Verhaftungen und Vertreibungen. Der Widerstand endet aber erst 1864, als Schamil gefangen genommen wird.

Im russisch-türkischen Krieg erhebt sich Dagestan und Tschetschenien zum letzten Mal gegen die russische Herrschaft. Während des russischen Bürgerkrieges wird Dagestan kurzzeitig Teil der Bergrepublik und 1921 Autonome Sozialistische Sowjetrepublik. Nach der Auflösung der Sowjetunion 1991 behält Dagestan den Republikstatus bei.

Seit Mitte der 1990er Jahre ist Dagestan immer wieder Operationsgebiet tschetschnischer Rebellen sowie Schauplatz blutiger Zusammenstöße mit Toten und Verletzten. 1995/96 nehmen die beiden tschtschenischen Rebellenführer Schamil Basajew und Salman Radujew in den Krankenhäusern von Budjonowsk und Kisljar Hunderte von Geiseln, um den Abzug russischer Truppen aus Tschetschenien zu erzwingen.

1999 marschieren tschetschenische Kämpfer in Dagestan ein, rufen in Teilen des Landes einen unabhängigen Staat aus und die Muslime auf, sich mit Waffengewalt gegen Russland zu erheben. Anfang 2005 lassen Aufständische zwei Züge entgleisen und manipulieren mehrere Gaspipelines. Einen Monat später wird der Vize-Innenminister, Generalmajor Magomed Omarow, in der Hauptstadt Machatschkala ermordet.

An der Spitze der Exekutivgewalt steht ein 14-köpfiger Staatsrat, dessen Vorsitzender gleichzeitig Staatschef der Republik Dagestan ist. Die 121 Abgeordneten der Nationalversammlung werden für vier Jahre gewählt.

Ein alter Steinwachturm
in Dagestan

Im Kaukasus leben noch viele Menschen von der Schafzucht.

RECHTE SEITE:
Überall in Russland – so auch im Süden – findet man solche alten Dampfloks in Eisenbahnmuseen.

An Rohstoffen kommen in Dagestan neben Öl und Gas auch Steinkohle, Erz, Kalkstein, Mergel, Gips, Kies und Ölschiefer vor. Bedeutung für den Handel haben auch die Mineralquellen. Wichtigste Industrien sind Maschinenbau, Metallverarbeitung, Energieerzeugung, Bau und Chemie. Die Teppichweberei ist eine eigenständige Branche in Dagestan. In der Landwirtschaft liegt der Schwerpunkt auf Wein, Obst- und Gemüseanbau sowie auf Schafzucht. Fisch aus dem Kaspischen Meer ist ein wichtiges Exportprodukt.

Dagestan verfügt über gute Verkehrsanbindungen. Sowohl die Eisenbahnstrecke Rostow–Baku als auch die Kaukasus-Autobahn verlaufen über das Territorium der Republik. Die Hauptstadt Machatschkala hat einen ganzjährig eisfreien Handels- und Fischereihafen. 15 Kilometer entfernt befindet sich der Flughafen. Auch die Grosny-Baku-Ölpipeline verläuft durch Dagestan.

Die Hauptstadt Machatschkala mit heute 466.000 Einwohnern wurde 1844 als Festung unter dem Namen Petrowskoje gegründet. 1857 erhielt sie das Stadtrecht. 1970 wurden durch ein Erdbeben große Teile Machatschkalas zerstört.

DIE REPUBLIK INGUSCHETIEN

Inguschetien liegt an den nördlichen Ausläufern des großen Kaukasus-Gebirges, ist 3600 qkm groß und hat 492.000 Einwohner.

797-15

Das Kaukasus-Gebirge zieht sich auf einer Länge von 150 Kilometern durch Inguschetien. Höchster Punkt ist der Berg Stolowaja mit 2993 Metern. Wichtigster Fluss ist die Sundscha. 140.000 Hektar sind von Wald bedeckt. Es herrscht kontinentales Klima – die Sommer sind heiß, die Winter sind jedoch relativ mild. Im Januar liegt die Temperatur durchschnittlich bei -3 bis -10, im Juli bei 21 bis 23 Grad Celsius. Die jährliche Niederschlagsmenge schwankt zwischen 450 und 650 Millimetern. Die größte Bevölkerungsgruppe sind die Inguschen mit 83 Prozent, darauf folgen Tschetschenen mit 11 und Russen mit 4 Prozent. Die Mehrheit bekennt sich zum sunnitischen Islam. Amtssprachen sind Russisch und Inguschisch.

Vorfahren der Inguschen sind die Nachschuo-Stämme, die sich im 15. und 16. Jahrhundert in den Tälern am Fluss Sunscha ansiedeln und im 18. Jahrhundert in Inguschen und Tschetschenen aufspalten. 1810 kommen die Inguschen unter die Herrschaft des Zarenreichs. Im russischen Bürgerkrieg unterstützen sie die Bolschewiki und verhindern die Einnahme von Wladikawkas durch die „Weiße Armee".

1921 wird Inguschetien Teil der Bergrepublik und drei Jahre später eine autonome Region innerhalb der Sowjetunion. 1934 entsteht die Tschetschenisch-Inguschische Autonome Region und 1936 bekommt diese Gebietseinheit Republikstatus. Die Besetzung Inguschetiens durch die Wehrmacht 1942/43 liefert Stalin den Vorwand, die Inguschen wegen angeblicher Kollaboration nach Zentralasien deportieren zu lassen. Dabei kommen rund 100.000 Menschen ums Leben. Die Tschtetschenisch-Inguschetische Sozialistische Sowjetrepublik wird aufgelöst, 1957 jedoch wiederhergestellt.

Zahlreiche Flüsse und Flüsschen durchziehen den Nordkaukasus.

Jedoch bleibt der Prigorodny-Distrikt bei Nordosstien. 1990 erklärt sich die Tschteschenisch-Inguschetische Sozialistische Sowjetrepublik für souverän. Im Oktober 1991 übernimmt der Volkskongress unter der Führung von Dschochar Dudajew die Macht in der Kaukasusrepublik. Die Inguschen stimmen in einem Referendum für eine eigene Republik innerhalb der Russischen Föderation. Inguschetien ist von den Auswirkungen der Tschetschenienkriege mit am meisten betroffen. So flüchteten 1999 im Zuge des zweiten russischen

Feldzuges 240.000 Menschen aus Tschetschenien und 60.000 aus Nordossetien nach Inguschetien. Immer noch sind Terroranschläge und Entführungen an der Tagesordnung.

Inguschetien ist laut der Verfassung von 1994 eine Präsidialrepublik. Die 34 Abgeordneten des Einkammerparlamentes werden für vier Jahre gewählt.

Inguschetien verfügt über Vorkommen an Öl, Gas, Mamor, natürlichen Baustoffen wie Dolomit, Ziegel- und Kalksteine sowie über zahlreiche Thermal- und Mineralwasserquellen. Führende

Der Terek entspringt in Georgien, fließt durch mehrere der Kaukasus-Republiken und mündet schließlich ins Kaspische Meer.

Ein Jahr nach der Tragödie von Beslan stellen Kinder Blumen in die zerstörten Räume der Schule, in der die Geiselnahme stattfand.

Industriezweige sind Ölverarbeitung, Maschinenbau, Chemie-, Leicht- und Lebensmittelindustrie und Baustoffherstellung. Die Landwirtschaft ist geprägt durch Obst- und Gemüseanbau sowie Tierzucht.

Zwei Autobahnen führen über das inguschetische Territorium. Insgesamt beträgt die Länge des Straßennetzes 900 Kilometer. Der Flughafen wird derzeit ausgebaut.

Magas ist erst seit 2003 Hauptstadt von Inguschetien. Die Stadt, die erst rund 300 Einwohner hat und die kleinste Stadt Russlands ist, wurde 1995 in einem Vorort von Nasran gegründet. Gebaut sind mittlerweile der Präsidentenpalast und mehrere Regierungsgebäude im orientalischen Stil. Mittelfristig soll Magas auf 30.000 Einwohner anwachsen.

In Inguschetien findet sich eine Vielzahl architektonischer und kultureller Denkmäler. Sie stammen aus dem 13. bis 18. Jahrhundert und zeugen von der Notwendigkeit, sich gegen die Invasionen von Nomaden aus dem Norden zu verteidigen. Erhalten geblieben ist ein Ensemble von Steintürmen, Häusern, Grabgewölben, heidnischen Heiligtümern und christlichen Kirchen entlang der Flüsse Armkhi, Guloi-Khi und Assa. Der Name der Tkhaba-Erdy-Kirche bedeutet „Kirche der heiligen Zweitausend“. Sie stammt aus der Zeit zwischen dem 9. und 12. Jahrhundert und gehört zu den bedeutendsten im Nordkaukasus.

RECHTE SEITE:
In der Argun-Schlucht, die eine der längsten Schluchten des gesamten Kaukasus ist, gibt es zahlreiche dieser alten steinernen Wachtürme.

Grenzsoldaten an der tschetschenischen Grenze hoch in den Bergen des Nordkaukasus

DIE REPUBLIK TSCHETSCHENIEN

Die Republik Tschetschenien umfasst eine Fläche von 15.300 qkm und hat 1,1 Millionen Einwohner. Sie grenzt an Georgien, Dagestan, Inguschetien, Nordossetien und die Region Stawropol.Die drei Hauptflüsse sind der Terek, die Sunscha und der Argun.

Die mit Abstand größte Bevölkerungsgruppe sind die Tschetschenen mit 93,4 Prozent, gefolgt von Russen mit 3,6 Prozent und Kumyken mit 0,8 Prozent. Amtssprachen sind Tschetschenisch und Russisch, die vorherrschende Religion der sunnitische Islam. Schätzungen zufolge wurden während der beiden Tschetschenienkriege rund 160.000 Menschen getötet.

Die ersten Kosaken-Siedlungen der Region werden im 16. Jahrhundert an den Flüssen Terek und Kuban gegründet. In der Folge werden militärische Stützpunkte und Festungen errichtet. Bei ihren Versuchen, weiter in den Süden vorzurücken, stoßen die Russen auf den erbitterten Widerstand der Tschetschenen. 1785 bis 1791 führte der tschetschenische Scheich Mansur mit einem Heer aus verschiedenen nordkaukasischen Völker einen Befreiungskampf gegen das russische Imperium. 1813 ist der Nordkaukasus bereits zum Hinterland Russlands geworden. Unter General Alexej Jermolow beginnt eine gnadenlose Kolonisierungspolitik. Die Tschetschenen antworten darauf mit einer Serie von Aufständen und Kriegen. Sie setzen 1818 ein und dauern mit Unterbrechungen 40 Jahre an. 1859 kapituliert der legendäre Führer der Tschetschenen, Imam Schamil.

Fünf Jahre später wird die gesamte Region zaristischer Herrschaft unterworfen. Ein Fünftel der tschetschenischen Bevölkerung emigriert. 1920 wird die Bergrepublik gegründet, der auch Tschetschenien beitritt. Aus der Bergrepublik werden in der Folgezeit einzelne autonome Gebiete und Republiken ausgegliedert. 1922 entsteht ein autonomes tschetschenisches Gebiet.

Die Kollektivierung der nordkaukasischen Landwirtschaft im Jahre 1928 geht einher mit Zwangsumsiedlungen im großen Stil. Auf Aufstände der Einheimischen reagiert das Regime mit einer „allgemeinen Operation zur Ausmerzung antisowjetischer Elemente". 1934 werden die Autonomen Gebiete der Tschetschenen und Inguschen vereinigt und zwei Jahre später zu einer Sozialistischen Sowjetrepublik aufgewertet. Diese Republik wird 1944 infolge der Deportation der Tschetschenen nach Sibirien und Zentralasien – dabei sterben ein Drittel der Deportierten – aufgelöst. 1957, nach der Rehabilitierung der Tschetschenen, wird die Tschetscheno-Inguschische autonome Sozialistische Sowjetrepublik wiederhergestellt.

1990 erklären die Tschetschenen ihren Austritt aus der UdSSR und rufen die staatliche Souveränität aus. Der 1991 zum Präsidenten gewählte Dschochar Dudajew verkündet am 1. November die Unabhängigkeit des Landes. Am 11. Dezember 1994 marschieren russische Truppen in Tschetschenien ein und der erste Tschetschenienkrieg beginnt. Im August 1996 schließt Moskau mit Tschetschenien im dagestanischen Chasawjurt ein Friedensabkommen, wobei die Entscheidung über den künftigen Status der Republik auf 2001 verschoben wird. Die russische Armee zieht sich zurück.

Die tschetschenische Hauptstadt Grosny war nach den beiden Tschetschenien-Kriegen fast vollständig zerstört.

Nach dem Ende des zweiten Tschetschenienkriegs beginnt man mit dem Wiederaufbau Grosnys.

Unter dem neuen Präsidenten Aslan Maschadow nehmen die Spannungen zwischen gemäßigten und radikal-islamischen Kräften im Laufe des Jahres 1997 stetig zu. Im August 1999 nehmen tschetschenische islamistische Feldkommandeure einige Dörfer in Dagestan ein und erklären, aus Teilen der Republik einen unabhängigen islamischen Staat machen zu wollen. Einen Monat später kommen in Russland bei mehreren Anschlägen auf Wohnhäuser Hunderte Menschen ums Leben. Die offizielle Lesart in Moskau heißt: Tschetschenische Rebellen hätten die Bomben gezündet.

Im Oktober 1999 beginnt der zweite Tschetschenienkrieg, Grosny wird vollständig zerstört. Ein Jahr später erklärt die russische Militärführung den Krieg offiziell für beendet und verkündet den Beginn einer „Normalisierung" in Tschetschenien. Am 9. Mai 2004 wird der tschetschenische Präsident Achmad Kadyrow bei einem Bombenanschlag getötet. Im März 2007 wird der vom Kreml gestützte Sohn Kadyrows neuer Präsident Tschetscheniens. Nach wie vor sind ethnische Säuberungen, Folter und das Verschleppen von Menschen an der Tagesordnung. Bei den Parlamentswahlen im Dezember 2007 erhält die Kreml-Partei „Einiges Russland" 99,36 Prozent der Stimmen.

Grosny, die Hauptstadt Tschetschenien hat rund 210.000 Einwohner. 1818 gründen Kosaken die Festung Grosny als russischen Außenposten. Dieser erhält 1869 den Namen Grosny. Anfang des 20. Jahrhunderts werden Ölvorkommen entdeckt. Das hat eine rasante Entwicklung der Industrie und ein sprunghaftes Bevölkerungswachstum zur Folge. Zwischen 1897 und 1913 verdoppelt sich die Einwohnerzahl auf 30.400. 1989 wohnen 400.000 Menschen in Grosny.

Die Schlucht des Argunflusses, an der linken Seite ein alter Wachturm

In den beiden Tschetschenienkriegen wird die Stadt fast komplett zerstört. 2003 bezeichnen die Vereinten Nationen Grosny als die am meisten zerstörte Stadt weltweit. Maßnahmen zum Wiederaufbau haben erste Ergebnisse erbracht. Im Juni 2006 waren von 6000 zerbombten Wohnblocks und Privathäusern 900 wieder aufgebaut. Auch drei Betriebe – die Maschinenbaufabrik Grosny, die Schwermaschinenfabrik „Roter Hammer“ und Transmasch – sind in Teilen wiederhergestellt. 2005 wurde der Eisenbahnverkehr wieder aufgenommen und ein Jahr später der Flughafen wieder eröffnet. Dennoch leben nach wie vor viele Menschen in Ruinen ohne Heizung und Wasseranschluss.

DIE REPUBLIK KALMÜCKIEN

Die Republik Kalmückien hat eine Fläche von 75.900 qkm und rund 290.000 Einwohner. Sie grenzt an die Gebiete Rostow, Wolgograd und Dagestan sowie an Stawropol. Der Großteil des Territoriums, das an der Küste des Kaspischen Meeres liegt, ist Flachland. Die wichtigsten Flüsse sind der Kuma und der Manytsch. Kalmückien ist die am wenigsten bewaldete Region in der Russischen Föderation.

Es herrscht kontinentales Klima mit heißen trockenen Sommern und kalten schneearmen Wintern. Die Durchschnittstemperaturen betragen im Januar -12 bis -7 und im Juli 23,5 bis 25,5 Grad Celsius. Jährlich fallen durchschnittlich 210 bis 340 Millimeter Niederschlag. Damit ist die Republik die trockenste Region im Süden des europäischen Russland.

Kalmückien grenzt an das Kaspische Meer

Kalmückien hat eine vielfältige Fauna. Von den 130 Vogelarten sind 23 im Roten Buch der Russischen Föderation verzeichnet. Außer dem Biosphärenreservat „Schwarze Erde", das sich in den Regionen Tschernosemelski und Jaschkul befindet, gibt es 14 Tierschutzgebiete. Diese umfassen über 20 Prozent des Territoriums. Hier lebt unter anderem die seltene Saiga-Antilope.

Mit 53,3 Prozent stellen die Kalmücken die Bevölkerungsmehrheit. 33,6 Prozent sind Russen, 2,5 Prozent Darginer, 2 Prozent Tschetschenen und 1,7 Prozent Kasachen. Amtssprachen sind Kalmückisch und Russisch. Die am weitesten verbreitete Religion ist der tibetische Buddhismus, aber es gibt auch russisch-orthodoxe Christen.

Mitte des 17. Jahrhunderts siedeln sich die Kalmücken in der Steppe an der Mündung der Wolga an und gründen das Kalmücken-Khanat. Mit dem Zaren wird eine Übereinkunft geschlossen, dass die Kalmücken die östliche Grenze des russischen Imperiums schützen. Die zunächst lockere Einbeziehung in den russischen Staatsverbund wird abgelöst durch Einmischung in die inneren Angelegenheiten des Chanats und die Ansiedlung russischer Bauern.

Als sich die Bewohner an einem Aufstand beteiligen, wird das Khanat 1771 aufgelöst. Über 100.000 wandern Richtung China ab, ein Teil bleibt westlich der Wolga zurück.

1920 wird das Kalmükische Autonome Gebiet eingerichtet und 15 Jahre später die Autonome Sowjetrepublik Kalmückien gegründet. 1943 werden die Kalmücken auf Beschluss Stalins nach Sibi-

Extra für die Schacholympiade von 1998 gebaut: City Chess

Denkmal für den russischen Musiker und Komponisten Grigori Ponomarenko, der u.a. durch Filmmusiken bekannt wurde, in Krasnodar

Das Regierungsgebäude von Krasnodar

rien deportiert und die Republik wird abgeschafft. 1957, ein Jahr nach ihrer Rehabilitierung, wird das Autonome Gebiet wieder eingerichtet und 1958 zur Republik aufgewertet. 1990 erklärt sich Kalmückien für souverän und gehört zwei Jahre lang zu dem Mitunterzeichnern des Föderationsvertrages.

Das Oberhaupt der Republik wird vom russischen Präsidenten ausgewählt und dem Parlament zur Bestätigung vorgeschlagen. Lehnt dieses den Kandidaten ab, kann der Präsident das Parlament auflösen und Neuwahlen ansetzen.

Kalmückien hat Kohle-, Öl- und Gasvorkommen. Die Republik ist weitgehend landwirtschaftlich geprägt. Wichtige Industriebranche neben der Öl- und Gasförderung ist die Lebensmittelproduktion.

Die Hauptstadt Elista mit zahlreichen Denkmälern kalmückischer Nationalhelden und chinesischen Fabel-Drachen wurde 1865 gegründet und hat knapp 110.000 Einwohner. Hier findet sich die einzige Buddha-Statue in Europa. Viele Gebäude, aber auch Tankstellen und Kioske haben Pagoden-Dächer. 1996 wurde ein neuer großer Tempel fertiggestellt, dem auch schon der Dalai-Lama einen Besuch abstattete. Das größte steinerne Denkmal ist die Elite-Siedlung City Chess, die 1998 zur Schacholympiade gebaut wurde. Mittlerweile stehen viele Appartments des Komplexes leer.

DIE REGION KRASNODAR

Die Region Krasnodar ist die südlichste russische Region, ist 76.000 qkm groß und hat 5.113.148 Einwohner. Sie grenzt an die Region Rostow, die Region Stawropol sowie an die Schwarzmeerküste und das Asowsche Meer. Die russische Staatsgrenze verläuft im Süden. Dort liegt Abchasien, dessen ursprüngliche Zugehörigkeit zu Georgien strittig ist. Zudem umschließt die Region die Republik Adygien.

Geografisch wird die Region durch den Fluss Kuban zweigeteilt. Der gebirgige Süden am Schwarzen Meer markiert den Rand der westlichen Ausläufer des Kaukasus-Gebirges. Der Norden liegt in der Pontischen Steppe und geht in Flachland über. Hier befindet sich auch das Staatliche Kaukasus-Biosphärenreservat, das eine Fläche von 280.335 Hektar einnimmt. Der größte See ist der Abrau in der Weinregion Abrau-Diurso. Der wichtigste Fluss ist der Kuban mit einer Länge von 906 Kilometern.

Das Klima ist im Süden mediterran bis subtropisch und kontinental im Norden. Die Durchschnittstemperaturen betragen im Januar zwischen -8 und -4 Grad in den Bergen, minus vier Grad in der Ebene und 5 Grad Celsius an der Küste. Im Juli klettert das Thermometer auf 13 Grad in den Bergen sowie 23 Grad Celsius in der Ebene und an der Küste. Die jährlichen Niederschläge liegen bei 300 bis 3200 Millimetern.

Im Gebiet Krasnodar leben 33 ethnische Gruppen, die mehr als 2000 Menschen zählen. Russen machen 85, Armenier 5 und Ukrainer 2,5 Prozent der Bevölkerung aus. Daneben gibt es auch

In Abrau-Durso in der Region Krasnodar gibt es eine bekannte Sektkellerei gleichen Namens, die Wein- und Sektverkostungen für Touristen anbietet.

noch Griechen, türkische Mescheten, Krimtataren und Deutsche. Schätzungen zufolge sind ein Fünftel der Bevölkerung Kosaken, die in der näheren Umgebung der Städte Noworossisk und Krasnodar leben.

Die systematische russische Besiedlung des Gebietes um den Kuban beginnt nach den zwei Russisch-Türkischen Kriegen im 18. Jahrhundert. 1792 siedelt Katharina die Große die Schwarzmeereinheit der Kosaken in Krasnodar an. Ziel ist die Grenzsicherung im Süden.

Am 25. August des Jahres geht hier eine erste Gruppe von Kosaken an Land. Das heutige Krasnodarer Territorium entsteht nach der Oktoberrevolution aus dem Zusammenschluss des Kubansker Gebietes und des Schwarzmeer-Gouvernements. In der Folgezeit wird die Gebietseinheit mehrfach neu zugeschnitten und umbenannt. 1937 wird das Krasnodarer Gebiet aus dem Asowschen Schwarzmeergebiet herausgelöst und umfasst eine Größe von 85.000 qkm. 1991 organisiert sich Adygien als eigenständige Republik.

Im Gebiet Krasnodar finden sich 60 Arten von Bodenschätzen, darunter Öl, Gas, Erz, Mergel, Marmor sowie Zement, Mergel und Gips. Im Asow-Kuban-Becken gibt es zahlreiche Thermal- und Mineralquellen.

LINKE SEITE:
Springbrunnen und Denkmal für den heiligen St. Georg auf dem Platz vor dem Regierungsgebäude in Krasnodar

Denkmal zur Erinnerung an den Zweiten Weltkrieg

НОВОРОССИЙСК

Zu den wichtigsten Industriebranchen gehören Energie- und Brennstoffe-Erzeugung, Holzverarbeitung, Maschinenbau, chemische und Leichtindustrie. Hinzu kommen Forstwirtschaft und Tourismus. Das Gebiet hat unter einer starken Luft- und Wasserverschmutzung zu leiden, die vor allem durch giftige Abwässer, Industriemüll und Pestizide hervorgerufen wird. 317 Kilometer der Blue-Stream-Pipeline, die von Russland in die Türkei führt, verlaufen über das Krasnodarer Gebiet. Daneben gibt es einen internationalen Flughafen, zwei Fernbahnhöfe sowie die Fernstraße M4.

Die Gebietshauptstadt Krasnodar liegt am Fluss Kuban und hat 710.400 Einwohner. Sie wurde 1794 unter dem Namen Jekaterinodar von Katharina II. als Festungsstadt gegründet und 1920 in Krasnodar umbenannt. 1942/43 war die Stadt von der Wehrmacht besetzt. Sehenswert sind die Sankt-Katharinen Kathedrale, das Staatliche Kunstmuseum sowie das Maxim-Gorki-Theater und der gleichnamige Park.

LINKE SEITE:
Ein Schiff der Russischen Marine im Hafen von Noworossisk

SOTSCHI

„Sommerhauptstadt Russlands" oder „russische Riviera" – Sotschi hat viele Namen. Die Stadt, die rund 330.000 Einwohner hat und in der Krasnodarer Region nahe der Grenze zu Georgien liegt, besteht aus Bergen, Wald und Strand. Dieser erstreckt sich 150 Kilometer entlang der Schwarzmeerküste. Mehr als 80 Prozent des Territoriums sind Teil eines Nationalparks oder des Kaukasischen

Bolschoi Utrish am Schwarzen Meer

Der Abrau-See, der größte See in der Region Krasnodar, ist ein Karstsee.

Biosphärenreservates mit über 6000 Tier- und Pflanzenarten. Jährlich besuchen rund vier Millionen Urlauber das beliebteste Reiseziel Russlands. Sotschi mit seinen schwarzen Stränden, Palmen, Bananenstauden und Zitronenbäumen ist der Treffpunkt der Reichen und Schönen oder solcher, die sich dafür halten.

Sotschi wird 1838 als Fort und Siedlung Akexandrija gegründet. In dieser Zeit entstehen weitere Festungsanlagen, die die Zentren heutiger Stadtteile bilden. Im Krimkrieg wird das Fort vorübergehend aufgelöst, wieder errichtet und mehrfach umbenannt. 1896 erhält die Siedlung ihren heutigen Namen.

Um die Jahrhundertwende entstehen Villen reicher Kaufleute, Industrieller und Adliger. 1902 beginnt die Nutzung der Mineralheilquellen von Mazesta. 1917 erhält Sotschi das Stadtrecht. Bereits zu Sowjet-Zeiten avanciert Sotschi zu einem der populärsten Badeorte, Stalin lässt sich in der Umgebung eine seiner Datschen bauen. Der russische Staat unterhält auch heute noch mit Botscharow Rutschej eine Präsidentenresidenz bei Sotschi.

Die Liste der Sehenswürdigkeiten scheint schier unendlich. Neben der einzigartigen Flora und Fauna, die der per Seilbahn erreichbare Botanische Garten präsentiert, gibt es unzählige Parks, Denkmäler und extravagante stalinistische Architektur. Abkühlung bietet das 70 Kilometer von Sotschi

entfernte, 600 Meter hoch gelegene Ski-Gebiet Krasnaja Poljana, was soviel wie „Schöne Lichtung" bedeutet. Hier liegt manchmal noch bis Juni Schnee.

Das Theater von Sotschi

In Krasnaja Poljana wird auch ein Großteil der sportlichen Wettbewerbe der Olympischen Winterspiele 2014 stattfinden, für die Russland am 5. Juli 2007 den Zuschlag erhielt. In den kommenden Jahren sind Investitionen in Milliardenhöhe geplant, um den Ort auf das große Ereignis vorzubereiten. So soll im Schwarzen Meer eine „Insel der Föderation" entstehen. Auf der Insel – ein aufgeschüttetes Kunstwerk, das die geografischen Umrisse Russlands darstellt – soll es eine Eisenbahn, eine Kirche und ein Stadion geben. Doch nicht alle freuen sich auf Olympia. So fürchten Umweltschützer durch die Neubauten verheerende Auswirkungen auf die Naturschutzgebiete. Und den einheimischen Bewohnern von 1500 Häusern droht eine Zwangsumsiedlung.

STAWROPOLER REGION

Die Stawropoler Region ist 66.500 qkm groß und hat 2.660.700 Einwohner. Sie grenzt an Nordossetien, Kabardino-Balkarien, Georgien, das Krasnodarer und das Rostower Gebiet, Kalmückien, Dagestan, Tschetschenien und Inguschetien.

Die Region nimmt den zentralen Teil des hügeligen Kaukasusvorlandes sowie die nördlichen Hänge des Großen Kaukasusgebirges ein. Die Landschaft ist gekennzeichnet durch Halbwüsten mit Salz- und Sandböden, weitläufige Steppen, Waldsteppen, Laub-, Misch- und Nadelwälder in den Bergen, Mooren zwischen steinigen Feldern sowie Hochgebirgswiesen mit farbenfrohen Blumen.

17 einzelne Berge erheben sich wie Inseln über den Ebenen. Zu den niedrigeren gehört der 406 Meter hohe Kokurtly, während der Beschtau 1399 Meter erreicht. Die wichtigsten Flüsse sind der Kuban und die Kuma. Auch gibt es mehrere Seen, wie den heilschlammhaltigen Tambukanskoje-See. Es herrscht kontinentales Klima. Die Durchschnittstemperaturen liegen im Januar bei -4 Gard Celsius sowie im Juli zwischen 20 und 25 Grad Celsius. Die jährliche Niederschlagsmenge beträgt rund 600 Millimeter.

In der Stawropoler Region leben mehr als 90 Nationalitäten, davon sind 83 Prozent Russen. Weitere Gruppen sind Ukrainer, Tscherkessen, Karatschaier und Nogai-Tataren.

Ende des 18. und Anfang des 19. Jahrhunderts kommt es zu einem bedeutenden Anstieg russischer Ansiedlungen in der Region. Dies hängt mit der „Kaukasischen Linie“ zusammen, der militärischen Sicherung der südlichen Grenze Russlands vom Schwarzen zum kaspischen Meer auf Anordnung von Katharina II. 1802 wird das Kaukasus-Gouvernement vom Astrachaner Gouvernement abgespalten. 20 Jahre später entsteht das Kaukasus-Gebiet mit Stawropol als Zentrum.

Nebel verhüllt die grünen Kuppen des Südkaukasus an einem frühen Sommermorgen.

Eine der hübschen Kureinrichtungen, für die das Stawropoler Gebiet so bekannt ist.

Die Stadt avanciert in der Folgezeit zum militärischen und administrativen Zentrum des Nordkaukasus. 1847 wird das Kaukasus-Gebiet zum Stawropoler Gouvernement, dessen Grenzen bis Oktober 1917 erhalten bleiben. 1924 entsteht die Region als administrativ-territoriale Einheit. Die letzten Änderungen erfolgen 1992, als sich Karatschai-Tscherkessien als eigenständige Republik ausgliedert.

Der Regierungschef der Region wird für vier Jahre vom russischen Staatspräsidenten ernannt. Die Abgeordneten der Gebietsduma werden für vier Jahre vom Volk gewählt. Die Pfeiler der lokalen Wirtschaft sind Landwirtschaft, verarbeitende Industrie, Tourismus und Transport.

Durch die Stawropoler Region verlaufen 1500 Kilometer Eisenbahnstrecke und mehr als 7000 Kilometer Straße. In Stawropol und dem Kurgebiet Mineralnije Wody gibt es einen Flughafen.

Das rund 350.000 Einwohner zählende Stawropol wird 1777 als Militärstützpunkt gegründet. Acht Jahre später erhält Stawropol das Stadtrecht, im gleichen Jahr wird hier das erste Theater im Kaukasus eröffnet. 1847 wird die Stadt Verwaltungszentrum des Gouvernements. Zwischen 1942 und 1943 ist Stawropol von der Wehrmacht besetzt.

Die Stawropoler Region ist berühmt für seine medizinischen Mineralwasser- und Schlammquellen. 130 dieser Quellen befinden sich in der Region Kawkaskije Mineralnije Wody, die mehrere Orte umfasst. Kislowodsk, auf Deutsch „Sauerwasser“, ist Russland ältester Kurort und wegen seiner schwefelhaltigen Nasran-Quellen berühmt. Der idyllische, 1803 gegründete Ort mit knapp 120.000 Einwohnern liegt an den Bergmassiven des Kaukasus rund 800 Meter über dem Meeresspiegel. Sehenswert sind die zahlreichen Kureinrichtungen, die teils noch aus der Zarenzeit stammen, wie etwa das im orientalischen Stil erbaute Nasran-Badehaus.

DAS ROSTOWER GEBIET

Das Rostower Gebiet hat eine Größe von 100.800 qkm, 4,4 Millionen Einwohner und wurde 1937 gegründet. Auf einer Länge von 660 Kilometern grenzt es an die Ukraine, weitere Nachbarn sind das Woronescher und das Wolgograder Gebiet, Kalmückien sowie die Region Stawropol und Krasnodar. Der überwiegende Teil des Territoriums ist eine Steppenlandschaft, die im Südosten in eine Halbsteppe übergeht. Hauptflüsse sind der Don und der nördliche Donez. Zudem gibt es die drei Stauseen Zimljanskoje, Weselowskoje und Proletarskoje sowie 450 kleine Seen mit einer Gesamtfläche von 93,7 qkm. 5,6 Prozent des Territoriums sind von Wald und Büschen bedeckt.

Es herrscht kontinentales Klima. Im Januar liegen die Durchschnittstemperaturen bei -9 bis -5 Grad Celsius, im Juli bei 22 bis 24 Grad Celsius.

Im Rostower Gebiet leben mehr als 100 Nationalitäten zusammen. 90 Prozent sind Russen, 3,4 Prozent Ukrainer, 1,8 Prozent Armenier und 0,9 Prozent Weißrussen.

Der Gebietsgouverneur wird vom russischen Staatspräsidenten ernannt. Die 45 Abgeordneten der Gebietsduma werden für vier Jahre gewählt.

Rostow verfügt über Vorkommen an Gas, Öl und Steinkohle. Wichtigste Branchen sind Maschinenbau, Energiewirtschaft, Metallverarbeitung, Schwarz- und Buntmetallurgie, Chemie- und Petrochemie sowie Leicht- und Lebensmittelindustrie.

Das Rostower Gebiet ist ein Verkehrsknotenpunkt. Sechs Eisenbahnlinien und sieben Autobahnen führen über das Territorium. Der Wassertransportweg entlang des Don ist wirtschaftlich von enormer Bedeutung. Die Gebietshauptstadt Rostow am Don hat einen internationalen Flughafen. Zudem verlaufen hier mehr als zehn Öl- und Gaspipelines.

Die Stadt Rostow am Don mit knapp über einer Million Einwohnern wird auch „das Tor zum Kaukasus“ genannt. Die Geschichte Rostows beginnt im Jahr 1749 mit der Einrichtung von Zollstationen am rechten Ufer des Don. Zu deren Schutz wird eine Festung errichtet. Den Namen Rostow erhielt die Stadt 1761 vom Heiligen „Dmitri von Rostow und Jaroslaw“. Die geografische Lage begünstigt den Bau und die Entwicklung des Handelshafens, der Rostow heutzutage mit zahlreichen Staaten verbindet. Im Zweiten Weltkrieg werden große Teile der Stadt zerstört.

Eine Sehenswürdigkeit ist der zentral gelegene Theaterplatz. Das 1930 im konstruktivistischen Stil erbaute Dramen-Theater hat die Form eines Traktors. Die vier städtischen Museen präsentieren mehr

Das neue Theatergebäude von Rostow am Don

als 200.000 Exponate. Das Rostower Regionalmuseum ist eines der größten in Südrussland. Zu sehen ist eine einzigartige archäologische Sammlung von Gebrauchsgegenständen aus Gold und Silber aus der Zeit des Altertums. Das Rostower Kunstmuseum präsentiert rund 6000 Arbeiten russischer, holländischer, flämischer und italienischer Meister.

Nowotscherkassk ist die inoffizielle Haupttstadt der Kosaken. Die Stadt liegt 50 Kilometer nordöstlich von Rostow, hat 185.000 Einwohner und wurde 1805 gegründet. Während des Bürgerkrieges 1917 bis 1920 ist Nowotscherkassk ein Zentrum der Gegenrevolution. Sehenswert sind zwei riesige Triumphbögen, die an den Sieg der Russen über Napoleon erinnern. Zudem finden sich hier mehr als 15 orthodoxe Kirchen – darunter die Auferstehungskathedrale, die die drittgrößte in Russland ist. Einen Besuch wert sind das Museum der Geschichte der Don-Kosaken sowie das 2002 eröffnete Museum zur Erinnerung an die dramatischen Ereignisse von 1962.

Bei einer der größten regimefeindlichen Protestaktion hatte Nikita Chruschtschow in die Menge schießen lassen.

Tichwin
Belosersk
Boksitogorsk
Sokol
Tscherepowez
Wologda
Nowgorod
Rybinsker Stausee
Ilmensee
Borowitschi
Jar
Kotelnitsch
Wjatka
Glasow
Galitsch
Staraja Russa
Rybinsk
Wyschni Wolotschek
Kostroma
Wetluga
Nolinsk
Wotkinsk
Wolga
Jaroslawl
Kineschma
Ischewsk
Ostaschkow
Twer
Iwanowo
Joschkar-Ola
Sarapul
Wjatskje Poljany
Balachna
Nischni Nowgorod
Rschew
Sergijew-Posad
Susdal
Kowrow
Jelabuga
Kasan
Wladimir
Dserschinsk
Tscheboksary
Nabereschnyje Tschelny
Noginsk
Moskau
Pawlowo
Orechowo-Sujewo
Tschistopol
Murom
Arsamas
Smolensk
Wjasma
Sofino
Kolomna
Almetjewsk
Serpuchow
Alatyr
Kaschira
Dimitrowgrad
Bugulma
Kaluga
Rjasan
Simbirsk
Sasowo
Saransk
Tula
Mittelrussische Platte
Toljatti
Nowomoskowsk
Bugurusian
Samara
Brjansk
Sysran
Desna
Oka
Busuluk
Don
Mitschurinsk
Pensa
Kusnezk
Orel
Tambow
Jelez
Lipezk
Saratow
Engels
Kursk
Woronesch
Uralsk
Borissoglebsk
Balaschkow
Belgorod
Kamischin
Charkiw
Dnjepr
Donez
Wolgograd
Wolschski
UKRAINE
KASACHSTAN
Luhansk
Dnipropetrowsk
Kamensk-Schachtinski
Donezk
Makijiwka
Kaspische Senke
Schachty
Zimljansk
Rostow
Taganrog
Nowotscherkassk
Mariupol
Melitopol
Berdjansk
Astrachan
Jeisk
Salsk
Manytsch
Elista
Asowsches Meer
Kaspisches Meer
H. I. Krim
Tichorezk
0
100
200
300
km

DIE WOLGA UND IHR EINZUGSGEBIET

DER FLUSS WOLGA

Die Wolga gehört zu den meistbesungenen und bedichteten Flüssen der Welt. In Europa ist sie mit einer Länge von 3600 Meter der größte. Sie entspringt auf den Waldaihöhen zwischen Moskau und Sankt Petersburg beim Dorf Wolgowerchowje in 228 Meter Höhe. Sie mündet in mehreren Armen südöstlich von Astrachan am 28 Metern unter dem Meeresspiegel gelegenen Ufer des Kaspischen Meeres. Zwischen Quelle und Mündung weist sie also ein Gefälle von 256 Metern auf. Schon daraus ergibt sich, dass dieser typische Flachlandfluss eine eher langsame Strömung mit durchschnittlich weniger als einem Meter Flussgeschwindigkeit pro Sekunde aufweist. Ihr Einzugsgebiet umfasst 1,41 Millionen qkm mit rund 200 Nebenflüssen. Ihre Abflussmenge beträgt 254 Milliarden Quadratmeter pro Jahr. Hauptsächlich speist sich die Wolga durch Tauwasser, Quellen und Regenwasser

Ein Fluss, der kaum ein Ufer oder eine Grenze zu kennen scheint: die Wolga

spielen eine geringere Rolle. 72 Tage im Jahr führt sie deshalb Hochwasser, dessen Höchststand auf die Maimitte fällt. Im Sommer und Herbst dagegen beträgt die Wassertiefe nur 2 bis 3 Meter. Die eisfreie Periode, in der dieser Fluss beschiffbar ist, fällt deshalb weitgehend mit dem niedrigem Wasserstand zusammen.

Die Wolga ist für den größten Teil des europäischen Russland nicht nur eine biologische Ernährerin sondern im buchstäblichen Sinne des Wortes auch eine „Kulturträgerin". Mit seinen dichten Wäldern und zahlreichen Sümpfen waren weite Teile Russlands einst äußerst unwegsam und praktisch nur über sein Flusssystem zu erschließen. Von hier aus erfolgten seit der Frühzeit die Besiedlung

Eine beliebter und weit verbreiteter Freizeitsport ist das Eisangeln.

der späteren russischen Territorien und ihre Versorgung mit nicht selbst produzierten Gütern. Raubhandel treibende skandinavische Waräger, Händler vom Schwarzen Meer und Reiternomaden aus den eurasischen Steppen trafen dabei auf die ansässigen Ostslawen. Sklaven, Pelz, Erze, Honig und Wachs wurden gegen eingeführte Waren getauscht. Dank dieser Verbindungen wuchs die russische Kultur langsam an den Ufern der großen Flüsse. Gleichzeitig diente die Wolga als riesiger Schutzgraben gegen die Angriffe der Reiternomaden.

Die Wolga fließt von Norden nach Süden. Es gehört allerdings zu ihren Besonderheiten, dass sich die Wolga-Städte nicht in ein Nord-Süd-Gefälle einordnen lassen. So werden Städte wie Kasan und

Samara schon zu den südlicheren Gefilden gezählt, obwohl sie zum zentralen Wolga-Verwaltungskreis gehören. Nischni Nowgorod hingegen, die erste Stadt, die die Wolga hier durchfließt, liegt wiederum nördlicher als Moskau.

Dies liegt am kapriziösen Verlauf der Wolga. Nachdem sie die Waldaihöhen herab geströmt ist, fließt sie von der kleinen Stadt Rschew an erstmal ein wenig nach Nordosten, also die Landkarte schräg aufwärts. Nach dem Rybinsker Stausee besinnt sich der Fluss schließlich eines Besseren und biegt nach Südosten ab. Doch schon nach Nischni Nowgorod hält er sich wieder ein ganzes Stück auf relativ geradem Ostkurs. Erst bei Kasan biegt die Wolga dann endgültig – wenn auch nicht ohne Windungen – nach Süden ab. Als Oberlauf der Wolga wird die Strecke von der Quelle bis zur Einmündung der Oka bei Nischni Nowgorod betrachtet. Von dieser Stelle an verbreitert die Wolga sich schnell auf einen Abstand 600 Meter bis 1000 Meter von einem Ufer bis zum anderen. Der Mittellauf führt bis zur Einmündung der Kama, der Unterlauf von dort bis zum Kaspischen Meer. Das östliche Ufer der Wolga ist vom Mittellauf an hoch und steil, das linke eher flach und sanft gewellt mit zahlreichen Sandstränden. Hier befinden sich in fast allen Städten dieser Region Schiffsbau- und Reperaturwerkstätten. Auf den fruchtbaren, im Frühjahr überschwemmten Wiesen weiden auch die Bewohner des östlichen Ufers im Sommer ihr Vieh und machen im Herbst Heu. Die Siedlungen ste-

Flussschiff bei Nischni Nowgorod

hen hier naturgemäß weiter vom Ufer entfernt, während die Gebäude des rechten Ufers direkt an die steilen Abhänge heran reichen und hin und wieder von Erdrutschen bedroht sind.

Wolgabrücke bei Twer

DER OBERLAUF DER WOLGA

Das Waldai-Gebirge

Die Waldaihöhen sind ein bis zu 347 Meter hohes Plateau innerhalb der Großen Osteuropäischen Ebene. Sie bestehen aus flachen, meist bewaldeten Hügelreihen und beherbergen als Wasserscheide im europäischen Russland die Quellen der nach Süden fließenden Flüsse. Dazu gehören die Wolga und und der ins Schwarze Meer mündende Dnjepr sowie die nach Norden in die Ostsee strebende Dwina. Die Waldaihöhen bestehen unter anderem aus Kalk, rotem und schwarzem Ton.

Außer der Wolgaquelle (im Twerer Gebiert), über der bereits eine kleine, hölzerne Kapelle errichtet wurde, sind die zahlreichen Seen die wichtigste Touristenattraktion des Waldai-Gebirges, allen voran der zum Naturschutzgebiet erklärte See Seliger (Twerer Gebiet). Der 260 qkm große See verfügt über ein 500 Kilometer langes Ufer und 160 Inseln. Er liegt in etwa zwischen Moskau und Sankt Petersburg, rund 400 Kilometer von beiden Metropolen entfernt. Seine Badetemperatur beträgt im Sommer 24 Grad Ceslius, der Ort Ostaschkow an seinem Ufer verfügt über einen eigenen Bahnhof. Ältestes Architekturdenkmal in der Region sind die Gebäude des Klosters Nilowa Pustyn auf der Insel Stolbnoi. In den Jahren 1939 bis 1941 verwandelte der russische Geheimdienst NKWD das Kloster in einem Gefängnis. Auf der benachbarten Insel Gorodomlja waren nach dem zweiten Weltkrieg bis 1955 deutsche Raketeningenieure mit ihren Familien interniert. Der bekannteste von ihnen war Werner von Brauns Assistent Helmut Gröttrup. Die Wolga verlässt das Waldai-Gebirge bei der Stadt Rschew. Von dieser Stelle an können schon kleinere Lastkähne den Fluss befahren.

Kanäle und Stauseen am Oberlauf der Wolga

Ein ganzes System von Stauseen und Kanälen an der oberen Wolga dient der Wasserversorgung Zentralrusslands und Moskaus. Gleichzeitig stellt es ein Netz von Wasserwegen dar, das Moskau mit weiten Teilen des Landes verbindet. Der größte und älteste Stausee in diesem System liegt bei Rybinsk. Er entstand in den 1940er Jahren und wird wegen seiner gewaltigen Fläche von 4580 qkm auch Rybinsker Meer genannt. In ihn münden die Mologa und die Scheksna. Nach Norden zweigt von hier aus der Wolga-Ostsee-Kanal ab. Er ermöglicht Schiffen den Verkehr zwischen dem Kaspischen Meer und der Ostsee. Kleiner ist der Iwankowo-Stausee zwischen Twer und Dubna. Das Reservoir von Dubna dient der Brauchwasserspeicherung für die russische Hauptstadt. Zugeführt wird es ihr vom Moskwa-Wolga-Kanal, welcher auch Moskau über die Wolga auch mit dem Kaspischen Meer und der Ostsee verbindet. Zwischen Iwankowo-Stausee und Rybinsker Meer liegt noch der Uglitscher Stausee.

Übergang des Wolga-Ostsee-Kanals in den Onegasee

BEDEUTENDE STÄDTE UND IHRE GEBIETE AM OBERLAUF DER WOLGA

TWER

Die Stadt Twer hieß von 1931 bis 1990 Kalinin und hat rund 405.000 Einwohner. Sie liegt 167 Kilometer nordwestlich von Moskau an der Straße zwischen Moskau und Sankt Petersburg auf dem hohen Wolgaufer, an der Einmündung des Flüsschens Twerza.

Geschichte

Twer wird erstmals 1164 urkundlich erwähnt. Alles deutet aber darauf hin, dass hier schon früher ein stadtähnlicher Handelsort an der Wolga bestand. 1240 wurde Twer zum Zentrum eines neuen russischen Fürstentums. Es spielte eine wichtige Rolle in der Koalition gegen die Mongolen. Im 14. und 15. Jahrhundert gewann es an wirtschaftlicher Macht, unter anderem wurde es berühmt für seine Glockengießereien. Als ältere der beiden Städte machte Twer Moskau lange die Rolle als Großfürstentum der Kiewer Rus streitig. In diesem Kampf unterlag es militärisch 1485. Kurz vorher, 1466, brach von hier aus der erste russische Indienforscher zu seinen Expeditionen auf, der Kaufmann Afanassi Nikitin. Während des 2. Weltkriegs wurde die Stadt von den deutschen Truppen schwer zerstört. Die prunkvolle Innenstadt im klassizistischen Stil wurde sorgfältig restauriert.

Sehenswürdigkeiten

Aus der Zeit Iwans des Schrecklichen stammt das älteste Gebäude in der Stadt, die Kirche der Weißen Dreifaltigkeit (1564). Vor deren Bau war die Stadt mehrmals in Schutt und Asche gelegt worden. 1763 fielen weite Teile Twers erneut einem Großbrand zum Opfer. Die restlichen heute erhaltenen historischen Gebäude stammen deshalb aus der darauf folgenden Periode, in der Katharina die Große die Stadt nach klassizistischen Entwürfen mit einer schachbrettartigen Anordnung der Straßen wieder aufbauen ließ. Hierzu gehören das alte Magistratsgebäude (1770–1780), eines der alten Adelshäuser (1766–1770) und der Palast, in dem Katharina bei ihren Reisen zwischen Moskau und Petersburg Station machte. Er wurde von dem Architekten Matwej Kasakow 1764–1766 erbaut und von Carlo Rossi Anfang des 19. Jahrhunderts umgestaltet. Etwas jünger sind die Auferstehungs-Kirche (1833) und das ehemalige Gebäude der Adelsversammlung (1841).

Bildung und Kultur

Die Stadt verfügt über eine Staatliche und eine Polytechnische Universität sowie über mehrere Hochschulen. Außerdem bietet sie mehrere Theater und Museen sowie eine Philharmonie und einen Zirkus. Bei Twer wurde 1826 der beliebte russische Satyriker Michail Saltykow Schtschtschedrin geboren. Ihm ist in der Stadt ein eigenes Museum gewidmet.

Der Glockenturm der Nikolski-Kathedrale steht auf einer kleinen Insel im Uglitscher Stausee.

Eisenbahnbrücke über die Wolga bei Twer

Verkehrsverbindungen

Seit 1851 führt durch die Stadt die Bahnlinie Moskau–Sankt Petersburg, an der ein Fernbahnhof errichtet wurde. Dies trug maßgeblich zum kulturellen und wirtschaftlichen Aufschwung der Stadt im 19. Jahrhundert bei. Außerdem fahren von hier aus Elektritschkas nach Moskau und ins Umland. Zu den bemerkenswertesten modernen Gebäuden der Stadt gehört der Passagierhafen an der Wolga, der sogenannte Flussbahnhof.

DAS TWERER GEBIET

Lage und Klima

Genau zwischen den beiden russischen Hauptstädten gelegen, dient deren privilegierteren Bürgen das Twerer Gebiet seit Jahrhunderten als Quelle der Regeneration und Inspiration. Über 50 Prozent seiner Fläche sind mit Wäldern bedeckt, in denen Nadelbäume dominieren. Das Gebiet liegt im Zentrum der osteuropäischen Ebene und grenzt an die Gebiete von Smolensk, Pskow, Nowgorod, Wologda, Jaroslawl und Moskau. Sein größter Teil fällt in die südliche Taiga und Subtaigazone. Das Gebiet umfasst mehr als 500 Seen und Stauseen einschließlich des Seliger-Sees. Die bedeutendsten davon sind die Stauseen von Iwankowo, Uglitsch und Rybinsk. Das gemäßigt kontinentale Klima ist dem Moskauer sehr ähnlich. Heute leidet das Gebiet allerdings unter schweren ökologischen Schäden dank seiner zahlreichen Industrie-Ansiedlungen.

Größe und Bevölkerung

Das Twerer Gebiet ist mit 84.000 qkm so groß wie Belgien und die Schweiz zusammen. Es hat 1.390.000 Einwohner. 92,5 Prozent davon sind Russen, 1,5 Prozent Ukrainer und rund 1 Prozent Karelier.

Rohstoffe

Die Region Twer verfügt über die größten Torfreserven im europäischen Russland. Außerdem gibt es Vorkommen von Kalkstein, Lehm für Ziegel, Kiesel, Quartzen und Rohstoffen für die Glasproduktion, Schotter und Braunkohle. Die Erde ist hier reich an Mineralstoffen. Die Kaschinskaja-Quelle ist ein Beispiel für einige für medizinische Zwecke geeignete Mineralquellen der Region. Zu den natürlichen Ressourcen zählt auch der Wildreichtum der Twerer Wälder. Von alters her wird hier Pelzverarbeitung betrieben. Heute bringt auch der Jagdtourismus nicht geringe Erträge, zum Beispiel die Jagd auf Füchse und Bären. Im Twerer Gebiet wird Strom auch für den Export erzeugt. Beispiele hierfür sind das Wasserkraftwerk Konakowsk sowie das Kalininer Atomkraftwerk

Wirtschaft

Die wichtigsten Industriezweige in der Region sind Metallverarbeitung und Maschinenbau. Hier werden die Hälfte aller russischen Bagger und drei Viertel aller Passagierbahnwaggons gebaut, dazu Maschinen für die Textilindustrie und Landwirtschaft. In der heimischen Textilindustrie werden Baumwolle, Wolle und Seide verarbeitet. Eine große Tradition hat die Leinenproduktion in der Region,

Torschok liegt am Twer, der wiederum in die Wolga fließt. Die Gebäude am Ufer sind Büro- und Geschäftsgebäude.

RECHTE SEITE:
Die katholische Kirche von Twer

russisches Leinen ist eines der beliebtesten Souvenirs. 30 Prozent des russischen Flachsanbaus findet im Twerer Gebiet statt. Auch chemische Industrie ist hier ansässig wie etwa die Produktion von synthetischen Fasern, Glasfasern, Plastik und Druckfarben, dazu holzverarbeitende Industrie sowie Papier und Porzellanherstellung.

Naturreservate

Im Südwesten der Waldaihöhen befindet sich der Zentrale Waldnaturschutzpark. Er umfasst 46.061 Hektar Schutzgebiet. Darunter sind mehrere Torfmoore mit sehr seltener Flora und Fauna.

DUBNA IM MOSKAUER GEBIET

Zwischen Twer und Jaroslawl reicht ein Stück des Moskauer Gebietes an die Wolga heran. Hier liegt die 1956 gegründete Stadt Dubna. Sie befindet sich 115 Kilometer nördlich von Moskau an der Einmündung des Flüsschens Dubna und des Moskwa-Wolga-Kanals in die Wolga.

Schon das Gründungsjahr lässt darauf schließen, dass diese Stadt mit ihren heute 62.000 Einwohnern nicht zu den Perlen des Goldenen Rings gehört und ihre Bedeutung nicht aus historischen Bauten schöpft. Sie entstand vielmehr auf der grünen Wiese, um dem sowjetischen Vereinten Institut für

Der Seeligersee gehört zu den schönsten im Twerer Gebiet.

Kernforschung und dem damals größten Teilchenbeschleuniger des Landes eine Heimstätte zu bieten. In Dubna wird seither Grundlagenforschung in der Elementarteilchen- und Kernphysik betrieben. Hier befinden sich das Forschungsinstitut für Kernphysik der Moskauer Lomonossow-Universität, eine Filiale der Moskauer Hochschule für Radiotechnik und eine Filiale der Staatlichen Moskauer Universität für Tourismus und Service. Zu den übrigen Bildungsinstitutionen zählt auch ein Zentrum für Kinder- und Jugendtourismus und Ökologische Erziehung.

Die Atomphysiker-Stadt ist mit Moskau durch eine Autobahn und eine Stichlinie der Eisenbahn verbunden

DIE STADT JAROSLAWL AM GOLDENEN RING

Lage und Bevölkerung

Auf der Wolgaseite empfängt Dubna seine Besucher mit einer mächtigen Leninskulptur.

Jaroslawl liegt 282 Kilometer nordöstlich von Moskau und 750 Kilometer südwestlich von Sankt Petersburg. Die Stadt zählt 650.000 Einwohner. Trotz ihrer Größe hat sie im Zentrum ihren altrussischen Charakter bewahrt, gilt als eine der schönsten russischen Städte überhaupt und zählt zu den

Perlen des Goldenen Ringes. Ihre Kirchen und älteren weltlichen Gebäude sind mit den charakteristischen weißen Steinschnitzereien, farbigen Kachelfriesen und zahlreichen gut erhaltenen Fresken geschmückt. Wahrzeichen der ehemaligen Festung ist die sogenannte Strelka, eine steinerne Festungsmauer. Sie entstand um 1660 und erhebt die sich hoch über die Wolga.

Geschichte

Die Stadt wurde 1010 vom Kiewer Fürsten Jaroslaw dem Weisen auf dem hohen Wolgaufer an der Mündung des Flusses Kotorosl in die Wolga gegründet. Der Legende nach hatte der Fürst hier einen mächtigen Bären bezwungen, welchen die einheimischen Heiden anbeteten. Der Bär ziert noch heute das Stadtwappen. Der Fürst hatte für die Stadtgründung eine strategisch wichtige Stelle gewählt. Dank seiner Lage auf dem hier sehr steilen Ufer war Jaroslawl schwer zu besiegen und kontrollierte den Wasserweg nach Wladimir. Die Stadt wuchs schnell dank des Handels, war aber auch immer wieder ein Ziel für Eroberer und brannte mehrmals nieder.

Sehenswürdigkeiten

Da die Jaroslawler früh begannen, in Stein zu bauen, haben wichtige Gebäude die jahrhundertelangen Kämpfe um die Stadt relativ gut übestanden. Vor allem bietet Jaroslawl eine einzigartige his-

Angler mit einer Grundangel in einem Seitenarm der Wolga

RECHTE SEITE:
Die Erlöserkirche von Jaroslawl

torische Skyline aus weißen Kirchenbauten mit zahlreichen Zwiebeltürmen auf dem hohen Fluss-ufer. Das aus dem 12. Jahrhundert stammende Erlöserkloster beherbergt die ältesten Gebäude der Stadt. Dazu gehört die Christi-Verklärungs-Kathedrale, die Anfang des 16. Jahrhunderts errichtet wurde und mit Fresken aus dem 16. und 17. Jahrhundert ausgestattet ist. Sehenswert sind auch die Kirche zu Christi Erscheinen (1693), die Erzengel-Michael-Kirche (1687), die Nikola-Rubljony-Kirche (1695) sowie die Christi-Verklärungs-Kirche (1672). Im 17. Jahrhundert erlebte die Stadt einen Bauboom, sie war damals nach Moskau die zweitgrößte Stadt Russlands. Aber auch die Architektur der ersten Hälfte des 19. Jahrhunderts ist hier mit klassizistische Bauten vertreten. Beispiele wie aus dem Bilderbuch sind der Gostiny Dvor und die klassischen Handelsarkaden. Die Altstadt zählt seit 2005 zum Welterbe der UNESCO.

Bildung und Kultur

In dieser Stadt wurde im Jahre 1722 eine für die Kulturgeschichte Russlands sensationelle Entdekkung gemacht. Im Spasski-Kloster fand sich das Igorlied, die älteste russische Dichtung. Sie handelt von einem Feldzug im Jahre 1185 unter dem russischen Fürsten Igor Swjatoslawitsch.

Besucher betrachten staunend die reichhaltig mit Gold verzierten Bilder und Ikonen im Innern der Erlöserkirche.

Dreißig Jahre nach dem Fund, im Jahre 1750, gründete hier Fjodor Grigorewitsch Wolkow das erste professionelle russische Theater. Heute gibt es außer diesem noch zwei weitere Theater in Jaroslawl, außerdem eine Philharmonie und einen Zirkus.

Im Gegensatz zur Jaroslawler Innenstadt, die wegen ihrer historischen Bausubstanz zum Weltkulturerbe der UNESCO zählt, ist dieses Verwaltungsgebäude jüngeren Datums.

RECHTE SEITE:
Eines der historischen Gebäude in der Innenstadt

Jaroslawl ist heute eine Universitätsstadt mit natur- und sozialwissenschaftlichen Fakultäten. Seit Mitte des 18. Jahrhunderts gab es hier bereits Publizistik und Mitte des 19. Jahrhunderts erschienen hier überregionale Zeitschriften. Das Kunstmuseum der Stadt stellt eine umfassende und sehr wertvolle Gemäldesammlung aus. Sie reicht von Ikonen aus dem 12. Jahrhundert über die berühmte Jaroslawler Kunstschule des 17. Jahrhunderts bis zu berühmten russischen Malern des 19. Jahrhunderts wie Ilja Repin und Iwan Schischkin

Außerhalb der Stadt

15 Kilometer vor der Stadt kann man das Gut Karabicha besichtigen, in dem der russische Dichter Nikolai Nekrasow 1862 bis 1875 lebte. In dem Dorf Bolschoie Nikolskoje unterhält das Jaroslawler Historische Museum eine Sonderausstellung unter dem Namen „Kosmos", welche der weltweit ersten Astronautin, Valentina Tereschkowa, gewidmet ist.

Verkehrsverbindungen

Jaroslawl ist über einen Fernbahnhof, drei Flusshäfen, darunter einen großen Passagierhafen an der Wolga und über zwei Flughäfen mit der ganzen Welt verbunden. Von Moskau aus ist es mit dem Zug oder über die Jaroslawskoje Chaussée mit dem Auto in drei Stunden zu erreichen.

Denkmal für die erste russische Kosmonautin, Valentina Tereschkowa, in Jaroslawl

DAS JAROSLAWLER GEBIET

Größe und Bevölkerung

Das Jaroslawler Gebiet liegt in Zentralrussland und grenzt an die Gebiete der Städte Twer, Moskau, Iwanowo, Wladimir, Kostroma und Wologda. Das Gebiet umfasst 36.400 qkm und 1.451.400 Einwohner. Davon sind rund 95 Prozent Russen, etwa 1 Prozent Ukrainer und ein halbes Prozent Tataren.

Geografie

Im größten Teil des Jaroslawler Gebietes wechseln sanfte Hügel mit sumpfigen Ebenen ab. Letztere gehen im Osten in das Flachland von Jaroslawl-Kostroma und im Nordwesten in das Mologa-Scheksna-Becken über. Von Südwesten nach Nordosten zieht sich eine Reihe von Hügelketten. Ihre Erhebungen erreichen bis zu 292 Meter, etwa bei Uglitsch und Danilowsk. Im Südosten erhebt sich die Klin-Dmitrowsker-Hügelkette. Die Region ist reich an Flüssen, die fast alle der Wolga zustreben. Zahlreich sind auch die Seen, die bekanntesten von ihnen sind der Nero-See sowie der Pleschtschejewer, Rybinsker, Kostromaer und Uglitscher See.

Das Jaroslawler Gebiet fällt in die südliche Taigazone. Vorherrschend sind hier podsolhaltige Grasböden und Mischwälder mit großblättrigen Bäumen wie Ahorn und Eiche. Nur im Norden überwiegen Nadelwälder und Birken. Insgesamt bedecken die Wälder die Hälfte des Territoriums. Sie sind sehr reich an Wild. Hier leben unter anderem Elche, Füchse, Hasen, Marder, Birk- und Haselhühner und Auerhähne.

Klima

Das Klima ist gemäßigt kontinental, die monatlichen Temperaturen liegen um 2–3 Grad unter denen in Moskau, zwischen 18 im Juli und -10 Grad im Januar. Im Jahresdurchschnitt fallen 600 Millimeter Regen.

Rohstoffe

Im Jaroslawler Gebiet wird traditionellerweise Flachs zur Leinengewinnung angebaut und Wolle geschoren. Hier finden sich natürliche Baumaterialien wie Kiessand und Ziegellehm, hochwertige Tor-

Überall in Russland, so auch in Jaroslawl, versuchen alte Menschen ihre magere Rente aufzubessern, indem sie Handarbeiten, selbstgezogenes Gemüse oder Blumen verkaufen.

fe und salzhaltige Quellen. Man hat hier in jüngerer Zeit um den Nero-See reiche Vorkommen am Sapropel (Faulschlamm) gefunden. Es handelt sich bei diesem Stoff um wertvollen Dünger und um ein Rohmaterial zur Gewinnung von synthetischem Gummi, Farben und zur Ölraffinierung. Auch Erdölvorkommen sind entdeckt worden, werden aber noch nicht ausgebeutet. Man hofft auch auf Erdgasvorkommen.

Hauptwirtschaftszweige

Der führende Wirtschaftszweig ist hier der Bau von Diesel-, Flugzeug- und Elektromotoren. Gebaut werden hier außerdem auch Kraftstoffpumpen und Schiffe, Anlagen für die nahrungsmittelverarbeitende- und Druckindustrie sowie Werkbänke. In der chemischen und petrochemischen Industrie werden hier unter anderem ein Siebtel der russischen Reifen hergestellt, synthetischer Kautschuk, Farben, Lacke und Fotobedarf. In der erdölverarbeitenden Industrie werden Benzin und Dieselkraftstoffe gewonnen. Strom liefern die Wasserkraftwerke von Rybinsk und Uglitsch. Neben konventionellen Tourismus gibt es hier auch viele Sanatorien und Heilstätten um die zahlreichen Mineralquellen der Region.

Naturreservate

Im Nationalpark Pleschtschejewo-See bei Pereslawl-Salesski hat man 1988 erstmals in Russland ein Territorium gleichzeitig zum Naturschutzreservat und Freiluftmuseum erklärt. Das städtische Territorium von Pereslawl-Salesski bildet in diesem Park eine exterritoriale Enklave. Der Park umfasst 23.790 Hektar, davon 15.271 Hektar Wald, 5963 Hektar Wasser und 554 Hektar Ackerland. Mitten in der geschützten Natur befinden sich 8 archäologische, 22 historische und 94 Architekturdenkmäler. 35 der hier wachsenden Pflanzenarten wurden in Russland in das Rote Buch eingetragen. Einige der Tierarten kommen sonst kaum im Lande vor, zum Beispiel das Flughörnchen. Als eiszeitliches Relikt lebt im Pleschtschejewo-See die Rjapuschka, der sogenannte „Zaren-Hering“.

Besonders beachtenswerte Orte im Jaroslawler Gebiet

Jaroslawl ist selbst eine der imposantesten Städte des Goldenen Ringes. Es beherbergt in seinem Gebiet aber auch noch einige kleinere Städte die ebenfalls dazu gehören wie Rostow-Weliki, Pereslawl-Salesski und Myschkin. Die geschichtsträchtige Sadt Uglitsch gehört ebenfalls zum Ring und befindet sich direkt am Wolgaufer, oberhalb von Jaroslawl.

UGLITSCH

Uglitsch liegt 280 Kilometer nordöstlich von Moskau, unterhalb von Twer und Dubna und 110 Kilometer westlich von Jaroslawl am Uglitscher Stausee an der Wolga. Die Stadt hat 36.000 Einwohner.

Die Stadt wurde 937 erstmals urkundlich erwähnt. 1591 starb hier der junge Zarensohn Dmitri. Daraufhin argwöhnte das Volk, dessen 1598 inthronisierter Vormund, Boris Godunow, habe eine Verschwörung gegen sein Mündel angezettelt.

Der Uglitscher Kreml mit seinen Kathedralen entstand während der Wende vom 17. zum 18. Jahrhundert. Zusammen mit den anderen zentralen Kathedralen dieses Ortes vermittelt er ein harmonisches, geschlossenes Bild aus jener Periode.

14 Kilometer vor Uglitsch beim Dorf Ulejma steht das im 14. Jahrhundert gegründete Nikolo-Ulejmin-Kloster.

OBEN: Auch in der Gegend von Jaroslawl wird fleißig gebaut – Neubaugelände am Wolgaufer.

UNTEN: Kleine Holzhaussiedlung in Uglitsch

Bei Uglitsch: Schleuse am Rybinssker Stausee an der Verbindungsstelle zur Wolga

KOSTROMA

Ein Leutturm bildet das Symbol der Stadt Kostroma und steht in ihrem Zentrum. Vor ihm ankern die Wolga-Passagierschiffe an hölzernen Landestegen, deren Form sich seit dem 17. Jahrhundert kaum geändert hat. Der Kai dient als kleiner Basar, auf dem traditionelle Produkte der Region feilgeboten werden, Honig, Leinen, Holzspielzeug. Kostroma ist die nördlichste Stadt des Goldenen Ringes und liegt 330 Kilometer nordöstlich von Moskau, dort, wo der Fluss Kostroma in die Wolga mündet. Die Stadt hat 273.400 Einwohner.

Geschichte

1152 wurde der Ort als Festung vom Susdaler Fürsten Juri Dolgoruki gegründet. Als weniger prominentes Handelszentrum erlaubte der Ort es immer wieder russischen Adeligen, sich hier vor Verfolgern zu verstecken. Im Ipatios-Kloster der Stadt wurde 1613 Michail Romanow gekrönt, der Begründer der zweiten russischen Zarendynastie.

Vom 16. bis 18. Jahrhundert war Kostroma ein bekanntes Zentrum der Textil- und Metallmanufaktur und zahlreicher Handwerke. Die Stadt florierte nun auch dank des Handels mit dem Baltikum, Mittelasien und sogar mit England.

Kultur

Keine Stadt des Goldenen Ringes inspirierte so viele Musiker. Russlands beliebtester und nun schon „klassischer“ Rockbarde Boris Grebenschtschikow hat der Stadt ein ganzes Album gewidmet, „Kostroma mon amour“. Einige Jahre nach ihm landete die Folk-Rock-Gruppe Iwan Kupala mit ihrem Song „Kostroma“ einen Hit.

Um die Wende vom 19. zum 20. Jahrhundert war diese Stadt die Heimat von Künstlern, die das Leben der russischen Kaufmannschaft thematisierten, wie der Dramatiker Alexander Ostrowski und der Maler Boris Kustodijew. Ostrowski ist hier ein Museum gewidmet, das Schauspielhaus der Stadt ist nach ihm benannt. Die Stadt hat auch ein Museum für bildende Künste und eine Reihe von Galerien für moderne Kunst.

Uglitsch an der Wolga: Eine Folklore-Gruppe unterhält mit ihren Gesangsdarbietungen ankommende Besucher an der Anlegestelle der Kreuzfahrtschiffe.

Es gibt hier eine Technische und eine Pädagogische Universität, außerdem eine Landwirtschaftsakademie.

Sehenswürdigkeiten

Fächerförmig gruppieren sich klassizistische Häuser um den zentralen Susanin-Platz. Da die Stadt 1773 komplett niederbrannte, durften auf Erlass des Senats fortan nur noch steinerne Gebäude errichtet werden. Deshalb konnte die Kostromaer Innenstadt zu einer Art Freiluftmuseum für russischen Klassizismus vom Ende des 18. bis in die erste Hälfte des 19. Jahrhunderts hinein werden.

Älteste Gotteshäuser in Kostroma sind die Christi-Auferstehungs-Kirche am Wolga-Kai (1652) und die gleich alte Dreifaltigkeitskathedrale mit 78 Ikonen des Meisters Juri Nikitin im Ipatios-Kloster. Dort sind auch einige steinerne und Hölzerne Rudimente der ursprünglichen Anlage des Klosters aus dem 13. Jahrhundert zu bestaunen, die der große Brand verschonte.

Auf dem Gelände befindet sich ein Freilichtmuseum für die Holzbaukunst der nördlichen Rus mit einer Mühle sowie Kirchen und Wohnhäusern aus dem 16. und 17. Jahrhundert. Das Kloster verfügt außerdem über ein Ikonenmuseum und eine Ausstellung bibliophiler Ausgaben und Gemälde aus dem 16. und 17. Jahrhundert sowie ein Naturkundemuseum mit einer Sammlung von Schmetterlingen und ausgestopften Tieren.

Die Ufer der Wolga sind überreich gesegnet mit Zwiebeltürmen – hier eine Kirche in Kostroma.

DAS KOSTROMAER GEBIET

Schubverband mit einem Lastkahn auf der Wolga

Lage, Größe und Bevölkerung

Das Kostromaer Gebiet umfasst 60.000 qkm, liegt im Zentrum der Osteuropäischen Ebene in der südlichen Taiga und grenzt an die Gebiete von Iwanowo, Jaroslawl, Wologda, Kirow und Nischni Nowgorod. Es hat 709.000 Einwohner. Von den Bewohnern sind 95,6 Prozent Russen und 1 Prozent Ukrainer, der Rest andere Minderheiten.

Topografie und Klima

Wie die benachbarte Landschaft ist auch das Gebiet Kostroma leicht hügelig. Es verfügt über podsolhaltige Grasböden, Misch- und Nadelwälder und hat ein gemäßigt kontinentales Klima. Im Zentrum erhebt sich allerdings das Hochland von Galitsch, das bis zu 292 Meter Höhe erreicht, im Norden der sogenannte Nördliche Gebirgskamm. Die Region ist reich an Flüssen und Seen, von denen dir größten die Seen von Galitsch und Tschuchloma sind.

Rohstoffe

Holz bildet den größten Reichtum der Gebietes von Kostroma, Wälder bedecken 72 Prozent des Territoriums. Entsprechend reich ist die Region auch an Wild und Fisch. Die Gegend um Kostroma ist berühmt für ihre traditionellen, ausdauernden Zuchtviehsorten, von denen die bekannteste das Romanow-Schaf ist. Im ganzen Gebiet gibt es zahlreiche Mineralwasserquellen. Wasserkraftwerke an den Flüssen liefern ausreichend Strom, das größte von ihnen ist das von Wolgoretschensk. In jüngster Zeit sind in der Region Ölquellen entdeckt worden, auch Goldadern und Thermalquellen, mit deren Wärme man ganze Städte heizen könnte.

Eine junge Künstlerin versucht sich an den Häusern eines Freiluftmuseums als Motiv.

RECHTE SEITE: Ein wunderschöner alter Feuerwachturm steht in Kostroma.

Hauptwirtschaftszweige

14 Prozent alle Arbeiter und Arbeiterinnen im Gebiet sind in der Textilindustrie tätig, von deren Zweigen die leinenverarbeitende Industrie der bedeutendste ist. Inzwischen sind aber auch die chemische und petrochemische Industrie hier ansässig, Maschinen- und Motorenbau, daneben die Herstellung von Baumaterialien, Holz- und Papierverarbeitung.

BESONDERS BEACHTENSWERTE ORTE IM KOSTROMAER GEBIET

Pljos

Diese kleine alte Kaufmannsstadt, 50 Kilometer von Kostroma entfernt, hat nur 3500 Einwohner und keinerlei Industrie. Ihre Umgebung wird der reizvollen Landschaft wegen auch als die Russische Schweiz bezeichnet. Gegründet als Festung im 15. Jahrhundert, entspricht Pljos heute äußerlich der Idealvorstellung von einem russischen Provinzstädtchen und ist mit seinen stets adrett bemalten

Schiffe unterschiedlichster Größen und jeden Alters findet man an den Anlegestellen der Wolga.

Holzhäusern ein guter und bei Landschaftsmalern höchst beliebter Erhohlungsort. Einer von ihnen, der Künstler Isaak Lewitan, wohnte und arbeitete hier 1888 bis 1889. Sein Haus ist heute ein Museum. Pljos bietet Sandstrände an der Wolga und natürliches Fichtennadelaroma.

Kasan und die Republik Tatarstan

Kasan liegt am Zusammenfluss der Wolga und der Kasanka im zentralen Teil Russlands 797 Kilometer östlich von Moskau und hat 1,1 Millionen Einwohner.

Das Gründungsdatum ist strittig. Während einige Experten von einer Gründung Kasans durch die Wolga-Bulgaren im frühen Mittelalter ausgehen, setzen andere dieses Datum Mitte des 15. Jahrhunderts an. Nach dem Niedergang der Goldenen Horde wird Kasan Hauptstadt des mächtigen Kasaner Khanates. Der Stadtmarkt Tasch Ajak wird zum wichtigsten Handelszentrum in der Region – vor allem für Möbel. 1552 erobert Iwan der Schreckliche die Stadt. Die meisten Bewohner werden getötet oder zwangschristianisiert und 50 Kilometer entfernt von der Stadt angesiedelt. Moscheen und Paläste werden zerstört. Mehrmals wird die Stadt Opfer von verheerenden Bränden.

1708 wird das Kasaner Khanat abgeschafft und Kasan Hauptstadt des Gouvernements. Nach einem Besuch von Peter dem Großen entsteht hier ein Standort für den Bau der kaspischen Flotte. 1774 wird Kasan infolge einer Revolte von Grenzposten und Bauern unter Führung des Kosaken Jemeljan Pugatschow zu großen Teilen zerstört, jedoch während der Regierungszeit von Katharina der Großen wieder aufgebaut. Zudem verfügt die Zarin, dass auch Moscheen wieder errichtet werden dürfen. Ende des 19. Jahrhunderts ist Kasan ein wichtiges industrielles Zentrum an der mittleren Wolga.

Nach der russischen Revolution von 1905 können die Tataren Kasan als tatarisches kuturelles Zentrum wiederbeleben – es entstehen das erste tatarische Theater und die erste tatarische Zeitung. 1920 wird Kasan Hauptstadt der Tatarischen Autonomen Sozialistischen Sowjetrepublik. In der 20er und 30er Jahren werden viele städtische Moscheen und Kirchen zerstört. Nach der Auflösung der Sowjetunion 1991 wird Kasan wieder zum Zentrum der tatarischen Kultur. Anlässlich der Tausendjahrfeier 2005 wird die größte Moschee Russlands, Kul-scharif, im Kasaner Kreml eingeweiht.

Der Kasaner Kreml gehört zum Weltkulturerbe der UNESCO. Sehenswert ist die Maria-Verkündigungskirche, die vermutlich 1561/62 erbaut wurde. Der 58 Meter hohe, aus roten Ziegelsteinen erbaute Sjujumbike-Turm entstand im 17. Jahrhundert. Hinter dem Turm befindet sich ein Mausoleum mit den Sarkophagen der tatarischen Khane. Hauptturm des Kreml ist der Spasski-Turm. Er wurde auf älteren Fundamenten im 16. Jahrhundert errichtet und erhielt er im 18. Jahrhundert sein heutiges Aussehen. Bis zur Oktoberrevolution befand sich im obersten Stockwerk eine Kapelle.

Die Schlosskirche stammt aus dem 17. Jahrhundert. Der ehemalige Gouverneurspalast wurde 1845–1848 erreichtet und ist heute Sitz des Präsidenten. Weiterhin befinden sich auf dem Areal des Kreml

Der Kreml von Kasan

Die Kul-Scharif-Moschee in Kasan ist die größte Moschee Russlands – hier ein kleines Nebengebäude.

RECHTE SEITE:

Ein alter orthodoxer Glockenturm im Kreml von Kasan

die Kul-Scharif-Moschee sowie Reste des Erlösungsklosters, dessen Kathedrale aus dem 16. Jahrhundert von den Bolschewiken zerstört wurde. Erwähnenswert ist zudem noch die unweit des Kreml befindliche barocke Peter- und Paul-Kathedrale (1723–1726).

Die Republik Tatarstan liegt im Zentrum der Osteuropäischen Ebene zwischen der Wolga und der Kama. Die Republik umfasst das Tiefland der mittleren Wolga, die hier zum Samarer Stausee aufgestaut ist und erstreckt sich bis zum Ural-Gebirge. Tatarstan hat eine Fläche von 67836 qkm und 3,7 Millionen Einwohner. Nachbarn sind die Gebiete Kirow, Orenburg, Samara, Uljanowsk sowie die Republiken Udmurtien, Baschkortostan, Tschuwaschien und Mari El.

Hauptflüsse neben Wolga und Kama sind die Bjelaja, der Ik und die Wjatka. Der wichtigste See ist der Kaban. Das Flachland besteht vor allem aus Wald und Waldsteppe. 16 Prozent des Territoriums sind bewaldet. Tatarstans Fauna ist vielfältig, so kommen hier 430 Wirbeltierarten vor. Es gibt den Nationalpark Nischnjaja Kama sowie das Naturschutzgebiet Wolschsko-Kamski. Das Klima ist gemäßigt kontinental bei durchschnittlichen Temperaturen von minus 14 Grad im Januar und 19 Grad Celsius im Juli. Die jährliche Niederschlagsmenge liegt bei 500 Millimeter.

In Tatarstan leben Angehörige von 70 Nationalitäten. Die größten Gruppen sind Tataren mit 48,5 und Russen mit 43,3 Prozent. Amtssprachen sind Tatarisch und Russisch, wichtigste Religionen der Islam und der christlich-orthodoxe Glaube.

Tatarstan ist eine der reichsten Regionen der Russischen Föderation. Die wichtigsten Rohstoffe sind Erdöl und Erdgas, wobei große Teile der Vorkommen noch nicht erschlossen sind. Wirtschaftlich von Bedeutung sind Öl- und Gasförderung, Flugzeugbau, Erdölverarbeitung, Petrochemie und die Textilindustrie.

1920 wurde die Tatarische Autonome Sozialistische Sowjetrepublik gegründet, seit 1992 ist die offizielle Bezeichnung Republik Tatarstan. Seit einem bilateralen Vertrag zwischen Moskau und Tatarstan aus dem Jahre 1994 genießt die Republik weitgehende Sonderrechte.

Tscheboksary und die Republik Tschuwaschien

Tscheboksary liegt am rechten Wolga-Ufer zwischen den Zuflüssen Sura und Swjaga 768 Kilometer östlich von Moskau. Die Stadt hat rund 480.000 Einwohner.

1469 wird Tscheboksary erstmals in Urkunden erwähnt und 1555 zur Festungsstadt innerhalb des Moskowiter Reiches. Ende des 17. und Anfang des 18. Jahrhunderts ist Tscheboksary bereits ein wichtiges Handelszentrum für Salz, Brot, Honig, Pelze und Rohleder. 1708 wird die Stadt dem Kasaner Gouvernement zugeschlagen und erhält 1781 den Status einer Kreisstadt. Anfang des 20. Jahrhunderts verliert Tscheboksary seine Bedeutung als Handelszentrum, wird aber gleichzeitig durch seine vielen Kirchen berühmt. Sie verfügt über zwölf steinerne Kirchen, elf Kapellen und das Dreifaltigkeitskloster mit drei Kirchen. 1925 wird Tscheboksary Hauptstadt – zunächst der Autonomen Sozialistischen Sowjetrepublik Tschuwaschien und ab 1992 der Republik Tschuwaschien.

Am Kasan gegenüberliegenden Wolgaufer leuchten weiße Kreidefelsen im Sonnenlicht.

Sehenswert sind die Erzengel-Michael-Kathedrale (1702), die Auferstehungskirche (1752) und die Maria-Himmelfahrt-Kirche (1763). Das Tschuwaschische Staatliche Kunstmuseum verfügt über 20.000 Exponate – darunter herrausragende tschuwaschische Nationalkunst. Das 1921 gegründete tschuwaschische Nationalmuseum mit rund 160.000 Ausstellungsstücken präsentiert unter anderem wertvolle Dokumente, Briefe und Bücher der tschuwaschischen Kunst- und Kulturgeschichte. Zudem befindet sich hier Russlands einziges Bier-Museum.

Die Republik Tschuwaschien liegt im europäischen Teil Russlands, ist 18.300 qkm groß und hat 1.360.800 Einwohner. Die Republik grenzt an die Regionen Nischni Nowgorod und Uljanowsk so wie die Republiken Mari El, Tatarstan und Mordwinien.

Wichtigster Fluss ist die Wolga – sie durchfließt Tschuwaschien auf einer Länge von 127 Kilometern. Zudem gibt es auf dem in der Waldzone gelegenen Territorium 400 Seen. Bei kontinentalem Klima liegen die Temperaturen im Januar bei minus 13 und im Juli bei 19 Grad Celsius. Die jährliche Niederschlagsmenge beträgt 450 Millimeter.

Die Tschuwaschen stellen mit 68 Prozent die größte Bevölkerungsgruppe vor den Russen (26,7 Prozent), den Tataren (2,7 Prozent) und den Mordwinen (1,4 Prozent). Amtssprachen sind Tschuwaschisch und Russisch. Die Mehrheit ist russisch-orthodox, eine Minderheit bekennt sich zum Islam.

An Rohstoffen verfügt Tschuwaschien vor allem über Gips, Dolomit, Öl-Schiefer, Phosphor, Torf und Lehm. Geologischen Expertisen zufolge soll es aber auch größere Gas- und Ölfelder geben. Be-

Die Wolga bei Elabuga
in der Region Kasan

Nischni Nowgorod liegt zu beiden Seiten der Wolga.

deutende Wirtschaftszweige sind Maschienenbau, Metallverarbeitung, Forstwirtschaft, Holzverarbeitung sowie Leicht- und Lebensmittelindustrie.

Die Stadt Nischni Nowgorod und Umgebung

Nischni Nowgorod , von seinen Bewohnern zärtlich „Nischni" genannt, liegt 439 Kilometer von Moskau und hat 1,4 Millionen Einwohner.

1221 gründet Prinz Juri die Stadt Nowgorod am Zusammenfluss von Wolga und Oka zum Schutz vor Invasionen und als künftigen Umschlagsplatz für Waren aller Art. Ab dem 14. Jahrhundert wird sie Nischni Nowgorod genannt. Es wird ein hölzerner Kreml erbaut und die Stadt mit einem Graben umgeben. 1341 wird Nischni Nowgorod Hauptstadt des Fürstentums Susdal. Der Großfürst Dmitri Konstantinowitsch lässt einen Prinzenpalast und steinerne Kirchen im Inneren des Kreml errichten. Zu diesem Zeitpunkt schickt sich die Stadt nicht nur an, ein aufstrebendes Zentrum für den Handel, sondern auch für die Kultur zu werden.

1393 wird Nischni Nowgorod dem Moskauer Fürstentum angeschlossen. Zweimal, 1520 und 1536, widersteht der steinerne Kreml (1500 bis 1515 erbaut) Angriffen der Tataren. Eine wichtige Rolle spielt Nischni Nowgorod auch in den Zeiten der „Wirren" (Smuta). 1611/12 besiegen zwei Bürger der Stadt mit ihren Volksarmeen die polnischen Invasoren. 1817 wird die Messe von Makarew – einer zu dieser Zeit bedeutendsten Handelsmärkte – nach Nischni Nowgorod verlagert. Mitte des 19. Jahrhunderts ist Nischni Nowgorod als eine der wichtigsten Handels- und Industriestädte des russischen Reiches etabliert. So werden hier nicht nur die Hälfte aller russischen Schiffe, sonder auch die weltweit ersten Motorschiffe gebaut. Dem Versuch der Bolschewiken, die alte Kultur auszulöschen, fallen ab 1917 zahlreiche historische Gebäude und Kirchen zum Opfer. In den 30er Jahren bekommt Nischni Nowgorod den Status einer „geschlossenen Stadt", da hier zahlreiche Rüstungsbetriebe ansässig sind. Ausländern bleibt ein Besuch fortan verwehrt.

1932 erhält die Stadt zu Ehren des Schriftstellers Maxim Gorki (1868–1936), der hier geboren ist, dessen Namen. Von 1980 bis 1986 lebt der aus Moskau verbannte Dissident und Friedensnobelpreisträger Andrej Sacharow in Gorki – wie die Stadt in der Sowjet-Ära umbenannt wird. 1991 erhält die Stadt ihren historischen Namen zurück und wird für Ausländer wieder geöffnet. Seit 2000 ist Nischni Nowgorod die Hauptstadt des Föderationskreises Wolga.

Nischni Nowgorod , auch als „Architektur-Mekka Russlands" bezeichnet, ist eine von hundert Städten, die die UNESCO zum Weltkulturerbe erklärt hat. Sehenswert ist der Kreml, dessen zwischen 18 und 30 Meter hohe Türme durch bis zu fünf Meter dicke und 12 bis 20 Meter lange Mauern verbunden sind. Auf diesem Areal befindet sich auch die Erzengel-Michael-Kathedrale, die zwischen 1624 und 1631 erbaut wurde. Sehenswert sind auch das im 14. Jahrhundert erbaute Maria-Verkündigungskloster und das Petschorski-Kloster, das im 17. Jahrhundert wesentlich umgestaltet wurde.

Durch den Bogen der Wolga-Brücke erblickt man die Alexander-Newsky-Kathedrale von Nischni Nowgorod.

Die Kirche St. Theodor Stratelates in Nowgorod

Das Pescherski-Kloster ist ein einzigartiges Beispiel für die alte russische Architektur, die nur noch in Nischni Nowgorod erhalten ist. Das 1896 eröffnete Kunstmuseum präsentiert 12.000 Exponate russischer und westeuropäischer Künstler sowie eine reiche Sammlung an ostasiatischer Kunst.

Die Universitätsbibliothek hat insgesamt 4,3 Millionen Objekte in ihrem Bestand. Darunter sind 600 Manuskripte aus dem 15. Jahrhundert sowie 40.000 Bücher aus allen Epochen ab dem vom 16. Jahrhundert.

Die Plattenbauwohnung, in der Andrej Sacharow während seiner Verbannung lebte, ist heute ein Museum.

Die Region Nischni-Nowgorod liegt am Zusammenfluss von Wolga und Oka und ist eine Brücke zwischen dem europäischen und asiatischen Teil Russlands. Das 80.500 Quadratkilometer große Gebiet mit 3,7 Millionen Einwohnern grenzt an die Gebiete Kostroma, Wladimir, Pensa, Iwanowo, Rjasan und Kirow sowie an die Republiken Tschuwaschien, Mordwinien und Mari El. Das 1929 gegründete Gebiet hieß bis 1990 Gorki-Gebiet.

Nischni Nowgorod: Ein blauer Himmel lädt an diesem Wintertag zu einem Spaziergang am Wolgaufer ein.

Frühlingstag am Ufer der Wolga

Wichtigste Flüsse sind die Wolga und die Oka, die das Gebiet auf einer Länge von 260 Kilometern durchfließen. Insgesamt gibt es 9000 Flüsse und 7000 Seen. Vorherrschende Vegetationszonen sind Taiga, Wald und Steppe. Waldflächen nehmen 40 Prozent des Territoriums ein. Die Flora und Fauna sind vielfältig und werden in 14 ausgewiesenen Gebieten besonders geschützt.

Bei kontinentalem Klima liegen die Durchschnittstemperaturen im Januar bei -12 und im Juli bei 19 Grad Celsius. Die jährliche Niederschlagsmenge beträgt 500 Millimeter.

95 Prozent der Bevölkerung sind Russen, kleinere Minderheiten stellen Tataren mit 1,4 Prozent, sowie Mordwinen und Ukrainer mit je 0,7 Prozent.

An Bodenschätzen kommen vor allem natürliche Baumaterialien wie Lehm, Gips und Torf sowie Mineralwasser vor. Wichtigste Wirtschaftsbranchen sind Maschinenbau, Automobilindustrie, Metallverarbeitung, Chemie und Petrochemie, Forstwirtschaft und Holzverarbeitung.

Die Stadt Uljanowsk und Umgebung

Uljanowsk liegt auf einer Wolga-Anhöhe an den Flüssen Wolga und Swjaga, 893 Kilometer östlich von Moskau. Die Stadt hat 635.000 Einwohner. 1648 wird auf Befehl des Zaren Alexej Michailowitsch die Grenzfestung Simbirsk gegründet. In der Folgezeit schreitet die russische Besiedlung schnell voran, jedoch sind die Anwohner ständigen Angriffen und Plünderungen durch Baschkiren, Kirgisen und Tataren ausgesetzt. 1670 wird Simbirsk von Kosaken unter Führung von Stenka Rasin überfallen. Diese schaffen es aber nicht, die Festung einzunehmen. 1796 erhält der Ort die Stadtrechte, wird Hauptstadt des Simbirsker Gouvernements und wenig später nach dem Namen der Festung in Simbirsk umbenannt.

Im 19. Jahrhundert wird Simbirsk zu einem wichtigen Handelszentrum für Getreide, Fisch, Rinder und Holz. 1898 wird die Stadt über eine Eisenbahnlinie mit Insa verbunden, Anfang des 20. Jahrhunderts mit Bugulma. 1924 wechselt Simbirsk den Namen und heißt ab jetzt Uljanowsk – zu Ehren von Wladimir Iljitsch Lenin, der hier 1870 geboren wurde. 1943 wird Uljanowsk Hauptstadt des neu gegründeten gleichnamigen Gebietes.

Zu Sowjetzeiten gehen viele historische Gebäude verloren, wie die etwa hölzerne Festung und alle Kirchen. Lediglich ein paar Gebäude sind erhalten geblieben, darunter das Haus, in dem Lenin von 1870 bis 1887 lebte. Dieses Haus ist Teil eines ganzen Komplexes zum Andenken an den Revolutionsführer. Es wurde im Zuge großangelegter Arbeiten 1960 bis 1970 rekonstruiert. Auch dem aus Uljanowsk stammenden Dichter Iwan Gontscharow (1812-1891) sind mehrere Denkmäler in der Stadt gewidmet. Das bedeutendste ist das 1916 erbaute Ehrenmal am Ufer der Wolga.

Noch sind die Temperaturen so, dass der Fluss nicht ganz zugefroren ist.

Jetzt hat der Frost auch die Wolga fest im Griff.

Das Gebiet Uljanowsk

Das Gebiet Uljanowsk hat bei einer Größe von 37.300 qkm 1,3 Millionen Einwohner. Es grenzt an Mordwinien, Tschuwaschien, Tatarstan sowie die Gebiete Pensa, Saratow und Samara. Das Gebiet Uljanowsk, das zu beiden Seiten der Wolga und vor allem im Wolga-Hochland liegt, ist reich an Gewässern. Neben der Wolga, die das Gebiet auf einer Länge von 200 Kilometern durchfließt, gehören dazu auch der Fluss Sura, der See Beloje, der Kuibyschewskije-Stausee sowie der Julowski-Teich. Waldsteppen sind die vorherrschende Vegetation.

Wald nimmt rund ein Viertel des Territoriums ein. Es herrscht kontinentales Klima. Die Durchschnittstemperaturen liegen im Januar bei -13, im Juli bei 19 Grad Celsius. Die jährliche Niederschlagsmenge liegt bei 400 Millimeter.

Die Bevölkerung besteht zu 72,6 Prozent aus Russen, 12, 2 Prozent sind Tataren, 8 Prozent Tschuwaschen und 3,6 Prozent Mordwinen. Insgesamt leben hier Angehörige von 100 verschiedenen Nationalitäten.

Uljanowsk verfügt über Vorkommen an Öl, Gas, natürlichen Baumaterialien wie Torf und Schiefer sowie medizinischen Heil- und Mineralwasserquellen. Die Umweltprobleme des Gebietes sind jedoch immens, da die Belastung der Böden mit Schwermetallen zwei bis vier mal höher ist als erlaubt.

Wichtigste Wirtschaftszweige sind Maschinenbau, Metall- und Holzverarbeitung sowie Textil-, Leicht- und Lebensmittelindustrie.

Winter in Samara: Nur eine schmale Fahrrinne ist noch frei von Eis.

Die Stadt Samara und Umgebung

Samara liegt im Süden des europäischen Russland und ist 1098 Kilometer entfernt von Moskau. Es erstreckt sich auf 50 Kilometern entlang der Wolga. Die Stadt hat 1,1 Millionen Einwohner.

1586 wird Samara als Festung zur Verteidigung der russischen Ostgrenze und des Handelsweges auf der Wolga von Kasan nach Astrachan gegründet. Zu diesem Zeitpunkt heißt der Ort „Samara-Städtchen". 1670 wird das Städtchen von dem Kosaken Stenka Rasin und seinen Männern besetzt und wird Anfang des 17. Jahrhunderts zur Stadt. In der Folgezeit entwickelt sich Samara, das 1851 Gouvernementshauptstadt wird, zum wichtigsten Zentrum für Weizenanbau und -handel. Zu Beginn des 20. Jahrhunderts ist Samara das größte Zentrum für Getreideverarbeitung in Russland. Mit der Fertigstellung der Eisenbahnstrecken nach Sibirien und Zentralasien beginnt gleichzeitig die industrielle Entwicklung der Stadt. 1918 wird die bolschewistische Führung gestürzt und Samara kurzzeitig Sitz der provisorischen Regierung und der Verfassunggebenden Versammlung. 1935 wird Samara in Kuibyschew umbenannt – zu Ehren des gleichnamigen Staatsmannes und Parteifunktionärs. Während des Zweiten Weltkrieges werden Teile der Sowjetregierung sowie Botschaften und diplomatische Vertretungen nach Samara ausgelagert. 1991 wird Kuibyschew wieder in Samara umbenannt.

Samara: Straßen und Parks der Stadt sind verschneit.

1942 ließ Stalin in Samara einen unterirdischen Bunker bauen, in den sich die Staatsspitze im Fall einer Einnahme Moskaus durch die Deutschen zurückziehen sollte. Seit 1991 ist die zwölfstöckige Unterweltstadt, die sich 37 Meter unter der Erdoberfläche befindet, teilweise zur Besichtigung freigegeben. Zu sehen sind Arbeits- und Erholungsräume sowie Dienst- und Wirtschaftszimmer. Ob Stalin sich hier jemals aufgehalten hat, ist nicht überliefert. Fest steht jedoch, dass Dmitri Schostakowitsch hier seine „Leningrader Symphonie" komponierte.

Ein besonders beliebter Ort ist der 50 Kilometer lange Wolgastrand mit dem „Monument des Ruhms", das den Helden des Zweiten Weltkrieges gewidmet ist. Sehenswert sind zudem das Gorki-Schauspielhaus – es wurde 1888 nach einem Projekt des Architekten Michail Tschitschagow erbaut – sowie das Geschichtsmuseum mit 114.000 Exponaten. Ein weiteres Wahrzeichen Samaras ist der hypermoderne und derzeit größte Bahnhof Europas mit einem vollverglasten Bahnhofsturm.

Das Samarer Gebiet wurde 1991 gegründet, ist 53.600 qkm groß und hat 3 Millionen Einwohner. Es grenzt an die Gebiete Saratow, Orenburg und Uljanowsk sowie an Tatarstan.

Das Gebiet wird durch die Wolga zweigeteilt. Am westlichen Ufer erstreckt sich das Wolga-Hochland, wo die Schiguli-Berge Höhen von 375 Metern erreichen. Das östliche Ufer ist flach. Hauptfluss ist die Wolga mit mehreren Nebenflüssen, zudem befinden sich hier die beiden Staubecken Kuibyschewskije und Saratowskoje. Vorherrschend sind Wald, Steppe und Waldsteppe. 12 Prozent des Territoriums sind bewaldet. Besonders geschützt wird die Natur im Reservat Schiguljowski sowie im Nationalpark „Samarer Knie".

Es herrscht kontinentales Klima bei Durchschnittstemperaturen von -13 Grad Celsius im Januar und von 21 Grad Celsius im Juli. Die jährliche Niederschlagsmenge beträgt 400 Millimeter.

Die mit Abstand größte Bevölkerungsgruppe sind die Russen mit 83,6 Prozent gefolgt von 3,9 Prozent Tataren, 3,1 Prozent Tschuwaschen, 2,6 Prozent Mordwinen und 1,8 Prozent Ukrainern.

Vorhandene Rohstoffe sind Erdöl, Erdgas, Schiefer, Gips, Schwefel, Dolomit und Kalkstein. Wichtige Wirtschaftzweige sind Maschinenbau, Metallverarbeitung Automobilindustrie – besonders in der Stadt Toljatti – , Gas- und Ölraffinerien sowie Chemie und Petrochemie.

Die Stadt Saratow und Umgebung

Die Stadt Saratow liegt am westlichen Wolgaufer 858 Kilometer von Moskau entfernt und hat 900.000 Einwohner.

Saratow wird 1590 als Festung gegründet, um russische Siedler und den Wolga-Handelsweg vor Angriffen von Nomaden zu schützen. 1613 wird die Stadt bei einem verheerenden Brand vollständig zerstört, jedoch zwischen 1616/17 am östlichen Wolga-Ufer wieder aufgebaut. Auf Befehl des Zaren

So ist es auch auf der Wolga am schönsten: Bootsausflug im Licht der untergehenden Sonne.

Mit 2,8 Kilometern Länge gehört die Wolgabrücke bei Saratow zu den längsten Brückenbauwerken in Europa.

wird die Stadt 1674 abermals an das westlichen Wolga-Ufer verlegt. In den folgenden Jahrhunderten wird die Stadt wiederholt von Nomaden und Kosaken überfallen. Ab 1764 siedeln sich infolge von Einwanderungsmanifesten von Katharina II. zahlreiche Deutsche in Saratow und Umgebung an, um Ländereien rund 200 Kilometer östlich und südlich der Stadt landwirtschaftlich zu erschließen. Bereits im 17. und 18. Jahrhundert entwickelt sich Saratow zu einem wichtigen Handelszentrum für Fisch, Salz und Getreide.

1797 wird Saratow Zentrum des Saratower Gouvernements. Ende des 19. und Anfang des 20. Jahrhunderts, nach der Abschaffung der Leibeigenschaft und mit der Fertigstellung der Eisenbahnstrecke Tambow–Rjasan, wächst die Bedeutung Saratows als großes Handels- und Industriezentrum in der unteren und mittleren Wolgaregion. Zu Sowjetzeiten ist die Stadt für Ausländer geschlossen. 1936 wird Saratow Hauptstadt des gleichnamigen Gebietes. 1941 werden die meisten deutschen Bewohner Saratows nach Sibirien und Zentralasien deportiert. 1961 landet der erste Mensch im All, Juri Gagarin, nach seinem legendären Flug in dem Dorf Smelowka unweit der Stadt Saratow.

Einer der bedeutendsten Ausstellungsorte ist das 1886 gegründete Staatliche Radischtschew-Kunst-Museum mit rund 16.000 Exponaten. In der „Wolga-Eremitage“ sind bedeutende Sammlungen alter russischer und europäischer, russisch-avangardistischer sowie sowjetischer Kunst zu sehen.

Interessante Bauwerke sind die Dreifaltigkeits-Kathedrale aus dem späten 17. Jahrhundert sowie das 1912 im neogotischen Stil erbaute Konservatorium. Eine Brücke, die mit 2,8 Kilometern eine der längsten in Europa ist und über die Wolga führt, befindet sich ebenfalls in Saratow.

Das Saratower Gebiet wurde 1934 gegründet, umfasst eine Fläche von 100.200 qkm und hat rund 2,7 Millionen Einwohner. Grenzen hat das Gebiet mit den Gebieten Wolgograd, Woronesch, Tambow, Pensa, Uljanowsk, Samara und mit Kasachstan.

Die Wolga teilt das Gebiet in einen westlichen Teil – den Höhenzug der Wolgaplatte mit Höhen bis zu 270 Meter über dem Meeresspiegel – und eine Steppenzone im östlichen Teil. Wichtigster Flusssist die Wolga mit mehreren Nebenflüssen, den Westen durchfließt der Chopjor, ein Nebenfluss des Don. Das Gebiet liegt in Hügel- Waldsteppen-, Steppen und Halbwüstenzonen. Fünf Prozent des Territoriums sind bewaldet. Hier befindet sich auch der Chwalynsker Nationalpark.

Die Durchschnittstemperaturen liegen im Januar bei -12 und im Juli bei 22 Grad Celsius. Die jährliche Niederschlagsmenge schwankt zwischen 250 und 450 Millimeter.

Das Russland von heute: Orthodoxe Kirchen vor einer Plattenbaukulisse (hier in Saratow)

86,3 Prozent der Bevölkerung sind Russen, 2,9 Prozent Kasachen, 2,5 Prozent Ukrainer, 2,1 Prozent Tataren und 0,9 Prozent Armenier.

Das Gebiet verfügt über Vorkommen an Erdgas, Erdöl und Salzen. Bedeutende Wirtschaftsbranchen sind Brennstoffe, Energieerzeugung, Rohstoffverarbeitung, Maschinenbau, Chemie und Petrochemie sowie Leichtindustrie. Das Gebiet ist Standort mehrerer Militärflughäfen sowie von Raketensilos der russischen Atomstreitkräfte

.

Die Stadt Wolgograd und Umgebung

Wolgograd liegt 1073 Kilometer von Moskau entfernt und erstreckt sich auf einer Länge von 70 Kilometern entlang des westlichen Wolga-Ufers. Die Stadt hat knapp eine Million Einwohner.

1589 wird Wolgograd als Militärfestung Zarizyn an der südlichen Grenze des russischen Staates gegründet, um das russische Reich vor Angriffen von Nomaden zu schützen. Als Russland im 18. Jahrhundert die Krim und das Kubaner Gebiet annektiert, verschieben sich die Grenzen weiter in den Süden und Zarizyn verliert seine Bedeutung als Grenzfestung.

1782 wird Zarizyn eine Distrikt-Stadt in der Provinz Saratow. 1917 etablieren sich hier die Bolschewiki. Im Bürgerkrieg wird die Stadt stark in Mitleidenschaft gezogen, aber ab 1921 in wenigen Jahren wieder aufgebaut. 1925 wird Zarizyn in Stalingrad umbenannt – zu Ehren von Josef Stalin, der die Stadt im Bürgerkrieg mit verteidigt hatte. Am 17. Juli 1942 beginnt die Schlacht von Stalingrad gegen die Deutschen, die die Wende im Zweiten Weltkrieg einleitet.

Blick auf die Wolga und das gegenüberliegende Ufer bei Wolgograd – dem früheren Stalingrad

Die Schlacht, die 200 Tage dauert, rund eine Million Russen und Deutsche das Leben kostet und große Teile der Stadt in Schutt und Asche legt, endet 1943 mit einem Sieg der Roten Armee. Am 1. Mai 1945 erhält Stalingrad den Titel „Heldenstadt" und wird 1961 in Wolgograd umbenannt.

Das Historische Museum in Wolgograd dokumentiert die politischen und Kriegsereignisse in den Gebieten Zarizyn und Donskoi in der ersten Hälfte des 20. Jahrhunderts. Besondere Ausstellungen sind der Bedeutung und Rolle von Zarizyn während des Bürgerkrieges gewidmet sowie dem Alltagsleben und der Kultur der Stadt zu Beginn des 20. Jahrhunderts.

Das Staatliche Panorama-Museum „Niederlage der deutsch-faschistischen Truppen vor Stalingrad" ist das größte derartige Museum in Russland. Zahlreiche Fotos, Dokumente und Kriegsgegenstände zeichnen die Entscheidungsschlacht 1942/43 detailliert nach.Die landesweit am meisten besuchte Gedenkstätte ist das Mahnmal „Mutter Heimat" auf dem Mamajew-Hügel. 85 Meter ragt die monumentale Skulptur mit erhobenem Schwert – die größte ihrer Art weltweit – in den Wolgograder Himmel. "Mutter Heimat" ist das unbestrittene Symbol der Heldenstadt Wolgograd.

Das Wolgograder Gebiet ist 113.900 qkm groß, hat 2,7 Millionen Einwohner und wurde 1936 gegründet. Es grenzt an die Gebiete Woronesch, Saratow, Astrachan, Rostow sowie an Kalmückien und an Kasachstan.

Das Gebiet wird durch die Wolga zweigeteilt – in den hohen westlichen Teil der Anhöhen bis 358 Meter aufweist, und den tiefer liegenden östlichen Teil – auch Trans-Wolga genannt. Ein weiterer Hauptfluss ist der. Das Wolgograder Gebiet liegt in der Steppen- und teilweise in der Halbsteppen-

Wolgograd: Blick auf die Stadt mit Plattenbausiedlungen

zone. Vier Prozent des Territoriums sind bewaldet. Im Januar beträgt die Temperatur durchschnittlich -12 bis minus acht, im Juli 23 Grad Celsius. Die jährliche Niederschlagsmenge beträgt zwischen 250 und 500 Millimeter. Die Fauna ist vielfältig. So finden sich hier 49 Arten von Säugetieren, 200 Vogel- und 38 Fischarten.

Im Gebiet Wolgograd leben mehr als 100 Nationalitäten. Davon sind 89 Prozent Russen, 3 Prozent Ukrainer, 1,6 Prozent Kasachen und 1 Prozent Tataren.

Das Gebiet verfügt über Vorkommen an Öl, Gas, Phosphor, Salzen und Mineralwasser und ist eines der größten industriellen Zentren Russlands. Wichtige Industriebranchen sind Maschinenbau, Metallverarbeitung, Energieerzeugung, Metallurgie, Chemie- und Petrochemie, Textil, Lebensmittel-Herstellung und Holzverarbeitung.

Transportkahn auf dem Wolga-Don-Kanal

Die Stadt Astrachan und Umgebung

„Hauptstadt der Fische“, „Tor zum Kaspischen Meer“ und das „Venedig an der Wolga“ – Astrachan hat viele Namen. Die Stadt liegt 1534 Kilometer südöstlich von Moskau auf vier Hügeln und elf Inseln und ist von tausenden kleinen Flüssen umgeben. Hier leben 50.3000 Menschen.

Erstmals Erwähnung findet Astrachan im frühen 13. Jahrhundert. Zu diesem Zeitpunkt ist das Gebiet von Tataren besiedelt und Astrachan wird für zwei Jahrhunderte zum Sitz des tatarischen Khanates Astrachan. 1556 wird das Khanat von Iwan dem Schrecklichen erobert und wird ein Jahr später ins Russische Reich eingegliedert. 1558 wird die Stadt gegründet und ein Kreml gebaut – mit acht Türmen, von denen noch sieben erhalten sind. Im 17. Jahrhundert entwickelt sich Astrachan zu einem Handelszentrum, das heißt zu einem „Russischen Tor zum Orient“.

1670 wird die Stadt von Stenka Rasin und seinen Kosaken erobert und ein Jahr gehalten. Anfang des 18. Jahrhunderts lässt Zar Peter der Große eine Schiffswerft bauen und macht Astrachan zur Basis für Angriffe auf Persien. 1717 wird die Stadt Zentrum des Gouvernements. Im 18. Jahrhundert werden hier eine Flotte stationiert sowie eine Admiralität, weitere Werften und ein Hafen gebaut. In den 1960er Jahren, als sich in Baku die Erdölförderung entwickelt, wird Astrachan zu einem der größten Häfen des Landes. Während des russischen Bürgerkrieges ist die Stadt einer der Hauptschauplätze blutiger Auseinandersetzungen zwischen „Roten“ und „Weißen“. Seit 1943 ist Astrachan Hauptstadt des gleichnamigen Gebietes.

Älterer Schiffsanleger auf der Wolga bei Astrachan

In Astrachan ist viel historische Bausubstanz erhalten – vom Klassizismus bis hin zu maurischen und russischen Einflüssen. Sehenswert sind der Kreml mit der Uspenski- und der Dreifaltigkeits-Kathedrale. Hier befindet sich auch das Astrachaner Museum für Geschichte und Architektur mit über 250.000 Exponaten. Im Historischen Museum, das 1837 gegründet wurde, sind archäologische und Münzsammlungen, russisches Porzellan sowie Gold- und Silberschmuck zu sehen. Eine besondere Rarität ist ein drei Meter hohes Skelett eines Mammuts mit mehr als fünf Meter langen Stoßzähnen. Lohnend ist auch ein Besuch der Kustodijew-Galerie mit Werken von russischen Meistern.

Das Astrachaner Gebiet wurde 1943 gegründet, hat eine Größe von 44.100 qkm und rund 1,2 Millionen Einwohner. Es liegt im Südosten des europäischen Russland und grenzt an Kalmückien, das Wolgograder Gebiet, Kasachstan und das Kaspische Meer.

Das Gebiet besteht vor allem aus dem Wolga-Delta, Halbwüsten und Wüsten der Kaspischen Senke. Die Wolga fließt auf einer Länge von 400 Kilometern durch das Territorium. Im Wolga-Delta gibt es 900 Flüsse. Die Flora und Fauna des Deltas sind extrem vielfältig. Hier finden sich 200 Vogelarten – 23 davon sind im Roten Buch der Russischen Föderation aufgelistet – und 70 Fischarten. Neben riesigen Kormoran-Kolonien kommen auch Seeadler und Pelikane vor. Zudem weist das Delta über 400 Pflanzenarten auf. Dies ist der einzige Ort in Europa, an dem die Lotus-Blume wächst.

Im Winter können die Temperaturen auf -34 Grad sinken, im Sommer liegen sie bei maximal 40 Grad. Die jährlichen Niederschlagsmengen liegen zwischen 175 und 244 Millimeter.

69,9 Prozent der Bevölkerung sind Russen, 14,2 Prozent Kasachen und 7 Prozent Tataren.

Das Astrachaner Gebiet verfügt über Öl, Gas, Schwefel, Brom, Jod und natürliche Baustoffe. Wichtigste Industriezweige sind der Maschinenbau, Schiffbau und die Lebensmittelverarbeitung. Astrachan liefert die größten Mengen an schwarzem Kaviar und Stör für die Weltmärkte.

Die Republik Mordwinien

Die Republik Mordwinien liegt im Wolga-Becken im zentralen Teil des europäischen Russland. Mordwinien umfasst eine Fläche von 26.200 Quadratkilometern und hat rund eine Million Einwohner. Die Republik wurde 1930 als autonomes Gebiet gegründet und erlangte 1934 Republikstatus. Seit 1990 lautet die offizielle Bezeichnung Republik Mordwinien. Grenzen hat Mordwinien mit den Gebieten Nischni Nowgorod, Pensa, Rjasan und Uljanowsk sowie mit der Republik Tschuwaschien.

Mit insgesamt 114 Flüssen und 500 Seen ist Morwinien sehr wasserreich. Wichtigster Fluss ist die Mokscha mit zahlreichen Nebenflüssen. Das Territorium besteht größtenteils aus Wald und Waldsteppe.Es gibt mehrere ausgewiesene Tierschutzgebiete sowie den Mordwiner Smidowitsch-Nationalpark. Das Klima ist gemäßigt kontinental. Im Januar liegen die Temperaturen bei -11, im Juli bei 19 Grad Celsius. Die Niederschlagsmenge beträgt 500 Millimeter jährlich.

Mit 31,9 Prozent ist die Titularnation der Mordwinen in der Minderheit. 60 Prozent der Bevölkerung sind Russen, 5,2 Prozent Tataren und 0,5 Prozent Ukrainer. Amtssprachen sind Russisch und Mordwinisch. Am weitesten verbreitet sind der sunnitische Islam sowie der russisch-orthodoxe Glaube.

Neben erheblichen Vorkommen an sulfat- und chloridhaltigen Mineralwasserquellen finden sich in Mordwinien Mergel, Phosphor, Torf, Quarzsand und Ton. Wichtigste Wirtschaftszweige sind Maschinenbau, Metall- und Holzverarbeitung sowie Leicht- und Lebensmittelindustrie.

Die Hauptstadt Saransk wurde 1641 als Festung gegründet und hat rund 310.000 Einwohner. Weiterhin sehenswert ist das Ersi-Museum für Darstellende Kunst, das 1960 eröffnet wurde. Hier ist die größte Sammlung mit Werken des Skulpturenkünstlers Stepan Ersi aus dem 20. Jahrhundert zu sehen sowie Graphiken und Zeichnungen russischer Künstler aus dem 18. und 19. Jahrhundert. Das Saransker Heimatkundemuseum präsentiert neben ethnographischen Sammlungen auch Ausstellungen zur vorsowjetischen und sowjetischen Ära der Region.

Die Republik Udmurtien

Die Republik Udmurtien liegt westlich des Uralgebirges. Sie umfasst eine Fläche von 42.100 qkm und hat 1,6 Millionen Einwohner. Nachbarn sind die Gebiete Perm und Kirow sowie die Republiken Baschkortostan und Tatarstan.

Haupflüsse sind die Kama und Nebenflüsse der Wjatka wie die Tschepza und der Kilmes. Auch ein Teil des Wotkinskoje-Stausees befindet sich in Udmurtien. 44 Prozent des Territoriums, das in der Taiga-Zone liegt, ist von Wald bedeckt. Bei kontinentalem Klima liegen die Temperaturen im

Nichts geht mehr: eingefrorene Lastkähne.

Spaziergang in den grünen Wolgaauen im Frühjahr

Januar bei durchschnittlich -14 und im Juli bei 19 Grad Celsius. Die jährliche Niederschlagsmenge beträgt 400 bis 600 Millimeter.

Die Bevölkerung besteht zu 58 Prozent aus Russen, 31 Prozent sind Udmurten und sieben Prozent Tataren. Amtssprachen sind Udmurtisch und Russisch.

Udmurtien ist reich an Öl, Kohle, Torf und Holz. Wichtigste Wirtschaftszweige sind Metallverarbeitung, Metallurgie, Forstwirtschaft, Holzverarbeitung, Chemie und Leichtindustrie.

Die Republikshauptstadt Ischewsk wurde 1760 gegründet und hat rund 65.5000 Einwohner. Sehenswert sind die Alexander-Newski-Kathedrale (1820–1823) sowie in der Altstadt einige zweistöckige Holzhäuser mit geschnitzten Verkleidungen und steinerne Gebäude im klassizistischen Stil. Das 1980 gegründete Museum für Darstellende Kunst präsentiert 7460 Ausstellungsstücke aus dem 19. und 20. Jahrhundert – darunter Graphiken, Gemälde, Ikonen und Skulpturen. Im Udmurtischen Nationalmusuem sind neben Sammlungen zu Kultur und Geschichte der verschiedenen Völker Udmurtiens auch eine Ausstellung über die Geschichte der Waffenherstellung in Ischewsk sowie der Kriegsgeschichte der Stadt und ihrer Umgebung zu sehen. 2004 wurde das Kalaschnikow-Museum eröffnet. Ausstellungen dokumentieren Leben und Werk des berühmten Waffenbauers Michail Kalaschnikow, auch sind einige Beispiele der von Kalaschnikow entwickelten Waffentypen zu sehen.

Die Republik Mari El

Die Republik Mari El liegt im östlichen Teil des europäischen Russland, am Mittellauf der Wolga. Mari El umfasst eine Fläche von 23.300 Quadratkilometern und hat 760.000 Einwohner. Die Republik grenzt an die Gebiete Nischni Nowgorod und Kirow sowie an die Republiken Tatarstan und Tschuwaschien.

Wichtigster Fluss ist die Wolga, die das Territorium auf einer Länge von 155 Kilometern durchfließt, und deren Nebenflüsse. Mari El zählt über 200 größere Seen, bestimmende Vegetationzone ist die Taiga. 50 Prozent der Republik sind von Mischwald bedeckt. Der Nationalpark Mari Tschodra mit den Flüssen Ilet, Juschut und Petjalka ist ein beliebtes Ausflugsziel. Hier befindet sich auch die Pugatschowski-Eiche mit einem Durchmesser von 1,59 Metern. Unter dieser Eiche sollen einst der legendäre Kosakenführer Jemeljan Pugatschow aus dem 18. Jahrhundert und seine Truppen eine Nacht kampiert haben.

Es herrscht kontinentales Klima bei Durchschnittstemperaturen von -13 Grad im Januar und 19 Grad Celsius im Juli. Die jährliche Niederschlagsmenge beträgt 450 bis 500 Millimeter.

Größte ethnische Gruppe der Bevölkerung sind die Russen mit 47,5 Prozent. Darauf folgen Mari und Tataren mit 43,3 und 5,9 Prozent. Amtssprachen sind Mari und Russisch. Die Mehrheit der Bevölkerung ist russisch-orthodoxen Glaubens, jedoch ist auch die traditionelle Religion der Mari, der Schamanismus, verbreitet.

Herbststimmung in einem kleinen Yachthafen. Der Fluss scheint sich hier unbegrenzt ausdehnen zu können.

Mari El verfügt über Vorkommen an Kalkstein, Gips, Dolomit und Torf. Wichtigste Wirtschaftszweige sind Maschinenbau, Metall- und Holzverarbeitung, Forstwirtschaft, Leicht- und Lebensmittelindustrie.

Joschkar-Ola, was „Die rote Stadt" bedeutet, ist die Hauptstadt der Republik. Sie wurde 1584 gegründet und hat 255.000 Einwohner. Zu den Sehenswürdigkeiten zählen die Auferstehungskirche (1756) sowie steinernde und Holzhäuser aus dem 19. Jahrhundert mit bunt bemalten Verkleidungen, Simsen, Außentreppen und Toren. Im Museum für Darstellende Kunst sind Kunstwerke der Mari, russische Malerei vom Ende des 19. und aus dem 20. Jahrhundert sowie westeuropäische Malerei und Graphiken zu sehen. Das Museum für Stadtgeschichte dokumentiert die historische Entwicklung von Joschkar-Ola vom Ende des 16. bis zum 20. Jahrhundert. Im Nationalmuseum finden sich Sammlungen zur Flora und Fauna, Geschichte und Kultur der Mari und anderer finno-ugrischer Völker sowie aller Nationalitäten, die in der Republik leben.

Die Republik Baschkortostan

Die Republik Baschkortostan liegt zwischen der Wolga und dem Uralgebirge. Baschkortostan ist 143.600 Quadratkilometer groß und hat 4,1 Millionen Einwohner. Nachbarn sind die Gebiete Perm, Swerdlowsk, Tscheljabinsk und Orenburg sowie die Republiken Tatarstan und Udmurtien.

Hauptfluss ist die Belaja mit ihrem Nebenflüssen Nugusch, Sim, Ufa und Djoma. Darüber hinaus gibt es rund 2700 Seen und Stauseen in Baschkortostan. Das südliche Uralgebirge erstreckt sich vom

Norden bis zur südlichen Grenze. Höchste Berge sind mit 1638 und 1582 Metern der Jamantau und der Bolschoi Iremel. 40 Prozent des Territoriums sind von Wald bedeckt, der mancherorts in Waldsteppen- und Steppenlandschaft übergeht. Neben dem Nationalpark Baschkirien befinden sich in Baschkortostan auch die zusammengehörigen Naturschutzgebiete Baschkirski und Schulgan-Tasch.

Sommerlicher Badespaß

Bei kontinentalem Klima werden im Januar Temperaturen von durchschnittlich -17 bis -14 Grad und im Juli von 16 bis 20 Grad Celsius erreicht. Die jährliche Niederschlagsmenge liegt bei 300 bis 600 Millimeter.

In Baschkortostan leben über 100 Nationalitäten. Russen stellen mit einem Anteil von 36,3 Prozent die größte Bevölkerungsgruppe, gefolgt von 29,8 Prozent Baschkiren, 24,1 Prozent Tataren sowie Tschuwaschen und Mari mit 2,9 und 2,6 Prozent. Amtssprachen sind Baschkirisch und Russisch.

Baschkortostan verfügt über bedeutende Vorkommen an Erdgas, Erdöl, Kohle, Eisenerz, Gold, Silber und Zink. Zudem gibt es mehr als 50 Heilwasserquellen. Wichtigste Wirtschaftszweige sind Ölförderung und -verarbeitung, Petrochemie, Maschinenbau sowie Metallverarbeitung. Bei der Produktion von landwirtschaftlichen Erzeugnissen liegt Baschkortostan russlandweit an dritter Stelle.

Die Hauptstadt Ufa wurde 1574 gegründet und hat 1,1 Millionen Einwohner. Sehenswert sind das Denkmal zu Ehren von Salawat Julajew (1752–1800), eines baschkirischen Freiheitskämpfers und Nationalhelden in Baschkortostan sowie das gewaltige Monument der russisch-baschkirischen Freundschaft, das 1965 erbaut wurde.

Im 1864 gegründeten Baschkirischen Nationalmusuem sind rund 120.000 Ausstellungsstücke zu sehen. Dazu gehören archäologische, ethnographische, Stein-, Münz-, Waffen- und Schmucksammlungen sowie Dokumente, Fotos und Gemälde. Das Staatliche Baschkirische Nesterow-Kunstmuseum präsentiert 8000 Exponate. Neben Gemälden, Graphiken, Skulpturen und Volkskunst russischer, baschirischer und ausländischer Künstler findet sich auch eine besonders schöne Ikonen-Sammlung.

Zudem gibt es ein kleines Museum zum Andenken an den weltberühmten Ballettänzer Rudolf Nurejew (1938–1993), der bei Ufa geboren wurde und hier seine erste Tanzausbildung erhielt.

Das Gebiet Orenburg

Das Gebiet Orenburg liegt an der Grenze zwischen dem europäischen und asiatischen Teil Russlands am Fuße der südlichen Ausläufer des Ural-Gebirges. Mit einer Fläche von 124.000 qkm ist sie eins der größten Gebiete des Landes. 1934 gegründet, grenzt sie an die Republiken Baschkortostan und die Gebiete Samara und Tscheljabinsk sowie Kasachstan. Die Region hat 2,2 Millionen Einwohner.

Hauptfluss ist der Ural mit seinen Nebenflüssen Samara, Or und Ilek. Im Süden befinden sich mehrere Seen. Das Gebiet liegt vor allem in der Steppe, aber als Vegetationszonen kommen auch Waldsteppen und Wälder vor. Vier Prozent des Territoriums sind von Wald bedeckt. Orenburg ist Heimat von über 200 Vogelarten. Mehr als 11.000 Hektar des Territoriums eignen sich für die Jagd. Es gibt 20 Wildreservate und ein Naturschutzgebiet.

Es herrscsht kontinentales Klima. Die Temperaturen schwanken im Januar zwischen -18 und -14 Grad, im Juli zwischen 18 und 22 Grad Celsius. Die jährliche Niederschlagsmenge liegt bei 300 bis 400 Millimeter.

Im Gebiet Orenburg leben mehr als 80 Nationalitäten. Russen stellen 72 Prozent, Tataren sieben und Kasachen fünf Prozent der Bevölkerung. Wichtigste Glaubensrichtungen sind das orthodoxe Christentum und der Islam.

Bodenschätze von Bedeutung sind Erdöl, Erdgas, Kohle, Metalle, für die Bauindustrie geeignete Gesteinsarten sowie 75 Arten von Mineralien. Die wichtigsten Wirtschaftszweige sind die Erdöl- und Erdgasförderung sowie die Raffination von Erdöl.

Die Hauptstadt Orenburg wurde 1743 gegründet und hat 538.000 Einwohner. Zu den Sehenswürdigkeiten eine alte Fußgängerbrücke über den Ural, ein Monument an der Grenze zwischen Europa und Asien sowie die Sankt-Nikolai-Kathedrale im neu-byzantinischen Stil. Das Orenburger Hei-

Privater Boots- und Badesteg

matkundemuseum mit 90.000 Exponaten dokumentiert die Geschichte der Region im 18. und 19. Jahrhundert. Im Regionalmuseum für darstellende Kunst sind Werke russischer und sowjetischer Künstler sowie Möbel aus dem 18. und 19. Jahrhundert zu sehen. Berühmt sind Orenburg und seine Umgebung auch für die Herstellung von flauschigen Tüchern aus einem Gemisch von Seide und Ziegenhaar. Diese sind so fein gearbeitet, dass sie durch einen Hochzeitsring gezogen werden können.

Das Gebiet Pensa

Das Gebiet Pensa liegt in der Osteuropäischen Ebene, wobei sich der Großteil des Territoriums im Wolga-Hochland befindet. Das Gebiet, das 1936 gegründet wurde, umfasst eine Fläche von 43200 Quadratkilometern und hat 1,6 Millionen Einwohner. Nachbarn sind die Gebiete Rjasan, Uljanowsk, Saratow und Tambow sowie die Republik Mordwinien.

Die wichtigsten Flüsse sind die Sura, die Mokscha und der Chopjor. Vorherrschende Vegetationszonen sind Wald, Waldsteppe und Steppe. Wälder und Büsche nehmen ein Viertel des Territoriums ein. Hier befindet sich auch das Naturschutzgebiet „Priwolschskaja Lesostep", was soviel wie „Wolga-Waldsteppe“ bedeutet.

Bei einem gemäßigt kontinentalen Klima liegen die Durchschnittstemperaturen im Januar bei -12 und im Juli bei 19 Grad Celsius. Die jährliche Niederschlagsmenge beträgt 600 Millimeter.

86,3 Prozent der Bevölkerung sind Russen, 5,9 Prozent Tataren, 4,8 Prozent Mordwinen und 0,85 Prozent Ukrainer.

An Bodenschätzen verfügt das Gebiet Mergel, Phosporit, Torf, Ton und Lehm. Bedeutendste Wirtschaftsbranchen sind Maschinenbau, Lebensmittel- und Holzverarbeitung, Leichtindustrie sowie Chemie und Pharmazie. Auch die Landwirtschaft spielt eine wichtige Rolle. Auf den rund drei Millionen Hektar Ackerland wird vor allem Getreideanbau betrieben.

Die Gebietshauptstadt Pensa wurde 1663 als Festung gegründet und hat rund 510.000 Einwohner. Das Dramen-Theater aus dem Jahre 1793 ist das älteste in Russland. Weitere Sehenswürdigkeiten sind das Dreifaltigkeitskloster (1690), das Schutzkloster sowie die Peter-und-Paul-Kathedrale aus dem 18. Jahrhundert. Die Skulptur „Der erste Siedler" in der Kirow-Straße erinnert an das Gründungsjahr der Stadt. Allein in der Stadt Pensa gibt es neun Museen. Für einen Besuch zu empfehlen sind das 1905 gegründete Heimatkundemuseum, das Volkskunstmuseum sowie das einzigartige „Ein-Bild-Museum". Es wurde 1983 eröffnet und präsentiert Kunstwerke aus der ganzen Welt mit literarisch-musikalischer Untermalung.

Das Gebiet Kirow

Kirow ist mit einer Fläche von 120.800 qkm eins der größten Gebiete Russlands. Es liegt im europäischen Teil Russlands, im Osten der osteuropäischen Ebene und hat 1.589.000 Einwohner. Nachbarn des 1934 gegründeten Gebietes sind die Republiken Mari El, Komi, Udmurtien und Tatarstan, die Gebiete Nischni-Nowgorod, Wologda, Kostroma, Perm und Archangelsk sowie der autonome Kreis der Komi-Permjaken.

Größte Flüsse sind die Wjatka und die Kama, die zum Wolga-Becken gehören. 65 Prozent des Territoriums sind bewaldet. Die Durchschnittstemperaturen liegen im Januar bei -14 Grad, im Juli bei 17 Grad Celsius. Die Niederschlagsmenge beträgt 500 Millimeter pro Jahr.

Im Gebiet Kirow leben mehr als 100 Nationalitäten. 90,8 Prozent sind Russen, 2,8 Prozent Tataren, 2,6 Prozent Mari, 1,9 Prozent Udmurten und 0,7 Prozent Ukrainer.

An Bodenschätzen kommen Gold, Öl, Eisenerz, Schiefer, Phosphorit und Torf vor. Zudem befinden sich in dem Gebiet zahlreiche Heilquellen mit Mineralwässern und Schlamm. Wichtigste Wirtschaftszweige sind Maschinenbau, Metallurgie, Chemie, Metall- und Holzverarbeitung sowie Leicht- und Lebensmittelindustrie.

In der Landwirtschaft ist vor allem die Tierzucht von Bedeutung. Sowohl die Luft als auch die Gewässer im Kirower Gebiet sind stark verschmutzt. Eines der dringendsten Probleme ist die Zerstörung von chemischen Waffen, die im Maradykowski-Arsenal lagern.

Die Gebietshaupstadt Kirow hieß von 1781 bis 1934 Wjatka und wurde 1374 das erste Mal urkundlich erwähnt. Sie hat 465.000 Einwohner. Sehenswert sind die Uspenskij-Kathedrale des Trifonow-Klosters (1689) sowie einige Wohnhäuser aus dem 18. und der ersten Hälfte des 19. Jahrhunderts

Ferienstimmung – verschiedene Wolgastrände sind auch beliebte Wochenend- und Ferienziele.

im klassizistischen Stil. Das 1968 gegründete Saltykow-Schtschedrin-Museum ist in dem Gebäude untergebracht, wo der berühmte Satiriker während seiner Verbannung in den Jahren 1848 bis 1855 lebte.

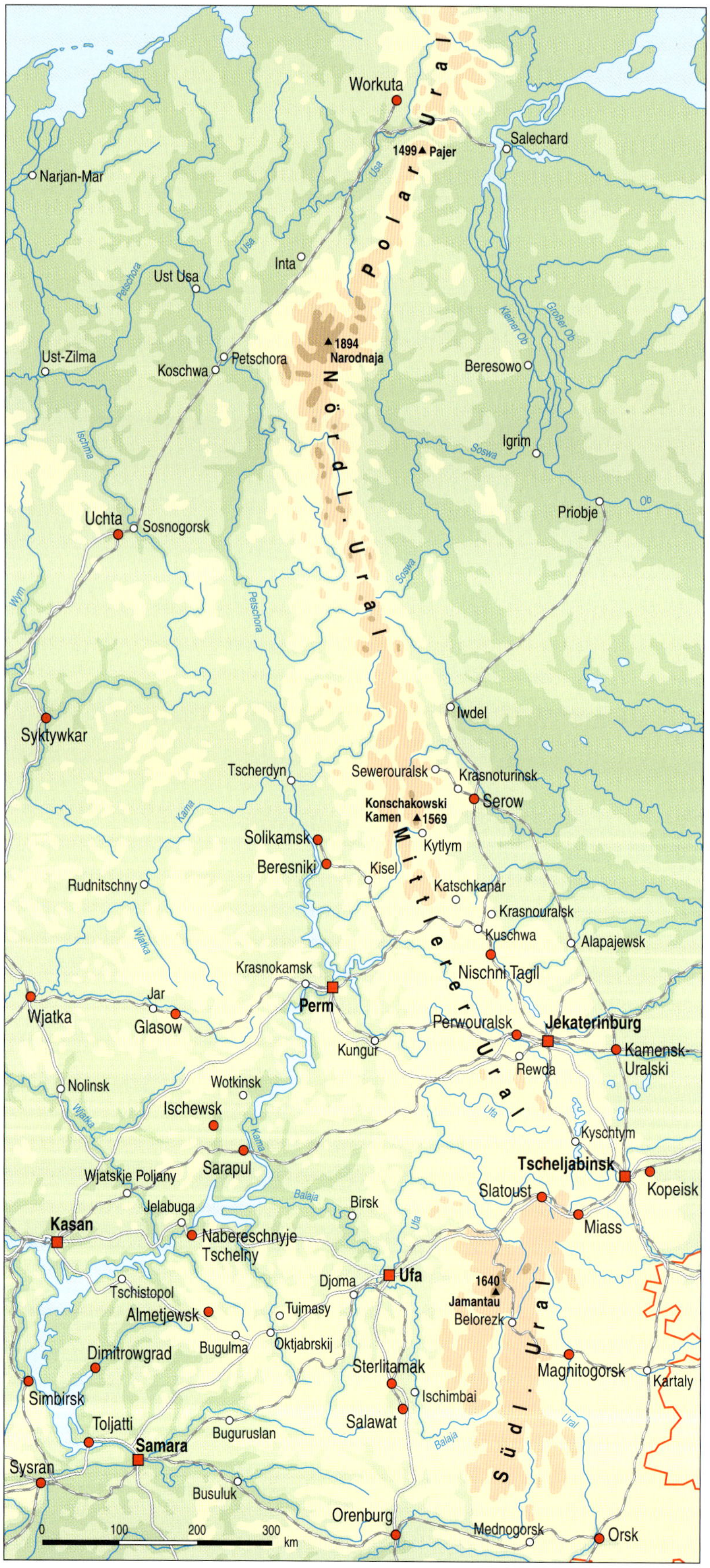

Polarer Ural
Nördl. Ural
Mittlerer Ural
Südl. Ural
Workuta
1499 ▲ Pajer
Salechard
Narjan-Mar
Usa
Inta
Ust Usa
Petschora
Kleiner Ob
Großer Ob
▲1894 Narodnaja
Ust-Zilma
Petschora
Koschwa
Beresowo
Ischma
Sosva
Igrim
Ob
Priobje
Uchta
Sosnogorsk
Wym
Sosva
Petschora
Iwdel
Syktywkar
Tscherdyn
Sewerouralsk
Krasnoturinsk
Konschakowski Kamen ▲1569
Serow
Kama
Solikamsk
Kytlym
Beresniki
Kisel
Rudnitschny
Katschkanar
Krasnouralsk
Wjatka
Kuschwa
Alapajewsk
Krasnokamsk
Nischni Tagil
Jar
Perm
Wjatka
Glasow
Perwouralsk
Jekaterinburg
Kungur
Kamensk-Uralski
Rewda
Nolinsk
Wotkinsk
Wjatka
Ufa
Ischewsk
Kama
Kyschtym
Sarapul
Tscheljabinsk
Wjatskje Poljany
Kopeisk
Slatoust
Balaja
Jelabuga
Birsk
Ufa
Miass
Kasan
Nabereschnyje Tschelny
Ufa
1640 ▲ Jamantau
Djoma
Tschistopol
Tujmasy
Almetjewsk
Belorezk
Bugulma
Oktjabrskij
Dimitrowgrad
Sterlitamak
Magnitogorsk
Kartaly
Simbirsk
Ischimbai
Toljatti
Salawat
Ural
Buguruslan
Balaja
Samara
Sysran
Busuluk
Orenburg
Mednogorsk
Orsk
0 100 200 300 km

DER URAL

Abgesehen von seinem nördlichsten Viertel erstreckt sich der Ural mit Abweichungen am 60. Längengrad der Erde entlang. Deshalb taugt er so gut dazu, in der Theorie zwei Erdteile auseinanderzuhalten: Europa und Asien. Von Norden nach Süden ist der Gebirgszug 2500 Kilometer lang. Er durchläuft die meisten für Russland typischen Klima- und Vegetationszonen, von der eisigen Tundra über die Waldtundra, Taiga, Waldsteppe und Wüstensteppe ganz im Süden. In seinem Zentrum gleicht der Ural eher einem Mittelgebirge. Beträchtliche Höhen erreicht er allerdings im Süden mit dem 1638 Meter hohen Jamantau und im Norden mit dem 1894 Meter hohen Narodnaja.

Die dem europäischen Russland zugewandten Westhänge sind jahrhundertelang die Schatzkiste der Zaren gewesen. Die Spitze des Admiralitätsgebäudes in Sankt Petersburg war mit Kupferblech aus dem Ural gedeckt und die Wände des Malachit-Zimmers in der Eremitage stammen auch von diesen Hängen. Hier findet sich die Hälfte aller heute der Welt bekannten Mineralien, dazu Erdöl und

Die Ufa entspringt im Mittleren Ural.

Kohle. Deren Ausbeutung ist nicht ohne Folgen geblieben. Auch im Ural zeigt sich der für Russland so typische Widerspruch: Neben idyllischen Tälern mit alten Bergwerksstädtchen aus dem 19. Jahrhundert und wildromantischen Schluchten beherbergt er einige der ökologisch verwüstetsten Territorien der Erde.

TOPOGRAFIE

Der Ural ist 250 bis 300 Millionen Jahre alt. Er wurde im späten Paläozoikum aufgefaltet, gleichzeitig mit den amerikanischen Appalachen. Heute erstreckt er sich zwischen der Osteuropäischen Ebene und dem Westsibirischen Tiefland. Von der Südküste der Karasee im nördlichen Eismeer verläuft

Winterliche Impressionen im Südural bei Magnitogorsk

er zuerst etwa 500 Kilometer nach Südwesten, fast parallel zu dem sibirischen Fluss Ob, der sich ihm bis auf 50 Kilometer nähert. Dann biegt er gerade nach Süden ab und endet nach weiteren 1600 Kilometern am so genannten Uralknie, zwischen den Städten Orenburg und Orsk, an der Grenze Kasachstans.

Fortsetzungen des Ural-Gebirges bilden im Norden das Pai-Choi-Gebirge sowie die Höhenzüge auf den Inseln Waigatsch und Nowaja Semlja, im Süden das kasachische Mugodschar-Gebirge. An dieses schließt sich die Kasachensteppe an und senkt sich zum Aral-See und zum Kaspischen Meer.

Im Ural entspringt eine große Anzahl von Flüssen. Der größte von ihnen heißt ebenfalls Ural. Der etwa 2500 Kilometer lange Fluss hat seine Quelle etwa 150 Kilometer nördlich der Stadt Magnito-

RECHTE SEITE OBEN:
Der Südural bei Belorezk

RECHTE SEITE UNTEN:
Alte Holzarchitektur im Freilichtmuseum von Chochlowka in der Region Perm

gorsk. Nach dem Ende des Ural-Gebirges im Süden setzt er dessen Linie weiter fort. In diesem Abschnitt übernimmt er die bisherige Rolle der Berge als Grenze zwischen Europa und Asien. Schließlich mündet er in Kasachstan ins Kaspische Meer.

Die wichtigsten im Norden des Ural-Gebirges entspringenden Wasserläufe fließen der Petschora zu, die Flüsse im Westen zum Teil der Kama und damit indirekt der Wolga. Die im Süden und Südwesten entspringenden streben zum Fluss Ural. Auf der asiatischen Seite speisen die vom Gebirge kommenden Flüsse von Norden nach Süden den Ob, den Irtysch und den Tobol.

BODENSCHÄTZE

Unterirdischer See in einer Eishöhle in der Nähe der Stadt Perm im Ural

Im mittleren und südlichen Ural werden Erze, vor allem Eisenerz, und Platin abgebaut. Zahlreiche Halbedelsteine sind hier zu Hause, vor allem befinden sich hier die reichsten und reinsten Malachit-

Vorkommen der Welt. Im westlichen Vorland gibt es große Vorkommen von Salz und Kalisalzen. Der Name der Stadt Solikamsk bedeutet „Salzstein“. Im westlichen und östlichen Vorland werden Kohle, Erdöl und Erdgas gefördert.

GESCHICHTE

Schon in der Altsteinzeit etwa 75.000 Jahre vor unserer Zeitrechnung wanderten Menschen durch den Ural. 40.000 Jahre später begannen sie, Siedlungen zu gründen. Die

Blick über die Kuppen des Südural

damaligen Bewohner waren vermutlich eine europide-mongolide Mischrasse. 2000 Jahre vor unserer Zeitrechnung begannen sie, Gegenstände aus Kupfer und Bronze herzustellen, weitere 1000 Jahre später auch aus Eisen.

Im 11. Jahrhundert n. Chr. traten die Russen auf den Plan. Ihre Kolonisationsbemühungen konzentrierten sich zuerst auf das Gebiet der heutigen Stadt Perm. Im 14. Jahrhundert gehörten die Gebiete bis zur Petschora zum Einflussgebiet der Stadt-Republik Nowgorod Weliki. Nowgoroder Großkaufleute brachten Teer, Steine und Salz von hier gen Westen. Gut 30 Jahre bevor Iwan IV. 1478 die Stadt unterwarf, hatte sich der Nowgoroder Unternehmer Luka Stroganow bereits auf die Seite der Moskauer Zaren gestellt.

1558 sollte sich dies für seine Erben bezahlt machen. Die Stroganows erhielten von Zar Iwan IV. auf 20 Jahre die Nutzungsrechte das im Einzugsgebiet der westlich des Urals gelegenen Kama. 1574 wurde diese Lizenz noch einmal verlängert und die Stroganows bekamen als Zugabe, ebenfalls auf 20 Jahre, einige der direkt an den Ural angrenzenden Teile Sibiriens. Die Kaufmannsfamilie begriff: Die Zeit war reif. 1580 sandte sie den Kosakenataman Jermak Timofejewitsch mit seinen Truppen aus, um das restliche Sibirien zu erobern.

Bei aller erwünschten Privatinitiative hielt der russische Staat in den folgenden Jahrhunderten bei der Ausbeutung des Urals die Zügel fest in der Hand. Dies betraf besonders die Förderung von Eisenerz. Im letzten Viertel des 19. Jahrhunderts wurden die großen Städte des Uralgebietes – Tjumen 1885, Tscheljabinsk 1892 und Jekaterinburg 1896 – durch Bahnlinien an das zentrale Russland angebunden.

RECHTE SEITE:
Die vermutlich aus dem 16. Jahrhundert stammende Kirche von Solikamsk

Abendlicher Berufsverkehr auf einer der Geschäftsstraßen von Perm

Im Zweiten Weltkrieg boten die Täler des Urals den strategisch entscheidenden Unternehmen des europäischen Russlands sicheren Unterschlupf. Fast 700 von ihnen wurden hierher verlegt, 40 Prozent der gesamten sowjetischen Kriegsproduktion fanden in diesen Bergen statt. Der damit verbundene Entwicklungsschub für die Region wirkte auch in der Nachkriegszeit weiter. Heute liegen mit Tscheljabinsk und Jekaterinburg zwei der elf Millionenstädte Russlands im Ural.

PERM

Lage und Einwohnerschaft

Noch im Jahre 2003 war auch Perm seiner Einwohnerzahl nach eine Millionenstadt. Seither sank es knapp unter diese Grenze mit 900.200 Einwohnern im Jahr 2007. Die Stadt liegt 1386 Kilometer östlich von Moskau im mittleren Voruralgebirge auf 150 Metern Höhe. An dieser Stelle mündet das Flüsschen Tschusowaja in die Kama. Perm verfügt über einen Flusshafen an der Kama und ist auch sonst mit allen Verkehrsmitteln erreichbar. Der Zeitunterschied zu Moskau beträgt zwei Stunden.

Geschichte

Im Jahre 1781 erhielt der um eine Kupferschmelzhütte gewachsene Ort das Stadtrecht und dazu den damals neuen Namen „Perm“. Dieser Name stammt aus der finno-ugrischen Sprache der um den Ladoga- und Onega-See lebenden Wepsen und bedeutet soviel wie „ferne Ländereien“. Dank seines Hafens wurde Perm schnell zu einem wichtigen Handels- und Kulturzentrum für den gesamten Ural.

1807 bis 1831 befand sich hier die Hauptverwaltung der staatlichen Bergwerke des Urals. 1863 wurde durch Perm die große Landstraße nach Sibirien gelegt, 1878 folgte die Linie der Ural-Eisenbahn.

Perm war im 19. Jahrhundert Verbannungsort für viele oppositionelle russische Intellektuelle, unter anderem 1835 für den Schriftsteller und Philosophen Alexander Herzen und 1880 für den Schriftsteller Wladimir Korolenko. Ab 1863 fungierte die Gegend als mächtiges Zentrum der Kanonenproduktion und des Motorenbaus. Seit den 1920er Jahren verkehren die meisten Züge der Transsibirischen Eisenbahn über Perm. 1940 bis 1957 trug die Stadt vorubergehend den Namen des sowjetischen Außenministers Molotow. Im Zweiten Weltkrieg bot sie, wie alle großen Ural-Städte, vielen Produktionsstätten aus dem europäischen Russland einen alternativen Standort.

Kultur und Hochschulen

Die Stadt beherbergt die Staatliche Gorki-Universität – die älteste Universität des Urals. Vertreten sind auch eine Technische Universität, eine Medizinische Akademie und mehrere Hochschulen.

Schon 1870 wurde das Tschaikowski-Opern- und Balletttheater gegründet. Seine Ballettschule ist weltberühmt. Sie bestand bereits, vervollkommnete sich aber weiter, nachdem man Ballettensembles des Moskauer Bolschoi-Theaters und des Leningrader Marinski-Theaters im Zweiten Weltkrieg hierher evakuierte. Außerdem verfügt Perm auch über ein Schauspielhaus, ein Jugend- und ein Puppentheater, eine Philharmonie, einen Zirkus und eine Staatliche Kunstgalerie. Den Besuch auf jeden Fall wert ist das Heimatmuseum, es basiert auf den Sammlungen des ersten, bereits 1890 gegründeten, Industriemuseums Russlands.

Sonnenuntergang hinter der Brücke über die Kama in Perm

Stadtbild und Sehenswürdigkeiten

Um den Passagierhafen an der Kama herum bieten einige Straßen noch das typische Bild einer russischen Provinzstadt des 19. Jahrhunderts, mit einer Mischung aus Stein- und hübschen alten Holzhäusern. Hier befindet sich auch die noch erhaltene barocke Peter-und-Paul-Kathedrale (1757–1764). Die Kirche des Erlöserklosters (1798–1832) beherbergt heute mit der Kunstgalerie Perm eine der größten Kunstsammlungen Russlands. Weitere historische Gebäude in der Stadt sind das einstige Gebäude der Stadtämter, der Stadtduma vom Ende des 18. Jahrhunderts und die aus dem Jahr 1830 stammende Adelsversammlung.

Außerhalb der Stadt

Am Ufer der Kamsker Talsperre steht das einzige Freiluftmuseum für Holzbaukunst des Urals namens Chochlowka. Die idyllisch in die Hügel am Wasser eingebetteten historischen Bauernhäuser und Wirtschaftsgebäude erwecken den Eindruck, als hätten sie ihre Bewohner nur eben einmal kurz verlassen.

DIE REGION PERM

Lage und Bevölkerung

Die Region Perm entstand Ende 2005 aus dem bisherigen Permer Gebiet und dem am Oberlauf der Kama gelegenen Autonomen Kreis der Komi-Permjaken. Dies war die erste Gebietszusammenlegung seit 1993.

Die Region umfasst 160.200 qkm und hat 2.730.900 Einwohner. Hauptflüsse sind neben der Kama deren Nebenflüsse Tschusowaja, Koswa und Wischera. Die Bevölkerung der Region besteht zu rund

Kinder baden in einem Teich. Das Dorf Katschewo gehört zum ehemals autonomen Kreis der Komi-Permjaken, der im Jahr 2005 in die Region Perm eingegliedert wurde.

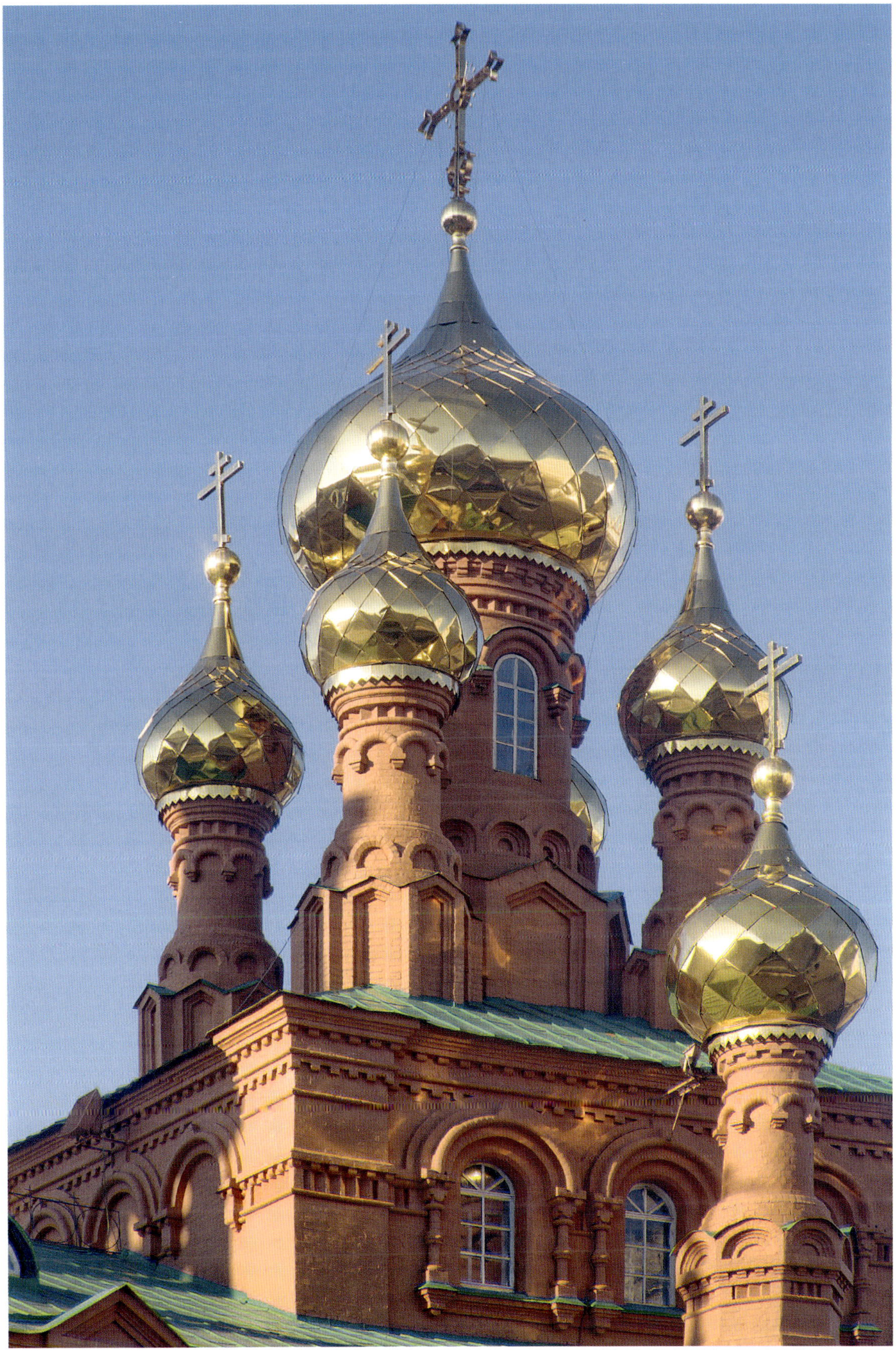

Goldene Kuppeln auf einer Kirche in Perm

Schnee und Frost verzaubern die Landschaft.

85 Prozent aus Russen, zu rund fünf Prozent aus Tataren, vier Prozent Komi-Permjaken und anderthalb Prozent Baschkiren. Das Territorium der Region steigt vom Kama-Tal über die Vorural-Hochebene bis ins eigentliche Gebirge zu einer Höhe von 1469 Metern an. Es grenzt an die Republiken Baschkortostan, Udmurtien und Komi sowie an das Swerdlowsker Gebiet.

Bodenschätze und Wirtschaft

Hier werden Erdöl, Natriumchlorid, Kalium- und Magnesiumsalze, Steinkohle, Chromverbindungen, Gold und Diamanten gefördert. Von der Weltraumrakete bis zu Bohrern für die Erdölförderung, über den Kunstdünger, den elektronischen Telefonapparat, die Küchenmaschine bis hin zum Papiertaschentuch gibt es absolut nichts, was in der Permer Region nicht hergestellt würde. Auch die Leichtindustrie ist gut vertreten. 25 Prozent der russischen Seidenstoffe werden hier hergestellt. Das gleiche gilt für die Lebensmittel verarbeitende Industrie, die Pasta, Wodka, Wurst und Milchprodukte herstellt. In Perm hat außerdem der größte russische Mineralölkonzern Lukoil seinen offiziellen Firmensitz.

Klima, Flora und Fauna

Das Klima ist gemäßigt kontinental. Die schneereichen Winter ziehen sich lange hin. Die mittlere Temperatur liegt im Januar bei -15 Grad Celsius bis -18 Grad Celsius, im Juli zwischen 16 Grad Celsius und 18 Grad Celsius. Tagsüber kann es dann über 35 Grad Celsius heiß werden. Die durchschnittliche Niederschlagsmenge liegt zwischen 450 Millimetern im Südwesten und 800 Millimetern im Nordosten.

60 Prozent der Region Perm werden von Wäldern eingenommen. Neben Mischwäldern finden sich hier auch reine Nadelwälder mit Einsprengseln sibirischer Tannen. Die Region beherbergt die ganze Vielfalt der russischen Pelztierwelt. Im Norden dominieren Waldtiere, im Süden kommen aber auch Steppenarten wie das helle Wiesel vor.

Naturschutzgebiete

In der Region liegen der Basegi- und der Wischersker Naturschutzpark.

JEKATERINBURG

Lage und Bevölkerung

Jekaterinburg, viertgrößte Stadt der Russischen Föderation und Hauptstadt des Urals, hat 1.315.100 Einwohner. Sie liegt am Flüsschen Iset, auf der Ostseite des mittleren Urals, 1667 Kilometer östlich von Moskau, auf einer Höhe von 260 Metern über dem Meeresspiegel. Der Zeitunterschied zu Moskau beträgt zwei Stunden. In der Stadt kreuzen sich Ost-West-Eisenbahnlinien und -Überlandstraßen mit solchen, die von Norden nach Süden führen. Schon deshalb ist die Stadt ein Hauptverkehrsknotenpunkt Russlands. Sie hat außerdem zwei Flughäfen und verfügt über eine U-Bahn.

Dorf mit Teich in der ehemalien Region der Komi-Permjaken, die heute zur Region Perm gehört.

Geschichte

1723 gründete der adelige Ingenieur, Politiker und spätere Historiograph Wassili Tatischtschew die Stadt, in der er als Erstes eine Fabrik in Betrieb nahm. Die ersten Fabriken und Wohnhäuser entstanden hier, wie in Sankt Petersburg, an schachbrettartig angeordneten Straßen nach einem auf dem Reißbrett entworfenen Generalplan.

Tatischtschew genoss in besonders hohem Maße das Vertrauen Peters I. und erhielt den einträglichen Posten eines Verwalters aller Ural-Bergwerke und Fabriken. Den neuen Ort erwählte er als Amtssitz seiner zentralen Behörde, der „Bergverwaltung". Getauft wurde die Stadt zu Ehren der Gemahlin Peters I., Jekaterina Alexejewna.

Von Anfang an gab es in Jekaterinburg auch eine „Bergschule" für Berufe im Bergbau. Bald war die Stadt von einem Kranz metallurgischer Fabriken umgeben, die sie später eingemeindete. Als Industriezweig kam die Verarbeitung wertvoller Steine dazu, vor allem des Malachits. Ab 1763 verlief die Landstraße nach Sibirien auch über Jekaterinburg.

Im 19. Jahrhundert wurde die Stadt zum Zentrum der russischen Metallverarbeitung. Zu Beginn des 19. Jahrhunderts gab der russische Staat die Goldschürfrechte für Privatpersonen frei. Damit entwickelte sich Jekaterinburg zur Goldmetropole des gesamten Urals und Sibiriens, berühmt für die Kunst seiner Juweliere, die auch von den hiesigen Reserven an Halbedelsteinen profitierten.

Der Bahnhof von Jekaterinburg

Fernsehturm in Jekaterinburg

Blick über die Iset auf das Geschäftszentrum von Jekaterinburg

In der Nacht vom 16. zum 17. Juli 1918 wurden in Jekaterinburg der ehemalige russische Zar Nikolaus II., seine Frau, seine Töchter und der Thronfolger erschossen.

Von 1924 bis 1991 hieß die Stadt „Swerdlowsk“ nach dem De-Facto-Staatsoberhaupt nach der Oktoberrevolution, Jakow Swerdlow. Er hatte bei der Anordnung des Mordes maßgeblich mitgewirkt.

Nach 1930 wurde die Stadt planmäßig zu einem gigantischen Zentrum für Metallurgie und Maschinenbau entwickelt.

Kultur und Hochschulen

Die Staatliche Universität des Urals bietet Studierenden viele verschiedene Fakultäten und Forschungsinstitute, hinzu kommen weitere Hochschulen. Die Stadt beherbergt außerdem zahlreiche Abteilungen der Russischen Akademie der Wissenschaften und das Mussorgski-Konservatorium.

An Theatern wetteifern das Lunatscharski-Opern- und Balletttheater, ein Schauspielhaus, ein Operetten- und Musicaltheater, ein Jugend-, ein Puppentheater und ein Zirkus miteinander.

Selbstverständlich hat eine Stadt von diesem Format in Russland auch ein sehenswertes Heimatmuseum, das über eine große Naturkundeabteilung verfügt. Dazu kommt das Geologische Museum des

In Jekaterinburg hat man das Flüsschen Iset auf ansprechende Weise in das Stadtbild eingebunden. Im Hintergrund das Rathaus der Stadt, das noch alle Insignien der Sowjetmacht zeigt.

Haus der Berufsverbände in Jekaterinburg

VORHERGEHENDE DOPPELSEITE:
Der Südural bei Belorezk

Uralgebirges. Das als „Kunstgalerie" bezeichnete Museum für bildende Künste zeigt Meister der führenden westeuropäischen und russischen Schulen des 18. bis 20. Jahrhunderts. Darunter sind der russische Maler Iwan Schischkin, Iwan Kramskoi, Wassili Polenow und Konstantin Korowin. Imponierend und einzigartig ist die Sammlung der in Russland sehr beliebten eisernen und bronzenen gegossenen Gebrauchsgegenstände aus der Stadt Kasli in der Permer Region. Dazu gehört ein gusseiserner Pavillion, der auf der Pariser Weltausstellung im Jahre 1900 eine Goldmedaille erhielt. Eine Reihe von kleineren Museen dokumentiert das Schaffen einst hier lebender Persönlichkeiten, zum Beispiel des Schriftstellers Dmitri Mamin-Sibirjak (1852–1912) und des russischen Radiopioniers Alexander Popow (1859–1905). Außerdem gibt es ein Museum für die Geschichte der lokalen Fotografie.

Stadtbild und Sehenswürdigkeiten

In Jekaterinburg hat man das Flüsschen Iset auf ansprechende Weise gebändigt. Ein System terassenförmig angeordneter Teiche, zwischen denen im Sommer kleine Wasserfälle plätschern, durchzieht teils von Parkanlagen umgeben das Innere der Stadt. Geschlossene historische Viertel haben sich zwar nicht erhalten, aber es stehen noch zahlreiche alte Holzhäuser und klassizistische Gebäude aus dem 18. und vom Beginn des 19. Jahrhunderts. Zu den größten gehören die Bergkanzlei (1737–1739), der Palast des Kaufmanns Rastorgujew-Charitonow (1794–1836) und das Wohnhaus von dessen Architekten Michail Malachow (1817–1820).

Die größte Sehenswürdigkeit Jekaterinburgs ist aber der Platz der heutigen „Kathedrale auf dem Blute". Nicht das Gebäude ist die Attraktion, sondern die historische Bedeutung des Ortes. Hier stand das einstige Wohnhaus des Kaufmanns Ipatjew, in dem die Familie des letzten russischen Zaren inhaftiert war und schließlich ermordet wurde. Weil es zu einer Pilgerstätte für russische Monarchisten wurde, ließ der damalige örtliche Parteichef, Boris Jelzin, das Haus 1977 in einer Nacht-und-Nebel-Aktion abtragen. In seiner späteren Eigenschaft als erster Präsident des postsowjetischen Russlands bereute er dies und ließ die sterblichen Überreste Nikolaus II. seiner Gattin und ihrer beider Kinder in Sankt Petersburg mit hohen Ehren bestatten. Bis zum Ende des 20. Jahrhunderts stand hier nur eine schlichte hölzerne Gedenkkapelle.

Mafia-Friedhof in Jekaterinburg

DAS SWERDLOWSKER GEBIET

Das zur Stadt Jekaterinburg gehörige Gebiet hat seinen Namen noch aus der Periode, in der sie „Swerdlowsk" hieß. Es umfasst 194.800 qkm und erstreckt sich auf beiden Seiten des mittleren und nördlichen Urals, dessen Gipfel hier Höhen von 1569 Metern erreichen. Ebenfalls zum Gebiet gehört der benachbarte Teil der Westsibirischen Ebene. Es grenzt an die Gebiete von Kurgan, Tscheljabinsk, Perm und Tjumen sowie an die Republiken Komi und Baschkortostan. Von den 4.399.800 Einwohnern sind 89 Prozent Russen, vier Prozent Tataren und rund zwei Prozent Ukrainer. Die wichtigsten Flüsse sind Tawda, Tura, Iset, Tschusowaja und Ufa.

Bodenschätze und Wirtschaft

Das Gebiet ist Fundort für Eisen- und Kupfererze, Kohle, Asbest, Talkum, Bauxit, Marmor, Gold, Platin, Edel- und Halbedelsteine. Dies machte es zu einem der mächtigsten russischen Industriezentren. Hier werden zwölf Prozent aller Schwarzmetalle und zwölf Prozent des Stahls in Russland produziert. Aber auch Aluminium und Nickel werden verarbeitet.

Auf dieser Grundlage hat sich eine Maschinenbauindustrie zuerst für die Bergwerks- und Metall verarbeitende Industrie entwickelt, dann aber auch für alle anderen Produktionszweige sowie für die Landwirtschaft und Privathaushalte. Das Gebiet erzeugt 30 Prozent aller in Russland benötigten Mi-

Neubau eines mehrgeschossigen Wohnhauses im Swerdlowsker Gebiet

neralöl- und Erdgaspipelines. Besonders stark vertreten ist hier die Rüstungs- und Raumfahrtindustrie. Dazu kommen die Herstellung von Baumaterialien und Papier sowie die Lebensmittelindustrie. Der Schwerpunkt der landwirtschaftlichen Produktion liegt auf Vieh- und Geflügelzucht sowie Milchwirtschaft.

Der Neubau einer Kirche vor einem Industriekomplex in der Nähe von Rewda

Klima, Flora und Fauna

Das Swerdlowsker Gebiet liegt in der nördlichen und südlichen Taiga sowie in der Mischwaldzone. Insgesamt ist es zu zwei Dritteln mit Wald bedeckt. Sein Klima ist kontinental mit langen Wintern. In der Ebene jenseits des Urals beträgt die Durchschnittstemperatur im Januar -20 Grad Celsius, im Juli 16 Grad Celsius, im Südosten entsprechend -15 Grad Celsius und 19 Grad Celsius. Die durchschnittlichen Jahresniederschlagsmengen liegen zwischen 350 Millimetern im Südosten und 600 Millimeter in den Bergen. Die Tierwelt ähnelt der in der benachbarten Region Perm.

Nationalparks

Das Gebiet beherbergt den Nationalpark Pripischminskije Bori und die Naturschutzparks Wisimsk und Deneschkin Kamen.

Stahlwerk in Tscheljabinsk

TSCHELJABINSK

Lage und Bevölkerung

Tscheljabinsk hat 1.091.500 Einwohner. Die Stadt befindet sich 1919 Kilometer von Moskau entfernt an den südöstlichen Hängen des Urals. Sie breitet sich an den Ufern des Mias aus, der dem Fluss Ob zustrebt. Tscheljabinsk liegt auf einer Höhe von 220 Metern über dem Meeresspiegel, ist ein wichtiger Knotenpunkt für Eisenbahnlinien und Fernstraßen und verfügt über einen Flughafen. Der Bahnhof von Tscheljabinsk wurde 2005 als bester Bahnhof Russlands ausgezeichnet. Eine U-Bahn befindet sich im Bau.

Geschichte

In die moderne Geschichte geht das Tscheljabinsker Gebiet neben Tschernobyl als Ort eines der weltweit schlimmsten Atomunfälle ein. In der Vorstellungswelt jener ostwärts ziehenden Pioniere, die hier 1736 eine der vielen regionalen Festungen erbauten, gab es für die Katastrophe von 1957 noch keinen Raum und keine Worte.

Der Name Tscheljabinsk ist von einem türkischen Eigennamen abgeleitet. Im Frühjahr 1774 hielten aufständische Bauern um den Kosaken-Hetman Jemeljan Pugatschow die Festung rund zwei Monate lang besetzt. Sie blieb eine unbedeutende Kosaken-Siedlung, obwohl sie 1781 das Stadtrecht erhielt.

Verkehrsschild an einem Straßendamm

Fluss-Schleife des Agidel im Südural

Erst in den 90er Jahren des 19. Jahrhunderts entwickelte sie sich dank des Eisenbahnbaus, vor allem dank der Transsibirischen Eisenbahn, zu einem bedeutenden Verkehrsknotenpunkt und Handelszentrum. Tscheljabinsk war nun ein großer Umschlagsplatz für Tee und Getreide sowie Standort der Lederwaren und Lebensmittel verarbeitenden Industrie.

Nach der Oktoberrevolution wurde die Stadt lange heiß umkämpft. Während der Wirren des Bürgerkrieges lebte der tschechische Schriftsteller Jaroslaw Hašek, Vater des „braven Soldaten Schwejk", einige Monate lang in Tscheljabinsk.

Im Rahmen der Fünfjahrespläne baute man die Stadt in den 1930er Jahren systematisch zum Standort für Schwerindustrie aus. Während des Zweiten Weltkrieges beherbergte sie 60 evakuierte Unternehmen, die vor allem Rüstungsgüter produzierten. Unter anderm entstanden hier die T-34-Panzer und die von den Russen als „Katjuscha", von den Deutschen als „Stalinorgeln" bezeichneten Mehrfachraketenwerfer. Als eines der wichtigsten Zentren der Atomforschung war Tscheljabinsk zu Zeiten der Sowjetunion für Ausländer gesperrt. In seinem Umland liegen bis heute mehrere militärische Sperrzonen.

Stadtbild, Kultur und Hochschulen

Tscheljabinsk ist eine typische Industriestadt mit kilometerlangen, breiten Boulevards. Sie ist von bewaldeten Hängen umgeben und beherbergt mehrere Parks. Zu den ältesten Gebäuden zählt das Mu-

Rot leuchtet das Backsteinmauerwerk der Alexander-Newski-Kathedrale von Tscheljabinsk.

seum für Geologie und Mineralogie, das in einem 1851 bis 1860 erbauten Palais untergebracht ist. Die Alexander-Newski-Kirche wurde 1915, das Schauspielhaus 1903 erbaut. Umso mehr dürsten die Bewohner nach Wissen und bemühen sich, ihr Dasein mit Hilfe der Kultur zu verschönern.

Stadtzentrum von Tscheljabinsk

Den Studierenden stehen hier drei Universitäten zur Verfügung, eine Medizinische Akademie, fünf Hochschulen und diverse Zweigstellen auswärtiger höherer Bildungsinstitutionen. Zwei Dutzend Forschungsinstitute wirken in der Stadt. Außer dem Schauspielhaus existieren noch ein Opern- und Balletttheater, ein Puppen- und ein Jugendtheater.

Weitere Attraktion neben dem Heimatmuseum und dem Museum für Geologie und Mineralogie ist das Museum für Kunsthandwerk. Es beeindruckt vor allem durch die für den Südural typischen Meisterwerke von Schmieden und Eisengießereien und durch Stahlstiche. Wechselnde Ausstellungen über Handwerke im Ural locken jährlich 39.000 Besucher an.

Die örtliche Gemäldegalerie lockt mit der permanenten Ausstellung „Das Ural-Kusbass-Gebiet in der Malerei". Mit 400 Gemälden und Grafiken dokumentiert sie die Atmosphäre auf den Großbaustellen während der Industrialisierungskampagnen zu Beginn der 30er Jahre.

Wolken spiegeln sich im ruhigen Wasser eines kleinen Ural-Flusses.

DAS TSCHELJABINSKER GEBIET

Lage und Bevölkerung

Das Tscheljabinsker Gebiet umfasst 87.900 qkm und erstreckt sich über die östlichen Hänge des Südural und die angrenzende Westsibirische Ebene. Es grenzt an die Gebiete von Orenburg, Kurgan und an das Swerdlowsker Gebiet sowie an Baschkortostan und Kasachstan.

Das Gebiet hat 3.516.300 Einwohner, davon 82 Prozent Russen, rund sechs Prozent Tataren, 4,6 Prozent Baschkiren und zwei Prozent Ukrainer. Größtes Industriezentrum neben Tscheljabinsk ist die Stadt Magnitogorsk.

Topografie und Klima

Höchster Gipfel ist der Nurlat mit 1640 Metern. Die niedrige östliche Ebene ist leicht hügelig. Das Gebiet hat ein typisches Kontinentalklima, lange kalte Winter mit Januar-Durchschnittstemperaturen zwischen -16 Grad Celsius und -18 Grad Celsius und kurze heiße Sommer mit Juli-Durchschnittstemperaturen von 18 Grad Celsius bis 20 Grad Celsius. Die durchschnittliche Niederschlagsmenge pro Jahr schwankt zwischen 300 Millimetern in der Ebene und 600 Millimetern in den Bergen. Das Tscheljabinsker Gebiet erstreckt sich über Territorien mit Waldsteppe und über nördliche Steppen.

Das Verbreitungsgebiet des Habichtskauzes (Strix uralensis) beschränkt sich nicht nur auf den Ural, wie es sein lateinischer Name vermuten ließe.

Die bedeutendsten Flüsse sind der Ural und der Mias, größte Seen sind der Uwildy und der Turgojak. Dank der Verschiedenartigkeit der Landschaften und Vegetationszonen sowie ihrer zahlreichen Süß- und Salzwasserseen ist die Region sehr malerisch und abwechslungsreich.

Wirtschaft und Ökologie

Die wichtigsten Bodenschätze im Tscheljabinsker Gebiet sind Eisen und Braunkohle. Stärkster Industriezweig ist die Schwarzmetallurgie. Hier werden 25 Prozent allen russischen Stahls und 20 Prozent aller Stahlrohre hergestellt. Gleichzeitig befand und befindet sich hier eines der Zentren der russischen Atomindustrie.

Seit Dezember 1945 ließ die sowjetische Führung zwischen Jekaterinburg und Tscheljabinsk ein Territorium von 980 qkm zur Sperrzone erklären. Hier entstanden unter Leitung des Physikers Igor Kurtschatow die Produktionsstätten für die ersten sowjetischen Atombomben. Die Knochenarbeit wurde von Häftlingen aus dem GULAG geleistet, dazu kamen etwa 20.000 Spezialisten. Sie lebten in dem damals auf keiner Landkarte verzeichneten Ort Tscheljabinsk -40, später Tscheljabinsk -60 genannt, seit den 90er Jahren: Osjorsk. Testabwürfe fanden in der kasachischen Steppe bei Semipalatinsk statt.

Die Katastrophe

In einem zur dortigen Plutoniumfabrik „Majak" gehörenden radiochemischen Werk in Tscheljabinsk-40 wurde waffenfähiges Plutonium aus einem Uran-Plutonium-Gemisch getrennt. Die dabei anfallenden Abfälle waren hochradioaktiv. Jahrelang leitete man einen Teil davon in das Flüsschen Tetscha. In den nahen tatarischen Dörfern starben viele Einwohner. Als noch gefährlicher geltende Abfälle wurden in unterirdischen Tanks gelagert. In einen von ihnen fiel am 29. September 1957 der Funke einer defekten Kontrollanlage.

Kurz darauf erhob sich nach Augenzeugenberichten einen Kilometer hoch über der Explosionsstätte eine rot leuchtende radioaktive Wolke. Die Blätter der Bäume wurden augenblicklich gelb und fielen zu Boden. Am nächsten Tag trieb man Kinder und Jugendliche aus den umliegenden tatarischen Dörfern zu Aufräumarbeiten. Alle erkrankten danach, die meisten starben jung. Die Explosion hinterließ im Ural eine Schneise der Verseuchung von der Größe Mecklenburg-Vorpommerns. Die Mindestschätzung der freigesetzten Radioaktivität reicht unter Experten von 20 Millionen Curie, der Hälfte der in Tschernobyl freigesetzten Menge, bis zu einem Wert, der noch über dem der ukrainischen Katastrophe liegt. Die sowjetische Führung gab erst 1989 zu, was sich 32 Jahre zuvor abgespielt hatte.

Die russische Umweltorganisation Ecodefense, welche die Anlage von Majak im Auge behält, schätzt, dass sich dort inzwischen radioaktiver Müll angesammelt hat, dessen Strahlungskraft die von Tschernobyl um das Zwanzigfache übertrifft. Die Aktivisten von Ecodefense halten eine Wiederholung der Katastrophe von 1957 für möglich.

Ein symbolischer Grenzpfahl markiert den Übergang von Europa nach Asien

ÜBERSICHTSKARTE NORDSIBIRIEN

ÜBERSICHTSKARTE SÜDSIBIRIEN

SIBIRIEN

SIBIRIEN ALS MYTHOS

Sibirien ist ein Mythos, auch für das europäische Russland. Seit dem 18. Jahrhundert überwiegen die eingewanderten Russen die Urbevölkerung unter allen Sibirjaken, wie die Bewohner Sibiriens dort genannt werden, bei weitem. „Ja, die Sibirjaken, das sind noch richtige Russen", heißt es oft in Moskau oder Leningrad. Man geht dort davon aus, dass sich der russische Mensch in den sibirischen Weiten irgendwie unverfälschter erhalten hat, großzügiger ist, gastfreundlicher und über einen weiteren Horizont verfügt. Das letztere trifft – ganz buchstäblich verstanden – auf jeden Fall zu.

Tatsächlich waren es ganz besondere Vertreter und Vertreterinnen des russischen Volkes, die in Sibirien Nachkommen zeugten. Nämlich abenteuerdurstige Entdecker und Eroberer, wie zum Beispiel die freiheitsdurstigen Kosaken, dazu Aufmüpfige und Widerborstige, wie sie seit der Zarenzeit in

LINKE SEITE:
Endlose Taiga – die Weite Sibiriens ist kaum zu fassen.

Eine typisch russische Holzkirche, wie man sie in fast jeder sibirischen Ansiedlung finden kann

diesen abgelegenen und unwirtlichen Weiten gefangen gehalten wurden oder sich hier in der Verbannung wiederfanden. Kein Wunder also, dass sich die Sibirjaken durch Ausdauer, Improvisationstalent und Lebenstüchtigkeit auch unter extremen Bedingungen auszeichnen. Die extreme Kälte in den Wintern schreckt sie normalerweise nicht. Sie wissen sie sich sogar zu Nutze zu machen. Da wird auf dem Dorf die Milch einfach als gefrorene Scheiben verkauft und Hausfrauen stapeln ihre Tiefkühlvorräte im Garten. Zugefrorene Flüsse und Seen werden dort zu Autobahnen, wo es im Sommer keine gibt.

Wo auch keine Bäume mehr wachsen, wird die Taiga zur Tundra.

LAGE

Die populäre Auffassung von Sibirien beinhaltet den ganzen asiatischen Teil der Russischen Föderation. Dieser erstreckt sich 7000 Kilometer und fünf Zeitzonen weit vom Ural bis zum Pazifik, im Norden vom Arktischen Ozean und im Süden von China, der Mongolei und Kasachstan begrenzt. So betrachtet umfasst es rund zwei Drittel des russischen Staates und misst 9,6 Millionen Quadratkilometer. Hier leben allerdings unter 20 Prozent der Bevölkerung des Gesamtstaates. Die meisten Bewohner sind Städter, so dass die riesigen, völlig leeren oder nur spärlich besiedelten Räume

RECHTE SEITE OBEN:
Sibirisches Eichhörnchen im Schnee

RECHTE SEITE UNTEN:
Winterliche Tundra

einer effektiven Infrastruktur entgegenwirken. Erst die im 19. und Anfang des 20. Jahrhunderts erbaute Transsibirische Eisenbahn mit heute 9323 Kilometer Gleisen ermöglichte den Abtransport der unermesslichen Reichtümer des Landes. Hauptsächlich an ihr liegen die wenigen großen Städte, die auch Zeit hatten, historisch zu wachsen und deren kulturelles Leben mit dem des europäischen Russland wetteifert.

Der Sibirische Föderationskreis – so heißt die entsprechende Verwaltungseinheit im heutigen Russland – beansprucht allerdings weniger als die Hälfte dieses riesigen Territoriums. Zu ihm gehören Teile des Westsibirischen Tieflandes, das Nordsibirische Tiefland, das Mittelsibirische Bergland zwischen den Flüssen Jenissei und Lena und das Südsibirische Gebirge. Der Rest wird in der offiziellen Terminologie als „Ferner Osten" bezeichnet und im Westen Sibiriens im Gebiet Tjumen zusammengefasst. In den Köpfen der Bürger der Russischen Föderation wiederum beginnt Sibirien bereits bei der Ural-Stadt Tjumen und endet etwa 100 Kilometer östlich des Baikal-Sees bei Ulan-Ude.

Aus der Vogelperspektive – verschneite sibirische Gebirgslandschaft

KLIMA

Je mehr man in Russland von West nach Ost kommt, desto schärfer ausgeprägt ist der kontinentale Charakter des Klimas, das heißt, desto extremer sind die Schwankungen zwischen den sommerlichen Höchst- und den winterlichen Niedrigsttemperaturen. In Sibirien können sie von 40 bis -72 Gard Celsius reichen. Jakutsk zum Beispiel, muss als einzige Großstadt der Welt mit Kältedifferenzen von über 100 Grad leben – von -60 im Winter bis zu 40 Grad Celsius im Sommer. Vor der Erfindung schützender Pillen und Salben wurden in der heißen Jahreszeit die Menschen von den Moskito-

Verschneite Bergwelt im Südural

schwärmen geradezu aufgefressen, die in den auftauenden Sümpfen prächtig gedeihend. Der kälteste Ort der bewohnten Welt ist das ostsibirische Oimjakon südlich von Werchojansk. Dort müssen die Einwohner im Winter auch bei -70 Grad Celsius noch auf die Straße. Trost, nicht selten zuviel, spendet alleweil der wegen seiner Reinheit berühmte sibirische Wodka.

GESCHICHTE

Seinen Namen erbte das Land vom tatarischen Khanat „Sibir", einem Zerfallsprodukt der Goldenen Horde hinter dem Ural. Der Name bedeutete „schlafendes Land". Im Jahre 1582 war es mit dem Schlaf vorbei. Die Tataren wurden von Kosaken unter deren Hauptmann Jermak endgültig geschlagen. Im Auftrag des Handelsimperiums der Familie Stroganow stürmten kosakische Einheiten die dahinter liegenden Territorien. In zwei Generationen legten sie die 7000 Kilometer bis zur Pazifikküste zurück. Am Ende des 16. Jahrhunderts existierten bereits befestigte Orte an den Ufern des Ob und des Irtysch. Schon 1740 war Sibirien wichtigster Lieferant edler Metalle für ganz Europa.

Neben Abenteurern, Kaufleuten und Bauern, die das Land freiwillig besiedelten, wurden von Anfang an auch Häftlinge dorthin verschickt. Sie mussten Straßen bauen, Steine brechen und in den Bergwerken die Bodenschätze Sibiriens abbauen. Die meisten von ihnen starben an Erschöpfung, Unterernährung oder Tuberkulose. Etwas besser hatten es die „Verbannten", oft oppositionelle Adelige, denen man das Sträflingslos entweder ganz ersparte oder die man vorzeitig entließ. Eine besondere Rolle spielten die „Dekabristen", adelige Offiziere, benannt nach dem russischen Monat Dezember. In jenem Monat im Jahre 1825 hatten sie sich auf dem Sankt Petersburger Senatsplatz versammelt, um vom Zaren eine konstitutionelle Demokratie zu fordern. Ebenso wie sie selbst gaben ihre ihnen freiwillig an die Verbannungsorte gefolgten Ehefrauen wichtige Impulse für die kulturelle Entwicklung sibirischer Städte.

Zu Sowjetzeiten befand sich ein großer Teil der Gefängnisse und Lager des unter Stalin zu trauriger Berühmtheit gelangten GULAG-Systems hier oder im Fernen Osten. Das Akronym ist die Abkürzung für Glawnoje Uprawlenie Lagerei, was „Hauptverwaltung der Arbeitslager“ bedeutet. Viele der Überlebenden siedelten sich nach der Auflösung der größten Lager in den 1950er und 60er Jahren an benachbarten Orten an. Zum Teil hatten sie ihre Verbindungen im europäischen Russland verloren, manchmal durften sie auch nicht mehr in ihre Heimat zurückkehren. Sie fanden damals schnell Arbeit, denn in den 1950er und 60er Jahren wurde die Industrialisierung Sibiriens im großen Stil vorangetrieben.

Heute macht sich der allgemeine Rückgang der Bevölkerung in Sibirien noch stärker bemerkbar als in den anderen Teilen der Russischen Föderation. Seit Anfang der 1990er Jahre sind die großen Städte an der Transsib mit der Ausnahme Krasnojarsks fast alle um mindestens 30.000 Einwohner geschrumpft. Besonders aus den Permafrostregionen im hohen Norden wandern Menschen in die Großstädte des europäischen Russland zurück, seit die Infrastruktur dort nicht mehr vom Zentrum des Staates aus gesichert wird und die zu Sowjetzeiten berühmten hohen „Nordzuschläge“ zu den Löhnen nicht mehr gezahlt werden.

Morgendunst über einem Fluss
in der Weite Sibiriens

Die Übergänge zwischen Wasser und Land sind oft fließend.

Auch die himmelschreienden ökologischen Missstände in den sibirischen Industriezentren veranlassen viele ihrer bisherigen Bewohner, aus diesen zu fliehen. Das im Volk einst aus Unwissenheit verbreitete Vertrauen auf die Unerschöpflichkeit der sibirischen Umweltressourcen haben sowjetische wie postsowjetische Manager ebenso schamlos ausgebeutet wie diese Ressourcen selbst. Sibirien beherbergt heute Zonen, in denen der Grad der chemischen oder radioaktiven Verseuchung Warmblütern das Leben fast unmöglich macht. So steht die Stadt Norilsk auf achter Stelle einer Liste der ökologisch verseuchtesten Orte der Welt. Das unabhängige Blacksmith Institute stufte die Stadt noch vor Tschernobyl ein. Daneben existieren Regionen mit einer noch fast urweltlich reinen Umwelt. Währendessen können das Altai- und das Sajangebirge noch immer zu Recht damit Touristen werben, dass in ihren reinen Wäldern und an ihren klaren Seen Gesundheit für Leib und Seele geboten wird.

Anscheinend unkontrollierbar verstärkt sich der Grenzverkehr mit China. Heute sind chinesische Händler auf den sibirischen Märkten mit modischer Kleidung und Dessous, bunten Teekesseln und Plastikgegenständen, aber auch elektronischen Geräten aller Art allgegenwärtig. Viele von ihnen lassen sich hier auch nieder, zunächst auf Zeit. Unter der russischen Bevölkerung ist die Angst vor einer chinesischen Unterwanderung groß, ebenso unter den Angehörigen der indigenen sibirischen Völker, die sich vergegenwärtigen, wie man in China mit ethnischen und kulturellen Minderheiten umspringt.

SIBIRIENS VEGETATIONSZONEN

Die sibirischen Vegetationszonen beginnen von Nord nach Süd mit Eis- und Frostschuttwüste am Nördlichen Polarmeer. An die Arktis schließt sich in der Tundra eine 200 bis 800 Kilometer breite Kältesteppe-Zone an. Sie liegt hauptsächlich jenseits des Polarkreises, im Mittelsibirischen Bergland jedoch schon jenseits von 70 Grad nördlicher Breite. Hier herrschen Gräser, Moose, niedrig blühende Stauden und Flechten vor. An Bäumen gedeihen Kriechbirken und Weiden. Borealer Nadelwald bedeckt in der Taiga mit kaltgemäßigtem Klima eine 1000 bis 2000 Kilometer breite Zone nördlich der Linie Sankt Petersburg, Ufa, Irkutsk, Sachalin. Kiefern, Fichten und Tannen dominieren in Westsibirien, in Ostsibirien dagegen die Lärche. Die Birke als Laubbaum macht immerhin noch ein Fünftel der Taiga in Westsibirien aus, in Ostsibirien trifft man sie weit seltener an. Laub- und Mischwald mit kühlgemäßigtem Klima findet sich in der Ebene zwischen Tscheljabinsk und Krasnojarsk sowie im Amur-Gebiet. Trockenklima der mittleren Breiten herrscht in Tuwa.

SIBIRISCHE FAUNA

Die Eroberer Sibiriens wurden vor allem durch den natürlichen Pelztierreichtum des Landes angezogen. Füchse, Bären, Wölfe, Marder, Wiesel, Zobel, Dachse, Iltisse und Hermenline, Otter und Robben wurden rücksichtslos gejagt, und die Zaren erhoben gegenüber den Bewohnern eine Pelzsteuer. Heute, im Zeitalter der atmungsaktiven Mikrofasern, ist die Bedeutung der Pelztierjagd und sogar der Pelztierzucht stark zurückgegangen.

Nicht immer ist die Tundra nur eine einfache Graslandschaft.

RECHTE SEITE:
Der Jenissej wird von seinen Anrainern nur „Vater“ genannt.

Richtung Norden nimmt die Anzahl der Landtierarten ab. Allerdings sind die vorhandenen Arten noch zahlreich vertreten, wie zum Beispiel Rentiere, Moschusochsen, Polarfüchse und Schneehasen. Die Eisbärenpopulation ist bekanntlich rückgängig. Kein Mangel herrscht bislang an Wasservögeln, zum Beispiel an Lummen, Alken, Seeschwalben, Wildenten, an Fischen wie Heilbutt, Hering, Kabeljau, Lachs, Lodde und an Meeressäugetieren wie Robben, Seehunden, Walrossen. In den südsibirischen Flüssen und Seen, vor allem im Baikalsee, haben sich seltene Lachs- und Forellenarten gehalten wie der Omul, auch Baikal-Renke genannt. Eine besondere Fauna lebt in den südsibirischen Gebirgen, dem Altai- und dem Sajangebirge. Hier haben sich noch das seltene Riesenwildschaf, Maralhirsche und Schneeleoparden gehalten.

GROSSLANDSCHAFTEN

Das Westsibirische Tiefland

Allein das Westsibirische Tiefland ist siebenmal so groß wie die Fläche Deutschlands

Das weitläufige Westsibirische Tiefland erstreckt sich zwischen dem Ural und dem Fluss Jenissej sowie dem Mittelsibirischen Bergland. Im Norden reicht es über die Jamal-Halbinsel an die Karasee. In dieser Himmelsrichtung geht es auch – ohne genau erkennbare Grenzen – fließend in das Nordsibirische Tiefland über, an das sich die Taimyr-Halbinsel angliedert. Mit rund 2,5 Millionen qkm ist das Westsibirische Tiefland etwa siebenmal so groß wie Deutschland.

Das Westsibirische Tiefland ist überall reich an Sümpfen. Im Süden wird es von ausgedehnten Wäldern bedeckt, in denen Nadelbäume vorherrschen. Dann geht es nach Norden in Taiga über, schließlich in Waldtundra und in Tundra mit ihren ständig gefrorenen Permafrostböden. Die Vegetation besteht hier nur aus Flechten, Moosen, Sträuchern und Farnen. Das Tiefland wird vom Irtysch, dem Jenissej und dem Ob durchflossen.

Die meisten sibirischen Großstädte liegen am Rande dieser Region oder in ihrem südlichen Teil, entlang der Transsibirischen Eisenbahn. Hier ist noch Landwirtschaft möglich. Einige große Städte dieser Region sind Jekaterinburg, Tscheljabinsk, Tjumen, Chanty-Mansiisk, Omsk, Nowosibirsk, Barnaul und Tomsk. Omsk und Nowosibirsk, Jekaterinburg und Tscheljabinsk sind Millionenstädte. Die beiden letzteren gehören, ebenso wie Tjumen, offiziell nicht zum Sibirischen, sondern zum Ural-Föderationskreis.

Das Nordsibirische Tiefland

Dieses Tiefland erstreckt sich zwischen dem Nordende des Urals im Westen und dem Werchojansker Gebirge im Osten am Nördlichen Eismeer entlang. In seinem Zentrum liegt wie ein Kessel die Taimyr-Senke. Auch einzelne Mittelgebirgszüge unterbrechen diese Ebene. Von Süden nach Norden gehen in dieser Gegend die sumpfigen Wälder der Taiga in Tundra mit sumpfigen Steppen über. Auf den Inseln im Polarmeer schließlich herrscht die Kältewüste. Auf der Taimyr-Halbinsel, an der Grenze zwischen Nordsibirischem Tiefland und Mittelsibirischem Bergland liegt die berühmt-berüchtigte Nickelstadt Norilsk.

Was auf dem Foto freundlich aussieht, kann im Winter zum extrem unwirtlichen und lebensfeindlichen Umfeld werden.

Das Putorana-Plateau ist ein fast vollständig unbesiedelter Gebirgszug in Mittelsibirien

Das Mittelsibirische Bergland

Das Mittelsibirische Bergland liegt zwischen dem Nordsibirischen Tiefland im Norden und den verschiedenen Südsibirischen Gebirgen wie dem Sajan und dem Baikalgebirge. Seine westliche Grenze bildet der Jenissej, seine östliche die Lena. Es besteht aus zerklüfteten Plateaus und Bergketten, die zwischen 500 und 1000 Meter hoch aufragen. Im Zentrum, im Südwesten in den Jenissejbergen und in der nordöstlichen Wiljui-Kette gibt es Gipfel von über 1000 Metern Höhe.

Im nordwestlichen Putoranagebirge befindet sich der höchste Berg des Mittelsibirischen Berglands, der Kamen, mit 1701 Metern Höhe. Abgesehen von den höhenbedingten Vegetationsunterschieden ist auch hier in nördlicher Richtung der Übergang von Taiga zu Waldtundra und schließlich Tundra zu beobachten. Angarsk, Bratsk, Jakutsk und Krasnojarsk sind die großen Städte der Region. Sie liegen vorwiegend im südlichen Teil, in der Tundra.

Der Jenissei und die Lena grenzen das Mittelsibirische Bergland nach Westen und Osten ab. Weitere bedeutende Flüsse sind die Angara, deren Unterlauf auch Obere Tunguska genannt wird, sowie die Steinige und die Untere Tunguska.

Auch Sibiriens riesige Flüsse fangen mal klein an.

Das Mittelsibirische Bergland gilt als besonders unzugänglich. Die steilen Straßen sind hier während des Tauwetters kaum befahrbar, es bleiben nur die Eisenbahn und der Luftweg.

Die Südsibirischen Gebirge

In dieser Region reihen sich mehrere eigenständige Bergketten aneinander. Sie trennen die Westsibirische Tiefebene und das Mittelsibirische Bergland von China und der Mongolei. Von West nach Ost sind dies der Altai, der Kusnezker Alatau, das Sajangebirge (West- und Ostsajan), das Tannu-Ola-Gebirge, das Baikalgebirge, das Jablonowygebirge, das Witimplateau, das Stanowoihochland, das Patomhochland und das Aldanhochland und das Stanowoigebirge.

In den Südsibirischen Gebirgen entspringen die großen sibirischen Flüsse Ob, Irtysch, Lena und Jenissej. Hier liegt auch der größte See der Erde, der Baikalsee. Die größten Städte in dieser Region sind Krasnojarsk, Angarsk, Irkutsk, Ulan-Ude und Tschita.

FLÜSSE

Wassserfall des Kutamarakan auf dem Putorana-Plateau im Norden Sibiriens

Sibirien lebt von seinen riesigen Flüssen, die allesamt im Winter gefroren und deshalb nur zeitweise schiffbar sind. In der fünfmonatigen Navigationsperiode erreicht dieser Schiffsverkehr allerdings große Intensität. Dafür versorgen die zahlreichen Stauseen und -Dämme Städte und Betriebe ausrei-

Sibiriens Flüsse sind eine wichtige Lebensgrundlage für die Menschen, die hier leben.

RECHTE SEITE:
Fluss oder See – das ist oft nicht auf Anhieb zu erkennen.

chend mit Energie. Der Fischreichtum garantiert den Menschen Nahrung. Nicht umsonst wird der Jenissej von seinen Anwohnern „Vater" genannt. Da sich die sibirischen Landmassen leicht nach Norden neigen, fließen alle Flüsse in das nördliche Polarmeer. Nur der Amur fließt in den Pazifik ab, er gehört allerdings bereits zur Region Fernost.

Der Ob entsteht aus dem Zusammenfluss der Bija und des Katun nahe der Stadt Bijsk im Altaigebirge. Seine Länge beträgt 3650 Kilometer ohne und 4338 Kilometer mit dem Quellfluss Katun. Der Ob fließt in den Arktischen Ozean. Er transportiert dabei 12.300 Kubikmeter Wasser in der Sekunde aus einem Einzugsgebiet von 2.430.000 qkm. Größte Städte am Ob sind Bijsk, Barnaul und die Millionenstadt Nowosibirsk.

Der Irtysch ist mit 4248 Kilometern der längste Nebenfluss des Ob. In ihn mündet wiederum der 1591 Kilometer lange Tobol, der Russland und Kasachstan durchfließt. Ein anderer Nebenfluss des Ob ist der 1799 Kilometer lange Tschulym. Mit seinem rechten Quellfluss, dem Weißen Ijus, erreicht er 2039 Kilometer Länge.

Auch der Jennisei erreicht über 4000 Kilometer Länge. Er entsteht aus dem Zusammenfluss zweier Flüsse bei der Stadt Kysyl in der Republik Tuwa, im Sajan-Gebirge und fließt in die Karasee. Der Jenissej gilt als der wasserreichste Fluss der Erde. Pro Sekunde transportiert er 20.022 Kubikmeter Was-

Holzbrücke über einen klaren Bergbach in der Region Tuwa

Sonnenuntergang über einem kleinen Bach in der Taiga

ser durch ein Einzugsgebiet von 2.440.000 qkm. Größte Städte an seinem Verlauf sind Abakan, die Hauptstadt von Chakassien, und Krasnojarsk.

Die Angara ist mit 1780 Kilometer der größte Nebenfluss des Jenissej. Sie entspringt als Obere Angara nordöstlich des Baikalsees im Stanowoihochland. Von dort aus fließt sie nach Westen und durchquert den nördlichen Teil der Burjatischen Republik. Nach etwa 450 Kilometern erreicht sie den Baikalsee. Sie durchquert ihn 600 Kilometern weit und tritt dann als dessen einziger Abfluss wieder aus. Sie mündet in den Jenissei. Ein weiterer Nebenfluss des Jenissej ist die Steinige Tunguska. An der Angara liegen Irkutsk, Angarsk und Bratsk.

Die Lena gehört mit 4400 Kilometern zu den längsten Flüssen der Erde. Sie entspringt im Baikalgebirge und mündet in die Laptewsee, ein Randmeer des Nordpolarmeeres. Ihr Einzugsgebiet umfasst 2.460.000 qkm – etwa die 7-fache Größe Deutschlands. Sie transportiert circa 16.440 Kubikmeter Wasser pro Sekunde. Ein Stück weit verläuft sie nahe der Unteren Tunguska. Danach strebt ihr der von Süden kommende Witim zu, später die ebenfalls von Süden heranfließende Oljokma. In der Mitteljakutischen Niederung durchfließt sie die Stadt Jakutsk, dann nimmt sie den von Osten kommenden Aldan und den von Westen heranfließenden Wiljui auf. Sie bahnt sich ihren Weg zwischen dem im Osten emporragenden Werchojansker Gebirge und dem im Westen verlaufenden Mittelsibirischen Bergland nach Norden. Schließlich erreicht das Wasser der Lena ihr 30.000 qkm großes Mündungsdelta, ein verästeltes Flussystem, das die Form einer riesigen Eichenkrone hat. Von West nach Ost misst es rund 230 Kilometer, von Nord nach Süd bis zu 150 Kilometern.

ROHSTOFFE UND BODENSCHÄTZE

Erdgas

Zentrum der Erdgasförderung ist in Russland nach wie vor die Region um Tjumen. Dem populären Verständnis nach gehört sie zwar auch zu Sibirien, offiziell jedoch zum Ural-Föderationskreis. Doch auch im Sibirischen Föderationskreis gibt es wichtige Erdgasfelder und vor allem -reserven. Im West sibirischen Tiefland sind dies vor allem zwei große Felder beiderseits des nördlichen Polarkreises: Urengoi am Ob-Busen und Medweschje.

1971 entdeckte man außerdem auf der Halbinsel Jamal das größte zusammenhängende Erdgasfeld der Erde. Dort lagern rund 10 Billionen Tonnen Erdgas in Tiefen von 2000 bis 4000 Metern, bei weitem mehr als in den Gebieten um Urengoi und Jambug. Ein Drittel des in Deutschland verbrauchten Gases stammt heute von der Halbinsel Jamal. Bisher wurden die dortigen Fördermengen stetig gesteigert. Man erwartet, dass sie bis in den Zeitraum von 2015 bis 2020 hinein ausreichen.

Erdölförderung in der verschneiten Tundra.

Kohle

Mit rund 6 bis 7 Billionen Tonnen verfügt die Russische Föderation über die größten Kohlevorkommen von allen Staaten der Welt, ihr globaler Anteil beträgt über 50 Prozent. Diese Kohlevorkommen konzentrieren sich besonders in Chakassien, um Krasnojarsk, im Irkutsker Steinkohlebekken, um Tschita und in der Republik Sacha (Jakutien).

Wichtigster Fundort ist allerdings das Kusbass-Becken um Kemerowo. Die hiesige Steinkohle wird wegen ihrer besonders hohen Qualität geschätzt. Die Fördermengen erreichten 1990 einen Höchststand von rund 150 Millionen Tonnen im Jahr, wurden seither aber wieder gedrosselt. In jüngerer Zeit zieht man die Tagebauförderung vor, die in einem Teil des Kusbass-Beckens ebenfalls möglich ist.

Eisenerz

In Westsibirien wird Eisenerz im Schorija- und im Alatau-Bergland gefördert und im nahe gelegenen Kusbass-Becken verhüttet. Die Vorräte hier schätzt man auf viele Millionen Tonnen. Der Eisen-Gehalt liegt zwischen 30 und 50 Prozent. Außerdem fördert man Eisenerz im mittleren Minusinsker Becken, im Angara-Gebiet und in Südjakutien. Riesige unerschlossene Reserven befinden sich noch im Westsibirischen Tiefland in der Nähe von Tomsk.

Russische Industrieanlagen sind riesige Umweltverschmutzer.

Buntmetalle

Kupfer, Blei, Zink und Kobalt lagern im Gebiet um Krasnojarsk und werden hier verarbeitet. Dazu gehören 70 Prozent der russischen Buntmetalle. Das Krasnojarsker Aluminiumwerk gilt als weltweit größter Produzent des Leichtmetalls Palladium, einer Platinlegierung. Die Produktion findet unter außerordentlich umweltfeindlichen Bedingungen statt. Im einem Radius von 20 Kilometern um die Aluminiumhütten ist die Vegetation verseucht, die Tiere leiden unter Leberzirrhose.

In der rund 160.000 Einwohner zählenden Stadt Norilsk befinden sich die bedeutendsten Produktionsstätten der Welt für Polymetalle wie Nickel, Kobalt, Palladium und Platin. Norilsknickel gehört zu den profitabelsten Unternehmen Russlands und ist Weltmarktführer in der Nickelproduktion. 80 Prozent aller Norilsker Bürger sind in dieser Firma beschäftigt. Das Unternehmen erwarb sich in den 1990er Jahren den Ruf des größten Luftverschmutzers der Welt. Im Umkreis von 90 bis 180 Kilometern rundum sind 200.000 Hektar Wald abgestorben.

Gold

Die Russische Föderation ist mit 180 Tonnen pro Jahr der viertgrößte Goldförderer in der Welt (Zahl aus dem Jahre 2003). Jakutien nimmt einen wichtigen Platz in der Goldgewinnung Russlands ein. Die Republik produziert jährlich etwa 30 Tonnen, das sind 25 Prozent der gesamten Fördermenge

Das in Sibirien geförderte Erdöl wird über riesige Entfernungen durch Pipelines gepumpt, die bei den extremen Temperaturen Sibiriens oft Leck schlagen und in gigantischem Ausmaß die Umwelt verschmutzen.

Die sibirische Stadt Norilsk liegt im internationalen Ranking der größten Luftverschmutzer auf einem der vordersten Plätze.

Russlands. Drittwichtigster Förderstandort im Land ist das Gebiet um Irkutsk. Zunächst schürfte man Gold am Aldan, einem großen Nebenfluss der Lena. Danach wurden Vorkommen in Nordostsibirien am Oberlauf der Indigirka entdeckt. Etwa drei Viertel des sibirischen Goldes werden aus Flüssen gewaschen, ein Viertel aus Minen gefördert.

Holz

Forstwirtschaft und Holzverarbeitung boomen in ganz Sibirien. Ein objektives Bild von der Situation in Sibiriens Wäldern ist zur Zeit sehr schwer zu zeichnen. Einige offizielle Zahlen sind im Gebiet Irkutsk veröffentlicht worden, das als das Zentrum der sibirischen Holzindustrie gilt. Das Irkutsker Gebiet umfasst 775.000 qkm – 4,6 Prozent der Fläche Russlands. Es erstreckt sich 1500 Kilometer von West nach Ost und 1400 Kilometer von Nord nach Süd und beherbergt den Baikalsee im Süd-

osten. Seine Wälder bestehen aus Kiefern und Laubbäumen. Sie bedecken fast 66,8 Millionen Hektar des Gebietes. Die Nutzholzreserven betragen mehr als 8,3 Millionen Kubikmeter – 11 Prozent von Russlands Gesamtreserven. Hier erfolgen 10 Prozent der gesamtrussischen Papier- und Zellstoffproduktion und 20 Prozent der Kartonproduktion.

Auch Erdgas wird über weite Strecken per Pipeline transportiert.

Wichtige Industriezentren

Die Weiterverarbeitung der Rohstoffe erfolgt meist in unmittelbarer Nähe ihrer Fundorte. Die wichtigsten Industriezentren Sibiriens sind deshalb mit diesen identisch. Die größten von ihnen sind der Autonome Kreis der Jamal-Nenzen als Schwerpunkt der Erdgasindustrie sowie das Kusbassbecken mit den Kohlebergwerksstädten Nowokusnezk und Kemerowo.

DAS GEBIET TJUMEN

Das Gebiet Tjumen ist dreimal so groß wie Spanien und die drittgrößte Einheit der Russischen Föderation – nach der Republik Sacha und der Region Krasnojarsk. Es bedeckt eine Fläche von 1.464.200 qkm. Wirtschaftlich ist es aber Russlands bedeutendste Region, denn ihm verdankt das Land seinen Reichtum. Mitte der 60er Jahre entdeckten Geologen hier riesige Erdölressourcen.

Deren Ausbeutung und die technische Entwicklung der Tjumener Region wurden damals zur Aufgabe Nr. 1 für den gesamten russischen Staat erklärt. Heute fördert man hier 50 Prozent allen russischen Erdöls und 90 Prozent des Erdgases. Mit einer Mineralölfördermenge von 420.000 Millionen Tonnen lag Russland im Jahre 2003 nur noch hinter Saudi-Arabien (496.800 Millionen Tonnen) aber vor den USA (349.400 Millionen Tonnen). Mit 22 Prozent Anteil an der globalen Erdgasförderung und 589,1 Milliarden m^3 bildete Russland im Jahre 2004 die Weltspitze, noch vor den USA mit 542,9 Milliarden m^3 Erdgas.

Fund- und Förderstätten für diese Ressourcen sind zwei Autonome Kreise, welche in das Gebiet Tjumen integriert sind und die den größten Teil seines Territoriums ausmachen: im Zentrum der Autonome Kreis der Chanten und Mansen mit 534.800 qkm, im Norden der Autonome Kreis der Jamal-Nenzen mit 769.000 qkm.

Lage und Einwohnerschaft

Das Gebiet Tjumen bildet eine historische und geografische Brücke zwischen dem europäischen Russland und Sibirien. Es umfasst die östlichen Ausläufer des nördlichen, des subpolaren und des Polarural mit dem höchsten Berg des Urals überhaupt, der 1895 Meter hohen Narodnaja im subpolaren Teil. Im Wesentlichen liegt das Gebiet aber in der nördlichen Westsibirischen Ebene, die reich an Sümpfen, Seen und Flüssen ist. Im Norden grenzt es an die Republik Komi und an die Karasee, im Osten an die Gebiete Omsk, Tomsk und Krasnojarsk, im Südosten an Kasachstan und im Westen an das Gebiet Kurgan und das Gebiet Swerdlowsk. Der Zeitunterschied zu Moskau beträgt zwei Stunden.

Insgesamt hat das Gebiet heute 3.345.100 Einwohner, unter denen über 80 Völker vertreten sind. Im Jahre 2002 waren von der Gesamteinwohnerschaft 71,57 Prozent Russen, 7,4 Prozent Tataren, 6,5 Prozent Ukrainer, 1,4 Prozent Baschkiren und 1,3 Prozent Aserbeidschaner. Auf jedes der indigenen Völker entfallen nur noch weniger als 1 Prozent.

Noch während des Zweiten Weltkrieges war diese Region ländlich, in ihrem Süden gibt es auch Landwirtschaft. Doch seit Beginn des Erdölbooms wuchs die Bevölkerung explosionsartig. Die städtische Bevölkerung im Gebiet hat sich nach 1970 vervierfacht. Die konjunkturbedingte Zuwanderung verschärfte die Minderheitsposition der indigenen Völker in ihren Autonomen Kreisen weiter.

RECHTE SEITE:
In auffälligem Rot ist die Kirche von Kulakowo in der Region Tjumen gehalten.

Die Einwohnerzahl des Autonomen Kreises der Chanten und Mansen wuchs von 1970 bis heute von 271.000 auf 1.488.300. Die Titularvölker selbst stellen davon, gemeinsam mit den Nenzen, noch knapp 2 Prozent. Insgesamt gelten die Erdölreserven dieses Territoriums als „erschöpft“, die För-

dermengen sind rückgängig, doch der Kreis ist noch immer ein schwerreicher Steuerzahler und tritt im Rahmen des innerrussischen Finanzausgleiches als Geber für andere Gebiete auf. Die Bevölkerung des Jamal-Nenzischen Autonomen Kreises wuchs im gleichen Zeitraum von 80.000 Personen 1970 auf heute 538.600, davon sind insgesamt 7 Prozent Nenzen, Chanten und Selkupen – ein winziges uralisches Volk mit samojedischer Sprache.

64 Prozent des Erdöls und 91 Prozent Erdgases aus Russland werden im Gebiet Tjumen gefördert. Gerade in der weiteren Erschließung des Bowanenko-Gasfeldes auf der durch den Ob-Busen gebildeten Halbinsel Jamal und des Schtokman-Gasfeldes in der Barentssee sieht auch die Firma GASPROM ihre eigene Zukunft.

Klima, Flora und Fauna

Aufgrund seiner Größe und seiner Nord-Südausdehnung erstreckt sich das Gebiet Tjumen über sehr verschiedene, doch immer kontinentale Klimazonen. Im Norden dauert der Winter acht bis zehn Monate. Die mittlere Januartemperatur liegt bei -29 Celsius, die im Juli zwischen 4 Celsius und 15

Typische Taigavegetation, wie sie auch in der Region Tjumen weit verbreitet ist

Celsius. Im zentralen Teil beträgt die mittlere Januartemperatur -23 Celsius und die mittlere Julitemperatur zwischen 16 Celsius und 18 Celsius.

Im Süden liegt die Durchschnittstemperatur im Januar bei -17 Celsius bis -19 Celsius und im Juli bei 19 Celsius. Die durchschnittliche Niederschlagsmenge beträgt 200 bis 600 Millimeter pro Jahr. Vegtationszonen von Nord nach Süd sind Tundra, Waldtundra, Taiga und Waldsteppe. Wälder und Gebüsche bedecken nur 21 Prozent des Gebietsterritoriums. Die Hauptflüsse sind der Ob und der Irtysch sowie deren Nebenflüsse Tobol und Ischim, der Tas, der Pur und der Nadym. Die Halbinsel Jamal im Nördlichen Eismeer wird durch den Ob-Busen gebildet.

Das Gebiet beherbergt den ganzen Reichtum der sibirischen Pelzier- und Wildgeflügelwelt. Im Norden leben Rentiere, Weißfüchse, Polarhasen, Lemminge, Schneerebhühner und Schneeeulen. In der Taiga beheimatet sind Elche, Eich-, Erd- und Streifenbackenhörnchen, Braunbären, Vielfraße, sibirische Marder, Iltisse, Bisamratten, Dachse, Zobel, Wölfe und Füchse, Auerhähne, Hasel- und Birkhühner, dazu Massen wandernder Wasservögel wie Wildgänse und -enten. In den Flüssen tummeln sich unter anderem Stör, Sterlet, sibirischer Weißlachs, Aalrutte und Aland. Doch vielerorts kann der

Im Osten wird die Region Tjumen durch die Ausläufer des Sajan-Gebirges begrenzt.

Angehörige des Nanzen-Volkes

Mensch Fische und Wild aufgrund der Umweltschäden nur noch unter Gefahr für Leib und Leben verspeisen.

Ökologische und soziale Situation

In den 60er Jahren strömten Facharbeiter aus ganz Russland in das Gebiet Tjumen, zuerst nach Samotlor im Autonomen Gebiet der Chanten und Mansen, um der Natur Erdöl abzutrotzen. Die Natur wehrte sich mit Frösten, bei denen die ersten Piepelines brachen und mit gewaltigen Überschwemmungen über die Ob-Ufer. Hohe Planvorgaben führten zu Pfusch bei der Arbeit. Hunderttausende Tonnen Öl flossen nach Expertenschätzungen in den Boden und verdarben Seen und Grundwasser um Samotlor und Nischnewartowsk für immer.

Ölförderung und Ölverarbeitung verursachten an immer mehr Orten Umweltschäden und haben nach Grund und Boden auch Pflanzen, Gewässer, Tiere und Menschen vergiftet. In der Stadt Tjumen verdoppelte sich in der Ersten Hälfte der 90er Jahre der Anteil der Krebskranken an der Bevölkerung. Man eröffnete das damals nach Moskau bedeutendste russische Zentrum für Krebskrankheiten.

Noch immer ergießen sich im Gebiet Tjumen jährlich 20.000 bis 25.000 Tonnen Erdöl in den Boden. Alle drei Tage kommt es zu einem Unfall bei der Förderung. Bis zu 50 Prozent des ausströmenden Erdgases werden täglich abgefackelt, 10.000 Hektar Fischgewässer werden jährlich neu verseucht. Nach Schätzungen der russischen Staatlichen Agentur für Grund und Boden (Rosnedwischimost) sind bereits 40 Prozent aller Rentierweiden durch den Bau industrieller Objekte verschmutzt.

Nichts deutet darauf hin, dass sich die Infrastruktur auf dem Lande zu Gunsten der nicht am Erdöl- und Erdgasgeschäft beteiligten Bürger verändert. Die Statistik wies im Jahre 2007 für den Autonomen Kreis der Jamal-Nenzen mit einer anderthalb mal so großen Fläche wie Frankreich ein Straßennetz von 4044 Kilometern auf, von denen 3247 Kilometer verschiedenen Firmen gehörten und nur 797 Kilometer der Allgemeinheit. Stattdessen verfügte die Region über ein dichtes Netz von Banken und Finanzierungsgesellschaften.

Der Autonome Kreis der Chanten und Mansen gehört neuerdings zu den ganz wenigen Orten in Russland, an denen so etwas wie eine Entschädigung für die Nomaden überhaupt vorgesehen ist. Noch nicht gelöst ist die Frage, wie das geschehen soll.

„Was für eine Kompensation soll man einer Familie zahlen, der man die Ländereien verdorben hat, von denen sie sich mit ihren Nachkommen, ohne irgend jemanden um Erlaubnis bitten zu müssen, noch jahrhundertelang hätte ernähren können?“ Diese Frage stellt ein Autoren- und Anwaltskollektiv auf der Homepage der heute wichtigsten Organisation der kleinen Völker des russischen Nordens, der in Moskau ansässigen RAIPON. Weiter kommt das Autorenkollektiv auf eine Praxis zu sprechen, Rentierzüchter mit Eigentumswohnungen zu entschädigen: „Wovon soll ein Jäger, Fischer oder Rentierzüchter in einer Stadt voller Erdölspezialisten leben, in der die Preise höher als in

Erdölförderung ist die wichtigste Einkommensquelle in Tjumen – mit allen negativen Begleiterscheinungen

Das Verwaltungsgebäude der Lukoil-Tochter Kogalymneftegas in Tjumen

Moskau sind? Wo niemand verpflichtet ist, ihn umzuqualifizieren, ihm Arbeit zu geben oder die Unterhaltskosten der Wohnung zu zahlen? Solche Umsiedler aus Not, die nicht wissen, wovon sie leben sollen, können letztlich ihre Wohnungen nur wieder verkaufen und Landstreicher werden."

Naturschutzgebiete

Im Gebiet von Tjumen befinden sich die Naturschutzgebiete von Werchnjetasowsk und Jugansk sowie das Naturschutzgebiet Malaja Soswa.

Die Stadt Tjumen

Tjumen war die erste russische Stadt in Sibirien und galt schon immer als Schlüssel zu dessen Reichtümern. Seit dem Erdölboom gilt Stadt mit ihren heute 549.900 Einwohnern als „Dallas" des neuen Russland mit einem hohen durchschnittlichen Lebensstandard, als Metropole der neuen russischen Reichen und des neuen Mittelstandes. Das Preisniveau ist hier hoch, da nur wenige Gebrauchsgüter in der näheren Umgebung produziert werden.

Tjumen liegt 2144 Kilometer östlich von Moskau, in einer Höhe von 70 Meter über dem Meeresspiegel. Die Stadt verfügt über einen Hafen am Ufer des Flusses Tura, der dem Tobol zufließt, und ist eine der Stationen der Transsibirischen Eisenbahn. Auch ein Flughafen ist vorhanden.

Geschichte

1585 wurde die Stadt als Stützpunkt des Zaren angelegt. Der Name Tjumen ist tatarischen Ursprungs. Hier entstand bald ein wichtiger Handelsstützpunkt auf dem Wege von Russland nach China und eine Hochburg des Handwerks. 1838 wurde in Tjumen der erste sibirische Flussdampfer erbaut. Im 19. Jahrhundert pflegte eine hiesige Verteilungsbehörde Verbannte und zu Zwangsarbeit Verurteilte über ganz Sibirien zu verschicken.

Kultur, Bildung und Sehenswürdigkeiten.

Tjumen erfreut sich eines regen kulturellen Lebens. Es verfügt über eine Universität, eine medizinische Akademie und fünf Hochschulen, ein Schauspielhaus, ein Puppentheater, eine Philharmonie und einen Zirkus. Das Heimatmuseum wurde bereits 1879 gegründet. Reste des Stadtwalls und des dazu gehörigen Grabens aus der Gründungsphase der Stadt existieren noch heute. Die älteste Kirche der Stadt, die aus Stein gebaut wurde, ist die Dreifaltigkeitskathedrale (1709–1715). An den malerischen Ufern der Flüsse Tjumenka und Tura führt ein Weg zum Tjumener Männerkloster, dessen Geschichte auf das Jahr 1616 zurückgeht und das unter anderem mit der Peter- und Paulskirche prunken kann.

In der Stadt stehen auch noch die 1836 erbauten Handelsreihen und einige Verwaltungsgebäude aus dem 19. Jahrhundert. Obwohl äußerlich unauffällig, ist auch das Landwirtschaftsinstitut hier eine Sehenswürdigkeit, denn in seinem Keller verbrachte aus Moskau evakuierte Leichnam Lenins den Zweiten Weltkrieg. In dem originellen „Museum der Geschichte eines Hauses im 19. und 20. Jahrhundert" wird gezeigt, was verschiedene Generationen zu verschiedenen Zeiten aus diesem Haus für sich gemacht haben.

Ladekräne im Hafen von Tjumen

OMSK

Die Millionenstadt Omsk ist mit 1.134.800 Einwohnern die zweitgrößte in Sibirien und die siebtgrößte in Russland. Sie ist die erste Großstadt an der Transsibirischen Eisenbahn nach deren Einfahrt aus dem Uralgebiet in den Sibirischen Föderationskreis. Omsk befindet sich 2555 Kilometer und drei Zeitzonen östlich von Moskau und liegt 90 Meter über dem Meeresspiegel.

Geschichte

1716 wurde eine Festung namens Omsk an der Mündung des Flusses Om in den Irtysch gegründet, zur Verteidigung des damaligen Südgrenzen Sibiriens. 1728 erhielt der daneben gewachsene Ort das Stadtrecht.

Die Stadt war lange Zeit hauptsächlich Verwaltungszentrum und Kommandozentrale für das Militär, sie wuchs dank des Handels aber auch wirtschaftlich. Im Zusammenhang mit der im Bau befindlichen Transsibirischen Eisenbahn entstanden in Omsk Hauptfabriken für den Eisenbahnbau und andere Industrien. Ausländische Banken siedelten sich an.

Typisch russische Holzhaussiedlung in Tobolsk

1918 amtierte in Omsk ein gegen die Bolschewiki gerichtetes Schattenkabinett unter Admiral Koltschak, das sich ein Jahr lang als „Allrussische Regierung" betrachtete.

Im Zweiten Weltkrieg wurden hierher vor allem Betriebe der Militärindustrie aus dem europäischen Russland evakuiert, was der weiteren Industrialisierung der Stadt Auftrieb gab. Nicht zuletzt aufgrund seiner Geschichte betrachtet sich Omsk als „heimliche Hauptstadt" Sibiriens.

Kultur und Wissenschaft

Omsk ist heute ein wichtiges Bildungszentrum für die gesamte südsibirische Jugend. Es gibt hier eine Universität, eine medizinische Akademie, zehn zivile Hochschulen sowie eine Polizei- und zwei Militärhochschulen. Um die Gunst der Zuschauer und -hörer wetteifern zwei Schauspielhäuser, von denen eines zu den besten Sibiriens zählt, ein Opernhaus, ein Jugend- sowie ein Puppentheater, ein Orgelkonzertsaal und ein Zirkus.

Die Millionenstadt Omsk verfügt über mehrere Theater.

NACHFOLGENDE DOPPELSEITE:
Altes baufälliges Gebäude in Omsk

Die Nikolai-Kosaken-Kathedrale gehört zu den Sehenswürdigkeiten von Omsk.

Stadtbild und Sehenswürdigkeiten

Direkt im Stadtgebiet von Omsk existiert ein Vogelschutzgebiet mit dem poetischen Namen Ptischei Gawan – auf Deutsch „Vogelhafen". Omsk ist nämlich reich an Parks. Nicht sehr reich ist die Stadt dagegen an geschlossener historischer Bebauung. Aber in der Haupteinkaufsstraße, die vormals Ljubinski-Prospekt hieß und heute Teil der Leninstraße ist, stehen noch schöne Bürgerhäuser aus dem 19. Jahrhundert. In der Uliza Tarskaja, einer Fußgängerzone, wurden einige alte Holzhäuser repariert und herausgeputzt. Diese Straße führt auf die heute repräsentativste Kirche der Stadt zu, die Kreuzigungskathedrale (1870).

Am Flüsschen Om hat man 1995 die schmucke kleine Serafimo-Aleksej-Kapelle (1908) als freundlichen Orientierungspunkt restauriert. Sie war 1928 zerstört worden. Im Stadtzentrum steht noch die

Nikolai-Kirche-der-Kosaken (1840). An weltlichen historischen Gebäuden kann man den ehemaligen Gouverneurspalast bewundern (1861), die ehemaligen Gebäude des Kadettenkorps (1826 und 1879) sowie das Hotel Rossija (1906).

Das Kondrati-Below-Museum ist eine liebevoll organisierte Gedenkstätte für ausschließlich sibirische Kunst und Kultur. Auch Omsk verfügt über ein großes und sehr informatives Heimatmuseum. Der Jugendstilmaler Michail Wrubel, der das europäische Russland der 1910er Jahre unsicher machte, war hier zu Hause. Nach ihm ist das Omsker Museum für Bildende Kunst benannt. Außer einigen seiner Werke hängen hier auch eine große Ikonensammlung und Gemälde westeuropäischer und russischer Künstler des 19. und 20. Jahrhunderts, darunter viele bekannte Meister.

In der historischen Hauptwache (1781) ist heute das Kommando des örtlichen Wehrkreises untergebracht. Doch in einem Teil, dem ehemaligen Gebäude des Festungskomandanten, hat man 1982 ein Dostojewski-Museum eröffnet. Die Jahre 1850 bis 1854 schmachtete der Schriftsteller als Häftling in dieser Festung und schrieb darüber später seine „Aufzeichnungen aus einem Totenhaus".

NOWOSIBIRSK

Nowosibirsk ist die Hauptstadt Sibiriens und mit 1.397.000 Einwohnern nach Moskau und Sankt Petersburg die drittgrößte Stadt Russlands. Zudem ist Nowosibirsk das größte industrielle, kulturelle und Wissenschaftszentrum in der gesamten Region jenseits des Ural. Die Stadt liegt am Fluss Ob, 3.191 Kilometer und drei Zeitzonen östlich von Moskau, in einer Höhe von 150 Metern über dem Meeresspiegel.

Vereiste Promenade am Ufer der Irtysch, Omsk

Nowosibirsk ist mit allen Verkehrsmitteln zu erreichen und verfügt über eine U-Bahn. Außerdem gibt es in Nowosibirsk im Stadtgebiet einen Stausee, der das „Obsker Meer" genannt wird und ein Wasserkraftwerk, das der Stadt mit zum billigsten Strom in ganz Russland verhilft. Viele kleinere sibirische Städte haben nur Flugverbindungen nach Nowosibirsk.

Geschichte

Die spätere Stadt entstand im Jahre 1893 eher zufällig beim Bau der Transsibirischen Eisenbahn, als man hier eine Brücke über den Fluss Ob schlug. Vier Jahre später lebten in dieser Mischung aus Dorf und Bauarbeitercamp schon 10.000 Menschen. Mit dieser Geschwindigkeit verlief auch die Entwicklung des heutigen Nowosibirsk. In den 1920er Jahren trug die Stadt den Spitznamen „Chicago Sibiriens". Ihren richtigen Namen wechselte sie im Laufe der Jahrzehnte öfters, den heutigen erhielt sie 1925. Im kapitalistischen neuen Russland ist Nowosibirsk auch schnell zu einem bedeutenden Finanz- und Messezentrum geworden.

Kultur und Bildung

Nowosibirsk ist das Zentrum der Sibirischen Akademie der Wissenschaften. In dieser Stadt sind drei Universitäten zu Hause, eine Medizinische Akademie, ein Konservatorium und zehn verschieden spezialisierte Staatliche Hochschulen, von den privaten ganz zu schweigen.

28 Kilometer vom Stadtzentrum entfernt, aber noch auf städtischem Territorium, am Ufer des Stausees, liegt außerdem die berühmte Siedlung Akademgorodok. Das „Akademische Städtchen" wurde

Das Theater von Novosibirsk

in den Jahren 1957 bis 1966 als Thinktank für Sibirien und ganz Russland erbaut. Es handelt sich dabei um einen Komplex von Gebäuden der Nowosibirsker Staatlichen Universität, wissenschaftlichen Forschungsinstituten vor allem für Kernphysik, Einfamilienhäusern, Wohn- und Gemeinschaftsgebäuden. Angesichts dessen, dass man hier so viel Genie konzentrierte, wirkt die Siedlung eher unspektakulär. Sie ist eine Ansammlung nicht allzu hoher Betonbauten, welche man nach dem Muster einer Campusuniversität organisch in den Wald eingefügt hat.

Staatliche Gelder für die Wissenschaft fließen in heute Russland kaum. Wer von den jüngeren Wissenschaftlern nicht das Land verlässt, verdient sein Geld privat, zum Beispiel mit eigenen Softwarefirmen. Akademgorodok trägt deshalb heute den Spitznamen „Silicontaiga". Noch immer ist es aber eine begehrte Wohngegend in bester Luft für etwa 120.000 Personen.

Nowosibirsk verfügt neben seinem Schauspielhaus noch über ein weiteres Theater mit dem Namen „Rote Fackel", ein Opernhaus, ein Operetten- und Musical-Theater, ein Jugend- und ein Puppentheater, über eine Philharmonie und einen Zirkus.

Stadtbild und Sehenswürdigkeiten

Einige wenige sorgfältig konservierte Holzhäuser von der Wende des 19. zum 20. Jahrhundert gibt es auch in Nowosibirsk. Überwiegend ist es aber zur Sowjetzeit entstanden. Dank seiner breiten Prospekte wirkt das Stadtzentrum großzügig und dank der Phantasie seiner Architekten keineswegs monoton. Experimentalbauten aus den 30er Jahren und stalinsche Zuckerbäckerromantik sorgen für Abwechslung.

Eines der Verwaltungsgebäude von Nowosibirsk, der Hauptstadt von Sibirien

Die Woznesensky-Kathedrale ist die bedeutendste orthodoxe Kirche von Nowosibirsk.

Wie es sich für eine Stadt mit einer solchen Vorgeschichte gehört, ist die Hauptsehenswürdigkeit in Nowosibirsk der gigantische Bahnhof auf der rechten Seite des Flusses Ob. Er entstand 1930–1941, seine Silhouette soll an eine gigantische Lokomotive erinnern. Hier stößt die Turksibirische Eisenbahn, die Mittelasien mit Sibirien verbindet, auf die Ost-Weststecke der Transsib und auf lokale Verkehrsnetze. Nicht weit davon erhebt sich das Staatliche Theater für Oper und Ballett. Seine mit 35 Metern Höhe und 60 Metern Durchmesser riesige Kuppel machte es zu einem Wahrzeichen der Stadt. Mit dem Bau hatte man in den 1930er Jahren begonnen, aber während des Zweiten Weltkrieges musste das Gebäude zweckentfremdet werden, um Kunstschätzen aus den großen Moskauer Museen ein sicheres Dach zu bieten. Älteste und zugleich größte Kirche ist die 1893 als erstes Steingebäude des Ortes errichtete Alexander-Newski-Kathedrale am Ob-Ufer.

Selbstverständlich verfügt auch Nowosibirsk über ein ernstzunehmendes Heimatmuseum, dazu ein Museum für bildende Kunst. Es bietet Kunstwerke der klassischen russischen Avantgarde zwischen 1890 und 1930 und eine Sammlung von Gemälden und Skizzen des Moskauer Malers, Mystikers, Tibet- und Altai-Forschers Nikolai Rerich. An der zu Akademgorodok gehörenden Haltestelle der Vorortbahn liegt das größte Eisenbahnmuseum Sibiriens mit etwa zwei Dutzend Loks, zahlreichen Waggons, Weichen und anderen Bestandteilen der Schienenlandschaft.

KRASNOJARSK

Krasnojarsk ist mit 927.000 Einwohnern Hauptstadt des zweitgrößten Subjektes der Russischen Föderation, der Krasnojarsker Region. Diese umfasst 2.366.800 qkm und ist damit mehr als viermal so groß wie Frankreich. Das Gebiet erstreckt sich im Jenissejbecken von der Taimyr-Halbinsel im nördlichen Eismeer bis zum südsibirischen Sajangebirge. Das Gebiet ist überaus reich an Eisenerz, Aluminium und Buntmetallen und beherbergt im Norden die berühmt-berüchtigte Nickel-Stadt Norilsk. Das Krasnojarsker Gebiet hat allerdings nur 2.893.800 Einwohner, es liegt zu einem Fünftel jenseits des Nördlichen Polarkreises. Über 90 Prozent der Bewohner sind Russen, die dort beheimateten indigenen Völker wie die Ewenken machen weniger als 1 Prozent der Bevölkerung aus.

Krasnojarsk, die drittgrößte Stadt Sibiriens, ist hell und großzügig angelegt. Es verteilt sich über die Hügel an beiden Ufern des Flusses Jenissej und bietet so Spaziergängern immer neue Perspektiven. Die Freude am Spazierengehen hängt allerdings von der Richtung des Windes ab, denn Krasnojarsk ist eine Industriestadt und beherbergt unter anderem die zweitgrößten Aluminiumwerke der Welt. Die Stadt liegt in Südostsibirien an der an der Transsibirischen Eisenbahn, 3955 Kilometer und 4 Stunden östlich von Moskau und 150 Meter über dem Meeresspiegel. Die Landstraße Moskau – Wladiwostok führt über Krasnojarsk.

Geschichte

Krasnojarsk wurde 1628 als Festung gegen die Tataren gegründet. Der Name bedeutet „rote Schlucht", denn an dieser Stelle der Mündung des Flusses Katscha in den Jenissej traten rote, metallhaltige Böden zu Tage. Die Stadt erhielt einen gewissen wirtschaftlichen Auftrieb durch eine Straße, die ab 1735 von Moskau aus in diesen Teil Sibiriens gebaut wurde. Bis zum Ende des 19. Jahrhunderts war sie das Zentrum des sibirischen Kosakentums.

Blick auf das an den Ufern des Jenissej gelegene Krasnojarsk

Die ansässige Industrie beschränkte sich auf mittelgroße Unternehmen, vor allem auf den Eisenbahnbau. Auch wenn sich in der Stadt noch viele alte Holzhäuser erhalten haben, ist das heutige Krasnojarsk ganz und gar ein Kind der Sowjetepoche.

Im Rahmen der ersten Fünfjahrespläne wurde die Stadt zielstrebig zum Industrieschwerpunkt ausgebaut. Ansässig wurden hier nun Großunternehmen der Schwer- und Leichtindustrie, ein Zellulosekombinat und ein eigenes Elektrizitätswerk. Der heutige sowohl für die Fracht als auch für die Passagierschifffahrt bedeutende Krasnojarsker Hafen entstand und mit ihm eine Schiffsbauwerft.

Während des Zweiten Weltkrieges fanden einige Dutzend Großunternehmen aus dem europäischen Russland in Krasnojarsk Zuflucht.

Bildung und Kultur

Zu Sowjetzeiten war Krasnojarsk ein Schwerpunkt der militärischen und der Atomforschung. Einschlägige Institute liegen noch heute in der Umgebung. In der Stadt selbst unterhält die Russische Akademie der Wissenschaften ein Wissenschaftszentrum, das unter anderem Institute für Physik, Chemie, Holzforschung und mehrere Rechenzentren unter seinem Dach vereint.

Außerdem gibt es hier eine Universität, eine Landwirtschaftliche Universität, eine Akademie für Gold und Buntmetalle, eine Akademie für Luft- und Raumfahrt, sieben zivile Hochschulen und eine Militärhochschule. Die Krasnojarsker haben die Qual der Wahl zwischen einer Oper, einem Musical und

Etwas nördlich von Nowosibirsk liegt die Universitätsstadt Tomsk.

LINKE SEITE:
In der Umgebung der Stadt Krasnojarsk lockt eine abwechslungsreiche Natur.

Krasnojarsk ist die drittgrößte Stadt Sibiriens.

Operettentheater, einem Schauspielhaus, einem Jugend- und einem Puppentheater, drei Konzertsälen, einem Ballhaus, einer Philharmonie, zwei Ausstellungsgebäuden und einem Zirkus.

Das Krasnojarsker Heimatmuseum ist mit mehreren Filialen über die Stadt verstreut. Zwei Persönlichkeiten, die sich länger in dieser Stadt aufhielten, wurde die Ehre zuteil, dass man ihre Häuser in Museen verwandelte. Der eine ist Lenin, der andere Wassili Surikow. Er war Russlands bedeutendster Maler großflächiger Historienszenen um die Wende vom 19. zum 20. Jahrhundert, darunter „Die Bojarin Morosowa“ oder „Jermak erobert Sibirien“. Surikow stammte aus einer alten sibirischen Kosakenfamilie und wurde in Krasnojarsk geboren. Hier sind allerdings nur seine weniger bedeutenden Werke zu sehen.

Stadtbild und Sehenswürdigkeiten

Architektonisches Wahrzeichen der Stadt ist der Wachturm auf dem Berg Karaulnaja Gora, dessen Name auf deutsch auch „Wachberg“ bedeutet. Er wurde 1854 als Nachfolger des Turms der alten Festung errichtet, die diese Stadt hervorbrachte. Ebenso fällt der Blick von den meisten Straßen des Zentrums auf die Paraskjewa-Kapelle auf dem nordwestlichen Hügel. Sehenswerte Gotteshäuser sind außerdem die 1885 bis 1895 erbaute und 1977 bis 1978 rekonstruierte Mariä-Schutz-Kirche sowie die 1804 bis 1822 entstandene Mariä-Verkündigungs-Kirche.

Als Architekturdenkmäler pflegt man hier Kaufmannsvillen vom Beginn des 20. Jahrhunderts, darunter die Villa des bibliophilen Fabrikanten Gennadi Judin. Dessen zweite Sammlung im Umfang von 10.000 Bänden ist noch erhalten, die erste verkaufte er an die slowische Abteilung der Bibliothek des US-Kongresses.

Außerhalb der Stadt

Der südöstliche Teil der Stadt grenzt unmittlbar an den Nationalpark Stolby. Seine von der Natur kurios geformte Felsen aus rötlichem Granit wirken wie künstlerische Skulpturen.

Diese von der Natur geformte Felsskulptur im Naturreservat Stolby (Säulen) wird „Federn" genannt.

Angehörige des Volkes der Ewenken (Magadan)

DIE INDIGENEN VÖLKER DES RUSSISCHEN NORDENS, SIBIRIENS UND DES FERNEN OSTENS

Niemals waren sie Helden der globalen Filmindustrie wie die nordamerikanischen Indianer. Und doch müssen einige von den kleinen Völkern Sibiriens mit deren Vorfahren eng verwandt sein. Dies stellen zumindest Ethnologen heute fest. Archäologen gehen davon aus, dass eine Landbrücke in Nähe der Beringstraße etwa 12.000 bis 11.000 v. Chr einen Siedlerstrom aus Sibirien nach Nordamerika ermöglichte.

Der in der Stalinzeit fast ausgerottete und heute wieder bei den meisten indigenen nordrussischen und sibirischen Völkern lebendige Schamanismus erinnert in vielem an die Rolle von Medizinmännern, Heilern oder Zauberern bei den nordamerikanischen Indianern. In Sibirien waren die Schamanen nie Führer ihrer Stämme, sondern besonders berufene Männer und Frauen, die im Alltag die gleichen Arbeiten verrichteten wie alle anderen. Alle Schamanisten sind auch in größerem oder kleinerem Umfang Animisten. Sie gehen davon aus, dass Tiere, aber auch Bäume, Flüsse oder sogar Berge beseelt sind. Es ist Aufgabe des Schamanen, in seiner Trance das Gleichgewicht zwischen den Mitgliedern seines Stammes und den sie umgebenden Dämonen und Naturgottheiten herzustellen. Dabei vollzieht er eine Gratwanderung, denn er muss gleichzeitig sich selbst und seine Stammsemitglieder vor den Dämonen des Wahnsinns schützen.

Vor allem die Mitglieder der nördlichsten indigenen Völker wurden in der langen Polarnacht leicht Opfer schwerer Depressionen und Psychosen.

Die Gesamtzahl der Angehörigen kleiner indigener Völker des russischen Nordens, Sibiriens und des Fernen Ostens betrug nach dem Jahr 2000 nach russischer Zählung etwa 200.000 Personen und umfasste etwa 50 Völker. Eines der kleinsten unter ihnen sind die Enzen mit 200 Personen. Dies zeichnet allerdings ein falsches Bild vom Anteil der Naturvölker. Nach einem russischen Gesetz von 1999 werden nur kleine Völker mit unter 50.000 Angehörigen als indigen bezeichnet – eine völlig willkürliche Festlegung. Einige der größten indigenen Völker in Sibirien – die Altaier, Tuwiner, Chakassen, Burjaten und Jakuten – wurden so nicht mit einbezogen.

Rechte der kleinen indigenen Völker des Nordens der russischen Föderation

Die russische Verfassung sichert den Angehörigen solcher Völker keine besonderen Rechte zu. Dafür versprechen einige Bundesgesetze ihnen Privilegien. Allerdings unter der sehr einschränkenden Voraussetzung, dass sie nur ihre traditionelle Wirtschaftsweise fortführen. Einige dieser Rechte sind die Befreiung von der Grundsteuer und privilegierter Zugang zu natürlichen Ressourcen wie Waldnutzung, Jagd- und Fischereirechte. Durch einen neuer Boden-, Forst- und Gewässerkodex werden diese Rechte allerdings in Frage gestellt. Dieser zwingt indigene Völker in Notlagen praktisch, ihre Ressourcen an Privatinvestoren zu verpachten.

Nenzen-Frauen mit Kind und Hunden vor einem Wohnzelt

Endet so die nomadische Lebensweise der Nenzen?

Die Nenzen als Beispiel einer europäisch-asiatischen ethnischen Minderheit

Eine ganze Reihe Nordvölker besiedeln Regionen der europäischen und asiatischen Seite des Urals. Die größte Gruppe dieser Art bilden die Nenzen. Sie sprechen eine Sprache aus dem samojedischen Zweig der uralischen Sprachen, deren anderer Zweig die finnougrischen Sprache umfasst. Insgesamt zählt das Volk rund 41.000 Personen. Alle westlich des Ural lebenden Nenzen beherrschen zusätzlich das Russische als zweite Muttersprache. Offizielle Nenzen-Territorien sind der Autonome Kreis der Nenzen im Archangelsker Gebiet und der Autonome Kreis der Jamal-Nenzen im Gebiet Tjumen östlich des Urals. Schon diese beiden zusammengenommen bedecken etwa 1 Millionen qkm. Hinzu kommt noch der ehemalige Taimyr- oder Dolgan-Nenzische Autonome Kreis, der heute zum Gebiet von Krasnojarsk gehört. Nenzen leben aber auch auf den Inseln im arktischen Ozean und der Halbinsel Kola. Nach 1870 wurden Nenzen von der zaristischen Regierung auch auf Nowaja Semlja angesiedelt. Damit sollte der russische Anspruch auf die Insel gegenüber Norwegen manifestiert werden. In Nordwestibirien ziehen sie zwischen der Kanin-Halbinsel im Weißmeer und dem Jeniseidelta umher. Ihr generelles Lebensgebiet ist die Tundra, aber am Laufe des Ob entlang siedeln sie bis in die Wälder der Taiga hinein.

Im Zuge der Exploration von Bodenschätzen wird wenig Rücksicht auf die Rechte der indigenen Völker genommen.

In gigantischem Ausmaß wurde im Umfeld der Ausbeutung von Bodenschätzen die Landschaft zerstört.

Die Kollektivierung der Landwirtschaft in den 30er Jahren des 20. Jahrhunderts widersprach den traditionellen Lebensmustern dieser Völker. Die Nenzen wehrten sich gegen den Zwang, sesshaft zu werden und sich in Kolchosen zu organisieren sogar in einem bewaffneten Angriff gegen die nordrussische Stadt Workuta. Die Aufständischen wurden von Flugzeugen aus abgeschossen.

Von allen indigenen Völkern Westsibiriens haben die Nenzen es am besten geschafft, ihre traditionelle Lebensweise, Sprache und Kultur zu verteidigen. Noch heute leben etwa 5000 von ihnen auf der Jamal-Halbinsel als ganzjährige Vollnomaden. An diesem Volk wird aber auch besonders deutlich, welche Gefahr von der Ausbeutung der reichen Erdöl- und Erdgasvorkommen Sibiriens für die kleinen Völker ausgeht.

Das zeigt das Beispiel des Konzerns Norilsk Nickel der fünf Millionen Hektar Rentierweiden und fast eine Millionen Hektar Wald in den Gebieten der Nenzen verseucht hat. Moos und Rentierfleisch sind stark mit Schwermetallen belastet. Für das nach Westeuropa gelieferte Erdgas sind die Gebiete der Nenzen die wichtigste Herkunftsregion.

Die Erdgasförderung durchtrennt Wanderrouten der Rentiere und bedroht damit die Zukunft der Nenzen im Ganzen. Austretendes Öl verseucht Wasser und Nahrungsmittel. Die Luft ist durch die

Gasabfackelung belastet. Das dabei freiwerdende krebserregende Benzpyren überschreitet vielerorts die zulässigen Grenzwerte. Die durchschnittliche Lebenserwartung eines Nenzen beträgt nur 45–50 Jahre. Hierfür ist auch die hohe Selbstmordrate der Nenzen verantwortlich.

Erdölpipelines bedeuten auch immer eine Gefahr für Boden und Umwelt.

Sprachen der indigenen Völker Sibiriens

Wie die Nenzen gehören viele sibirische Völker zur finnougrischen Sprachfamilie. Chanten und Mansen sind von ihnen allen die nächsten sprachlichen Verwandten der Ungarn. Turksprachen sprechen zum Beispiel die Schoren, Teleuten, Kumandiner und Altaier. Die Ewenen und Ewenken sprechen tunguso-mandschurische Sprachen.

Die Sprachen der Tschuktschen, Korjaken, Itelmenen und einiger anderer sind mit keinerlei anderen auf der Welt verwandt. Sie werden daher als paläosibirische Sprachen bezeichnet. Die Industrialisierung bedroht die Existenz all dieser Sprachen, besonders dort, wo deren natürliche Bezüge durch Umweltverschmutzung vernichtet werden. Besonders reich sind diese Sprachen zum Beispiel an Wörtern für die Eigenschaften von Schnee und die Verhaltensweisen von Tieren.

Ein ganz berühmter Platz für Eingeweihte ist der Schamanenbaum mit dem Schamanenfelsen am Ufer des Baikalsees.

DER BAIKAL SEE

Seine Größe, Reinheit und Klarheit hat die Bewohner seiner Ufer und Besucher aus der Ferne von jeher fassungslos gemacht. Viele der um seine Ufer lebenden Völker verehren ihn daher als Gottheit, die Russen nennen ihn die Perle Sibiriens. Legenden und Märchen ranken sich um ihn, er hat zahlreiche Schriftsteller inspiriert.

Der Baikalsee ist nicht nur einfach riesig, mit 1625 Meter ist er der tiefste See der Erde. Seine Uferlänge beträgt ca. 2125 Kilometer, seine Länge 728 Kilometer, seine Breite zwischen 20 und 80 Kilometer. In sich birgt mit 823.000 qkm er ein Fünftel aller Süßwasserreserven der Erde, mehr als die Ostsee Salzwasser enthält. Er nimmt über 365 Flüsse und Bäche auf, von denen die größten die Obere Angara, die Selenga und der Bargusin sind.

Sein einziger Abfluss ist die Angara. Diese entwindet sich dem See mit solcher Kraft, dass ihr Wasser auch in den strengsten Wintern erst nach 15 Kilometer gefriert. Falls es nicht ein Widerspruch in sich wäre, könnte man den Baikalsee als ein flüssiges Fossil bezeichnen, denn er ist über 25 Millionen Jahre alt.

Geohistorisch betrachtet ist der See das Resultat eines Grabenbruchs zwischen der Eurasischen und der Nordamerikanischen Lithosphärenplatte. Letztere erstreckt sich unter dem pazifischen Ozean und bildet noch die Basis für den Russischen Fernen Osten. Beide Platten werden an dieser Stelle durch die Indische Platte auseinandergedrückt. Nicht zuletzt die vielen heißen Quellen im Baikalsee deuten darauf hin, dass es sich um eine seismisch sehr aktive Region handelt. Der See selbst verbreitert und vertieft sich um je zwei Zentimeter pro Jahr, weshalb Wasserwissenschaftler argwöhnen, dass hier heimlich, still und leise ein neuer Ozean entsteht. Im See liegen 22 größere Inseln. Die größte, Olchon, liegt nahe dem Westufer und hat eine Länge von 72 Kilometern.

Manche Wissenschaftler vermuten, dass aus dem Baikalsee eines Tages ein neuer Ozean wird

Lage

Am westlichen und nördlichen Ufer des Sees liegt das Irkutsker Gebiet, an seinem östlichen und südlichen Ufer die Republik Burjatien. Der See ist umrahmt von Hochgebirgen, dem Baikalgebirge im Nordwesten, dem Stanowoihochland im Nordosten, den Bargusin-Bergen und dem Burgasy Gebirge am Ostufer und dem Sajangebirge im Südwesten. Es gibt eine Reihe kleinerer Städte am Seeufer. Die nächstgelegene Großstadt zum Baikalsee ist aber das 576.000 Einwohner zählende Irkutsk, das sich 66 Kilometer von seinem Ufer entfernt befindet.

Russische Radioteleskopanlage in der Nähe von Irkutsk

Am Nordufer des Sees berührt ihn die BAM, die Baikal-Amur-Magistrale der Fernbahn. Bei Irkutsk reicht die Transsibirische Eisenbahn an den See heran, eine Stichstraße führt von Irkutsk nach Listwjanka, eine Stichbahn nach Port Baikal – beides Orte am Ursprung der Angara. Die nächsten Flughäfen liegen in Irkutsk und im 150 Kilometer östlich des Seeufers liegenden Ulan Ude.

In den Nadelwäldern um den See herrscht ein sonnenreiches Kontinentalklima mit jährlich rund 2000 Sonnenstunden. Der kurze Sommer (Juni/Juli) ist sonnen-, aber auch niederschlagsreich. Die jährliche Niederschlagsmenge beträgt 450 Millimeter.

Die Winter sind trocken und kalt mit Durchschnittstemperaturen um -20 und Extremtemperaturen bis zu -40 Grad. Die Wasseroberfläche ist im Winter gefroren und für Autos befahrbar. Kurzfristig wurde auch einmal eine Trasse der Transsibirischen Eisenbahn über das Eis gelegt. In den Sommern liegen die Tagestemperaturen oft über 20 Grad.

Flora und Fauna

Zwei Drittel der 850 Pflanzenarten und 1850 Tierarten an und im Baikalsee kommen nur hier vor, sonst nirgendwo auf der Welt. Eines davon ist die Baikalrobbe, eine von zwei Süßwasserrobbenarten auf der Welt. Genetisch ist sie offenbar mit den Robben im Nördlichen Polarmeer verwandt. Wenn man sich noch vorstellen kann, dass ihre Vorfahren über die Angara hierher gelangten, so kann doch niemand erklären, wie sie die Anpassung an das Süßwasser vollzogen.

Zu den seltenen Fischarten im Baikalsee gehört neben dem schmackhaften Omul die Golomjanka, der am tiefsten lebende Süßwasserfisch der Erde. Die Weibchen dieses fettreichen Fisches gebären lebende Junge und sterben anschließend. Für die bisher einzigartige Reinheit des Wassers, das im Sommer bis zu 40 Metern Tiefe Sicht ermöglicht, sorgen hunderte verschiedener winziger Krebsarten, die von der Alge bis zum toten Bären im Nu alle organischen Verschmutzungen vertilgen.

Ökologische Situation

Die ökologische Situation des Sees könnte sich durch die Papier-und Zellstoffabriken in den Städten Baikalsk und Selenginsk verschlechtern. Alle Versuche äußerer Einflussnahme auf die dortigen Werke, sich mit wirksamen Filtern auszustatten, versandeten bisher. Die Abwässer der Industriestadt Baikalsk fließen direkt in den See. Deren 15.200 Personen zählende Einwohnerschaft hat sich allerdings seit Ende der 1990er Jahre um über 2000 Personen vermindert.

Der See ist heute von Naturschutzgebieten und Nationalparks umgeben. Dazu gehören das Baikal-Lena- und das Bargusin-Naturreservat, und das Baikal-Naturreservat. Der gesamte Küstenstreifen wurde zur Schutzzone erklärt. Die UNESCO hat die gesamte Umgebung des Sees 1996 zum Weltnaturerbe erklärt. Trotzdem machen sich am Ufer Kahlschläge in den Urwäldern bemerkbar.

Morgenstimmung am Ufer des Baikalsees

IRKUTSK

Die vor Leben brodelnde Stadt wird das Paris Sibiriens genannt. In märchenhafter Natur an der Mündung des Flusses Irkut in die Angara gelegen, ist sie durch die Transsibirische Eisenbahn doch mit aller Welt verbunden. Irkutsk ist an deren Hauptstrecke nach Krasnojarsk die vierte Metropole hinter dem Ural und befindet sich 5042 Kilometer und fünf Zeitzonen östlich von Moskau. Irkutsk ist mit allen Verkehrsmitteln erreichbar.

Geschichte

1652 wurde der Ort erstmals als Winterlager der Kosaken erwähnt, 1661 zur Festung im Kampf gegen die Burjaten ausgebaut. 1686 erhielt er das Stadtrecht. Damals war Irkutsk eines der Zentren des Chinahandels, Seide und Tee wurden gegen Pelze eingetauscht. Die Stadt entwickelte sich zur größten Messestadt Sibiriens. Gleichzeitig diente sie als Hauptstützpunkt für die Eroberung des Fernen Ostens und Alaskas.

Nicht überall fallen die Felsen so schroff in den See wie hier

Mitte des 18. Jahrhunderts überquerte Vitus Bering im Auftrag des Zaren mit einer riesigen Expedition die nach ihm benannte Seestraße. Anschließend eroberte Russland Alaska, die Aleuten und Teile Kaliforniens. Diese Gebiete wurden dem 1802 gegründeten Generalgouvernement Sibirien mit Sitz in Irkutsk unterstellt.

Gegen Mitte des 19. Jahrhunderts ließen sich nach jahrelanger Zwangsarbeit und Festungshaft einige der Dekabristen als Verbannte in Irkutsk nieder. Während des Bürgerkrieges nach 1917 war Irkutsk längere Zeit in der Hand der Weißen. Einer ihrer Führer, Admiral Koltschak, wurde hier 1920 erschossen. Während des Zweiten Weltkrieges evakuierte man viele große Unternehmen aus Zentralrussland hierher.

Kultur und Wissenschaft

Irkutsk ist Sitz zweier Universitäten und mehrerer Hochschulen. Die Stadt verfügt über ein Schauspielhaus, ein Operettentheater, ein Jugend- und ein Puppentheater, eine Philharmonie sowie einen Zirkus.

Irkutsker Kirche im eigenwilligen Stil

Tierschädel und -knochen zeugen von Schamanismus auf der Baikal-Insel Olchon.

Stadtbild und Sehenswürdigkeiten

Die Irkutsker Altstadt besteht hauptsächlich aus stattlichen Steinhäusern, die nach der weitgehenden Vernichtung der vorher existierenden hölzernen Stadt durch einen Großbrand 1879 errichtet wurden. Trotzdem hat man damals auch ein Stadtviertel mit durch reiches Schnitzwerk geschmükkten Holzhäusern wiederbebaut, die heute noch sehenswert sind. Als Umschlagsplatz für das an der Lena gewaschenen Gold brauchte Irkutsk bei allen diesen Bauten an nichts zu sparen.

Zu jener Zeit (1882–1891) wurde das heutige Heimatmuseum im maurischen Stil errichtet – zum zweiten Mal, nachdem der erste Bau aus dem Jahr 1782 durch den Brand vernichtet worden war. Es ist somit das älteste Museum Sibiriens. Unter anderem beherbergt es eine Ausstellung über die Kultur der indigenen Völker der Ewnken, Karagassen und Burjaten sowie die Stadtgeschichte.

Das Irkutsker Museum für Bildende Kunst ist das größte Sibiriens und nach dem Petersburger Russischen Museum und der Moskauer Tretjakow-Galerie die drittgrößte Sammlung russischer Kunst in der Russischen Föderation. An die Dekabristen erinnern die zu Museen umgewandelten Wohnhäuser der Familien Trubezkoi und Wolkonski.

Nur wenige der Kirchen, an denen die Stadt einst so reich war, überlebten die 1930er Jahre. Darunter sind die Erlöserkirche (1706-10), die Gotterscheinungskathedrale (1718-31) und die Dreieinigkeitskirche (1763-78). Eine Landmarke in Irkutsk ist das sogenannte Weiße Haus (1800-1804). Errichtet als Wohnsitz

für den Kaufmann und Goldhändler Sibirjakow, diente es Mitte des 19. Jahrhunderts als Gouverneurssitz von Ostsibirien. Heute beherbergt es die Universitätsbibliothek.

Der buddhistische Tempel von Iwolginsk soll den geheimnisvoll mumifizierten Körper eines früheren Lamas beherbergen.

Außerhalb der Stadt

Außerhalb des Irkutsker Stadtgebietes befindet sich eines der größten Freiluftmuseen für Holzbaukunst in Russland. Es ist dem Einzugsgebiet der Angara gewidmet. Unter seinen Exponaten befinden sich die Kirche der Festung Ilimsk aus dem 17. Jahhundert, sibirische Herrenhäuser aus dem 19. Jahrhundert und Felszeichnungen vom 6. bis zum 3. Jahrtausend vor unserer Zeitrechnung.

REPUBLIK BURJATIEN

Die Republik Burjatien erstreckt sich über 351.300 qkm. Im Jahre 2007 hatte sie 960.000 Einwohner. 67,82 Prozent der Einwohner sind Russen und 28 Prozent Burjaten.

Titularvolk

Die Burjaten sind die größte ethnische Minderheit in Sibirien und konzentrieren sich in ihrem Ursprungsland. Circa 269.000 von ihnen leben in der nach ihnen benannten Republik, etwa 50.000 weitere im benachbarten Autonomen Kreis der Aginer Burjaten. Untersuchungen zufolge sprechen nur etwa 10.000 Einwohner fließend burjatisch, noch weniger können diese Sprache schreiben. Es gibt keinen burjatischen Schulunterricht.

Burjatisch ist eine mongolische Sprache und die burjatische Kultur eng mit der mongolischen verwandt. Vor der Oktoberrevolution waren die Burjaten Halbnomaden. Im Sommer zogen sie mit ihren Viehherden umher, im Winter lebten sie in jurtenförmigen Holzhütten. Diese Lebensweise ging mit der zunehmenden Industrialisierung verloren. Immer noch sind die Burjaten berühmt als Schmiede, Silberschmiede und Sattler.

Hauptreligion der Burjaten ist der Lamaismus nach tibetischem Vorbild, sie bewahrten sich aber auch Elemente des Schamanismus. Uralte sakrale Stätten, die schon vor der Verbreitung des Buddhismus heilig gehalten wurden, verehren die Burjaten auch heute noch, zum Beispiel den Baikalsee und die Insel Olchon.

Kohleabbau in der Region Burjatien

Stupa eines buddhistischen Tempels

Vorgeschichte der Republik

1741 wurde der lamaistische Zweig des Buddhismus vom russischen Staat als Religion anerkannt. Der erste burjatische Datsan, eine buddhistische Klosterform, wurde bald darauf gegründet. Der Buddhismus breitete sich hier vor allem in der ersten Hälfte des 18. Jahrhundert aus. Mitte der 1920er Jahre initiieren die Bolschewiki einen Kampf gegen alle traditionellen Religionen in Burjatien.

Die buddhistische Glaubensgemeinschaft wurde liqidiert, zahllose kulturelle Schätze wurden zerstört. „Burjatischer Nationalismus“ diente Stalin als Vorwand, um tausende von Burjaten zu ermorden. Im Zuge der Perestroika kam es in den 1980er Jahren zu einer spirituellen Wiedergeburt des Buddhismus im Lande. Heute gibt es in Burjatien etwa 30 Datsans. 1990 erklärte sich die ehemalige Burjatische Autonomie Sowjetrepublik für unabhängig und nahm 1992 den Namen „Republik Burjatien“ an.

Topographie, Klima und Bodenschätze

Die Republik Burjatien liegt in der Transbaikal-Region. Ihr Relief gliedert sich in das Östliche Sajangebirge, das mit dem Munku-Sardyk eine Höhe von 3491 Metern erreicht, das Baikalgebirge und die dazwischen liegenden Ebenen. Auf Burjatischem Gebiet liegt der größte Teil des Baikalsees. Größte Flüsse sind die Selenga, der Bargusin und die Obere Angara.

Das Klima ist extrem kontinental. Die Winter sind lang, eisig, wind- und schneearm, die Sommer kurz und heiß. Die Durchschnitttemperatur im Januar beträgt -24 Grad, die im Juli 17 Grad Celsius. Es gibt um die 300 Millimeter Niederschlag im Jahr. In der Republik werden verschiedene Bunt- und Edelmetalle abgebaut, dazu Eisenerz, Braunkohle, Bauxit, Apatite, Asbest und Graphit.

Auf dem Gebiet Burjatiens befinden sich der Baikal- und der Tunkinsker Nationalpark sowie das Bargusin- und Dschegrin-Naturschutzgebiet.

Die Hauptstadt Ulan Ude hat 343.000 Einwohner, ein Viertel davon sind Burjaten. Sie liegt an der Mündung des Flüsschens Uda in die Selenga. Von Moskau trennen die Stadt an der Trasse der Transsibirischen Eisenbahn nach Irkutsk fünf Zeitzonen. Ulan Ude erhebt sich 530 Meter über dem Meeresspiegel, 150 Kilometer südöstlich des Baikalsees. Ulan Ude ist mit allen Verkehrsmitteln erreichbar.

Die Stadt ersteckt sich malerisch über die Hügel an den beiden Flüssen. Im Zentrum stehen noch viele Kaufmannshäuser und alte Handelsreihen aus dem 19. Jahrhundert. Viele Verwaltungsgebäude und Kultureinrichtungen sind in einem pompösen europäisch-asiatischen Mischstil mit Pagodenelementen errichtet.

In Ulan Ude gibt es neben dem obligatorischen Heimatmuseum ein großes Naturkundemuseum für die Baikalregion. Die Kathedrale der Gottesmutter Hodegetria (1745, nach der Hauptikone benannt ist) gilt als die schönste Barockkirche Sibiriens. Im Norden der Stadt befindet sich ein großes ethnographisches Freilichtmuseum, das in mehreren Ausstellungskomplexen nicht nur die

Nachbau eines typisch burjatischen Holzhauses

Kultur der Burjaten und anderer indigener Völker der Baikalregion präsentiert, sondern auch die der Kosaken und hierher verbannter russischer Altgläubiger.

Autonomer Kreis der Aginer Burjaten

Dieser Autonome Kreis jenseits des Baikalsees im ostsibirischen Gebiet Tschita erstreckt sich über 19.600 qkm und hat 75.000 Einwohner. Die Bevölkerung setzt sich aus 62,5 Prozent Burjaten und 35 Prozent Russen zusammen. Der Kreis ist nach seinem Verwaltungszentrum benannt, dem Dorf Aginskoje.

Im Westen ist das Territorium gebirgig – höchster Berg ist der 1663 Meter hohe Alchanai. Der Süden ist leicht hügelig. An Bodenschätzen gibt es hier vor allem Buntmetalle. Das Klima ist extrem kontinental, mit Durchschnittstemperaturen von -24 im Winter und 18 Grad Celsius im Sommer. Die Vegetation der Steppe und Waldsteppe dominiert.

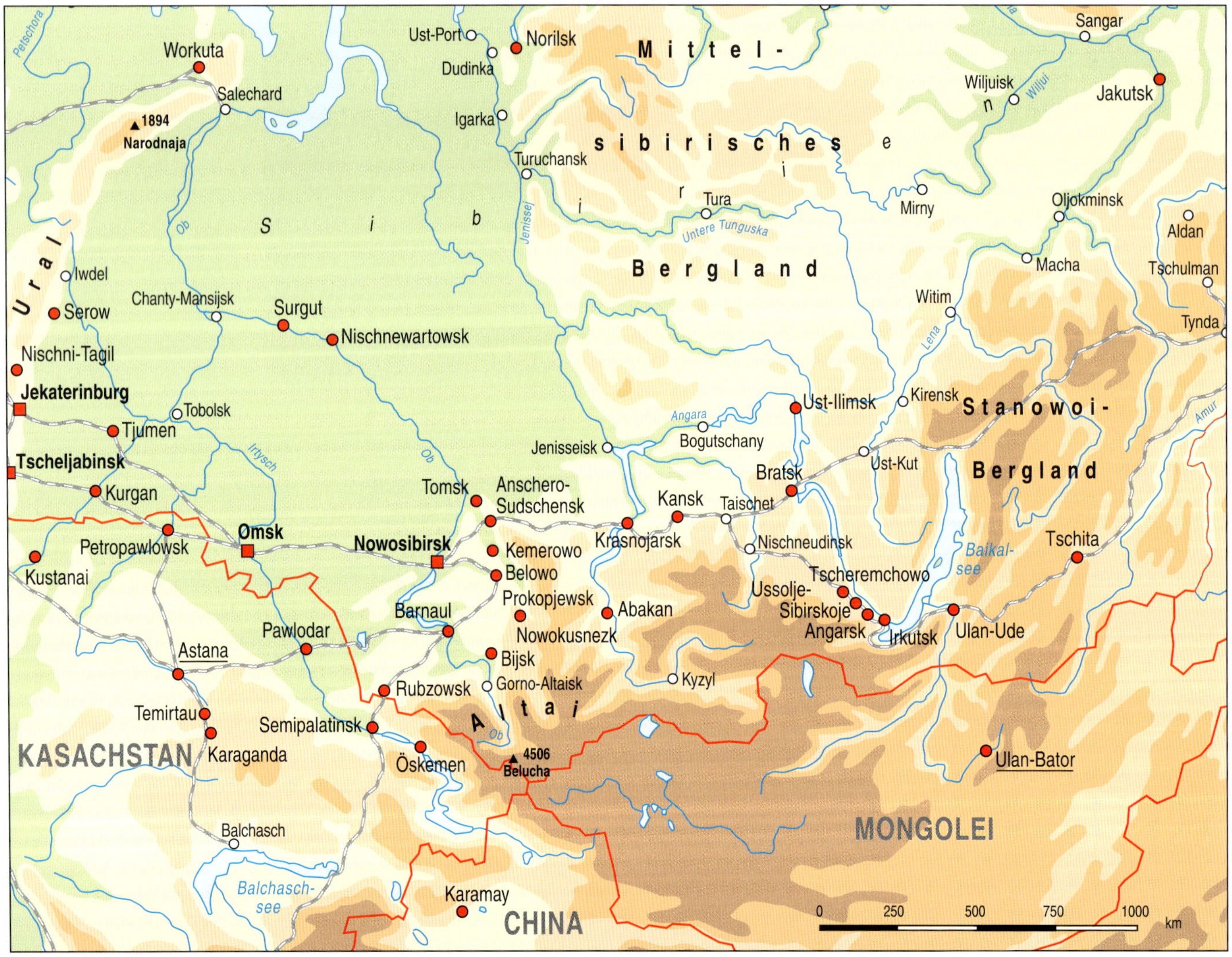
Workuta
Salechard
1894 Narodnaja
Ural
Iwdel
Serow
Nischni-Tagil
Jekaterinburg
Tjumen
Tobolsk
Tscheljabinsk
Kurgan
Kustanai
Petropawlowsk
Omsk
Chanty-Mansijsk
Surgut
Nischnewartowsk
Sibirien
Ob
Irtysch
Ust-Port
Norilsk
Dudinka
Igarka
Turuchansk
Jenissei
Mittel-sibirisches Bergland
Tura
Untere Tunguska
Mirny
Wiljuisk
Wiljui
Sangar
Jakutsk
Oljokminsk
Aldan
Macha
Tschulman
Witim
Tynda
Lena
Kirensk
Ust-Ilimsk
Angara
Bogutschany
Jenisseisk
Bratsk
Ust-Kut
Stanowoi-Bergland
Amur
Tomsk
Anschero-Sudschensk
Nowosibirsk
Kemerowo
Belowo
Prokopjewsk
Nowokusnezk
Krasnojarsk
Kansk
Taischet
Nischneudinsk
Abakan
Tscheremchowo
Ussolje-Sibirskoje
Angarsk
Irkutsk
Baikalsee
Ulan-Ude
Tschita
Barnaul
Bijsk
Gorno-Altaisk
Kyzyl
Pawlodar
Astana
Rubzowsk
Altai
Temirtau
Semipalatinsk
Karaganda
KASACHSTAN
Öskemen
4506 Belucha
Ulan-Bator
MONGOLEI
Balchasch
Balchaschsee
Karamay
CHINA
0 250 500 750 1000 km
Petschora

DAS ALTAI-GEBIRGE

REPUBLIK CHAKASSIEN

Die südostsibirische Republik ist 62.000 qkm groß. Im Jahre 2007 hatte sie 53.600 Einwohner. Nach Zahlen aus dem Jahre 2002 sind davon 80 Prozent Russen und 12 Prozent aus Chakassen. Die Titularnation befindet sich also in der Minderheit.

Titularvolk

Die Chakassen sind ein turkotatarisches Volk. Der größte Teil von ihnen waren traditionell Nomaden und betrieben Viehzucht, Jagd und Fischfang, einige wenige auch Ackerbau. Einige der dieses

Die Landschaft des Altai-Gebirges erinnert vielerorts an die Schweiz.

Kleine Siedlung aus Holzhäusern am Fuße des Altai-Gebirges

Volk konstituierenden Stämme spezialisierten sich auf das Schmiedehandwerk. Im 19. Jahrhundert russifiziert viele und nahmen den orthodoxen Glauben an. Nach dem Bürgerkrieg wurde hier 1923 ein autonomer Kreis der Chakassen gegründet. Aus diesem entstand, nach wiederholtem Wandel seines Status, die heutige Republik Chakassien.

Topografie, Klima und Bodenschätze

Typisch für Chakassiens Landschaft sind das bis zu 2930 Meter hohe nordwestliche Sajangebirge, die Osthänge des Kusnezker Alatau und der Abakaner Höhenrücken. Aber es finden sich auch ebene Steppen wie im Minussinsker und Tschulymer Jenissej-Becken. Hauptfluss ist der Jenissej. Das Klima ist extrem kontinal.

Die Spannweite reicht von einer Durchschnittstemperatur von -19 im Januar in den Bergen bis zu 19 Grad Celsius im Juli in den steppenartigen Ebenen. Die durchschnittliche Jahresniederschlagsmenge schwankt von 300 Millimetern in den Steppen bis zu 800 Millimetern in den Bergen.

In Chakassien werden Steinkohle und Eisenerz sowie Bunt- und eine Reihe anderer wertvoller Metalle gefördert. Besonders wichtig sind Kupfer, Molybdän, Blei und Gold.

Auf dem Gebiet Chakassiens befindet sich das Naturschutzgebiet Kleiner Abakan.

Die Hauptstadt Abakan hat 163.000 Einwohner. Die Stadt liegt 245 Meter über dem Meeresspiegel, vier Stunden trennen sie von Moskau. Abakan ist mit allen Verkehrsmitteln erreichbar.

REPUBLIK ALTAI

Die Republik sollte nicht verwechselt werden mit der namensähnlichen Region Altai. Diese liegt ihr als benachbartes Subjekt der Russischen Föderation gegenüber. Die Autonome Republik Altai erstreckt sich weit über 92.900 qkm im äußersten Süden Sibiriens über einen Teil des Vorgebirges und Hochgebirges des Altai. Sie ist damit etwa doppelt so groß wie die Schweiz, der sie landschaftlich stark ähnelt. Größte Flüsse sind die Katun und die Maima. In der Republik liegt der höchste Berg des Altai und Sibiriens überhaupt, die 4506 Meter hohe Belucha. Die Republik Altai grenzt im Süden an China, die Mongolei und Kasachstan. Von ihren 204.500 Einwohnern sind 58 Prozent Russen und 31 Prozent Altaier.

Titularvolk

Die Altaier – etwa 70.000 leben in der Republik und etwa 3000 in der Region Altai – sind ein loser Verband von Stämmen, die eng miteinander verwandte Turksprachen sprechen. Genetisch sind sie mit den Mongolen verwandt. Ursprünglich waren sie Nomaden und Halbnomaden mit Pferdeherden, etwa 5000 sind es noch heute. Im Hochgebirge betreiben sie eine Art saisonaler Almwirtschaft und in den grünen Tälern Ackerbau. Ihre Siedlungen liegen meist weit voneinander entfernt und werden nur von wenigen Menschen bewohnt.

Die Katun ist der größte Fluss der Republik Altai.

Ein lebensnotweniges Gut und gleichzeitig ein Wesen, das Anbetung verdient, ist für die Altaier heute noch das Pferd. Der Berg Belucha gilt ihnen als Gottheit. Altaiischen Kindern wird früh beigebracht, nicht zu viele Blumen zu pflücken, denn diese gelten als das „Fell der Erde", das sie zu ihrem Schutz benötigt. Viele Altaier sind heute orthodoxe Christen, einige Buddhisten. Alle aber bemühen sich um die Wiederbelebung des Schamanenwissens, das in den 1940er Jahren fast ausgelöscht wurde.

Klima und Bodenschätze

Auch hier herrscht extrem kontinentales Klima, auf das sich mitunter die Hochgebirgslage auswirkt. So beträgt die mittlere Januartemperatur im Vorgebirge -15, auf den Hochebenen -32 Grad, die mittlere Julitemperatur liegt bei 22, tagsüber kann es bis zu 40 Grad heiß werden. Die Wolken regnen sich gewöhnlich an den westlichen und nördlichen Hängen ab.

Hier fallen bis zu 2000 Millimeter Regen im Jahresdurchschnitt, im Südosten sind es aufgrund des Steppenklimas nur 200 Millimeter. In der Republik Altai gibt es Vorkommen von Eisenerz, Quecksilber, Gold, Marmor, Bergkristall und Halbedelsteinen. Auf dieser Grundlage ist nur in bescheidenem Ausmaß eine Industrie aufgebaut worden. Außerdem entspringen hier verschiedene Thermalquellen

Gletschertal im Altai

Auf dem Territorium der Republik Altai befinden sich die Naturschutzgebiete Altai und Katun. Eine Zone der Stille wurde auf dem abgelegenen Plateau Ukok eingerichtet. Das Hochplateau liegt im Vierländereck von Russland, Kasachstan, der Mongolei und China und wurde von der UNESCO als Weltnaturerbe anerkannt. Es ist aber auch ein Ort kulturellen Erbes, denn hier befindet sich eine Totenstätte skythischer Stämme. Die antiken Reiternomaden, die der Pasyryk-Kultur angehörten, sprachen ein iranisches Idiom. Sie bestatteten hier in den Jahrhunderten vor unserer Zeitrechnung ihre Anführer. Das Altaigebirge war über Jahrhunderte das Zentrum der skythischen Pasyryk-Kultur.

Gorno Altaisk

In der Hauptstadt der Republik Altai ist es drei Stunden später als in Moskau. Sie ist 3641 Kilometer von Moskau und etwa ebenso weit von Peking entfernt. Gorno Altaisk liegt auf einer Höhe von 300 Metern über dem Meeresspiegel und hat 53.000 Einwohner. Nächster Eisenbahnknotenpunkt ist das rund 100 Kilometer entfernte Bijsk. Gorno Altaisk hat seit 2007 einen kleinen Flughafen, der zu Beginn nur von Nowosibirsk aus angeflogen wurde.

Ein bemerkenswertes Dokumentationszentrum für alle altaischen Kulturen von der prähistorischen Zeit bis heute ist das Anochin-Nationalmuseum in Gorno Altaisk. In den 90er Jahren des 20. Jahrhunderts wurde die Erforschung der Grabstätten der skythischen Pasyryk-Kultur im Altaigebirge von

Grenzstation auf der russischen Seite der Grenze zu China

Archäologen der Russischen Akademie der Wissenschaften weiter vorangetrieben. Später beteiligte sich der deutsche Archäologe und Historiker Hermann Parzinger, der 2008 Präsident der Stiftung Preußischer Kulturbesitz wurde, führend an diesen Forschungen.

Auf dem Hochplateau Ukok hat man dabei im Eis konservierte Mumien gefunden. Eine von ihnen ist unter dem Namen „Altaische Lady“ oder „Eisprinzessin“ besonders populär geworden. Die sibirische Archäologin Natalja Polosmak entdeckte die mit herrlichen Grabbeigaben ausgestattete Mumie einer etwa 450 vor Chr. jung verstorbenen Frau im Jahr 1992. Das Anochin-Museum plant für sie einen Mausoleums-Anbau.

REPUBLIK TUWA

Die Republik umfasst 169.000 qkm und grenzt im Süden an die Mongolei. Ihr zentraler und westlicher Teil liegen auf der Tuwinischen Hochebene. Diese wird im Norden begrenzt von den Gipfeln des Westlichen Sajangebirges, im Westen vom Altai und im Süden vom Tannu-Ola-Gebirge. Höchster Berg ist mit 3970 Meter der Mongut-Taiga, größter Fluss ist der Obere Jenissei. Das Klima ähnelt dem der trockenen Regionen in der Republik Altai. An Bodenschätzen gefördert werden Eisenerz, Steinkohle, Asbest, Gold und Buntmetalle.

Titularvolk

Die Tuwiner, die sich selbst als „Tywa“ bezeichnen, sprechen eine Turksprache. Ethnisch stellen sie, ebenso wie die Altaier, eine Mischung europäischen und asiatischen Erbguts dar, mit starkem mongolischen Einschlag. Sie bilden mit etwa 230.000 Personen die größte nichtrussische Bevölkerungsgruppe im südsibirischen Altai-Sajan-Gebiet. In der Republik Tuwa stellen sie von 309.400 Einwohnern die Bevölkerungsmehrheit mit 77 Prozent.

Wie die Burjaten bekennen sich die Tuwiner seit dem 18. Jahrhundert überwiegend zum Tibetischen Buddhismus. Diesen bereicherten auch sie um schamanistische Elemente. Traditionell lebten sie als nomadisierende Pferdezüchter, viele tun dies noch heute.

Vorgeschichte der Republik

Lange gehörten die tuwinisch besiedelten Regionen zum Chinesischen Reich. 1914 eignete sich das Zarenreich den größten Teil des tuwinischen Gebietes an. 1922 wurde die formal selbständige Republik „Tannu-Tuwa Ulus“ gegründet. 1944 wurde dieses Territorium als Autonomes Gebiet der Russischen Föderativen Sowjetrepublik angegliedert.

Kysyl

Hauptstadt der Republik Tuwa und gleichzeitig geographischer Mittelpunkt Asiens ist Kysyl mit 108.300 Einwohnern. Die Stadt liegt am Ursprung des Jenissej aus der Vereinigung zweier Bergflüsse. In Kysyl herrschen vier Stunden Unterschied zur Moskauer Zeit. Es liegt 4668 Kilometer östlich von Moskau in in 630 Metern Höhe über dem Meeresspiegel. Nächster Eisenbahnknotenpunkt ist das 400 Kilometer entfernte Abakan. Kysyl hat einen kleinen Flughafen.

Traditionelle Jurte, wie sie bei den alten Nomadenvölker Südostsibiriens teilweise heute noch in Gebrauch ist.

Die Tuwa sind seit altersher ein Reitervolk und beschäftigen sich auch heute noch mit Pferdezucht.

DIE SÜDSIBIRISCHEN GEBIRGE ALS „RUSSISCHES TIBET"

Im 19. Jahrhundert begannen nicht nur russische Naturwissenschaftler und Geologen, sondern auch Ethnologen Sibirien zu erforschen. Die lamaistischen Klöster in Burjatien und Tuwa sowie die Schamanen in der gesamten Altai- und Sajanregion zogen auch Esoteriker und Pharmazeuten an. Sie waren auf der Suche nach einem überlegenem Wissen der indigenen Heiler von Geist und Körper.

Die schon damals gezogene Parallele zu Tibet hat ihre Berechtigung. Tatsächlich standen die Siedler in den südsibirischen Gebirgen über das Netz der Seidenstraße mit Tibet seit Menschengedenken in kulturellem Austausch. In Ulan Ude gibt es heute wieder eine Klinik für Tibetische Medizin.

Seit Ende der 1990er Jahre hat sich das Interesse von außen an dieser Region wieder belebt. In den Republiken Altai, Tuwa und im Süden Burjatiens bildet sich eine einzigartige Alternativkultur heraus, die Pflanzenkundler aus aller Welt ebenso anzieht wie Musikwissenschaftler. Diese Entwicklung ergänzt sich mit dem wieder erstarkenden Selbstbewusstsein und der Suche nach den eigenen Wurzeln der dortigen Völker. Eine besondere Rolle spielt dabei die regionale Musik.

In allen drei Republiken ist seit Jahrtausenden der Kehlkopfgesang verbreitet, eine Gesangsform, deren Interpreten sich als von den Geistern auserwählt betrachten. Tatsächlich ist es nur wenigen ge-

geben, mit geschlossenem Munde, wie ein Bauchredner, nur mit Hilfe des Kehlkopfes und des Zwerchfells, lange Balladen zu singen und außer den Worten auch alle möglichen Naturgeräusche und Tierlaute täuschend ähnlich zu imitieren.

Der Lebensraum der Tuwa liegt zum großen Teil auf einer Hochebene, die ringsum von Gebirgsketten begrenzt wird.

Neben der Pflege des traditionellen Kehlkopfgesanges blüht in den drei Republiken auch eine aus diesem entwickelte originelle, moderne Folk- und Popmusik. Auf Musikfestivals unter freiem Himmel, in abgelegenen Hochgebirgstälern, treffen sich jeden Sommer die internationalen Fans dieser Kunstform in einer Woodstock ähnlichen Atmosphäre. Das berühmteste dieser Art ist das alljährlich nahe dem Städtchen Tschadan in der Republik Tuwa durchgeführte Weltmusik-Festival Ustuu-Churee. Es findet im Spätsommer vor der Ruine des gleichnamigen buddhistischen Klosters statt, das zu sowjetischer Zeit zerstört war.

In den für die Landwirtschaft relativ unergiebigen, mit Bodenschätzen gering gesegneten, mit landschaftlichen Reizen und kulturhistorischen Gütern aber umso üppiger ausgestatteten südsibirischen Gebirgsregionen setzt man jetzt auf den Tourismus und baut mit großer Geschwindigkeit Hotels und Sanatorien. Im Bau befindet sich eine von Russland, Kasachstan, der Mongolei und China gemeinsam geplante Touristenstraße, welche den Altai von allen Seiten her zugänglich machen soll. Dieses internationale Projekt nennt sich „Altai, Goldene Berge“ und sieht attraktive Unterkünfte und Sportstätten in allen vier Ländern entlang dieser Ringstraße vor.

Tiksi
Pobeda
3147
Tscherski - Gebirge
Werchojansk
Oimjakon
Magadan
Itscha
Kamtschatka
Petropawlowsk-Kamschatskij
Kirowskij
Bolscherezk
PAZIFISCHER OZEAN
Werchojansker Gebirge
Schigansk
Lena
Sangar
Aldan
Ochotsk
Ochotskisches Meer
Kurilen
Wiljuisk
Wiljui
Jakutsk
Ajan
Ocha
Nikolajewsk
Alexandrowsk-Sachalinskij
Sachalin
Mirny
Oljokminsk
Aldan
Poronaisk
Macha
Tschulman
Stanowoi - Geb.
Amur
Komsomolsk
Juschno-Sachalinsk
Korsakow
Cholmsk
Witim
Tynda
Seja
Sowjetskaja-Gawan
Lena
Skoworodino
Swobodnyj
Birobidschan
Chabarowsk
Kirensk
Stanowoi-Bergland
Amur
Sapporo
Otaru
Ust-Kut
Blagoweschtschensk
Hakodate
Jiamusi
Aomori
Baikal-see
Tschita
Ussurijsk
Sendai
Sibirskoje
Angarsk
Qiqihar
Nachodka
Irkutsk
Ulan-Ude
Hailar
Harbin
Wladiwostok
Niigata
CHINA
Japanisches Meer
JAPAN
Tokyo
Jilin
0
250
500
750
1000
km
Changchun
Yokohama

DER FERNE OSTEN

DIE REPUBLIK SACHA (JAKUTIEN)

Mythos

Laut einem alten Mythos schuf Gott die Erde und schickte einen Engel mit einem Sack voller Schätze über Sibirien.

Größe, Lage und Einwohner

Der Mythos über die Entstehung Jakutiens bezeugt den Reichtum dieses Landes und auch sein Selbstverständnis – als Teil Sibiriens. So sehen das seine Bewohner und auch alle übrigen Bürger Russlands, auch wenn Jakutien heute administrativ im Fernöstlichen Föderationskreis liegt. Bestenfalls kann es als Brücke zwischen Sibirien und dem Fernen Osten angesehen werden.

Kleine Ansiedlung aus Holzhäusern in der Region Primorje

Die Republik Sacha verdankt ihren Namen der Eigenbezeichnung der Jakuten. Sie ist das größte aller russischen Föderationssubjekte und mit 3.083.500 qkm fast so groß wie Indien. Sie bedeckt ein Fünftel des Territoriums der Russischen Föderation und erstreckt sich über drei Zeitzonen. Die Ausdehnung von Norden nach Süden beträgt 2000 Kilometer, von Osten nach Westen 2500 Kilometer. Auf diesem riesigen Territorium leben lediglich 950.000 Menschen. Laut einer Zählung von 2002 bilden die Jakuten mit 45,5 Prozent der Einwohner die größte Gruppe, gegenüber 41 Prozent Russen. Fast die Hälfte aller Jakuten Russlands lebt hier.

Von einem langen Küstenstreifen am nördlichen Eismeer zieht sich die Republik über das Mittelsibirische Bergland. Sie verläuft entlang dem Lenatal, über das Werchojansker Gebirge, das Tscherskigebirge bis zur Kolyma-Tiefebene und im Süden bis zum Aldanhochland.

Majestätisch ruht der Sibirische Tiger im Gras – auch wenn es nur im Zoo ist.

Im Uhrzeigesinn betrachtet grenzt sie an den autonomen Kreis der Tschuktschen, das Gebiet Magadan, die Region Chabarowsk, die Amur-Region und die Gebiete von Tschita, Irkutsk und Krasnojarsk. In Jakutien finden sich die Merkmale aller sibirischen Vegetationszonen. Die wichtigsten Flüsse sind neben der Lena deren Nebenflüsse Wiljui und Aldan sowie die Indigirka und die Kolyma. Über 40 Prozent des Territoriums liegen jenseits des Polarkreises.

Die Jakuten

Die Jakuten sind ein turksprachiges Volk. Als eines der ersten indigenen Völker in Sibirien begannen sie schon im 19. Jahrhundert aus eigenem Antrieb mit dem Ackerbau. Sie haben deshalb nicht ganz so stark unter der Kollektivierung der Landwirtschaft in den 1930er Jahren gelitten wie andere Nomadenvölker. Im Süden ihrer Republik betreiben sie außerdem Rinder- und Pferdezucht sowie Fischfang. Im Norden leben sie noch von Rentierzucht und Pelztierjagd. Seit jeher galten sie als Eisen- und Silberschmiede. Die Jakuten sind weitgehend orthodoxe Christen, vereinbaren dies aber hervorragend mit Resten von Schamanismus und Bärenkult.

Diamanten

Die Republik Sacha unterscheidet sich in ihrem großen Reichtum an zahlreichen Bodenschätzen nicht wesentlich von den Nachbargebieten. Die große Besonderheit ist jedoch ihr Reichtum an Diamanten, die 99 Prozent der russischen Vorkommen darstellen. Sie machen Russland zum weltweit größten Diamantenproduzenten, noch vor Australien und Botswana. Im Jahre 2005 waren dies 23 Prozent der Weltproduktion im Wert von 2 Milliarden Dollar. Zur Sowjetzeit mussten alle hier ge-

Jakutsk – die Hauptstadt der Republik Sacha – am Abend

Im Fernen Osten, wie fast überall in Sibirien, haben Schamanen noch einen festen Platz in den Gemeinschaften.

Der Hafen von Jakutsk an der Lena

fundenen Rohdiamanten in Moskau abgeliefert werden. Heute werden die Diamanten vor Ort weiter verarbeitet und die Republik sowie einzelne Gemeinden haben einen festen Anteil am Erlös. Die jakutischen Diamanten sind geometrisch gleichförmig und ganz besonders rein.

Extra zum Zwecke der Diamantenförderung und -verarbeitung wurden hier im Laufe der Zeit eine Reihe kleinerer Städte nach Bedarf gegründet und wieder geschlossen. Daneben blieben riesige Abraumhalden verwüsteten Landes liegen. Zur Zeit werden weitere Förderstätten in Sibirien und Nordrussland erschlossen.

Bemerkenswerte Orte

Hauptstadt der Republik Sacha ist Jakutsk mit 245.600 Einwohnern. Jakutsk liegt an der Lena, in 122 Metern über dem Meeresspiegel. Der Zeitunterschied zu Moskau beträgt sechs Stunden.

Das Dorf Oimjakon in der Republik Sacha ist der Kältepol der bewohnten Welt. Es liegt 640 Kilometer nordöstlich von Jakutsk im Hochland von Oimjakon, im Tal des Flusses Indigirka. Die tiefste hier wissenschaftlich nachgewiesene Temperatur sind -68 Celsius. Ojmjakon-Fans beschwören -71,2 Celsius.

WEITERE REGIONEN IM FERNEN OSTEN

MAGADAN

7110 Kilometer und acht Stunden Zeitunterschied trennen die Stadt Magadan von Moskau. Die Stadt im äußersten Nordosten der Russischen Förderation liegt an der Nagajewo-Bucht, an der Nordküste des Ochotskischen Meeres. Der Seehafen ist von Mai bis Dezember eisfrei und daher für Nordostrussland sehr wichtig. Der Name „Magadan“ stammt aus der Sprache der indigenen ewenischen Rentierzüchter und bedeutet „Meeresschwemmland“. Außer als Standort des Fracht- und Fischereihafens ist die Stadt vor allem bedeutend als Verwaltungszzentrum des Magadaner Gebietes.

Sie verfügt über keine Straßen- oder Schienenverbindungen nach Zentralrussland. Die einzige Landstraße führt über die Stadt Susuman nach Jakutsk. Die nächste Bahnlinie verläuft viel weiter südlich beim 1800 Kilometer entfernten Chabarowsk. Die Stadt hat heute nicht mehr viele Einwohner, es sind noch etwas mehr als 100.000. Noch Anfang der 1990er Jahre war es über ein Drittel mehr. Viele von ihnen waren ehemalige Lagerhäftlinge, gesundheitlich geschädigt, Menschen auf der Schattenseite des Lebens.

Das Magadaner Gebiet ist das an metallischen Bodenschätzen reichste in Russland. Die heute hier noch ruhenden Goldreserven werden auf 4000 Tonnen geschätzt, die Silberreserven auf 80.000 Ton-

Ein äußerst frostiger Wintermorgen in Jakutsk

nen, davon 14.800 Tonnen Dukatensilber. Dazu kommen Kupfer, Quecksilber, Wolfram, Zink, Eisen und Achat. Allerdings sind diese Bodenschätze schwer zu erschließen, sie ruhen in Permafrostböden. Das Gebiet liegt fast vollständig jenseits des nördlichen Polarkreises zwischen dem Nördlichen Eismeer und dem Pazifik. Mit 470.000 qkm ist es größer als Deutschland, aber nicht ganz so groß wie Frankreich.

Im ertragreichen Norden des Gebietes entlang des Flusses Kolyma liegt die durchschnittliche Januar-Temperatur bei -38 Grad Celsius, in Magadan selbst bei -19 Grad Celsius, die durchschnittliche Juli-Temperatur bei 3 Grad und 16 Grad Celsius. Klar, dass Menschen an einem Ort wie diesem nur für sehr hohe Löhne arbeiten – oder weil sie keine Alternativen haben oder dazu gezwungen werden.

Der Name Magadan ist eng mit der Geschichte des GULAG verbunden. Am 22. Juni 1929 geht das Dampfschiff Henri Rivière in der Nagajewo-Bucht vor Anker. An Bord hat es Ingenieure und Bauarbeiter, die hier unverzüglich mit der Errichtung einer Siedlung beginnen. Ein Jahr vorher hat eine erste geologische Expedition am Kolyma-Fluss entlang die schon früher geäußerten Vermutungen verschiedener Wissenschaftler bestätigt, dass hier gewaltige Goldreserven ruhen. Als 1939 Magadan das Stadtrecht erhält, dient es schon seit neun Jahren als Etappe für den Transport von Häftlingen in ein riesiges System von Zwangsarbeitslagern.

Heimat des beeindruckenden Riesenseeadlers sind der russische Ferne Osten und die Halbinsel Kamtschatka.

In ihnen werden durch stechmückenverseuchte Tundrasümpfe Stichstraßen gebaut und Bergwerksstollen in die Permafrostböden getrieben. 1940 sind in den Dokumenten des Geheimdienstes NKWD

bereits acht Millionen Menschen verzeichnet, die als Häftlinge in solchen Lagern lebten oder immer noch leben. Die Geheimdienstorganisation Dalstroihat sich die wirtschaftliche Erschließung des fernen sowjetischen Ostens vorgenommen und unterhält direkt bei Magadan zwei Lager für je 25.000 Menschen, weitere dieser Größenordnung an der Straße in Richtung Jakutsk, daneben zahlreiche kleinere. Ein großer Teil der Häftlinge stirbt an der nicht zu bewältigenden Arbeit und den unmenschlichen Lebensbedingungen. Magadan ist auf ihren Skeletten errichtet.

Da die Stadt auf Permafrostboden und in einer seismisch aktiven Zone liegt, besteht sie weitgehend aus niedrigen, maximal sechs Etagen hohen Betonplattenbauten. Magadan verfügt über ein kombiniertes Schauspiel- und Opernhaus sowie ein Puppentheater.

Das örtliche Heimatmuseum besteht aus zwei Abteilungen – die eine dokumentiert den Alltag in den Lagern, die andere zeichnet sich durch ihre archäologische und eine den Völkern des hohen Nordostens gewidmete ethnographische Sammlung aus. Außerdem zeigt es eine reiche Münzsammlung und Werke der bildenden Kunst aus der Region.

Ein Pilgerziel und Museum besonderer Art ist die Wohnung des Sängers und Liedermachers Wadim Kosin. Kosin war in den 1930er Jahren in ganz Russland populär. Er wurde zweimal wegen „Widernatürlicher Beziehungen zu einem Manne" inhaftiert, das letzte Mal 1959. Homosexualität wurde in der Sowjetunion ebenso geahndet wie im faschistischen Deutschland. Kosin überlebte, aus seiner Wohnung machte er einen Musiksalon, in dem er Konzerte organisierte.

Herbstlich eingefärbte Wälder auf der Insel Sachalin

Nicht weit von Chabarowsk mündet der Ussuri in den Amur.

Auf einem hohen Felsen mit Blick über die Stadt und den Hafen steht die Skulptur „Maske der Trauer". Sie stammt vom Bildhauer Ernst Neiswestny, der in den 1980er Jahren zur sowjetischen Avantgarde zählte. Das komplexe Ensemble besteht aus einer gekreuzigten und einer klagenden Figur auf den Knien. Hier legen Kinder und Enkel der Opfer regelmäßig Blumen nieder.

CHABAROWSK

Das 577.400 Einwohner zählende Chabarowsk ist die Hauptstadt und der wichtigste Verkehrsknotenpunkt des gesamten Fernöstlichen Föderationskreises. Die Stadt liegt 8533 Kilometer und sieben Stunden östlich von Moskau, in der mittleren Amurebene, am rechten Ufer des Flusses. Der Amur, der bis wenige Kilometer vor der Stadt 2000 Kilometer weit die Grenze zwischen China und Russland gebildet hat, macht hier bei der Einmündung des Ussuri eine scharfe Wendung nach Norden. Dort erreicht er dann bei der Stadt Nikolaiewsk vor der Insel Sachalin den Pazifik. Die Transsibirische Eisenbahn überquert in Chabarowsk den 1,5 Kilometer breiten Fluss und braucht noch 700 Kilometer von hier bis Wladiwostok. Chabarowsk ist auch die Hauptstadt der Chabarowsker Region, die 788.600 qkm umfasst.

RECHTE SEITE OBEN:
Im Hintergrund das Sichote-Alin-Gebirge, über dem im Jahre 1947 ein vermutlich 100 Tonnen schwerer Meteorit zerplatzte.

RECHTE SEITE UNTEN:
Die riesigen Entfernungen im Fernen Osten wie in ganz Sibirien legt man am besten mit der Eisenbahn zurück.

Chabarowsk hat ein moderates Monsunklima mit Durchschnittstemperaturen von -26 Grad Celsius im Januar und 26 Grad Celsius im Juli. Allerdings wehen im Winter bisweilen eisige Winde, gegen die in der Stadt sogar Schutzmauern gezogen sind.

Holzverladung im Hafen von Wladiwostok

Ende Mai 1858 schlagen Soldaten des Sibirischen Marinebataillons auf einer hohen Klippe über dem Amur einen Militärposten auf. Zu Ehren des Kosaken und Erkunders des Fernen Ostens, Jerofej Chabarow, nennen sie ihn Chabarowka. Schon fünf Jahre später ist hier eine Siedlung aus 150 Gebäuden entstanden, darunter sind auch Geschäfte. Der Ort übt eine große Anziehungskraft auf Kosaken, Bauern und Handwerker aus den benachbarten Provinzen aus.

1872 wird ein Hafen am Amur-Ufer gebaut. 1880 bekommt der Ort das Stadtrecht, ab 1884 wird er Sitz des Gouverneurs des Amur-Militärbezirkes. Auch die Einwanderungsbehörde für die gesamte Region befindet sich hier. Die rapide wirtschaftliche Entwicklung des Fernen Ostens und die strategisch günstige Lage der Stadt lassen ihre politische Bedeutung wachsen. 1897 verbindet eine Eisenbahnlinie Chabarowsk, wie die Stadt nun heißt, mit dem ebenso jungen und dynamischen Wladiwostok.

1884, als eine Abteilung der Russischen Geografischen Gesellschaft nach Chabarowsk verlegt wird, explodiert das kulturelle Leben der Stadt geradezu. Die Neuankömmlinge gründen sofort eine Bibliothek und ein Museum. Bald darauf erscheint in der Stadt eine Tageszeitung, im Herbst gründen hier ansässige Schauspieler ein Stadttheater und noch vor Ende des Jahres haben musisch begabte Soldaten ein Armeetheater ins Leben gerufen.

Im Jahre 1900 eröffnet hier die erste Telefongesellschaft und erreicht sofort über 1000 Teilnehmer. Zu Beginn des 20. Jahrhunderts hat sich Rüstungsindustrie in Chabarowsk angesiedelt, vor allem die große Munitionsfabrik Arsenal.

Chabarowsk ist auch heute eine ausgesprochene Industriestadt, ein Zentrum für Metallverarbeitung, Maschinen-, Schiffs- und Flugzeugbau. Im Chabarowsker Gebiet werden Eisen, Kohle und fast alle nur denkbaren Bunt- und Edelmetalle, vor allem Zink, gefördert. Deren Verhüttung und Weiterverarbeitung erfolgt seit einem Jahrzehnt zunehmend dank japanischer und koreanischer Investoren. Außerdem gibt es hier lebensmittelverarbeitende und Holzindustrie.

Die Stadt hat aber auch ein großes touristisches Potenzial, nicht zuletzt als Zwischenstation für den der artenreichen fernöstlichen Natur gewidmeten Jagd- oder Ökotourismus. In der Chabarowsker Region liegen die fünf großen Naturschutzgebiete und Reservate von Bolschechechzirsk, Bottschinsk, Bureinsk, Dschugdschursk und Komsomolsk.

Hier leben zahlreiche Pelztiere, unter anderem Schwarz- und Braunbären, Luchse, Vielfraße, Moschusratten, Leoparden und verschiedene Tiger-Arten, darunter die berühmten Amur-Tiger. Dazu kommen Sika-Hirsche, Lederschildkröten und große, in allen Farben schillernde Schmetterlinge. Im Amur sind 85 Fischarten beheimatet. Die Region ist auch für ihre Heilpflanzen berühmt, wie das Spaltkölbchen (Schizandra) und den Stachelstrauch, vor allem aber für den kraftspendenden Ginseng.

Die ältesten Gebäude der Stadt gehen auf die Wende vom 19. zum 20. Jahrhundert zurück. Dazu gehört das schönste Lebensmittelgeschäft im Stadtzentrum mit angeschlossenem Café, welches damals die Firma Kunst & Albers in verspieltem Jugendstil erbaute. Im Gebäude der alten Stadtduma (1886) befinden sich heute ansprechende Einzelhandelsgeschäfte.

Das Chabarowsker Heimatmuseum begann mit seinen Sammlungen unter der Ägide der Russischen Geografischen Gesellschaft 1894. Sein Stolz sind die Ausstellung über Flora und Fauna der Region, Materialien zur Geschichte der Eroberung des Fernen Ostens und zur Sowjetgeschichte sowie zur Kultur der hiesigen Völker.

Küstenstreifen am Pazifischen Ozean

Auch Wladiwostok besitzt ein „Goldenes Horn“ und einen „Bosporus“ – in dieser Wassserstraße liegt die kleine Skriplew-Insel mit einem Leuchtturm.

Auf dem Territorium der Region Chabarowsk haben 25 indigene Völker des Nordens ihren Lebensraum. Historische Urheimat ist es für die Ultschen, Niwchen, Ewenen, Negidalzen, Udegejer, Orotschen und Nanaier

Dem hiesigen Museum für Bildende Kunst mussten bei seiner Eröffnung 1951 die Eremitage und das Russische Museum im damaligen Leningrad und die Moskauer Tretjakow-Galerie auf Befehl „von oben" reiche Schenkungen machen. Fast alle wichtigen russischen und westeuropäischen Künstler von Anfang des 18. bis Ende des 19. Jahrhunderts sind hier mit Werken vertreten. Das Museum veranstaltet Ausstellungen aus seinen Beständen in den USA und in Japan.

WLADIWOSTOK

Wladiwostok, was auf Deutsch „Beherrsche den Osten" heißt, ist die wichtigste Hafenstadt Russlands am Pazifik. Die Stadt liegt 9302 Kilometer östlich von Moskau und umschließt die Bucht „Goldenes Horn". Nicht weit sind die Grenzen zu China Nordkorea im Süden der Halbinsel Murawjow-Amursk. Wladiwostok ist die Hauptstadt der Region Primorje und hat 587.000 Einwohner.

1860 wird Wladiwostok von der Besatzung des Segelschiffes Mantschur als militärischer Außenposten gegründet. 1871 wird die Hauptbasis der sibirischen Kriegsflotte nach Wladiwostok verlegt. Im gleichen Jahr verbindet die dänische Telegrafengesellschaft Wladiwostok mit Nagasaki und Schang-

Badegäste am Fuß des Tokarew-Leuchtturms; er befindet sich an der Einfahrt zum Hafen von Wladiwostok.

Wladiwostok ist Russlands wichtigster Pazifikhafen

hai. Die rasante Entwicklung des Schiffsbaus sowie anderer Industriezweige stärken die Position von Wladiwostok als Verwaltungszentrum. Ab 1879 verbindet eine Fährlinie Wladiwostok mit Sankt Petersburg und Odessa. Zudem wird ein neuer Handelshafen eröffnet. 1880 bekommt Wladiwostok die Stadtrechte und wird 1888 Zentrum des Primorsker Gebietes. 1897 wird die Eisenbahnverbindung zwischen Chabarowsk und Wladiwostok fertiggestellt.

In den 90er Jahren des 19. Jahrhunderts entwickelt sich Wladiwostok auch zu einem Zentrum russischer Kultur. Russische Wissenschaftler unternehmen mehrfach Expeditionen in die Stadt und 1899 entsteht das „Östliche Institut". Dessen Ziel ist es, Sprache und Kultur von Ländern wie China, Japan und der Mandschurei zu erforschen, um den Fernen Osten zu erschließen. 1903 wird der Bau der transsibirischen Eisenbahn abgeschlossen, die Wladiwostok mit Moskau verbindet.

Im Russisch-Japanischen Krieg (1904/05) ist Wladiwostok schweren japanischen Angriffen ausgesetzt, doch die Festung hält stand. Während des Ersten Weltkrieges ist Wladiwostok der wichtigste Pazifikhafen für die Lieferung von Militärgütern aus den USA. 1918 wird die Stadt von japanischen Truppen besetzt, von denen die letzten erst 1922 abgezogen werden. Im gleichen Jahr übernehmen die Bolschewiken die Macht.

In den 1930er Jahren wird im Zuge der Massenrepressionen in Wladiwostok ein Durchgangslager für Häftlinge auf ihrem Weg nach Sibirien errichtet. Aufgrund seiner großen militärischen Bedeutung

Kleine Yachten im Hafen von Wladiwostok

ist Wladiwostok eine für Ausländer gesperrte Stadt. Auch Sowjetbürger brauchen eine Sondergenehmigung. Das ändert sich erst im Jahre 1992.

Wichtigste Wirtschaftszweige sind die Schifffahrt und die Fischerei. Über den Wladiwostoker Hafen kommen die Haupthandelströme aus Japan, China und den südostasiatischen Ländern. Die jährliche Umschlagsleistung macht mehr als sieben Millionen Tonnen Waren aus – von japanischen Autos bis hin zu chinesischen Massenwaren. Der Hafen verfügt über 16 Anlegeplätze mit einer Gesamtlänge von vier Kilometern.

Sehenswert sind in Wladiwostok mehrere Wohnhäuser und Villen aus der Gründerzeit. Weitere Attraktionen sind der Marinefriedhof, die Sankt-Nikolai-Kirche sowie das größte Kaufhaus. Letzteres wurde von Gustav Kunst und Gustav Albers zwischen 1902 und 1906 erbaut und ist eine Mischung aus Jugendstil und russischer Türmchenarchitektur.

Einen schönen Blick über die Stadt und das „Goldene Horn“ bietet die Aussichtsplattform „Adlernest“ auf dem gleichnamigen 214 Meter hohen Hügel. Das „Adlernest“ ist mit einer Drahtseilbahn zu erreichen.

Im Pazifik vor Wladiwostok liegen eine ganze Reihe von Inseln.

Empfehlenswert ist auch der Museumskomplex „Kampfesruhm des Pazifik-Grenzbezirks". Ein zu einem Museum umgebautes U-Boot dokumentiert die Geschichte des russischen U-Boot-Baus. Daneben liegt der Kreuzer „Roter Wimpel", der in Anlehnung an sein Pendant in Sankt Petersburg die „Aurora von Wladiwostok" genannt wird.

Zum Gedenken an die Opfer der Seekriege lodert hier eine ewige Flamme. Das Suchanow-Museum erinnert an den ehemaligen Bürgermeister Alexander Suchanow (1863–1921) und seinen Sohn Konstantin (1894–1921), der als Innenminister von Primorje ermordet wurde.

Das 1991 in russisch-japanischer Kooperation errichtete Ozeanarium präsentiert in mehreren Ausstellungen die Meereswelt des Pazifiks.

Das Heimatkundemuseum bietet Ausstellungen zur örtlichen Tier- und Pflanzenwelt, zur Geschichte der Stadt und den Ureinwohnern des Fernen Ostens. In der alten Festung Wladiwostok mit ihren rekonstruierten Befestigungsanlagen erfährt der Besucher viel Wissenswertes über die verschiedenen Seeschlachten und die Entwicklung der städtischen Seeverteidigung.

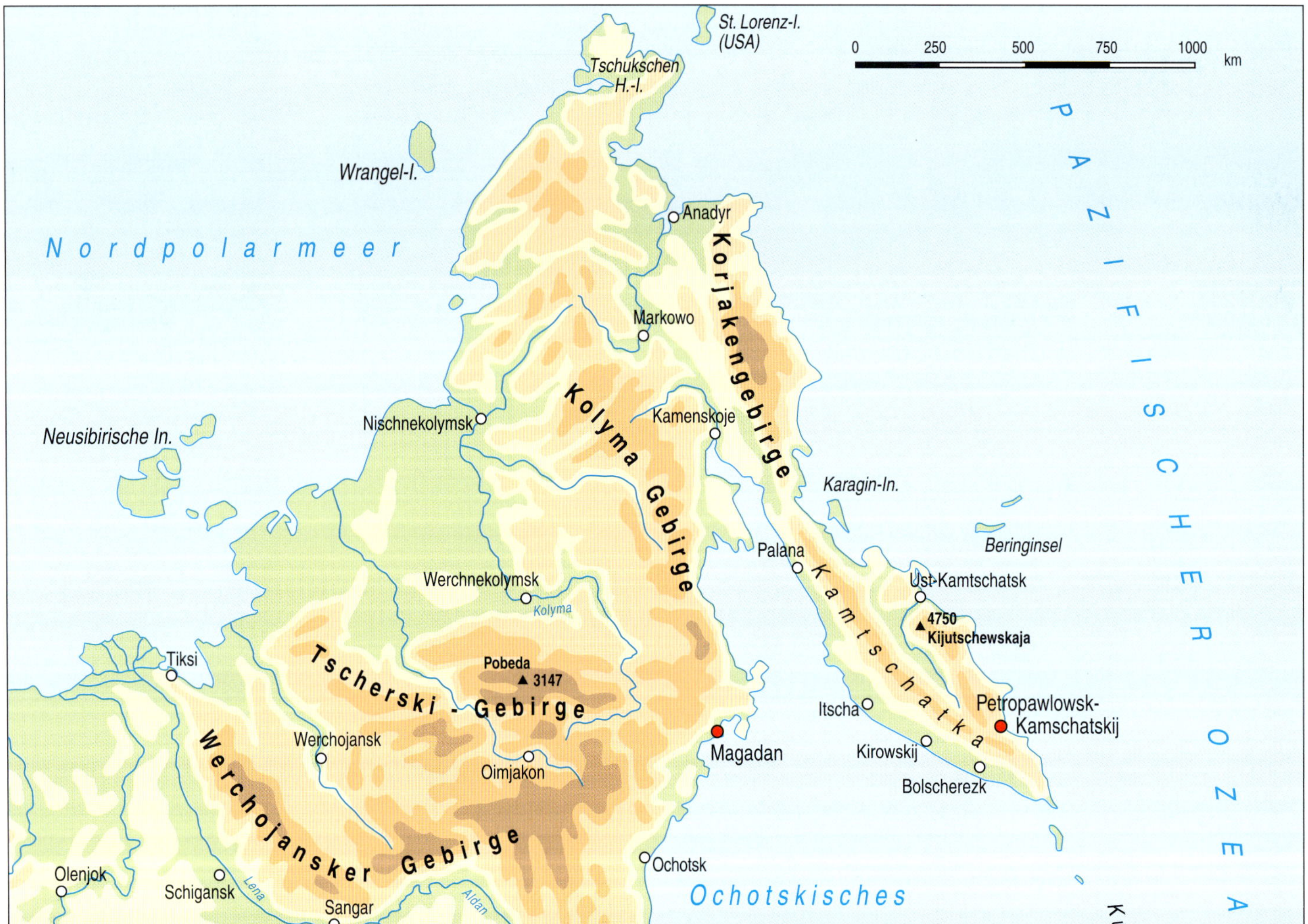
St. Lorenz-I. (USA)
0 250 500 750 1000 km
Tschukschen H.-I.
Wrangel-I.
Nordpolarmeer
PAZIFISCHER OZEAN
Anadyr
Korjakengebirge
Markowo
Kolyma Gebirge
Kamenskoje
Nischnekolymsk
Neusibirische In.
Karagin-In.
Palana
Beringinsel
Ust-Kamtschatsk
Kamtschatka
4750 Kijutschewskaja
Werchnekolymsk
Kolyma
Tiksi
Pobeda 3147
Tscherski - Gebirge
Petropawlowsk-Kamschatskij
Itscha
Magadan
Werchojansk
Kirowskij
Oimjakon
Bolscherezk
Werchojansker Gebirge
Ochotsk
Olenjok
Schigansk
Lena
Aldan
Ochotskisches Meer
Sangar
Kurilen
Wiljuisk
Wiljui
Jakutsk

KAMTSCHATKA

GRÖSSE, LAGE UND EINWOHNER

Das Gebiet Kamschatka liegt im äußersten Nordosten Russlands und grenzt an das Ochotskische Meer, die Beringsee und den Pazifischen Ozean. Auf einer Fläche von 472.300 qkm umfasst das Gebiet die Halbinsel Kamtschatka und das angrenzende Festland sowie die Komandorski-Inseln. Die Halbinsel Kamtschatka ist 1200 Kilometer lang und 450 Kilometer breit.

Mit einer Fläche von 370.000 qkm ist sie die größte Halbinsel Ostasiens. Auf Kamtschatka leben 402.500 Menschen. Davon sind über 80 Prozent Russen und sieben Prozent Ukrainer. 3,5 Prozent gehören zu den Urvölkern wie Korjaken, Itelmenen und Ewenen. Die Gebietshauptstadt Petropawlowsk-Kamtschatski wurde 1740 gegründet und hat 198.000 Einwohner.

Nur die Spitze des Koryaksky-Vulkans schaut aus den Wolken heraus.

Das Tal der Geysire liegt im Kronozky-Reservat – hier befinden sich die einzigen Geysire Asiens.

Grüne Hügel und grauschwarze Vulkane prägen weitgehend das Landschaftbild auf Kamtschatka.

GESCHICHTE UND ERFORSCHUNG

1697 entdecken Kosaken auf ihren Streifzügen die Halbinsel Kamtschatka. Aus diesem Jahr stammt die erste detaillierte Karte des berühmten Kartographen Semjon Remezow. Die zweite Kamtschatka-Expedition des Dänen Vitus Bering, nach dem auch die Meerenge zwischen Ostsibirien und Alaska benannt ist, leitet die Erschließung Kamtschatkas ein. Begünstigt wird diese Entwicklung dadurch, dass die Regierung beginnt, Menschen in dieses Gebiet ins Exil zu schicken.

1755 veröffentlicht Stefan Krascheninnikow, Mitglied der Petersburger Akademie der Wissenschaften, unter dem Titel „Beschreibung des Landes Kamschatka" den ersten detaillierten Bericht über die Halbinsel. Die russische Regierung unterstützt die Expansion, indem sie Neuankömmlingen Land zur Verfügung stellt. 1854 greifen französische und britische Truppen, die gegen die Russen auf der Krim kämpfen, Petropawlowsk-Kamtschatski an. Doch die Bewohner halten der Belagerung stand. Dennoch wird die Stadt als strategischer Posten aufgegeben. Die folgenden 50 Jahre sind für Kamtschatka schwierig.

Der Militärhafen wird nach Ust-Amur verlegt. 1867 wird Alaska an die USA verkauft, was Petropawlowsk-Kamtschatski als Transitpunkt für Händler und Forscher auf ihrem Weg in die Vereinigten Staaten entbehrlich macht. 1860 wird das Gebiet Primorski gegründet, dem Kamtschatka rechtlich unterstellt wird. Im Zweiten Weltkrieg ist Kamtschatka schweren Angriffen ausgesetzt, dient 1945 jedoch als Basis für die Invasion auf den Kurilen-Inseln. Nach dem Krieg wird Kamtschatka zur militärischen Zone erklärt. Bis 1989/90 bleibt die Stadt für Ausländer aber auch für Sowjetbürger geschlossen.

ROHSTOFFE UND WIRTSCHAFT

Kamtschatka verfügt über Vorkommen an Gas, Öl, Schwefel, Gold, Silber und natürlichen Baustoffen wie Holz. In der Region gibt es 274 Mineralquellen. Wichtigste Wirtschaftszweige sind Schiffbau, Fischindustrie und Pelzhandel.

GEOGRAFIE, KLIMA, FLORA UND FAUNA

Im nördlichen Teil Kamtschatkas liegt das Korjakische Bergland. Durch die Region ziehen sich zwei Gebirgskämme – einer etwa in der Mitte, der andere weiter östlich fast an der Küste. Während die westliche Küste eine gerade Uferlinie bildet, finden sich an der östlichen Küste zahlreiche kleinere Halbinseln und Buchten. 27 Prozent des Territoriums sind als besondere Schutzgebiete ausgewiesen. Es gibt hier 14.000 Flüsse und Bäche sowie 100.000 Seen. Hauptflüsse sind die Penschina und die Awascha. Daneben existieren 414 Gletscher mit einer Gesamtfläche von 871,1 qkm. Von 180 Vulkanen sind noch 29 aktiv. Die Vulkanregion, die größtenteils als Naturpark ausgewiesen ist, ist seit 1996 UNESCO-Weltnaturerbe.

Flora und Fauna sind sehr vielfältig. Hier wachsen teilweise so exotische Pflanzen wie Wiesen Bocksbart, Putschka, Lilien, Zedernkrummholz und Steinbirke. In Kamschatka leben drei Dutzend Tierarten, darunter Braunbären, Seeadler und mehrere Lachsarten. Der Kurilskoje-See ist der größte Laichort für Lachse.

Russische Sauna direkt am See

Feuer und Eis im Krater des Mutnowski-Vulkans. Er zählt zu den aktivsten Vulkanen auf Kamtschatka.

Kamtschatka hat ein moderates Monsumklima. Im Zentrum herrscht kontinentales Klima, im Norden subarktisches. Im Januar schwanken die Temperaturen zwischen -25 und -13 Grad, im Juli liegen sie bei 12 Grad Celsius. Die jährliche Niederschlagsmenge beträgt 1000 Millimeter. Im Norden ist Permafrostboden vorherrschend genau wie auf den Gletschern.

Der größte noch aktive Vulkan Asiens ist der Kljutschewskaja Sopka. Die Vulkane von Kamtschatka zählen zum UNESCO-Welterbe. Der Kljutschewskaja Sopka ist aus dem Hang eines großen alten Vulkans emporgewachsen, auf dem sich ein 3000 Meter hoher Kegel auftürmt. Der erste überlieferte Ausbruch wurde 1697 registriert. Durchschnittlich bricht der Vulkan alle fünf Jahre aus, mitunter aber auch jährlich. Erstmals erklomm der Bergführer Daniil Gaus im Jahre 1788 den Kljutschewskaja Sopka.

Die Komandorski-Inseln sind eine Gruppe baumloser, meist hügeliger Inseln, 175 Kilometer entfernt von der Halbinsel Kamtschatka. Zu ihnen gehören die Bering- und die Medny-Insel sowie 15 klei-

nere Eilande. Vorherrschend sind hier Flechten, Moose und Sumpfgewächse. Die Inselgruppe ist Heimat für Robben, Seehunde und verschiedene Walarten und Blaufüchse. Derzeit sind 180 Vogelarten nachgewiesen – darunter der Papageientaucher und die seltene rotbeinige Dreizehenmöwe.

Rote, verrostete Hütte vor dem Hintergrund des Avachinsky-Vulkans

Ein einzigartiges Naturschauspiel bietet sich im Tal der Geysire, dem einzigen Geysirfeld in Asien und der zweitgrößten Konzentration von Geysiren weltweit. Das Tal liegt auf der Halbinsel Kamtschatka im Kronotzki-Nationalen Biosphärenreservat. Dieses gehört zum Weltkulturerbe „Vulkane von Kamtschatka“. 1941 wurden die wasserspeienden heißen Quellen von der Wissenschaftlerin Tatjana Ustinowa entdeckt. Sie publizierte ihren Fund aber erst 14 Jahre später. Seit Mitte der 1970er Jahre wird das Tal systematisch erforscht. Im Juni 2007 wurden Zweidrittel des Tals durch eine Schlammlawine verschüttet. Der große Geysir Velikan war von der Naturkatastrophe nicht betroffen und ist nach wie vor aktiv.

Bildnachweis

123RF.com: S. 132, 192, 230, 233, 308, 312, 313, 314, 317, 328, 335, 346, 503, 519

Bigstockphoto.com: S. 12, 13. 17, 18, 22, 25, 30, 32, 34, 36, 43, 44, 46, 51, 56, 89, 90, 92, 93 oben, 93 unten, 94, 95, 96, 102, 104, 107, 110, 111, 112, 114, 118, 123, 125, 128, 127, 130, 134, 138, 142, 144, 145, 152, 158, 165, 178, 179, 180, 183, 186, 190, 194, 195, 199, 200, 202, 203, 204, 205, 208, 216, 217, 219, 222, 224, 225, 229, 235, 239, 241, 242, 244, 254, 255, 257, 260, 263, 266, 267, 268, 274, 275, 279, 284, 286, 287, 288, 290, 291, 292, 293, 294, 295, 296, 297, 298, 299, 300, 301, 305, 311 (unten), 316, 318, 319, 320, 333, 335, 343, 344, 345, 357, 358, 371, 375, 376, 384, 388, 393, 394, 399, 407, 408, 416, 418, 420, 421, 422, 423, 424, 425, 434, 436, 441, 442, 458, 462, 463, 468, 470, 472, 473, 477, 478, 480, 485, 486, 487, 489, 493, 494, 496, 497 oben, 497 unten, 498, 499, 510, 511, 522, 523, 527, 547, 557, 558, 563, 565, 566, 569, 576, 577, 583, 587, 589, 590, 597, 604, 607, 612, 620, 622, 624, 630

dreamstime.com: S. 138: A. Sobolev, S. 201: A. Safronov, S. 332: P. János

fotolia.de: S. 10: Anton Davydov, S. 21: vin5, S. 24: George Pchemyan, S. 26: Friday, S. 31: Sergey Tundra, S. 122: N. Bolotina, S. 131: Igor Groshev, S. 133: Al Avdeev, S. 137: F. Sidorov, S. 226: Irina2005, S. 227: kleine_@nja, S. 236: Y. Afonkin, S. 289: Pavel Parmenov, S. 310: Friday, S. 311: Agb (oben), S. 338: P. Losevsky, S. 339: P. Losevsky, S. 340: P. Losevsky, S. 342: Denis Babenko, S. 377: E. Solodovnikova, S. S. 378: A. Ugorenkov, S. 379: A. Chelnokova, 386: Dimitriy Kosterev, S. 427: achintsev, S. 501: Denis Babenko, S. 532: Cegli, S. 537: Iran Dulic, S. 539: Sergey A. Pristyazhnyuk, S. 588: Mr. D., S. 600: Falk, S. 610: Jens Klingebiel

iStockphoto.com: S. 9, 12, 14, 15, 16, 19, 20, 23, 27, 28, 33, 38, 40, 41, 45, 47, 55, 61, 64, 66, 71, 72, 76, 77, 78, 79, 82, 86, 98, 101, 116, 120, 124, 126, 146, 147, 148, 150, 151, 153, 154, 160, 164, 166, 168, 170, 173, 184, 189, 191, 196, 197, 207, 210, 213, 214, 218, 220, 221, 232, 238, 240, 248, 250, 258, 302, 321, 337, 352, 369, 380, 383, 387, 388, 390, 392, 395, 396, 398, 401, 402, 403, 405, 406, 409, 426, 428, 429, 431, 439, 440, 443, 459, 460, 461, 464, 465, 466, 467, 469, 471, 474, 476, 491, 504, 512, 516, 520, 525, 530, 531, 534, 535 (oben), 535 (unten), 536, 551, 552, 553, 555, 559, 561, 564, 568, 570, 572, 574, 575, 581, 584, 585, 586, 592, 593, 595, 599, 601, 602, 605, 606, 609, 613, 614, 615, 616, 617, 618, 619 (oben), 619 (unten), 621, 625, 626, 627, 629, 632, 633, 634, 635

LuckyOliver.com: S. 8, 37, 42, 81, 100, 115, 135, 159 (oben), 159 (unten), 169, 182, 188, 198, 209, 212, 228, 231, 243, 329, 373, 433, 437, 456, 475, 481, 483, 484, 508, 509, 524, 538, 540, 541, 542, 543, 544, 545, 546, 548, 550, 554, 571, 573

mauritius images: S. 39: Peter Widmann, S. 348: Wojtek Buss, S. 578: imagebroker

picture-alliance: S. 48: KPA, S. 49: KPA, S. 50: KPA, S. 53: UPI, S. 54: Sven Simon, S. 57: Landor Bush, S. 58: Boris Babanov, S. 59: Tass, S. 60: AFP, S. 105: Osetrov Yury, S. 106: Hinrich Basemann, S. 108: Erich Lessing, S. 109: Vladimir Smirnov, S. 117: Hinrich Basemann, S. 136: Uwe Zucchi. S. 156: Martti Kainulainen, S. 57: Markus Lentipun, S. 162: Michael Schwan, S. 163: Michael Schwan, S. 172: Giovanni, S. 177: Mikhall Fomicher, S. 264: Jacek Turczyk, S. 269: Vladimir Smirnov, S. 270: Nowosti, S. 273: DB, S. 278: akg-images, S. 280: Sergey Muraskov, S. 281: Marina Lystsera, S. 282: Gräfenhain, S. 283: Gräfenhain, S. 303: Tass/Vladimir Smirnov, S. 322: IMAGNO, S. 323: Kortayer, S. 324: Nowosti, S. 381: Jose Miguel Cortez, S. 410: Friedemann Kohler, S. 411: Sergei Uzakov, S. 412: Sergei Uzakov, S. 413: Maschatin, S. 414: Sergei Uzakov, S. 415: Sergei Uzakov, S. 417 Dagobert Kohlmeyer, S. 500: Igor Katayer, S. 502: Igor Katayer, S. 507: Igor Katayer, S. 517: Matthias Toedt, S. 518: Valery Bushukhin, S. 560: Tass, S. 562: Vladimir Zinin, S. 579: Anatoly Semekhin, S. 580: Sergei Cherkashin, S. 582: Paal Hermansen, S. 594: Yergeny Yepanchintsev

Schneider, Hans Joachim: S. 84, 85, 368

Simul, Fedor: S. 68, 69, 70, 73, 74, 75, 80, 267, 276

Transit: Eisler, Christiane: S. 140, 141, 174, 175, 326, 353, 359, 438, 444, 445, 446, 447, 448, 449, 450, 451, 452, 453, 454, 455, 457; Hürth, Peter: S. 83, 246, 261; Meinhardt, Olaf: S. 307, 514, 515; Schulz, Tom: S. 245, 249, 250, 252, 253, 256, 259, 306, 325, 330, 334, 336, 349, 350, 354, 355, 356, 360, 361, 362, 363, 364, 365, 366, 367 (oben), 367 (unten), 370, 372, 374